Zu diesem Buch

Stell dir vor: Alle deine Leben, die vergangenen und die zukünftigen, wären zusammengefaßt in einem dicken Buch, einem großen Roman. Und jedes Kapitel entspräche einer deiner Inkarnationen. Sowohl der Titel des gesamten Buches als auch die Überschriften der einzelnen Kapitel sind dir zuerst einmal unbekannt. Jedes neue Kapitel beginnt mit deinem Eintritt in die Zeit. Im Moment deiner Geburt wird mit deinem Aszendenten ein Geheimnis gesetzt. Du hast die Aufgabe, dich auf die Suche zu machen nach diesem Geheimnis.

Obwohl es schon einige Einführungen in die Astrologie gibt, ist dieses Buch eigenständig und neu. Es ist eigentlich ein Selbsterfahrungskurs im Gewand eines Textbuches über Astrologie, denn der/die LeserIn lernt astrologisch-esoterisch zu denken und erhält so einen ungewohnten Einblick in die eigene Seele. Das grundlegend Neue an diesem Buch besteht darin, daß es das «Erkenne dich selbst» über den Weg der esoterischen Astrologie vermittelt.

Dr. Peter Orban und Ingrid Zinnel sind Therapeuten und Astrologen. Sie arbeiten in eigener Praxis in Frankfurt/Main (Symbolon). Aus ihrer Arbeit sind folgende Bücher entstanden:

- Die Reise des Helden, München 1983
- Astrologie als Therapie, München 1986
- Tanz der Schatten, München 1986
- Menschwerdung, Frankfurt/Main 1987
- Psyche und Soma, Frankfurt/Main 1988
- Pluto – Über den Dämon im Innern der eigenen Seele, Reinbek 1990, rororo – transformation Bd. 8530

Peter Orban und Ingrid Zinnel

Drehbuch des Lebens

Eine Einführung in die esoterische Astrologie

rororo
transformation

rororo transformation
Herausgegeben von Bernd Jost
und Jutta Schwarz

Umschlaggestaltung Peter Keller
Umschlagillustration Stefan Kiefer

Originalausgabe
Veröffentlicht im Rowohlt Taschenbuch Verlag GmbH,
Reinbek bei Hamburg, September 1990

Satz Trump Mediaeval, PM 3.5, Linotronic 300
Gesamtherstellung Clausen & Bosse, Leck
Printed in Germany
1480-ISBN 3 499 18594 6

Inhalt

Wir widmen dieses Buch
Karin und Wolfgang und
der Freundschaft und Liebe,
die uns schon so lange verbindet.

Danksagung

Es waltet ein merkwürdiges Gesetz
im Inneren der Astrologie.
Nimmt man ein Prinzip
und verbindet es mit einem zweiten Prinzip,
so erhält man eben nicht
1 + 1 = 2,
sondern das Ergebnis ist von höherem Rang.
Mit anderen Worten,
die wissenschaftlichen Grundrechenarten
gelten hier nicht mehr.
Das hat als erster Astrologe
Wolfgang Döbereiner erkannt und gelehrt,
obwohl man es eigentlich nicht lehren kann.
Wenn unser Buch einen Hauch
dieser höheren Rechnungsart atmen sollte,
so verdankt es das – nicht zuletzt – diesem
Großmeister der Astrologie.

Vorbemerkung

Es dürften im Moment ein halbes Dutzend Einführungstexte in die Astrologie auf dem Markt der Bücher verfügbar sein, und der Leser mag sich fragen: Welchen Sinn hat es, diesen Texten ein weiteres Buch an die Seite zu stellen?

Nun, die Antwort ist relativ simpel: weil es eine Einführung in die esoterische Astrologie eben noch nicht gibt!

Astrologie, wie sie bislang betrieben und beschrieben wird, hat mit Esoterik herzlich wenig zu tun (auch wenn die Autoren mitunter das Gegenteil behaupten), und so ist es der Anspruch dieses Textes, den Unterschied dieser beiden Astrologien in aller Deutlichkeit herauszupräparieren. Denn so, wie die normale Astrologie kaum etwas mit Esoterik zu schaffen hat, hat esoterische Astrologie kaum noch etwas mit der herkömmlichen Astrologie zu tun.

Ja, die Unterschiede sind beachtlich.

Wir wollen es vorerst in einer Analogie veranschaulichen:

Landläufige Astrologie konzentriert sich auf das *Ausatmen* des Menschen. Sie schaut sich an, was alles vom Strom der Ausatemluft berührt wird, was sie im Außen anrichtet, was man mit ihrer Hilfe draußen in der Welt verändern kann (eine Kerze ausblasen etc.). Esoterische Astrologie konzentriert sich auf das *Einatmen* des Menschen: Sie schaut sich an, was der Atem in meinem Inneren berührt, welchen Weg er zurücklegt, welche Organe bewegt werden und nach welchen Gesetzen das geschieht.

Selbstverständlich: beide Systeme haben mit dem Atem zu tun, zu beiden gehört der jeweils andere Teil, aber der Schwerpunkt der Aufmerksamkeit macht die Sache auf einmal zu einer gänzlich anderen. Neue Fragen tauchen auf, wenn auch das Medium in beiden Fällen dasselbe bleibt.

Wir wollen nicht verhehlen, daß eine esoterische Astrologie, die sich selbst ernst nimmt, noch ganz am Anfang steht, und daß auf viele Fragen die Antworten noch unter dem Schutt von Jahrhunderten begraben liegen.

Esoterische Astrologie ist ein Spiel, das uralt ist, und an das wir gerade beginnen, uns zu erinnern. So versteht sich denn dieses Buch nicht unbedingt als der Versuch, Fragen zu beantworten, sondern die Fragen erst einmal zu finden und zu stellen. Es geht uns also nicht um Rezepte, sondern darum, den Fundus der Fragen zu vergrößern.

Es ist möglich, daß auf diesen Einführungsband demnächst weitere Themenbände folgen werden. Der vorliegende Text jedoch fängt voraussetzungslos an bei der Fragestellung: Was ist das eigentlich, «esoterische Astrologie»?

Sodann gingen Marilyns Gedanken zu Geburtstagen, und sie erwähnte, daß sie unter dem Tierkreiszeichen «Zwillinge» geboren sei.
«Was sind Zwillinge für Menschen?» fragte der Reporter.
Marilyn Monroe: «Jekill und Hyde, zwei Personen in einer.»
«Und so einer sind Sie?»
«Ich bin mehr als zwei. Ich bin sehr viele Menschen.
Manchmal erschrecken sie mich. Ich wünschte mir, ich wäre nur *ich*! Manchmal glaubte ich, ich würde daran verrückt, aber dann entdeckte ich, daß einige Menschen, die ich sehr bewunderte, ganz genauso waren.»
(Anthony Summers: Goddess, the secret lives of Marilyn Monroe, New York 1986, S. 5)

Kapitel 1

Esoterische Astrologie

Mit dem Wort «Esoterik» ist das so eine Sache.

Es hatte einmal eine Bedeutung, es beschrieb einmal etwas sehr Konkretes, doch dann ist es (vor vielen Jahren bereits) in die Hand von Verlagslektoren – und Seminarleitern – gefallen, und von dieser Begegnung hat es sich bis heute nicht erholt. Es steht in keinem Verhältnis mehr zu seinem Ursprung. Wenn heute sowohl der Polsprung als auch die Tonbandstimmen, wenn sowohl Atlantis als auch das Channeling unter seinen Geltungsbereich fallen, dann weiß niemand mehr, was gemeint ist. «Esoterik» aber lächelt geheimnisvoll und tut genau das, was sie seit Jahrtausenden getan hat.

Sie hält sich bedeckt – geheim, wie manche sagen.

Man könnte also getrost bei all den Buchreihen, die heute unter dem Oberbegriff «Esoterik» firmieren, dieses Wort austauschen und «Abenteuerliches aus der Welt des Geistes» darüberschreiben. Von den diesbezüglichen Büchern, die sich heute im Markt tummeln (es dürften mehrere Hundert sein), verdienen nur sehr wenige die Bezeichnung «Esoterik». Nicht etwa, daß der Rest schlecht wäre, ein Buch ist ein Buch und findet *seinen* Leser (oder eben nicht), es hat nur nicht viel mit dem Thema der «Esoterik» zu tun.

Dabei ist es eigentlich ganz einfach!

Wir wollen dieses ganze Kapitel dazu verwenden, die falsche Kruste, die sich über dieses Wort gelegt hat, zu entfernen und uns anschauen, was darunter zum Vorschein kommt.

Freilich, wir können das nicht tun, ohne vorher über den Gegenpol des Wortes «Esoterik» gesprochen zu haben, denn nur wenn ich den «Tag» verstanden habe, verstehe ich die «Nacht». Der Gegenpol zur «Esoterik» ist die «Wissenschaft».

Weil aber «Wissenschaft» ein seit etwa 200 Jahren vorherrschendes System ist und sich jedes andere System an ihr messen lassen muß, beginnen wir damit, die Basisprinzipien der «Wissenschaft» aufzuführen. Aus ihnen ergeben sich die Wesensmerkmale der «Esoterik» mit großer Schlüssigkeit.

«Wissenschaft» hat damit zu tun, daß ein *Subjekt* (der Forscher, der Wissenschaftler) einem *Objekt* (das der Gegenstand des Forschens ist) gegenübersteht. Das «Ich» des Forschers beschäftigt sich mit einem Teil der «Welt».

Ist das Gebiet der Wissenschaft z. B. die Astronomie, also die Sternenwelt, so steht das «Ich» des Forschers, des Astronomen, da und sagt: «*Ich* will die Geheimnisse des *Welt*alls erforschen.» Das Ich (Subjekt) schaut in die Welt (Objekt). In diesem Fall: in die Welt des Großen. Ist der Forscher hingegen Mikrobiologe, so blickt er eben in einen anderen Teil der Welt, beispielsweise in einen Wassertropfen.

Das Thema «Ich schaue in einen Teil der Welt» bleibt dabei identisch. Das ist das Basisprinzip der Wissenschaft. Nun sagt der Wissenschaftler nicht unbedingt: «Ich möchte die Geheimnisse des Weltalls erforschen», denn das klingt unwissenschaftlich, er spricht von den Gesetzen des Kosmos, und das ist ein Unterschied, denn Wissenschaft geht davon aus, daß alles in der Welt (im Objekt) nach Gesetzen verläuft. Nach Regeln, die, einmal gefunden, unter den gegebenen Bedingungen immer wieder gleich ablaufen.

Zu dieser Arbeit stehen dem Forscher Hilfsmittel zur Verfügung: dem Astronomen das Fernrohr oder das Radioteleskop, dem Mikrobiologen das Mikroskop oder die Spektralanalyse (usw.).

Folgendes Bild ergibt sich:

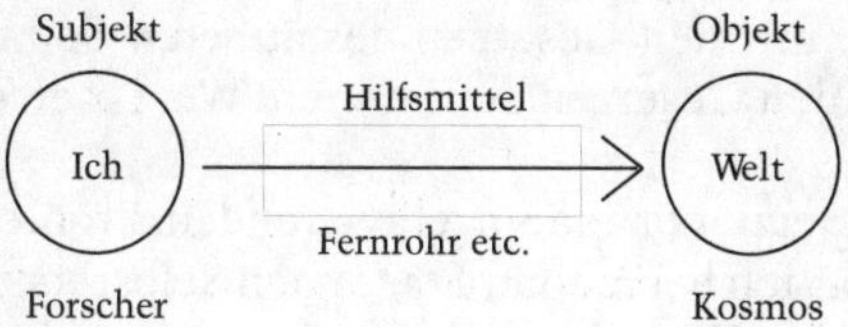

Bild 1

Hat der Forscher Gesetze für seinen Ausschnitt der Welt gefunden, so werden sie publiziert, stehen damit allen anderen Forschern zur Verfügung und können jetzt überprüft werden (denn es können sich Fehler eingeschlichen haben). Nachdem sie einige Jahre geprüft worden sind, sich immer verifizieren ließen, niemals falsifiziert worden sind, gehen sie in den Kanon der Wissenschaft ein, und das «Ich» des Forschers erhält (wenn es ein wichtiges Gesetz war) den Nobelpreis. Ein kleiner Teil der Welt ist damit in seiner Gesetzhaftigkeit erkannt; gemäß dem schönen Goethe-Wort weiß ich jetzt etwas mehr, «was die Welt im Innersten zusammenhält».

So weit erst einmal die «Wissenschaft».

«Esoterik» hat ebenfalls ein Subjekt und ein Objekt. Es gibt einen Forscher («Ich»), der etwas erforscht. Das Subjekt bin also (wieder) ich. «Esotericos» heißt «der innere Kreis» und bezieht sich sowohl auf die Tatsache, daß immer nur eine kleine Gruppe von Menschen sich an dieser Forscherarbeit beteiligt, als auch auf den Gegenstand der Forschung. Dieser Gegenstand ist nämlich das «Innere». Aber nicht irgendein Inneres draußen in der Welt, sondern der Forschungsgegenstand ist *mein* Inneres. Damit aber fallen Subjekt und Objekt zusammen. Das Ich des Forschers erforscht sein eigenes Inneres.

Das Ich erforscht das Ich.

Ich schaue mir an, wer ich bin.

Ich bin *Subjekt* und *Objekt* meiner Forschungstätigkeit.

Der dahinterliegende Satz lautet: «Wer bin ich?» Es geht um das Thema der Selbsterkenntnis – im Gegensatz zur Welterkenntnis der Wissenschaft. Jedesmal, wenn der Satz «Wer bin ich?» im Spiel ist, lautet die Überschrift «Esoterik».

Beschäftigt sich also die Wissenschaft (oder Exoterik) mit der äußeren Welt, mit den Gesetzen des äußeren Seins, so fragt die Esoterik nach den Gesetzen des Inneren: Wer ist eigentlich dieses «Ich» in mir?

Wir stehen jetzt vor einem gravierenden Problem. Das erste Gebilde, auf das ich bei meiner Frage nach Selbsterkenntnis stoße, ist meine Seele. Und für diese innere Formation gibt es im wissenschaftlichen Sinne keine Gesetze. Seele entzieht sich jedem Meßinstrument. In ihr kann ich nichts messen, wiegen, fotografieren, röntgen oder spektralanalysieren. Weder hat sie etwas Sichtbares noch etwas Objektivierbares, das ich auf irgendeiner Skala ablesen könnte. Ich kann sie nicht zum Objekt machen. Sie gehört zu meinem Subjektsein. Das heißt, ich muß alle vorherigen wissenschaftlichen Instrumente, die mir bei der Erforschung der äußeren Welt so wertvolle Dienste geleistet haben, beiseite legen, denn hier greifen sie nicht.

Das gilt nicht nur für die Erforschung meines Inneren, meiner Seele, sondern für Seele ganz allgemein. Die gesamte *wissenschaftliche* Durchdringung dieses Gebildes, das wir hier erst einmal Seele nennen wollen, hat bis heute nicht ein einziges Meßergebnis zutage gefördert, aus dem ich ein eindeutiges Gesetz ableiten könnte.

Nicht, daß es nicht versucht würde. Ein ganzer Fachbereich an unseren Universitäten, genannt «Psychologie», versucht seit 100 Jahren Gesetze zu produzieren, doch es gibt noch keine, die sich als wissenschaftlich gesichert ausgeben dürften. Alles, was wir hier vorfinden, sind Modelle, Hypothesen, Wahrscheinlichkeiten – aber kein «Wissen».
Wählen wir ein Beispiel:
Angenommen, ich bin verliebt und Verliebtheit wäre ein Zustand meiner Seele. Ein anderes Objekt (wahrscheinlich ein Mensch) hat mein Innerstes berührt. Ich bin jetzt guter Laune, hüpfe, springe, pfeife,

bin, wie man so schön (und richtig) sagt, ganz «aus dem Häuschen». Das Objekt meiner Liebe spürt das deutlich und (wie wir annehmen wollen) ist ebenfalls verliebt. Angenommen, ich würde jetzt zum Psychologen gehen und ihn fragen: «Bitte finde du heraus, was mit mir los ist», so müßte er erwidern: «Es tut mir leid, wir haben kein Meßinstrument, das wir dir um den Arm legen können, es aufpumpen, und dann steht auf einer Skala ‹verliebt›. Ich kann es nicht messen!» Gott sei Dank!
(Denn [immer noch] angenommen: Fünf Jahre später sagt der gleiche Partner zu mir: «Du liebst mich nicht mehr!»
«Aber Schatz», entgegne ich, «selbstverständlich liebe ich dich noch, bloß weil ich jetzt fünf Abende in der Woche in der Firma bin und zwei Abende kegeln, mußt du doch nicht glauben, daß ich dich nicht mehr liebe. Ich habe halt viel zu tun.»
«Komm, wir gehen zum Psychologen», sagt sie jetzt, «der schließt dich an sein Meßinstrument an.»)
Das Problem ist, ich weiß selbst noch nicht einmal, ob ich meine Partnerin nach fünf Jahren noch liebe.
Es ist die Frage, ob ich es überhaupt wissen will!
Diese Frage: «Wer bin ich?» birgt nämlich die Gefahr in sich, daß ich Dinge über mich herausfinde, die ich gar nicht wissen will. Daß ich meine Frau nicht mehr liebe. Oder daß ich gar nicht lieben kann.
Oder . . .

Lange Rede, kurzer Sinn: Wo es um mein Inneres geht, gibt es keine Möglichkeit mehr, Wissenschaft zu betreiben. Deshalb macht sich jede Psychologie (jede Psychotherapie), die sich selbst für eine *Wissenschaft* hält, etwas vor.

Nun hat Esoterik natürlich nichts damit zu tun, daß meine Braut mir nachweist, ob ich noch verliebt bin oder nicht.

Esoterik hat ein Subjekt (Ich), und sie hat ein Objekt («Ich»):

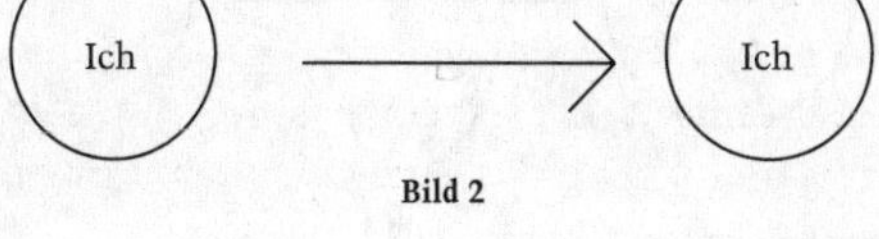

Bild 2

eigentlich

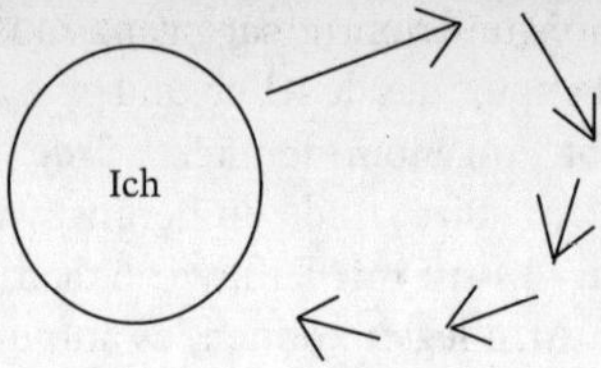

Bild 3

Aber damit sind die Probleme noch lange nicht am Ende.

Ich kann mich nicht einfach hinsetzen, die Augen schließen und sagen: So, jetzt möchte ich mich selbst erkennen.

Ich schaue einfach nach innen, und dann werde ich mich ja sehen.

> Allerdings: auch diese Technik existiert. Wir nennen sie Meditation. Zwar legt diese Technik es nicht unbedingt darauf an, sich selbst zu erkennen oder sein Inneres zu erforschen, aber letztlich kommt dabei eben auch der «Beobachter» zum Vorschein, und der liegt gar nicht so weit von unserem Innenbeobachter entfernt.

Um diesem Dilemma zu entgehen, sind im Laufe der Jahrtausende viele Techniken entwickelt worden, wie dieses «Erkenne dich selbst» zu bewerkstelligen ist.

Ganz ebenso wie der Biologe als Hilfsmittel Mikroskop und Lackmuspapier hat, hat derjenige, der sich erkennen möchte, eine ganze Palette von Hilfsmitteln zur Verfügung, wie er diese Arbeit fördern kann. In China z. B. entstand das I Ging, das ehedem eine reine Selbsterkenntnistechnik war. Heute wird dieses Instrument freilich sehr oft als Orakel über die Welt verwendet.

«Soll ich diese Arbeitsstelle annehmen?»

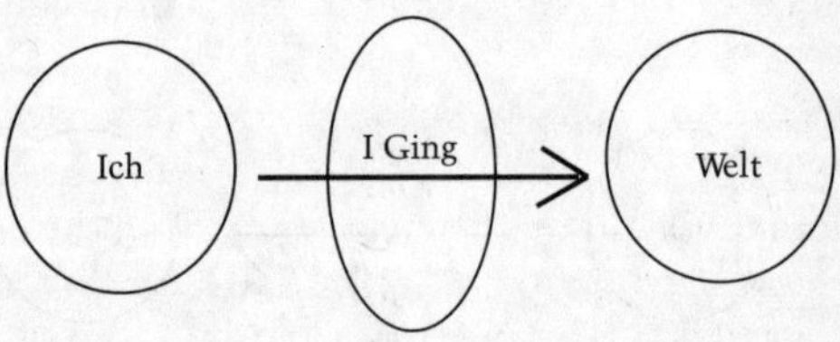

Bild 4

Das aber ist nicht der Sinn dieses Instrumentes! Oder, anders gesagt, es antwortet in seinen Sätzen, die erst einmal dunkel sind, prinzipiell auf die Frage:

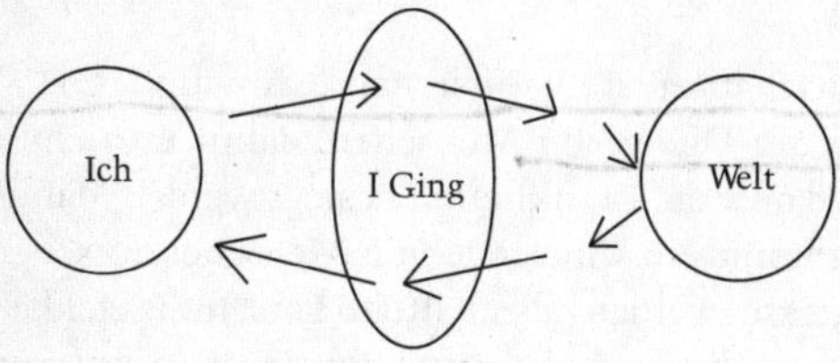

Bild 5

«Was kann ich an dieser jetzigen Fragesituation über mich erkennen?», auch wenn die Frage so nicht gestellt worden ist.

Heute werden sogar die esoterischen Techniken, die ausdrücklich dafür entwickelt worden sind, sich selbst zu erkennen, als «wissenschaftliche» Instrumente zur Welterkenntnis mißverstanden.

> Diesem Trugschluß unterlag schon der König Krösus, als er das Orakel befragte, ob sein Angriff auf ein fremdes Volk erfolgreich sei. Das Orakel antwortete: «Ein Weltreich wird zerstört!»
> Die Tragik war: es war sein eigenes.

Esoterik, wir wiederholen es, ist als Name und als Technik nur dann am Platz, wenn ich etwas über *mich* erkennen will. Für den Rest meiner Fragen sollte ich die wissenschaftlichen Methoden zu Rate ziehen. Sie sind besser geeignet und weniger mißverständlich.

Darunter liegt ein weiterer Gedanke, der vorgängig verstanden sein will. «Wissenschaft» oder Exoterik ist immer ein Ego-Spiel, ein Macht-Spiel, und geht aus von dem insgeheimen Anspruch: «*Ich* will etwas.» Ich will Macht, Wissen, Einfluß, Frauen (Männer), den Nobelpreis, kurz, sehr viele Dinge als Schmuck für mein Ego. Dann – und nur dann –, wenn ich diese Dinge bekomme, bin ich groß, und es ist der einzige Anspruch, den mein Ego hat, groß zu sein. Wissenschaft hat nur dieses Motiv. Ich will etwas im Außen erreichen. Es gibt hier kein anderes Spiel! Aber selbstverständlich ist dieses Spiel getarnt, so sehr getarnt, daß der Wissenschaftler selbst meistens davon nichts weiß – und auch nichts wissen will.

Jeder Wissenschaftler stellt sich heute hin und sagt: Ich betreibe Wissenschaft im Dienst am Menschen, damit er nicht mehr so viel leiden muß, damit die Krankheiten besiegt werden, damit der Hunger weltweit abnimmt etc. Tausende von Menschen forschen heute über AIDS, Kongresse werden abgehalten, Forschungsgelder strömen in großer Menge in diesen weltweiten Wettlauf um das wirksame Heilmittel. Es ist freilich ein Irrtum anzunehmen, irgendeiner dieser Wissenschaftler habe ausschließlich ein Interesse an AIDS-Kranken oder an Heilung (außer vielleicht, er hätte selbst AIDS). Nein, es ist hauptsächlich ein Ego-Spiel: Wer hat in diesem multinationalen Wettlauf als erster seinen Teller leer und wird damit Kaiser. Das ist die Frage, die das Ego wahrhaft bewegt. Aber es kann gut sein, daß mein Ego mir das nicht sagt, ich mich über meine wahren Motive nur allzugern täusche.

Nicht, daß wir uns mißverstehen: Dieses Ego-Spiel spielen wir alle, auch und gerade da, wo wir vermeintlich «Esoterik» betreiben. Das heißt, jede Beschäftigung mit dem Thema der Esoterik ist ebenfalls *erst einmal* ein Ego-Spiel. Das geht nicht anders.

Jeder, der heute ein Buch über Astrologie kauft (auch du, der Leser) oder ein Buch über Astrologie schreibt (auch wir, die Autoren), tut das zunächst, um sein Ego mit diesem Akt zu polieren. Es soll glänzen. Dagegen ist nichts einzuwenden, denn jedes Spiel, das wir heute hier auf Erden spielen, hat erst einmal den Hintergrund: Ich möchte groß werden. Ob als derjenige, der den AIDS-Virus besiegt, oder der, der eine neue astrologische Schule ins Leben ruft («System Obermoser» oder wie auch immer), ist dabei vollständig gleichgültig. (Zugegeben, nicht ganz: im einen Fall bekomme ich den Nobelpreis, im anderen Fall Schelte von der Weltelite der Nobelpreisträger.)

Jeder, der heute Astrologie lehrt oder lernt, tut das, um seinem Ego mit Hilfe dieser Technik eine weitere Feder (oder überhaupt einmal eine) an den Hut zu stecken.

Wie gesagt, dagegen ist nichts einzuwenden, und es geht nicht anders. Aber der erste Schritt in Richtung auf eine «esoterische» Astrologie besteht darin, *daß ich das weiß*. Daß ich weiß, ich betreibe Astrologie, um meinem Ego Futter zuzuführen.

Mit diesem Begreifen fängt es an. Aber damit sind wir fast schon in einer Paradoxie. Das, was wir gesagt haben, könnte zu dem Schluß führen, es gäbe gar keine esoterische Astrologie. Wenn jeder Astrologie betreibt, um sein Ego zu vergrößern, um in der Welt gut dazustehen, dann ist die Astrologie kein Selbsterkenntnisinstrument, und man könnte jede Beschäftigung mit ihr und auch dieses Buch sogleich «Ego-Astrologie» nennen. Nein, der Ausweg aus diesem Dilemma ist sehr einfach: Indem ich *weiß*, daß ich die Astrologie aus Ego-Gründen betreibe und bei diesem Wissen stehenbleibe, es weder verdrängen noch besser machen will, sondern mir darüber jederzeit im klaren bin, betreibe ich bereits «esoterische Astrologie», denn jetzt kommt ein Prozeß in Gang. Ein derartiges Ego, das jederzeit um sich selbst, um seine Mechanismen, um seine Wahrheiten weiß, ist bereits auf dem Weg der Selbsterkenntnis. Und damit einen Schritt weiter, als es vorher war. Nicht etwa, daß das bereits reicht – aber es hängt nicht mehr total fest.

Fassen wir das bis hierher Gesagte zusammen.

Esoterische Astrologie hat drei Grundbedingungen, die sorgfältig zu beachten sind.

1. Der Erkenntnisgegenstand ist *mein* Inneres, d. h. sie beschäftigt sich mit dem «Erkenne dich selbst». Wann immer ich etwas anderes wissen oder erkennen will (sei es die Welt, sei es meinen Klienten), bin ich gerade woanders – das muß ich wissen (darüber später mehr).

2. Sie weiß um ihren gefährlichsten Gegenspieler, das Ego, und sie akzeptiert ihn. Sie bildet sich nicht ein, Helfer der Menschheit zu sein, sondern sie kennt das Motiv, aus dem heraus sie handelt. Weder verdrängt sie es, noch beschönigt sie es mit Sätzen wie «Ich stehe dazu» (die gleichsam der Lüge zweiter Teil sind).

3. Sie ist das Gegenteil von Wissenschaft. Die Gegner der Esoterik und die Gegner der Astrologie behaupten, Astrologie sei

keine Wissenschaft. Diese Gegner haben vollständig recht! Sie ist keine und sie wird nie eine werden. Die Regeln der Logik gelten hier nicht. Es gehört zur Natur ihres Gegenstandsbereiches (das «Innere»), daß man hier mit wissenschaftlichen Methoden nicht vorzudringen, nicht einzudringen vermag. Es sind andere Hilfsmittel gefordert. Keine, die sich beweisen lassen, keine, die sich im Experiment beliebig wiederherstellen lassen.

> Der tiefe Grund, warum Wissenschaft im Bereich des Innerseelischen nicht gilt, ist der, daß jeder Mensch ein Unikat ist, ein Original. Es gibt keine zweite Ausgabe der Seele eines Menschen. Wissenschaft aber kann nur existieren, wenn ich von dem Verhalten eines Menschen (den ich in der Retorte studiere) eindeutig auf das Verhalten aller (oder wenigstens vieler) Menschen schließen kann. Das aber ist ausgeschlossen. (In der Physik fliegt der geworfene Stein [bei gleicher Masse, gleicher Anziehungskraft, gleichem Anfangswinkel und gleicher Wucht] wie jeder andere geworfene Stein. Wir Menschen fliegen alle anders.)
>
> Warum verliebt sich nicht jede Frau in deinen Freund, so wie du dich in ihn verliebt hast. Die Antwort: Jede Frau ist anders. Sogar die, die sich in ihn verliebt, tut das aus anderen Gründen, als du das tatest.

Generell gilt: Wo es um Innenwelt geht, hat Wissenschaft nichts mehr zu sagen, sie versteht davon nichts. Damit aber steht jede Disziplin, die sich mit Seele beschäftigt, vor der Frage: Woher bekomme ich mein Wissen? Gibt es Gesetze (im außerwissenschaftlichen Bereich) oder Regeln, die mir etwas über mich vermitteln können, die somit für jeden Menschen gelten?

Einige Disziplinen, die heute (langsam) anerkannt werden, haben ein paar derartige Regeln aufgestellt, und wir wollen sie uns kurz anschauen.

> «Die Persönlichkeit des Menschen (sein Charakter) formt sich in den ersten Lebensjahren. Hier werden die Strukturen für sein weiteres Leben ausgebildet und festgeschrieben», sagt der Psychoanalytiker (Freudscher Schule), und seine therapeutischen Erfahrungen scheinen ihm recht zu geben. Freilich, beweisen läßt sich das nicht. Innerhalb seines Rahmens spricht vieles dafür, ist, wie man so schön sagt, plausibel.

«Der Mensch hat in seinem Inneren ein Ensemble von alteingesessenen Bildern, sogenannten Archetypen, die periodisch nach oben drängen und sich in Handlungen, Träumen und Phantasien niederschlagen», sagt der analytische Psychologe (Jungscher Schule) mit gutem Grund und versucht, diese Archetypen bewußt zu machen.

«Der Mensch läuft nur entlang von Verhaltensweisen, die früher einmal (bewußt oder unbewußt) belohnt worden sind, und man kann diese Verhaltensweisen (wenn auch mühsam) durch ein neues Belohnungssystem abdressieren und neu andressieren (Pardon, konditionieren)», sagt der Lernpsychologe und versucht, den Menschen näher an den Pawlowschen Hund zu bringen.

Das alles sind Sätze über das menschliche Innere, die ein Fundament bilden sollen, auf dem man dann eine großangelegte «Wissenschaft vom Menschen» aufzubauen bestrebt ist. Diese Systeme existieren und sie funktionieren.

Wir versagen es uns, viele Beispiele hier einzubeziehen, die als Basissätze noch nicht akzeptiert sind, obwohl viele tausend Menschen mit ihnen (auch mit guten Erfolgen) arbeiten, z. B.:

«Die seelische Entwicklung in frühester Kindheit gräbt sich in die Strukturen des Körpers ein und muß aus dieser körperlichen Erstarrung wieder herausgelöst werden», sagt der Bioenergetiker und veranlaßt seinen Patienten, Körperübungen zu machen, damit seelische Traumatisierungen zum Vorschein kommen.

«Die Seele erfährt ihre tiefste Prägung bereits intrauterin und während des Geburtsverlaufes», sagt der Rebirther und veranlaßt seinen Patienten, diese Stadien noch einmal zu durchleben.

«Die Persönlichkeit des Menschen wird nicht in seiner Kindheit, sondern in unzähligen früheren Inkarnationen gestaltet», sagt der Reinkarnationstherapeut und läßt seinen Patienten einige Inkarnationen wiedererleben, damit diese Ereignisse wieder bewußt und verarbeitet werden.

Wir sehen, es gibt viele Möglichkeiten für ein Fundament; je nach Geschmack ist für jeden etwas dabei, der im Bereich der Seele arbeiten möchte.

Mit Esoterik hat das kaum etwas zu tun. Es ist weder Wissenschaft noch Esoterik, sondern eine ganz spezifische Art, *die* Seele (also nicht *meine* Seele) zu erkennen, indem ich nach Ursachen in der Welt suche. Nennen wir diese Art ruhig «Psychologie», also eine «Lehre von der Seele». Es ist ein Gewächs, das einige (plausible) Regeln als Grundlagen aufstellt und dann Ableitungen von diesen Grundlagen bildet.

Uns interessieren diese Gebilde hier nicht weiter.

Wir fragen jetzt nach den Grundregeln für «Esoterik», denn selbstverständlich hat auch sie einen Basissatz. Dieser ist zwar sehr einfach, doch ist er entschieden weniger plausibel als alle vorher aufgeführten. Es ist also kein Problem, ihn zu verstehen, es ist allerdings ein riesengroßes Problem, ihm zu vertrauen – und das ist beabsichtigt!

Zunächst die Regel:

Schaute «Wissenschaft» in die Welt, um die Welt zu erkennen,

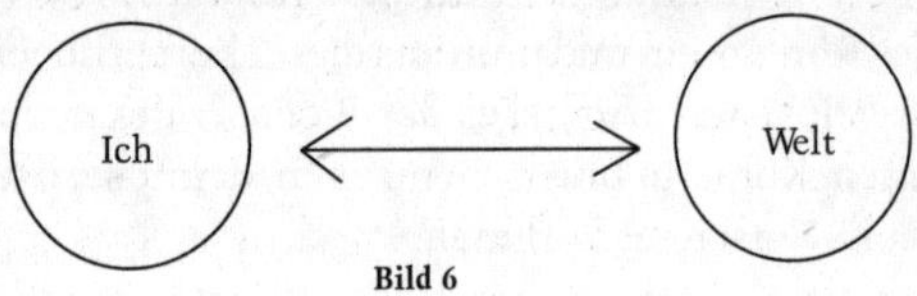

Bild 6

und hatten wir «Esoterik» beschrieben als den Versuch des «Ichs», sich selbst zu erkennen,

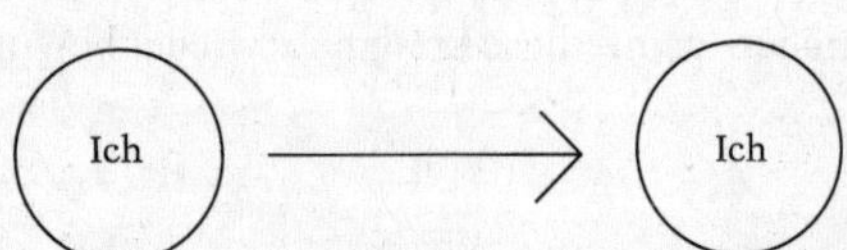

Bild 7

so besteht die Methode der Esoterik mit ihrer Basisregel darin: «Ich schaue in die Welt, weil ich nur in der Welt mich erkennen kann», denn die Basisregel lautet: *«Die Welt ist ein Spiegel»* (siehe Bild Nr. 9).

Erläutern wir das: In dem Moment, in dem ich den esoterischen Weg gehen will (das ist die Ausgangsbedingung), kann ich mir alle Teile meiner Welt anschauen, denn in ihr spiegelt sich die Wahrheit über mein Inneres. Jeder Baum, jeder Strauch, jedes Tier, jeder Mensch, jede Arbeitsstelle, jede Krankheit (sei es bei mir, sei es bei meinem Nachbarn), jede Situation, die auf meinem Weg und damit in meiner Welt liegt, ist ein Erkenntnisinstrument, das mir bei meiner Frage «Wer bin ich» weiterhelfen kann und will. Wobei ich sorgfältig auf die Frage achten muß. Immer wenn ich etwas (in der Welt) nicht verstehe, verstehe ich mich nicht.

Die Frage: «Wer ist meine Frau» (oder «Warum handelt sie so und nicht anders»), ist keine esoterische Frage, sondern eine psychologische. Sie führt nirgendwo hin. Was habe ich davon, wenn ich meine Frau verstehe? Es ist nicht meine Aufgabe, das muß sie schon selbst tun. Ich muß mich erkennen. Also lautet die (esoterische) Frage: «Was kann ich an meiner Frau über mich erkennen?»

Das ist radikal und erscheint auf den ersten Blick idiotisch.

Wieso sollte meine Frau etwas an sich haben, das mir hilft, mich zu erkennen? Weil sie meine Frau ist! Weil sie in meiner Welt verkehrt. Weil der liebe Gott (oder wer auch immer) sie mir ge*schickt* hat. Sie gehört nämlich zu meinem *Schicksal.*

Radikal formuliert: sie ist nichts weiter als ein *Spiegel* für mich. (Natürlich bin auch ich nichts weiter als ein Spiegel für sie. Was immer ich sonst sein mag, für sie bin ich Spiegel, sonst nichts.) Das ernüchtert und macht skeptisch. All die schönen Worte, die ich ihr und die sie mir sagt, all die tollen Dinge, die ich an ihr so schätze und die sie an mir so bewundert – nichts weiter als Verzierungen am Rande des Spiegels. Aber nicht die Verzierungen zählen, sondern nur die glattpolierte Fläche, in der ich mich (früher oder später) erkennen soll.

Sie streitet nicht mit mir – sie zeigt mir den Streit in mir.

Sie ist (nach fünfzehn Jahren) nicht häßlich geworden – sondern sie hat die Aufgabe, mir meine Häßlichkeit zu spiegeln.

Sie hat keine Krankheit – sie zeigt mir meine.

Sie trennt sich nicht von mir – sie zeigt mir meinen Wunsch nach Losgelöstheit, nach Freiheit usw. usw.

Die Welt ist ein Spiegel, und was immer mir gespiegelt wird, bin ich. Nur ich. Sonst nichts.

Das ist die Basisregel.

Während die Denkmodelle der normalen Psychologien immer eine *kausale* Problemkette beschreiben und damit eigentlich so etwas wie eine Schuldzuweisung betreiben (das Problem hat seinen Ursprung in der Zeit – entweder in der Kindheit oder in vergangenen Inkarnationen etc.), behandelt Esoterik das Innere des Spiegels nicht kausal, sondern phänomenologisch. Der Spiegel betrachtet nicht die Zeit (wann ist was geschehen und wer ist daran schuld?), sondern das Phänomen als solches. Die Frage ist nicht mehr «wann» oder «wer», sondern «was».

Was wird gespiegelt?

Damit rutscht Esoterik aus dem normalen menschlichen Denkraster heraus, sie kann kaum noch gedacht werden. Der menschliche Verstand, insbesondere die linke Hirnhälfte, möchte für jedes Phänomen eine Ursache identifizieren. Das Ego ist darauf geeicht, eine *causa,* einen Schuldigen, (möglichst) außerhalb meiner selbst zu entdecken. Esoterik geht auf dieses Spiel nicht ein, sie löst sich von Zuweisungen und zeigt das *So-Sein.* Für sie gibt es kein «weil» (damals), sondern nur ein «jetzt». Eng verbunden mit diesem phänomenologischen Blick ist ein weiteres Phänomen, das zutiefst in die kausale Denkrichtung eingelötet ist. Wenn ich, so sagen die Psychologien, die *causa* in der Zeit identifiziert und beseitigt (bearbeitet, wie es heißt) habe, dann sollte das Problem verschwunden sein und ich bin verändert («anders»). Deshalb betreibe ich ja Ursachenforschung (oder Therapie). Auch hier hat Esoterik einen radikal anderen Blick. Ich kann meine Vergangenheit nicht verändern. Sie ist, wie sie ist. Ich kann auch meine Zukunft nicht verändern. Sie wird sein, wie sie sein wird. Ich kann noch nicht einmal meine Gegenwart verändern. Ich bin, wie ich bin. Das wird ihr oft als Fatalismus ausgelegt. Völlig zu unrecht! Der gesamte Topos der Veränderung ist nämlich ebenfalls ein Ego-Spiel; «Ich möchte besser werden!» lautet die Regel dieses Spiels insgeheim.

«Vergiß die Veränderungen, die du herbeiführen willst, sie entspringen deinem Größenanspruch, schau dir vielmehr an, wer du bist, nicht, wer du sein möchtest», so lautet das Credo der Esoterik. Es ist nicht die Aufgabe des Menschen, anders zu werden (sich zu verändern), es ist nicht die Aufgabe des Menschen, edel zu werden, sondern seine einzige Aufgabe besteht darin, ein Mensch zu werden. Sich zu sehen mit allem, was zu ihm gehört. Das verändert von ganz allein!

Der Unterschied zwischen diesen beiden Arten der «Veränderung» ist beachtlich.

Betreibst du Psychotherapie, so geschieht folgendes:

Ich will mich verändern entlang eines Planes, den mein Ego (oder das Ego meines Therapeuten) ausgeheckt hat. Ich bin dann ein Bildhauer, der vor dem Marmorblock steht und eine besonders schöne Figur herausmeißeln möchte. Die Figur ist im Kopf vorhanden, und ich versuche jetzt, das Material gemäß meinem Plan zu bearbeiten.

Betreibst du Esoterik, so geschieht etwas völlig anderes.

Die Figur (deine Figur) ist bereits im Marmorblock enthalten, aber du weiß nicht, was zum Vorschein kommt, wenn du schlägst. Es könnte ein Engel werden, es könnte ein Teufel werden. Du schlägst nur das «Überflüssige» weg, die dicke Kruste, die deine (im Marmor bereits lange enthaltene) Figur verdeckt. Und du bist vollständig in Unkenntnis darüber, was in dir verborgen liegt. Du hast Angst davor, was da zum Vorschein kommt. Die Figur könnte ein absoluter Taugenichts sein (und was machst du dann damit?). Du siehst, es ist schon einfacher, sich vorher einen Plan zu machen – und nur einen Engel zu schlagen (sic!). Nicht, daß es da (im Marmor) nicht auch einen Engel gäbe! Die Wahrheit ist, es gibt nicht nur eine Figur in dem Marmorblock (in dir), sondern der Stein enthält eine laokoonartige Gruppe von Figuren, die miteinander und ineinander verschlungen sind. Eine ihrer Figuren ist sicher ein Engel (rechts außen), aber es sind noch mehr Figuren in dem Stein verborgen, und manche davon willst du ganz sicher nicht sehen.

Sie alle müssen herausgearbeitet werden! Also was nützt der schönste Plan, der Stein überrascht dich jedesmal aufs neue. Du bemühst dich, eine ganz bestimmte Figur zu meißeln, eine, die vielleicht (nein, aller Wahrscheinlichkeit nach) gar nicht im Stein enthalten ist, sondern nur deinen Wünschen entspringt.

Wir sehen, es gibt einen gravierenden Unterschied.

Das Ego der herkömmlichen Psychotherapie hat eine wunderhübsche Zeichnung dessen, was sie zu gestalten plant, während die Esoterik sagt: Laß dich überraschen von der Vielfältigkeit, die zum Vorschein kommt und nie – wir wiederholen: nie – mit deinem Plan übereinstimmt.

Natürlich ist es einfacher, mit einer Konstruktionszeichnung in der Hand an den Marmor (an dich) heranzugehen, und es funktioniert ja auch bis zu einem gewissen Maße. Es ist einfacher und sicherer. Schlagersänger werden heute nach Konstruktionszeichnungen angefertigt – warum sollten sich nicht auch körperliche (und seelische) Probleme dergestalt verändern lassen? Weil es nur bis zu einem gewissen Punkt möglich ist.

Figurativ gesprochen: Die rechte Seite des Engels läßt sich (mit wenig Mühe) aus dem Stein klopfen, aber sobald du beim linken Arm angelangt bist, merkst du, daß dieser Arm von einem anderen Arm untergehakt ist. Der Engel ist also nicht allein, sondern eine weitere (noch im Marmor verborgene) Gestalt hält ihn fest. Diese Gestalt hat ganz lange und spitze Fingernägel! Jetzt bloß nicht weiterschlagen, sagst du und hörst mit deiner Therapie auf, wer weiß, was da zum Vorschein kommt? Aber die Hand ist schon da. Und man kriegt den Marmor da nicht wieder drüber. Die Hand soll weg, sie stört, du willst sie abschlagen. Aber je mehr du auf ihr herumhaust, desto mehr Marmor platzt von dem Arm ab. Du kriegst sie nicht zum Verschwinden.

Und diese Hand entspricht nicht deinem Plan!

Brechen wir hier ab. Wir werden uns die ganze *Gruppe* der im Marmor eingeschlossenen Figuren im Verlauf dieses Buches anschauen.

Mit diesem Bild sind wir jedoch unversehens in einem weiteren wichtigen Gedanken aus dem Fundus der Esoterik gelandet. Und dieser Gedanke unterscheidet sich so sehr von allen herkömmlichen Theoriegebilden, er ist so unerhört, daß wir ihm vorbereitenden Raum bereits hier geben müssen.

Bisherige Menschenkunde geht davon aus, daß jeder Mensch eine singuläre Erscheinung ist. Du bist du, *ein* Mensch. Der Augenschein gibt dieser Anschauung ohne Zweifel recht. Auf einem Stuhl sitzt eine Person, das wissen wir. Körperlich gesehen ist das richtig. Aber wir haben schon darauf hingewiesen, daß wir hier nicht nur den körperlichen Menschen behandeln, so wie er von der Wissenschaft vermessen werden kann, sondern uns interessiert ja das Innere! Also die Person, die sich im Inneren des Körpers aufhält (wenn man es einmal so ausdrücken möchte).

Und ob diese Person ebenfalls eine Singularität ist, wird zwar – ohne daß man je über derartiges nachdenken müßte – stillschweigend vorausgesetzt und behauptet. Es ist plausibel, aber keinesfalls gesichert.

Zwar weiß die Psychologie von Krankheitsbildern zu berichten, bei denen sich im Menschen zwei Persönlichkeitsanteile gegenseitig im Wege stehen, und sie hat wohlklingende Namen dafür («Schizophrenie», «multiple Persönlichkeit»), und ebenso weiß der gesunde Menschenverstand, daß oft zwei Seelen («ach») in meiner Brust wohnen, die eine, die sich das Rauchen abgewöhnen will, die andere (oft stärkere), die lieber raucht, aber diese gegeneinander arbeitenden Persönlichkeitsanteile werden eher als Abweichung gesehen denn als das Normale. Man ist eben nicht eindeutig und das ist krankhaft. Daß sich diese Dichotomien durch das ganze Leben ziehen, hat sich in wohlklingende wissenschaftliche Terminologie hinein verdichtet (und geflüchtet): «double-bind», «Ambivalenz», «Rollenkonflikt», «Identitätskonflikt», «Ambiguität», ist aber bislang nie mit einem Umstand in Verbindung gebracht worden, den die Esoterik schlankweg behauptet:

Im Inneren eines Menschen gibt es nicht eine Person, sondern zwölf! Diese Personen haben jeweils verschiedene Aufgabenstellungen, Vorlieben, Abneigungen, Wünsche, sowie ganz konkrete Handlungsvollmachten innerhalb ihres Rahmens.

Natürlich könnte man diese Ansicht ein wenig mildern, indem man davon spricht, daß es sich nicht um deutlich voneinander geschiedene Persönlichkeiten handelt, sondern um Persönlichkeitsanteile dieser einen Person. Aber jede Milderung verschleiert. Insofern beharrt esoterisches Wissen darauf, daß diese Personen sehr real sind, daß sie wie richtige Personen auf einer inneren Bühne agieren. Und selbstverständlich: daß wir diese Personen nur ungenügend (wenn überhaupt) kennen. Oder, anders gesagt:

einige kennen wir und mögen sie, einige kennen wir und mögen sie nicht, andere sind uns gänzlich fremd und sitzen unerkannt und unbekannt irgendwo im Inneren.

Aber damit ist dieses Modell noch längst nicht ausgereizt.

Manche der Personen aus unserem inneren Theaterstück (das wir unser Leben nennen) haben sich mit anderen verbündet, manche haben sich mit anderen verfeindet, manche verstecken sich und agieren aus dem dunkeln (intrigieren und desavouieren). Manche stehen allein auf weiter Flur, manche sind Sklaven der anderen, andere sind Herren über die einen, einige quälen die anderen, andere versuchen, die einen umzubringen, wieder andere schließen lebenslange Verträge auf ewige Freundschaft, andere brüten darüber, wie sie den einen Schaden zufügen können usw. usw. – und das alles in mir.

(Kurz, der ganz normale Dallas-Wahnsinn – in einer Person!)

Es ist aus heuristischen Gründen sinnvoll, daß wir uns, so radikal es eben geht, vorstellen: Der Stuhl, auf dem du sitzt, trägt im Moment zwölf (innere) Personen, die alle den gleichen Körper bewohnen, aber jeweils *anderes* von dir verlangen. Und es ist die Aufgabe eines jeden Menschen, diese zwölf Personen mitsamt ihren Ansprüchen kennenzulernen und nebeneinander und miteinander leben zu lassen. Sie wollen alle *gelebt* sein. Aber wie kann der Mensch etwas leben, was kennenzulernen er sich sträubt. Esoterik hat also damit zu tun, die verschiedenen Personen in dir in die Sichtbarkeit zu bringen. «Erkenne dich selbst» heißt in diesem Zusammenhang: «Erkenne die Vielfalt, die verschiedenen Personen in dir.»

In den fünfziger Jahren erkannte man eine Familie, die ein mongoloides Kind hatte, daran, daß in einem Zimmer des Hauses ständig die Übergardinen vorgezogen blieben. Ab und zu lugten ein paar Augen und eine Nase durch diesen Schlitz. Es gibt diese Kinder (und einige andere Gestalten) auch heute noch in jedem von uns. Und die Vorhänge sind nach wie vor zugezogen. Ich selbst gehe nie in dieses Zimmer, aber der Kleine lebt, er lugt ab und zu durch die Gardine, und manchmal tut er etwas anderes, um sich bemerkbar zu machen. Und das ist mir dann sehr unangenehm. Esoterik heißt: Gehe in den Raum, schaue dir den Kleinen an, ziehe die Vorhänge auf, nimm ihn bei der Hand und gehe mit ihm – in aller Öffentlichkeit – spazieren.

Nur das (neben vielem anderen) heißt: «Erkenne dich selbst.»

Und es sind einige Zimmer, die von uns noch nicht betreten worden sind. Vor manchen Fenstern befinden sich Stahlrolläden, vor dem Eingang ist die Zugbrücke hochgezogen, und mitunter hört man ein sehr tiefes und tierisches Röhren . . .

Aus dem oben gegebenen Bild ergibt sich eine Konsequenz, die jedem herkömmlichen Seelen-Modell widerspricht:

Der normale Therapeut versucht, seinen Patienten in einen Bereich der Übereinstimmung zu bringen: «Du mußt wissen, was du willst.» Natürlich trifft er da auf eine Formulierung (auf einen Plan), die (der) auch in dir existiert: «Ich möchte endlich wissen, was ich eigentlich will, und ich möchte auch endlich tun, was ich schon immer tun wollte.» Sei *authentisch,* sagt er zu dir. Das ist eine wunderhübsche Formulierung, aber leider ist sie unerfüllbar. Wenn (um nur ein Beispiel zu nennen) eine Person in mir fordert: «Ich werde ab Neujahr mit dem Rauchen aufhören», und eine andere Person (aus demselben Ensemble) mit dem gleichen Recht behauptet: «Ich brauche eine Zigarette, sonst werde ich verrückt», dann stellt sich für mich (wer immer das ist, dieses «Ich») nicht die Frage, wem gebe ich recht, wessen Impuls stelle ich mehr Energien zur Verfügung, sondern nur die Frage: Welche von beiden Personen sperre ich in das dunkle Zimmer. Die, die rauchen will, oder die, die gerade aufhören möchte? Oder, etwas wissenschaftlicher: Welche verdränge ich? In keinem der beiden denkbaren Fälle bin ich authentisch.

Allein, bei einer derartigen Frage sind wir ja schon zu dritt. Einer will rauchen, einer will nicht mehr rauchen, einer steht da und muß sich entscheiden: Wem folge ich? Die anderen neun Personen haben möglicherweise kein Interesse an einer derartigen Frage. Aber vielleicht stehen sie auch daneben, feixen und schließen Wetten ab darüber, wer wohl gewinnen wird. Aber angenommen, einer der beiden Kontrahenten hat Verbündete im Lager der restlichen neun Personen (gar im Lager der unbewußten Personen), dann geht die Energie auf diese Person über, und der andere verliert. Beim *richtigen* Raucher (also nicht bei dem Salonraucher, der raucht, weil es schick ist) steht die Person, die rauchen will, immer in Verbindung mit einer nicht gewußten (deshalb unbewußten) Person und gewinnt aus diesem Grunde das Rennen haushoch. (Wir hören dann Sätze wie: «Ich habe schon unzählige Male versucht, mir das Rauchen abzugewöhnen, aber ich schaffe es nicht. Ich weiß auch nicht, woran das liegt . . .»)

Wir sehen, mit der Authentizität ist das so eine Sache. Ich wünsche sie mir, ich möchte in allen Teilen meiner Person (oder mit allen Personen gleichzeitig) einig sein, doch wenn ich genauer hinschaue, merke ich, daß ich es nicht bin. Während die normale Psychologie und Psychotherapie die Forderung ausspricht: «Sei mit dir übereinstimmend», weiß die Esoterik, daß sie unerfüllbar ist und stellt eine gänzlich andere auf:

«Bringe dich nicht in unerfüllbaren Stress. Du bist nicht authentisch, also lerne die einzelnen nichtauthentischen Teile in dir kennen!»

Die Personen in meinem Inneren bilden in der Tat das Ensemble eines Theaterstückes. Anders gesagt, aus der Grunderkenntnis, daß das Innere eines jeden Menschen in viele verschiedene Personen aufgeteilt ist, ist «Theater» überhaupt erst entstanden.

Auf der Bühne stehen sich jene Personen, die sich im Inneren eines jeden Menschen nicht sichtbar befinden, auf einmal als handelnde Personen im Außen gegenüber. Das macht die eigentliche Faszination des Theaterspiels aus.

Der Zuschauer ahnt dunkel, einen Faust habe ich auch in mir, ein Gretchen, einen Wagner, eine Hexe – und einen Mephisto. Natürlich *weiß* er das nicht, weder der Zuschauer noch der Autor des Stückes sind der Meinung, daß da vor seinem äußeren (und inneren) Auge die Personen des eigenen Stückes sichtbar mir entgegenspringen, so daß ich sie jetzt kennenlernen kann.

Nein, niemand weiß es, und doch funktioniert es so seit den Tagen der ersten Mysterienspiele und dem daraus entstandenen griechischen Theater.

Schon als kleines Kind hat der heutige Mensch die Gelegenheit, in dieses innere Stück eingeführt zu werden, denn jedes *Kasperletheater* (das vollständig ist) stellt alle zwölf Personen des inneren Dramas dar. Das Kind kann die Figuren in die Hand nehmen und (vorübergehend) in jede Rolle schlüpfen (man muß ja wirklich hineinschlüpfen!) – genau das also, was im späteren Leben ebenfalls von ihm verlangt wird und was ihm bei manchen Rollen so sehr schwerfällt. Ich bin schon nicht so gern der Seppl – aber wer mag schon der Polizist sein oder das Krokodil oder gar der Teufel?

Doch unsere zwölf Personen haben noch ein weiteres sehr schwer zu verstehendes Spezifikum:

Sie existieren nicht nur in meinem Inneren (und verursachen hier Verwirrung, Konfusion und bis zur Schizophrenie reichende Konflikte), nein, es gibt sie auch im Außen. In meinem Außen. Es sind die Bewohner meiner individuellen Welt.

Sie treten periodisch aus dem Außen in mein Leben ein, in der Absicht, daß ich über diese Personen des Außen mit den gleichlaufenden Personen des Inneren Kontakt schließe. Ohne diesen wechselweisen Rekurs kann ich die inneren Personen (die ich bin) nicht kennenlernen. Würden sie mir nicht unentwegt im Außen, aus dem Spiegel also, entgegentreten, wie sollte ich ihnen sonst wohl begegnen? Wir haben schon darauf hingewiesen, daß der Mensch diese Teile in sich nicht unbedingt wahrnehmen möchte, daß er gar alles unternimmt, um diese Begegnung mit sich selbst zu vermeiden. Solange sich diese Personen nur im Inneren aufhalten, bräuchte ich nur meine Verdrängungen aufrechtzuerhalten (was wesentlich leichter ist, als sie aufzulösen), und nichts könnte mich zur Selbsterkenntnis bewegen. Warum sollte ich das Krokodil in mir anschauen? Es schlummert unter einer Betondecke. Da es aber eine Welt gibt, deren Inneres mein Spiegel ist, treten mir jetzt entweder die Krokodile der Welt entgegen (und schnappen nach mir) oder (als Kehrseite der gleichen Münze) mancherlei Menschen mit der Behauptung, ich sei ein Krokodil und würde nach ihnen schnappen. Beides macht mich nicht froh, und beides bringt einen Prozeß in Gang, einen Prozeß, der nur damit endgültig abgeschlossen ist, daß ich mein Krokodil im Inneren gefunden habe.

Die Welt ist ein großes Theater, ein Puppenspiel, nur dazu da, mir zu zeigen, welches Spiel ich spiele. Ich kann dieses Theater sehr ernst nehmen, oder eben als Kasperletheater.

Esoterik ist ein Weg, das Kasperspiel zu begreifen.

Sie stellt mir Werkzeuge zur Verfügung, die einzelnen Personen als Personen in mir zu erkennen und zu akzeptieren. Sie ist kein Weg, die Personen zu verändern!

Im Gegensatz zu herkömmlichen Wissenschaft (der Seele), die gar keine Wissenschaft ist, bekomme ich hier nicht drei Personen (Vater, Mutter, Kind oder Es, Ich, Über-Ich oder Eltern-Ich, Kindheits-Ich, Erwachsenen-Ich etc.) angeboten, sondern deren zwölf.

Was die Situation des Verstehens nicht eben einfacher macht. Man denke sich die Permutationsmöglichkeiten der einzelnen Allianzen durch, die diese zwölf Personen miteinander eingehen können.

Mit diesem Gedanken wird jeder Raum, den wir in unserem Leben betreten, zu einem Seelen-Raum, denn in jedem Raum dieser Welt finden wir die Personen unserer Seele gespiegelt.

Natürlich ist dieser Gedanke nicht leicht zu verdauen, haben wir uns doch seit Hunderten von Jahren angewöhnt zu glauben, daß die einzige Person, die in den Räumen meiner Welt herrscht, eine Gestalt namens «Zufall» sei. Was mir da aus dem Außen der Welt in mein Leben springt, hat nichts mit mir zu tun, es ist vielmehr eine Göttin, die absolut regellos ist. Ohne inneres Gesetz, zu manchem kommt sie, zu manchem nicht – so glauben wir gerne.

Eine derartige Göttin anzubeten, ist für die Esoterik ausgeschlossen. Bei den alten Griechen kam diese Göttin nicht vor. Es gibt sie erst seit 200 Jahren, ihre Existenz ist durch nichts bewiesen und doch stellt sie die Hauptargumentationsquelle der Psychologie (und meines unesoterischen Lebens) dar.

> Frage: «Warum ist meine Mutter gestorben, als ich zwei Jahre alt war?»
> Antwort: «Das hat nichts mit dir zu tun. Das war Zufall! (Sie hätte auch leben bleiben können, wie bei deinem Nachbarn, aber wie es nun einmal war, ist sie gestorben. Daran kann man nichts machen.)»

Nein, die Esoterik hat ihr Hauptaugenmerk auf die Zerstörung dieser Gestalt gelegt. Es gibt keinen Zufall! Du hast es nur noch nicht verstanden, warum sie sterben mußte, als du zwei warst. Das hat mit dir zu tun.

Ich kann natürlich weiterhin alles, was ich nicht verstehe, in den großen Topf mit der Aufschrift «Zufall» werfen. Dort liegt es lange herum (beginnt langsam zu stinken), so lange, bis ich es im Rahmen des seelischen Umweltschutzes endlich zu entsorgen beginne.

So weit erst einmal das esoterische Gesetz der «Räume». Äußere Räume sind dazu da, innere Räume zu spiegeln.

Es gibt aber auch noch ein Gesetz der *Zeit*. Da es in unserem Denken ebenfalls mit dem Thema des «Zufalls» verschwistert ist, müssen wir die esoterische Ansicht über die Zeit hier kurz umreißen.

Einer der Autoren dieses Buches hält in diesem Moment einen Bleistift in der Hand, einen Stift, mit dem er just diese Zeilen schreibt. Angenommen, ich würde jetzt den Stift vom Papier lösen, mich ein wenig nach links bewegen, ihn in die Luft halten und mich fragen: Ob dieser Stift jetzt wohl zu Boden fällt oder nicht? Nun, der Leser weiß, die Antwort ist ganz einfach: Du brauchst nur den Druck von Daumen und Zeigefinger ein wenig vom Stift zu lösen, und schon fällt der Stift. (Also, was soll der Quatsch?)

Die Frage ist, kann der Stift fallen, wann es ihm beliebt? Oder noch einfacher: Kann der Stift fallen, wann es einem der Autoren beliebt? Der normale ebenso wie der wissenschaftliche Verstand weiß die Antwort längst. Selbstverständlich kann der Stift so, wie der Mensch will. Ob ich mich nämlich entscheide, ihn fallen zu lassen oder ihn nicht fallen zu lassen, liegt an mir. Ich bin der Herr über den (Zu-)Fall des Stiftes! So denke ich – und so denkt jeder.

Nicht so die Esoterik.

Die Esoterik nämlich behauptet: Es gibt ein Gesetz, das im Inneren des Stiftes waltet. Dieses Gesetz legt fest, ob sich im inneren Sein dieses Stiftes in diesem Moment (30. 1. 1989, 12 Uhr 21 in Frankfurt am Main) eine Öffnung in der Zeit befindet, die es dem Stift gestattet zu fallen – oder eben nicht. Ist diese Öffnung in der Zeit vorhanden, fällt er, ist sie nicht vorhanden, fällt er nicht. Ist sie da, die Öffnung, ist es dem Stift ausgeschlossen, nicht zu fallen!

Der Autor freilich, der sich so mächtig dünkt, das Gesetz des Stiftes selbst bestimmen zu wollen, ist nicht mehr als ein Erfüllungsgehilfe für das Schicksal des Stiftes. Sei es Erfüllungsgehilfe für den Fall (den das Gesetz des Stiftes vorschreibt), sei es für den Nicht-Fall (den das Gesetz des Stiftes ebenfalls vorschreibt). Mit anderen Worten, der Stift entscheidet selbst entlang eines höheren Gesetzes, das er nicht verlassen kann. Muß er fallen, so sucht er sich einen der Autoren, damit der Fall ermöglicht wird. Das Gesetz des Stiftes ist der Herr, der Autor der Sklave. Aber der Stift kann sich auch eine Katze suchen, die gerade über den Schreibtisch streunt, oder ein anderes ausführendes Organ. (Statt einer Fußnote: Ob der Stift ein Gesetz hat oder nicht, ist deshalb nicht entscheidend, weil er keine Selbsterkenntnisleistung zu erbringen in der Lage ist. Das kann nur der Mensch, und deshalb ist das Gesetz des Stiftes nur in Hinblick auf den beteiligten Menschen von Bedeutung.)

Was bei einem Bleistift noch etwas lächerlich anmutet, wird bei der vollen Kaffeetasse schon etwas problematischer (und bei einem herunterfallenden Dachziegel mitunter dramatisch). Bei der Kaffeetasse, wird nämlich das Schicksal des schönen sauberen Teppichbodens und der Sauberkeitsfimmel des Besitzers gleich mitberührt. Fällt die volle Kaffeetasse, sind schon drei Gesetze im Inneren des Seins affiziert. Das Gesetz der Kaffeetasse, das Gesetz des (noch sauberen) Teppichbodens und das Gesetz der (sauberkeitsliebenden) Besitzer, denen der saubere Teppichboden zur Zierde gereicht (und der schmutzige zur Schande).

Der Fall der Kaffeetasse braucht ebenfalls seinen Ort in der Zeit. Die Zeit nimmt eine eigenartige Qualität an, sie wird zur Fall-Zeit, sie wird Ereignis-Zeit und als solche Spiegel-Zeit.

Aber nicht, wie ich das will, sondern um mir etwas zu spiegeln!

Der Zufall wird hier tatsächlich zum gesetzmäßigen Zu-Fall. Ich muß jetzt nur noch das dahinterliegende Gesetz verstehen!

Die Wissenschaft möchte jetzt die Kaffeetasse zum Subjekt machen. Sie fällt, weil . . .

Die Esoterik macht *mich* zum Subjekt. Im Fall der Kaffeetasse spiegelt sich eines meiner Geheimnisse. Beispielsweise jenes, daß ich nicht sauber bleiben kann (seelisch: nicht unschuldig). Sosehr ich mich auch bemühe. Daß jetzt auf meinem schönen weißen Teppich (Weste?) ein dunkler Fleck ist. Ein Mahnmal, eine Erinnerung, die etwas aussagen möchte.

Aber so weit, daß wir die Symbole der Welt in ihrer Übersetzung für meine Seele lesen können, sind wir ja noch gar nicht. Wir lassen also den Fleck wieder verschwinden.

Wählen wir für das Thema «Ort in der Zeit» jetzt ein größeres Beispiel.

Wir wollen jetzt versuchen, das vorherige Bild der zwölf Personen in meinem Inneren in einen Zusammenhang zu bringen mit der Perspektive der Zeit.

Zu diesem Zweck wählen wir das Bild eines Eisenbahnzuges: Eine Lokomotive mit elf Wagen. Jeder der Wagen (und die Lok) ist reserviert für eine der Personen aus meinem Inneren. Hier hat jeder seinen Platz. Eine der Personen sitzt im Salonwagen, 1. Klasse, einer sitzt im Speisewagen, einer im Postwagen etc.

Irgendwann ist der Zug losgefahren. Jeder Mensch weiß, wann das geschehen ist, der Zeitpunkt seiner Geburt steht fest, der Ort seiner Geburt steht ebenfalls fest. Angenommen, das war in dem Ort «Grünberg» am 22. 2. 1922 um 2 Uhr 22. Dort ist der Zug losgefahren. Wie alle Züge, so hat auch dieser Zug einen Fahrplan. Er legt fest, über welche Ortschaften der Zug geleitet wird (Weichen müssen gestellt werden), wieviel Aufenthalt er auf den einzelnen Stationen hat, durch welche Landschaften er fahren muß (Hochgebirge, entlang von Flüssen oder durch Tunnel) und wann er seine Zielstation erreichen wird. Eine himmlische Bundesbahndirektion hat die Strecke genau vorbereitet, und in ihrem Fahrplan ist es klar: Der Ankunftsbahnhof heißt «Weißensee», und die Ankunftszeit ist der 1. 1. 2011 um 1 Uhr 11. Dazwischen liegen die Stationen «Rotenburg», «Braunau», «Schwarzburg» und «Ockertal», auf denen der Zug jeweils einige Stunden (oder Jahre) Aufenthalt hat.

Wir Menschen, die wir uns im Moment auf irgendeiner der Stationen befinden, sei es im Bahnhof, sei es unterwegs, haben folgendes Problem: Wir wissen weder, wo der Zielbahnhof ist, noch wann wir ihn erreichen werden. Wir fahren, wie man so schön sagt, ins «Blaue». Aber da wir Menschen sind, kann es sein, daß wir einen Plan gefaßt haben, und dieser Plan sagt uns, wo wir gern ankommen würden: St. Tropez! Zwar merken wir deutlich, daß der Zug nicht in südliche Richtung fährt, sondern, im Gegenteil, nach Norden, zwar wird es draußen nicht warm, sondern kälter, aber das hindert uns nicht daran, jeden Tag darauf zu warten, daß der Schienenstrang einen großen Bogen macht und die Richtung sich umkehrt. In der Regel sind wir weder mit der Richtung des Zuges noch mit der Landschaft, noch mit den Reisenden, die periodisch ein- und aussteigen und sich in unserem Inneren (in den Wagen des Zuges) aufhalten, einverstanden.

Nicht, daß wir gänzlich unwissend wären. Wir wissen ja, wo der Zug gestartet ist, und wir wissen auch, welche Stationen er bis jetzt durchquert hat. Wir wissen sogar, welche Menschen uns bis zum heutigen Tag begegnet sind, sie sind eingestiegen und ausgestiegen (und manche sind sogar noch drin). Das ist die Situation des Menschen. Der Zug läßt sich bis zu dieser Stelle beschreiben. Wo er morgen sein wird, weiß ich nicht. Es könnte gar sein, daß er morgen bereits am Zielort ist (zittert eine Stimme in mir), und dann müßten wir alle den Zug verlassen. Sehen wir diesen Zug einmal als Analogie für unseren Körper, so wird deutlich, daß der Zielort gleichbedeutend ist mit dem Verlassen des Körpers und also mit dem Tod. Davor ängstigen wir uns.

Im Vertrauen: die Personen im Inneren des Zuges sterben *nie*. Sie steigen aus, und da sie noch nicht am Ende ihrer *letzten* Reise sind, werden sie bald einen neuen Zug besteigen, der diesmal von «Weißensee» nach «Blaufelden» unterwegs sein wird, und wieder werden die Insassen von einem St. Tropez träumen ...

An diesem Bild lassen sich sogleich die beiden unterschiedlichen Positionen von «Wissenschaft» und «Esoterik» verdeutlichen.

Die *Wissenschaft* behauptet, es steht dir frei, hinzufahren, wohin du willst. Du mußt es nur richtig wollen, mußt dich etwas anstrengen (freilich, du brauchst ein wenig «Glück» – wie die Gestalt des «Zufalls» auch mitunter genannt wird), und dann stehen dir sowohl St. Tropez als auch ein langes Leben zur Verfügung. Das geht allerdings nur, wenn du nicht rauchst, dich sportlich in Form hältst und pünktlich deine Vorsorgeuntersuchungen auf Krebs unternimmst. Dann kannst du dein Leben (sprich: den Fahrplan) beliebig zu deinen Gunsten neu schreiben. Jeder ist jederzeit seines Fahrplanes Schmied. Es gibt keine himmlische Bundesbahndirektion, es gibt keinen Gott, sondern du selbst kannst dich zum Gott, zum Schöpfer deines Lebens im «Do-it-yourself-Verfahren» aufschwingen. Nur, das wollen wir dir nicht verhehlen, du solltest eine Gestalt, die man «Zufall» nennt und die mitunter als Autounfall oder als AIDS-Virus daherkommt, tunlichst meiden. Aber solange du einen Aufprallsack auf deiner Lenksäule und ein Kondom in der Hosentasche hast, sollte diese Gestalt beherrschbar sein. Wir arbeiten daran, sagt die Wissenschaft, den «Zufall» in den Griff zu bekommen (die Dachziegel werden auch immer sicherer, schließlich haben wir für so etwas den TÜV).

Die *Esoterik* behauptet: Der Fahrplan steht fest. Das Ziel steht fest, deine Ankunftszeit im Ziel steht ebenfalls fest. Daran änderst du nicht ein Jota. Weder fasten noch beten, weder Vegetariertum noch Müsli, weder Yoga noch Menschenliebe «all over» verschiebt daran auch nur eine Minute. Du änderst den Zug nicht. Es ist auch gar nicht deine Aufgabe, die Fahrt des Zuges zu verändern. Der Fahrplan ist dein Gesetz, und es geht nicht darum, das Gesetz zu verändern, sondern es zu erfüllen. Du landest in «Weißensee» unausweichlich, also versuche das Gesetz dieses Fahrplanes zu verstehen. Dazu hast du alle Möglichkeiten. Sie sind an Bord des Zuges. Deine Aufgabe ist es, in der Zeit, die du zur Verfügung hast, *die Personen im Inneren des Zuges kennenzulernen und zu verstehen,* nicht sie zu meiden (manche Wagen des Zuges hast du noch nie betreten). Die Fahrt ist vorherbestimmt, die Strecke steht fest, und noch niemand hat einen Zug gesehen, der seinen Schienenstrang verlassen hat. Hier bist du determiniert. Im Inneren des Zuges bist du frei! Es steht dir frei, jeden Wagen des Zuges zu betreten, zu tanzen, zu lachen, zu weinen, zu tun, was du willst. Und je mehr dir der Zug vertraut wird, je besser du dich kennst, desto mehr verstehst du seine Richtung. Bis du schließlich gänzlich verstanden hast, warum du ausgerechnet nach «Weißensee» mußt. Und je mehr du das verstehst, desto mehr verblaßt der Ort St. Tropez. Am Ende hast du ihn vergessen.

Du hast aber auch die Wahl, gegen die Wände des Zuges zu schlagen und den Lokomotivführer (zu dem du keinen Zugang hast, also müßtest du «channeln» oder pausenlos «positiv denken») zu beschwören, die Richtung endlich zu ändern. Und noch auf dem Totenbett röchelst du mit ersterbender Stimme: «St. Tropez . . .» Es ist deine Wahl, was du im Inneren des Zuges tust. Daß es dir freilich mit St. Tropez im Kopf nicht sonderlich gut geht in deinem Leben bei einem Zug, der nach Norden fährt, das verstehst du.

Wer hat recht? Die Wissenschaft? Die Esoterik?

Ja, wenn wir es wüßten, wenn wir uns darauf verlassen könnten, wie einfach wäre das Leben.

Aber auch diese Unsicherheit ist eingebaut. Ist Bestandteil. Du kannst dir nie sicher sein, das gehört zum Spiel. Du stehst am Scheideweg. Stimmt die Astrologie (die Esoterik)? Kann man sich darauf verlassen? Stimmt das Beispiel mit dem Zug? Darf ich mich darauf verlassen? Alle Astrologiebücher versichern dir im Brustton der Überzeugung, die Astrologie habe recht. Sie funktioniert. Und sie versuchen, dich zu überzeugen, daß die Wissenschaftler armselige Tröpfe seien, die zuviel Angst haben. Und natürlich sagt dir die Wissenschaft das Gegenteil: «Astrologie», behauptet ein großer deutscher Philosoph, «ist die Philosophie der dummen Kerle!» Hat er recht? Ist etwas dran an seiner Meinung? Wer will schon ein dummer Kerl sein?

Plaudern wir aus unserem Nähkästchen: Die Autoren dieses Textes betreiben seit vielen Jahren berufsmäßig die Astrologie, obwohl wir beide nie behaupten, daß wir «Astrologen» seien. Es gibt Tage, da stehen wir vor einem Horoskop und sind der Ansicht, es ist alles grandioser Blödsinn, nichts stimmt! Wir sind dann zutiefst deprimiert und bereit, die Astrologie hinzuschmeißen. Wie kann ein Instrument, das mitunter auf den Tag genau eine Abtreibung beschreibt (und unser Klient bekommt ein Staunen der Ehrfurcht), in einem anderen Fall bei allem, was wir herauslesen, nur absolutes Unverständnis produzieren? Mit anderen Worten, wir glauben nicht an die Astrologie, wir ringen mit ihr. Mitunter sind wir total überzeugt, mitunter (ver)zweifeln wir total. Mittlerweile wissen wir, daß auch das zum Spiel gehört. Die Gewißheit ebenso wie der Zweifel.

Hier liegt der Scheideweg. Die einen gehen, wenn auch zaghaft und unter großen inneren Kämpfen, hinein in das Instrument, erreichen nie gänzlich Sicherheit und ringen mit sich, die anderen stehen davor und gehen nicht hinein. Sie bleiben auf dem Pfad der Wissenschaft stehen und halten es für eine Tugend. Sie versuchen, sauber zu bleiben, keine dummen Kerle zu werden.

Wir aber wollen – zumindest in diesem Buch – hineingehen und uns anschauen, wie weit das Instrument «Astrologie» uns trägt.

Nach all den vielen Bildern über Esoterik sind wir jetzt endlich bei der Astrologie angelangt.

Was ist nun (esoterische) Astrologie?

Die Esoterik hatte behauptet, zwischen dem «Ich» und der «Welt» gäbe es eine Spiegelbeziehung: «Ich spiegele mich in der Welt.»

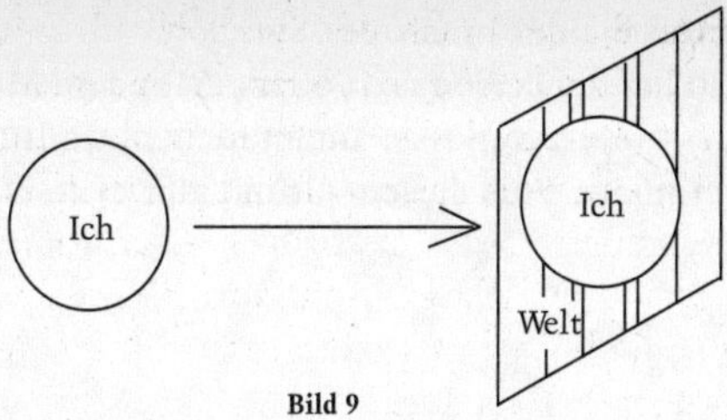

Bild 9

Alles, was mir aus meiner Welt entgegentritt, ist nichts anderes als ein Spiegelbild meines Inneren. Diese große Klammer der Esoterik kann jetzt in kleinere Disziplinen hinein aufgelöst werden, z. B. innerhalb der Esoterik in kleinere Werkzeugkästen wie:

Ich spiegele mich im Wurf der Schafgarbestäbe oder der Münzen (I Ging).
Ich spiegele mich in der gezogenen Karte (Tarot).
Ich spiegele mich in meiner Schrift (Graphologie).
Ich spiegele mich in meinen Handlinien (Chiromantie).
Ich spiegele mich in meinen Zähnen (vgl. neuerdings das Buch von Dietrich Volkmer: «Jenseits der Molaren»).
Ich spiegele mich in meinen Pupillen (Iris-Diagnose).

Hier bewegen wir uns jetzt nicht mehr in dem Gesamtumfeld «Welt», sondern greifen uns Einzelsegmente ganz gezielt heraus. Das hat den Vorteil, daß ich nicht jeden Ausschnitt der Welt (meiner Welt!) interpretieren muß, sondern nur kleine Teile, die sich leichter formalisieren und d. h. übersetzen lassen.

Wir haben bisher versäumt zu sagen, daß diese Spiegelfunktion der Welt natürlich nicht in einem 1:1-Verhältnis zu mir steht, sondern in einem Symbolverhältnis. Mit anderen Worten: der Polizist, der mir aus dem Außen entgegentritt und einen Strafzettel übergibt, ist nicht unbedingt die Spiegelung des realen Polizisten in meinem Inneren (obwohl diese Formulierung gar nicht so abwegig wäre), sondern ist ein Symbol für eine Person, die wir vorläufig als den Statthalter meines «inneren Gesetzes» bezeichnen wollen. Es geht in jedem Fall um eine Übersetzungsleistung, die ich an den Symbolen der Welt vorzunehmen habe, so lange, bis der Inhalt des Symboles für mich Sinn macht. In unserem Fall hat die Person des Polizisten in dem Moment, in dem ich mein inneres Gesetz verlasse, aufzutauchen, um mich an ebendieses Gesetz zu erinnern. Aus diesem Grund gibt es in der Welt Polizisten.

Das Thema

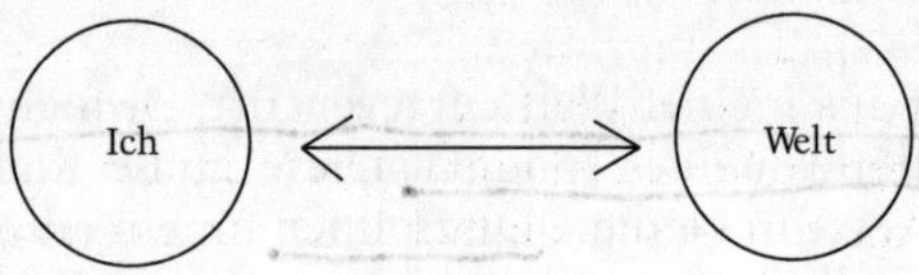

Bild 10

wird in der Astrologie jetzt von der horizontalen in die vertikale Ebene verlegt und lautet hier:

«Ich spiegele mich in der Bahn der Sterne und Planeten», oder anders formuliert: «Der gestirnte Himmel ist ein Gleichnis für mich.»

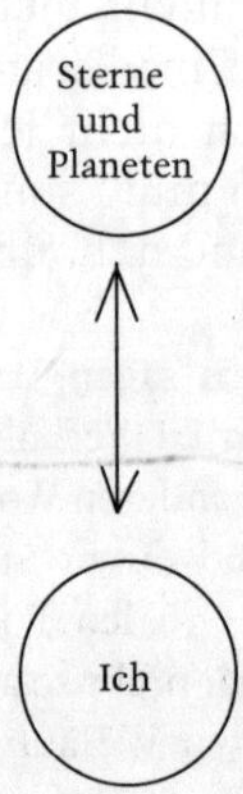

Bild 11

Der Standpunkt der Gestirne zu einem gegebenen Augenblick ist symbolischer Ausdruck für die in diesem Moment stattfindende Spiegelbildgestaltung. Der Polizist kann nicht so, wie er das will, er braucht seinen Ort in meiner Zeit. Sieht mein Spiegel im Moment keinen Polizisten vor, gibt es keine Polizisten in meiner Welt.

Wenn die Astrologie nur eine unter vielen Disziplinen ist, warum sollte ich ihr dann einen Vorzug geben, warum nehme ich nicht einfach die Karten des Tarot und schenke mir viele Monate, in denen ich das Ausrechnen und Deuten und Übersetzen lerne? In den Tarotbüchern steht es viel einfacher; ich kann es dort nachschlagen. Die Antwort ist sehr einfach: Der Tarot kann immer nur *jetzt* befragt werden, kann mir also auch nur Auskunft geben über mein JETZT. Die Astrologie hat gegenüber allen anderen Disziplinen den Vorteil, daß sie an dieses Jetzt nicht gebunden ist, sondern daß sie durch die regelmäßigen Bahnen der Planeten, die in mathematischen Kurven verlaufen und deren Kurvenverlauf wir kennen, sich an jeden beliebigen Ort in Vergangenheit, Gegenwart und Zukunft begeben kann und sich so über jeden Zeitpunkt befragen läßt.

Angenommen, ich möchte etwas verstehen über einen bestimmten Ort in der Zeit, einen Ort, der mit mir etwas zu tun hat, beispielsweise das Thema meiner Ehe. Um in das Innere dieses Ortes zu schauen, also um zu begreifen, welche Personen meines Inneren in dieser Ehe kennengelernt werden sollen (was, wie wir schon ahnen, niemals nur angenehm sein wird), müßten wir am Punkt der Eheschließung (also noch vor dem Altar, eine Sekunde nach dem Ja-Wort) das Tarot-Deck herausziehen und zehn Karten legen. Niemand käme auf eine derartige Idee.

Ist dieser Zeitpunkt jedoch verstrichen und fragst du heute, zehn Jahre danach (nachdem die Probleme zwischen euch beiden unüberwindbar groß geworden sind) nach dem Thema dieser Ehe, so kannst du als Antwort (aus den Karten) nur die *heutige* Problemlage präsentiert bekommen und kannst die Vergangenheit nur gefiltert durch die Brille der Gegenwart aufarbeiten, bekommst jedoch nicht die Lernaufgabe des ganzen Gebildes zu Gesicht.

Mit Hilfe der Astrologie können wir (vorausgesetzt, wir kennen den genauen Termin) jedoch im nachhinein fragen. Das wird besonders drastisch, wenn du nicht nach Details fragst, sondern nach dem Ganzen deines Seins. Um diese Frage zu stellen, hättest du (mit den Karten) zum Zeitpunkt deiner Geburt jene zehn oder zwölf Karten legen müssen.

Du siehst, worauf wir hinauswollen. Astrologie ist die einzige Disziplin innerhalb der Esoterik, die größere Fragen an die Gesamtheit deines Seins zu stellen in der Lage ist.

Dabei gilt es, eine esoterische Regel zu verinnerlichen: Eine Sache enthüllt ihr gesamtes Geheimnis am Punkt ihres Beginns. Willst du eine Sache verstehen, so mußt du an den Anfang gehen. Es gilt die Regel: Wie die ersten Minuten einer Raum-Zeit-Gleichung aussehen, so ist die gesamte Sache, die sich enthüllen und erfüllen will. Wenn du etwas über das Lernthema deiner Ehe wissen willst, mußt du an den Ort des Beginns gehen (Unterschrift des Vertrages). Aber Vorsicht, hier wie überall gilt: die Frage muß präzise gestellt werden. Das Thema deiner Ehe (als ein gesetzlicher Vertrag) ist nicht identisch mit dem gesamten Thema, das dir dein Partner zu präsentieren vermag. Wenn du das gesamte Spiel mit dieser anderen Person verstehen willst, mußt du jenen Ort aufsuchen, an dem ihr euch das erste Mal begegnet seid. Glücklich der, der das noch weiß.

(Es gibt Ausnahmen: Man kann z. B. beide Geburtsdaten miteinander in eine Beziehung setzen und erhält dann auch die beiderseitige Aufgabenstellung präsentiert.)

Willst du dein Verhältnis zu deinem Haus begreifen, so mußt du die erste Minute des Ansichtigwerdens aufsuchen usw. Schließlich: Willst du etwas über dich wissen, so mußt du an den Punkt deiner Geburt gehen. Die goldene Regel der Esoterik besagt: Wie der Beginn, so das Ganze. Kennst du den ersten Tag, so kennst du das Leben. Der Raumzeitpunkt, an dem der Zug losgefahren ist, legt die Determination für die ganze Reise fest. Dadurch, daß er losfährt, sind alle anderen Werte (die Strecke, die Orte, die Reisenden, die Haltestellen, das Ziel und die Ankunftszeit) gegeben.

Diesen Punkt des Beginns einer Sache kannst du mit keiner anderen esoterischen Technik greifen. Kein anderes Werkzeug hat die Gabe, in die Tiefe der Zeit hinab oder in die Höhe der Zukunft hinaufzusteigen und gleichzeitig etwas über das Jetzt zu verdeutlichen.

Bezogen auf unseren imaginären Eisenbahnzug haben wir damit die folgenden Möglichkeiten:

a) Indem wir den Beginn einer Reise lokalisieren (Orts-Zeit-Punkt der Geburt), können wir etwas über den Zug und die Charaktere der Personen in ihm als Ganzes aussagen.

b) Wir können einen beliebigen Ort auf der Strecke ins Visier nehmen (in Vergangenheit oder Zukunft) und beschreiben, welches Lernthema an diesem Ort bearbeitet werden muß. (Lernthema heißt in unserem Sinne *immer:* Eine einzelne Person in uns kennenzulernen, die wir noch nicht gesehen haben. *Es gibt keine anderen Lernthemen!* Daß diese Person mitunter aus dem Außen kommen muß, damit ich sie in mir wahrzunehmen lerne, wissen wir schon.)

c) Wir können sogar einzelne Personen herausgreifen und uns ihre Problemlage und damit ihre Lernaufgabe für uns gesondert anschauen.

Was wir nicht wissen, ist, wie du dich im Inneren des Zuges verhalten wirst. Ob du zu lernen gewillt bist oder dumm bleiben möchtest – diese Entscheidung läßt sich aus dem Horoskop *nicht* ablesen, denn in ihr bist du frei!

Obwohl das Schicksal die ganze Veranstaltung, die du «mein Leben» nennst, nur deshalb inszeniert hat, damit du die einzelnen Personen kennenlernst, steht es dir doch vollständig frei, dieser Aufgabe nicht nachzukommen. Daß du es dabei nicht eben leicht hast, werden wir im Verlauf des Buches noch sehen.

Astrologie ist ein Hilfsmittel, dir etwas zu zeigen.

Die Sterne und Planeten (deren Standorte die Astrologie gleichsam als Tarot-Karten verwendet) sind die Anzeigeinstrumente. Sie sind jene Ausschläge auf der Skala, die die Psychologen so sehr vermissen. Sie sind freilich keine wissenschaftlichen Instrumente, weshalb der Psychologe sie nicht verwenden darf. (Was manche Psychologen nicht hindert, sie insgeheim zu verwenden. Die Schüler von Jung geraten hier oft in Verdacht . . .)

Es ist also keinesfalls so, daß die Planeten etwas bewirken oder geneigt machen oder gar erzwingen. Sie tun schlicht und ergreifend gar nichts. Sie kreisen in einer elliptischen Bahn um die Sonne, das ist ihr ganzes Geheimnis. Und es fällt ihnen nicht im Traum ein, auf dein Leben einzuwirken. Aber dieser Gedanke ist ziemlich schwer zu ertragen. Zwar ist er Wasser auf die Mühlen der Gegner in den Reihen der Wissenschaft, die genau wissen: «Wir haben es ja schon immer gesagt, die Astrologie ist Mumpitz», und den Beweis führen möchten, es gibt keinen Einfluß zwischen oben und unten. Für die landläufige Astrologie, die immer noch an einer Wechsel*wirkung* festzuhalten bestrebt ist, ist er gar gefährlich, denn damit verliert sie den Boden unter den Füßen.

Allein die simple physikalische Tatsache (z. B.) einer «Stiersonne» könnte es uns zeigen. Redet man astrologisch davon, daß die Sonne im Zeichen «Stier» stehe (und nächsten Monat in das Zeichen «Zwillinge» wandert) und was das alles bedeute, so ist das, wie jeder einigermaßen astronomisch Gebildete weiß, doch nicht wahr. Die Sonne schreitet nicht fort, sie steht unverrückbar fest in einem der Brennpunkte des Systems. Sie bildet den Ruhepunkt, um den sich das System bewegt. Aber die Erde bewegt sich, und auf der Erde bist du. Dein Blick auf die Sonne zeigt *dir,* wo du gerade stehst.

Das einzige Bezugssystem, das für den Hintergrund der Planeten und Sterne gilt, bist du.

Das einzige, was dabei getan wird, es wird etwas gezeigt.

Das muß in seiner gesamten Dramatik verstanden werden, sonst hat man die «esoterische Astrologie» nicht verstanden. Esoterische Astrologie kommt in dem Moment ins Spiel, in dem ich etwas über *mich* erfahren möchte. Ein Buch wie das vorliegende, das vorgibt, eine *Einführung* in die esoterische Astrologie zu sein, verführt leicht dazu, in den Kanon der Einführungstexte insgesamt aufgenommen zu werden. Jeder, der Astrologie lernt, tut das, weil er (früher oder später) sein Ego spazierenführen möchte.

Er möchte, nachdem er genug gelernt hat, anderen seine Kunst vorführen. Sprich: anderen ihr Horoskop erläutern. Ja, er muß das tun, denn schließlich kann ich auch die Chirurgie nicht nur aus den Büchern lernen, ich muß schon mal dem anderen den Bauch aufschneiden und also praktizieren, d. h. praktische Erfahrungen sammeln.

Aber anders als der Chirurg, der praktiziert, weil die Gefahr eines Blinddarmdurchbruches abgewendet werden muß, ist dieser Akt in der Astrologie hochgradig gefährlich. Solange ich dem anderen etwas *über ihn* sagen möchte, falle ich automatisch aus der esoterischen Astrologie heraus. Wieder stoße ich auf ein Paradoxon. Es ist jenes, das wir schon einmal beschrieben haben.

Solange sich der Astrologe als jener definiert, der Astrologie weiß und jetzt seinem Klienten (der ihm gegenübersitzt) davon erzählt, ist er gefangen in seinem Ego-Trip. Da mein Gegenüber es natürlich auch so erwartet, ist das System in sich stimmig. Der Astrologe ist der große Zauberer, und der Klient ist der Lehrling, der ergriffen an dieser Quelle der Weisheit sitzt und lauscht. So sehen sich Astrologen, so sehen sich Klienten. So sieht es nicht die esoterische Astrologie!

Die Wahrheit ist, der Astrologe selbst sitzt in seinem Zug und hat die Bewohner des Zuges ebenso noch nicht verstanden wie sein Klient.

Jetzt steigt der Klient (vorübergehend) in den Zug des Astrologen, damit der Astrologe etwas begreift – über *seinen* Zug und *seine* Personen. Er bekommt in dem Klienten einen Spiegel, sonst nichts. Das aber bedeutet, er tut gut daran, alle vorher auswendig gelernten Regeln und Sätze zu verlassen und sich in dem Klienten (und dessen Horoskop) wie in einem vollständig neuen Spiegel zu betrachten. Einem Spiegel, dessen Bild erst noch entwickelt werden muß, weil es das eigene ist. So ist jeder Klient, der einen esoterischen Astrologen aufsucht, wie eine neu gezogene Kartenkombination nur um meinetwegen gekommen. Damit mir ein Stück Schleier von den Augen fällt. Ich muß jetzt eintauchen in eine neue Geschichte, die meine Geschichte ist, d. h. *ich* muß diese Geschichte jedesmal neu erzählen.

Nun gibt es natürlich jene Astrologen, die immer wieder die auswendig gelernten Formeln herbeten, die zuviel Angst haben, sich in eine neue Geschichte einzulassen. Ihnen wird vom Schicksal eine besondere Gunst erwiesen. Sie öden sich nach zwei Jahren selbst an. Sie können ihre eigene Geschichte (die durchaus im Einklang mit dem Tierkreis ist, also sauber astrologisch) nicht mehr hören und spielen mit dem Gedanken, ihren Beruf zu wechseln.

Was ist denn jetzt mit dem Klienten, magst du einwenden.

Ist er nur Treibstoff für den Selbsterkenntnisprozeß des Astrologen? Schließlich zahlt er sein teures Geld ja nicht dafür, daß der Astrologe der Erleuchtung näherkommt. Natürlich nicht. Er zahlt für die Geschichte, die der Astrologe ihm erzählt, weil es *seine* Geschichte ist.

Diese Dialektik will verstanden werden: Als Astrologe mußt du wissen, daß die Geschichte, die du dem Klienten erzählst, nur deine Geschichte ist. Deshalb mußt du sie erzählen, deshalb kommt er zu dir. Aber sie hat mit ihm nicht das geringste zu tun. Daß er darüber hinaus etwas über sich begreift, geht dich nichts an (obwohl dein Ego einzig und allein daraus lebt).

Als angehender Klient eines Astrologen mußt du wissen, daß die Geschichte, die er dir erzählt, nur deine Geschichte ist, sie ist nur für dich und hat mit ihm nichts zu tun. Daß er darüber hinaus etwas über sich begreift (begreifen soll), geht dich nichts an.

Wofür wirst du (als Astrologe) bezahlt? Daß du den Mut hast, eine Geschichte zu erzählen, die deine Geschichte ist. Das Schicksal belohnt diejenigen, die auf die Suche nach sich selbst gehen. Darum streng dich an. Erzähle die Geschichte der Personen deines Inneren immer wieder aufs neue, von allen Seiten. Je mehr du sie erzählend verstehst, desto mehr versteht dein Gegenüber sich. Aber versuche nicht, dein Gegenüber zu verstehen, du schaffst es doch nicht – es ist nicht deine Aufgabe . . .

Nachdem wir jetzt in einem großen Bogen das Thema der Esoterik und der Astrologie ein erstes Mal vor das Auge des Lesers gestellt haben, sollte derjenige Leser, der lernen möchte, ein Horoskop selbst zu erstellen, sich den Anhang A «Das Ausrechnen und Zeichnen eines Horoskops» vornehmen und die Technik des Ausrechnens erlernen.

Derjenige, der diese Arbeit zu mühsam findet, kann sich sein Horoskop in der nächsten esoterischen Buchhandlung (meist mit dem Computer) ausrechnen und zeichnen lassen.

Wir halten es – aus vielen Gründen – für empfehlenswert, daß der Leser weiß, wie ein Horoskop errechnet und gezeichnet wird, und empfehlen dringend, sich den Verlauf zumindest anzuschauen.

«Unsere Seele zerriß in Stücke,
um sich in unzählige Körper
zu verstreuen.»
(Maria Szepes: Planetenmeditation Merkur)

Kapitel 2

Das Horoskop – Drehbuch des Lebens

So wie jeder Zug einen Fahrplan benötigt, so braucht es für das Theaterstück des Lebens ein Skript, das die einzelnen Akteure, ihr Handeln, ihre Texte, die Dynamik des Stückes und die vorhandenen Kulissen detailliert beschreibt.

Im Film heißt dieses Skript «Drehbuch», und wir finden diesen Namen so treffend, daß wir ihn geraume Zeit beibehalten wollen. Während allerdings jedes reale Drehbuch ein Nacheinander von vielen (manchmal Hunderten von) Seiten aufweist, liegt das gesamte Drehbuch, von dem wir in diesem Kapitel sprechen wollen, als ein Blatt vor dir. Das Horoskopformular, in das der Leser selbst – oder der Computer – seine Daten eingetragen hat, ist dieses Drehbuch, freilich in symbolisch verdichteter Form. Es ist kein Nacheinander von Tausenden von Worten, sondern ein auf den ersten Blick gleichzeitig zu erfassendes Mandala.

Alles liegt ununterscheidbar auf einmal vor dir.

Die Sprache, in der dieses Drehbuch geschrieben ist, weicht von der Sprache der linken Gehirnhälfte insofern ab, als es sich hier nicht um Aussagen der Form «Subjekt-Prädikat-Objekt» (Das Mädchen trägt ein rotes Kleid) handelt, sondern um Hieroglyphen, deren Wert eben nicht in der eindeutigen Zuordnung besteht, sondern die multifunktionale Tiefe aufweisen. «Hieroglyphen», das wissen die Ägyptologen, sind «heilige Zeichen», sie leben nicht von Eindeutigkeit, ihre Bedeutung liegt in ihrer Vielschichtigkeit. Sie haben Schichten. Sie sind geologische Muster, in denen Bedeutungs*schichten* und Bedeutungs*geschichten* übereinander liegen wie die Häute einer Zwiebel. Das macht ihren Wert aus für die Entdeckungsreise der Seele, die in die einzelnen Geschichten immer tiefer einzudringen vermag. Das macht aber auch ihren Unwert aus für eine Wissenschaft, die darauf angewiesen ist, daß jedes Wort unverrückbar dieselbe Sache meint.

Wenn eine Hieroglyphe, beispielsweise das heilige Zeichen Venus, gleichzeitig «das junge Mädchen» als auch «das gebratene Schnitzel» (und vieles andere mehr) heißen kann, je nachdem auf welcher Zwiebelschicht man sich gerade befindet, dann ist dieses Symbol für die Wissenschaft nicht mehr tauglich, weil diese jetzt an den Regeln der formalen Logik scheitert. Eine dieser Regeln lautet nämlich: «Sind zwei Größen einer dritten gleich, so sind sie auch untereinander gleich.»

Also:	Venus	=	junges Mädchen
und	Venus	=	gebratenes Schnitzel,

dann folgt daraus die conclusio: «Ein junges Mädchen ist ein gebratenes Schnitzel», und das, so lehrt der einfachste Augenschein, ist ganz offenkundig nicht wahr.

Auf der Ebene der Hieroglyphen, also der «heiligen Zeichen», gilt dieser Satz jedoch, wenn wir ihn auch nicht unbedingt auf Anhieb verstehen. Jede Hieroglyphe erfordert nämlich, damit sie verstanden werden kann, eine *Leistung*, die aus der eigenen Seele heraus zu erbringen ist. Ich muß etwas *von mir* hineinlegen, etwas von meiner Person muß als Lösungsmittel hineingegeben werden in diesen Prozeß der Symbolentschlüsselung, damit sich die Hieroglyphe in ihrer ganzen multifunktionalen Macht entfalten kann. Erst im Inneren meiner Seele öffnet sich die Blüte des Symbols und ihr volles Aroma verströmt seine bewußtseinserweiternde Kraft.

Jedes der Symbole (Hieroglyphen sind Symbole), die in das Horoskopformular eingetragen sind, benötigt also das «Wasser der Seele», und d. h. *eine Person*, die etwas hinzutut, damit es aufblühen kann. Erst also indem dir das Symbol entgegentritt *und* du etwas dazutust, beginnt es zu leben. Erst jetzt entfaltet es seine Kraft.

Dieses machtvolle Wechselspiel wollen wir im Auge behalten, denn nur, wenn uns deutlich ist, daß das Symbol allein (für sich) nicht lebt und die Seele allein (für sich) ohne Nahrung bleibt, also sich nicht entfalten kann und verhungert, verstehen wir die Bedeutung des Horoskop-Mandalas.

Verweilen wir einen Moment bei dem allgemeinen Bild des «Mandalas»: In Kulturen, die der Seele noch viel näher sind und die dem Verstand noch nicht die alleinseligmachende Kraft eingeräumt haben (die bei uns deshalb gern als «primitive Kulturen» gelten), ist ein Mandala unmittelbarer Ausdruck der Seele. Sowohl in den Sandbildern der nordamerikanischen Indianer als auch in den Stoffgemälden nepalesischer Herkunft schwingt das Motiv der «Hieroglyphen», der heiligen Zeichen (dargestellt in den Götterfiguren) so stark, daß es der Formulierung in Einzelsymbolen kaum bedarf. Das Ganze ist das Wahre. Noch in den Kirchengemälden alter Meister atmen wir hier im Abendland einen Hauch davon. Doch diese Art des Symbolgeschehens ist von der linken Hirnhälfte bereits vor 300 Jahren in Verruf gebracht worden: es gab noch ein kurzes Gastspiel in den rätselhaften Folgebildern alchemistischer Handbücher, und dann tauchte diese Strömung wieder hinab in das Unbewußte (aus dem es sich einst – in Ägypten – so kunstvoll erhoben hatte).

Die einzige Form, in der es überdauern konnte, war ein merkwürdiger Bastard: die Astrologie. Einerseits waren die einzelnen Hieroglyphen hier formulierbar gemacht und damit in eine Nähe zu dem wissenschaftlichen Weltbild gerückt worden (wenn es auch von diesem nie akzeptiert wurde), andererseits geht eine Beschreibung (also die Übersetzung) der Hieroglyphen nie auf, indem wir nur die Formulierung der astrologischen Lehrbücher wiederholen.

Es wird also etwas gefordert, was kaum zu formulieren ist: Einerseits muß das Symbol im Kontext seiner präzisen (im Lehrbuch beschreibbaren) Bedeutung verbleiben, andererseits muß es jenen Teil an «Seele» dazuerhalten, der es zu einer neuen Bedeutung heranreifen läßt. Das macht jede Lehrbuch-Astrologie zu einer aussichtslosen Sache, denn ein Lehrbuch kann nur die eine

Seite buchstabieren, die andere Seite – und damit das «Leben» des Ganzen – muß aus der gelebten Erfahrung desjenigen einströmen, der das (Horoskop-)Mandala vor sich hat und verliest.

Das vor Augen zu behalten, das zu wissen, bedeutet ebensoviel wie an die Courage und das Verantwortungsgefühl des Lesers zu appellieren, dieses Buch zu begreifen als ein Sprungbrett. Es kann den Leser an den Rand des Sprungbrettes führen, damit er selbst zu springen wagt. Den Sprung kann es ihm nicht abnehmen. Mit ihm bleibt er allein.

Wir werden im Laufe dieses Buches fünf Arten von Hieroglyphen kennenlernen, aus deren Zusammenspiel sich die Tiefensymbolik eines Horoskops lesbar machen läßt, und wir werden eine Grammatik erarbeiten, wie diese Faktoren zueinander in einen Bezug zu setzen sind.

Von dieser neuen *Sprache* ausgehend, deren Grundkenntnisse der Leser hier erwerben kann, kann er sich daranmachen, auch neu auftauchende Texte zu entziffern. Das Horoskop eines jeden Menschen ist für jeden Astrologen erst einmal ein unbekannter Text, eine Inschrift auf einer altägyptischen Stele, die noch niemand entziffert hat. Unsere Art der Entzifferung ist dabei ganz sicher nicht die einzig denkbare, aber sie ist brauchbar und in der Praxis erprobt. Sie liefert (von der Seele) verstehbare Texte.

In diesem zweiten Kapitel geht es noch nicht darum, eine der fünf Arten in ihrer Symbolik zu beschreiben, sondern wir wollen sie alle erst einmal kennenlernen, um so zu einer Einschätzung ihrer Reichweite zu gelangen. Dazu aber müssen wir ein wenig weiter ausholen und uns die Frage vorlegen: Wo fängt eigentlich das Seelenleben des Menschen an?

Die Antwort lautet: Wir wissen es nicht.

Mit der richtigen Methode können wir die Seelengeschichte eines jeden Menschen bis tief in die Zeit hinab verfolgen, so tief, daß man schon fast der Genesis glauben möchte, wenn sie behauptet: Alle lebendigen Menschen hätten als tiefste Vorfahren *ein* Menschenpaar (Adam und Eva genannt), und jeder heutige Mensch ist ein direkter Nachkomme dieses ersten Paares. Aber das ist natürlich nicht körperlich (also verwandtschaftlich) gemeint, sondern seelisch. In unserer therapeutischen Arbeit zeigt sich, daß man jeden Menschen in fast jede beliebige Zeit dirigieren kann, so daß der Eindruck entsteht, jede Seele sei zu jeder (geschichtlichen) Zeit bereits anwesend und d. h. körperlich vorhanden gewesen. Wir werden hier nicht diskutieren, ob es tatsächlich so war. Diese Frage ist ohnehin so kompliziert, daß sie bis heute noch nicht ansatzweise verstanden worden ist.

Wir behaupten lediglich: Die Seele eines jeden Menschen trägt in sich den Niederschlag und die Lebensspuren von Jahrtausenden. In ihr *verhält* es sich so, als hätte sie Erfahrungen in Tausenden von Inkarnationen gesammelt. Und mit diesem Erfahrungsschatz im Gepäck tritt sie ihren Gang heute aufs neue an.

Vergangene Geschichte verdichtet sich zu einer neuen Wesenheit: aus Vergangenheit wird Struktur, Form, und diese Form *ist* der soeben geborene Mensch.

Als Graphik:

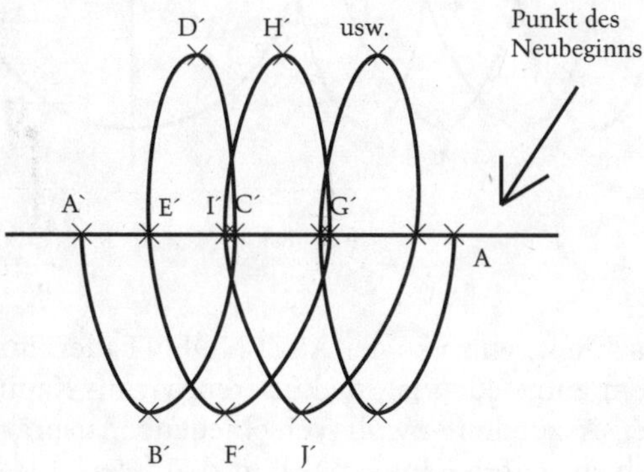

Bild 1

Statt Geschichte könnten wir auch sagen: vergangene Horoskope, denn jedes der damaligen (vergangenen) Drehbücher ist wie die drehende Schwingbewegung eines Lassos, dessen Schwung selbstverständlich auch die heutige Form der Schwingung (des Kreises) mitbestimmt. Oder: jede neue Form ist nichts weiter als eine Verlängerung der alten.

Am Punkt der Geburt schwingt sich eine neue Welle auf, die im Unterschied zu der alten Welle freilich nicht vergangen (und also um 90 Grad geklappt) ist wie die Welle A'B'C'D', sondern die jetzt auf der Ebene vor mir liegt (ABCD). Siehe Bild 2 auf dieser Seite.

Insofern trägt der Punkt A (d. h. der Aszendent) die vergangenen Ereignisse A'B'C'E'F'G'H' . . . etc. zur Gänze in sich. Er ist der Brenn- und Sammelpunkt des Gewesenen und wird damit zu einer Verdichtung des Seins. Geschichte ist somit niemals vergangen und also verweht, sondern ihre Spuren ziehen unterirdisch in jedes Leben mit ein.

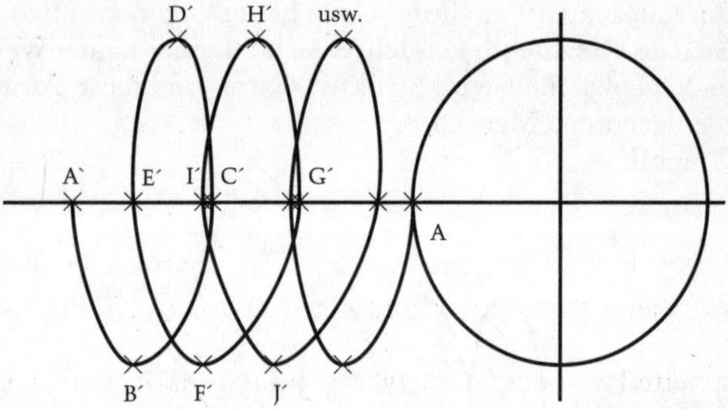

Bild 2

Wie das geschieht, wie also der ASZENDENT (der Punkt A') mit Vergangenem aufgeladen ist, diskutieren wir im Kapitel 3.

Da dieser Aszendent zwölf verschiedene Ausprägungen des Seins in sich enthalten kann (er also in zwölf verschiedenen Tierkreiszeichen stehen kann), beginnt hier das Entzifferungswerk der Hieroglyphen. Jeder esoterische Archäologe (und Astrologe) hat hier den geistigen Spaten anzusetzen. Wer den Aszendenten, also das aus der Geschichte stammende Sein, nicht verstanden hat, der versteht das ganze Mandala nicht.

Also die erste Form der heiligen Zeichen bezieht sich auf das *Sein* des Menschen, den Aszendenten. In diesem Bild finden wir den Sinn des Theaterstückes, d. h. die Antwort auf die Frage, *warum* es überhaupt aufgeführt wird. Damit wissen wir noch nichts über das Stück. In bezug auf unser Eisenbahnbeispiel liegt im Aszendenten das Geheimnis, warum der Zug nach Norden fährt (und nicht nach Westen, Osten oder Süden). Wir haben im Aszendenten noch keine Beschreibung des Zuges. (Wenn sich auch an der Richtung bereits bestimmte Parameter in bezug auf die Landschaft und die Geschwindigkeit ablesen lassen.)

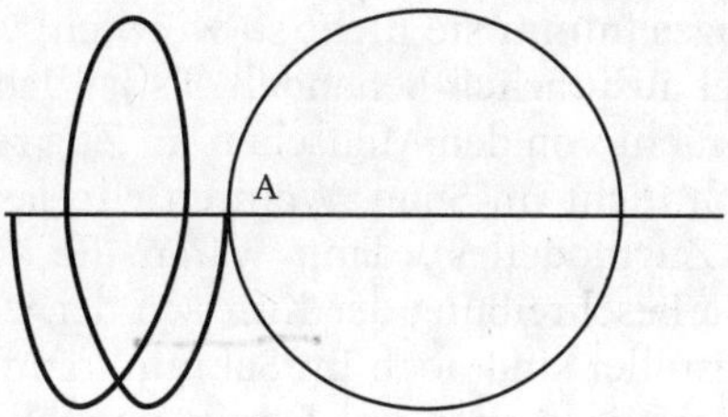

Bild 3

Wir haben jetzt einen Kreis und einen Ausgangspunkt (Aszendent).

Die zweite Form der Hieroglyphen besteht darin, daß sich der Kreis auf eine festgelegte Weise in zwölf Segmente einteilt und daraus das Häusersystem entsteht. Die Reihenfolge dieser Häuser ist entgegengesetzt dem Uhrzeigersinn. (Wie sich diese Häuser errechnen, vgl. Anhang.)

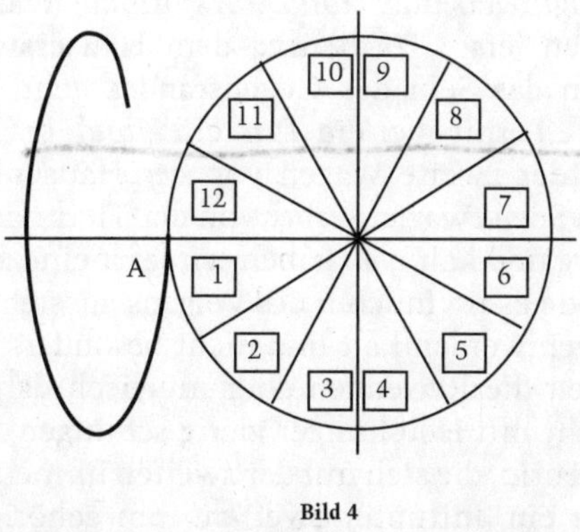

Bild 4

Mit dieser Häusereinteilung wird der Zug gleichsam in zwölf verschiedene Wagen unterteilt. Jeder der Wagen enthält eine spezifische Funktion: der eine ist der Postwagen, der andere Schlafwagen, der dritte Salonwagen, der vierte Speisewagen, der nächste der Kohlewagen, dann vielleicht ein Güterwagen (möglicherweise ein Tiefkühlwagen) usw. usw. Diese Aufteilung der Wagen des Zuges (nimm sie nicht so wörtlich) wird von uns im vierten Kapitel ausführlich behandelt. Es ist dabei zu beachten, daß wir noch nicht von den Menschen im Zug reden. Die Passagiere sind noch nicht im Spiel. Wählten wir das Bühnenmodell (anstelle des Zugmodelles), dann wären die «Häuser» nichts weiter als eine Beschreibung der Kulissen der jeweils einzelnen Akte. Die Darsteller sind noch im Schminkraum, also nicht auf der Bühne. Aber wir können uns bereits vorstellen, wie es wäre, sich in einem der Wagen aufzuhalten. Es könnte sein, daß sich die Hauptfiguren des Stückes hauptsächlich im Speisewagen aufhalten sollen oder aber im Tiefkühlwagen (darüber wissen wir noch nichts). Wir behandeln im vierten Kapitel erst die Funktion der einzelnen Wagen.

Das wäre die zweite Form der Hieroglyphen.

Die dritte Form der Hieroglyphen schließlich ist mit der zweiten eng verschwistert, und es erscheint fast so, als wären beide identisch: dem ist aber nicht so. Der Tierkreis (um ihn handelt es sich) beschreibt von eins bis zwölf (von Widder bis Fische) noch einmal *Ausprägungen* und *Handlungsformen.* Während es also im Aszendenten (erste Form) und dem Häusersystem (zweite Form) eher um das Sein des Gegenstandes geht, erläutert der Tierkreis (dritte Form) eher ein *Tun,* ein *Handeln.*

Beispiel: ist der zweite Wagen von der Häuserebene (zweite Form) her ein «Speisewagen», aber von der Tierkreisebene (dritte Form) her «karg und kalt», so haben wir jetzt eine neue Information darüber, wie es im Inneren des Wagens aussieht: die Speisen in diesem Wagen werden kalt und nicht besonders opulent sein, insofern dürften die Reisenden eher mürrisch darin herumstochern (und nicht mit Heißhunger gierig schlingen).

Diese dritte Form, die sich mit der zweiten immer mischt, denn jedes Haus hat ein (mitunter zwei) zu ihm gehörige(s) Zeichen (beide liegen ineinander), zeigt die Ausstattung, die der Reisende im Inneren dieses Wagens hat. Diese Ausstattung bestimmt in einem gewissen Sinne bereits den Handlungsspielraum, den der Reisende hat. Aber immer noch ist der Wagen nicht bewohnt. Setzen wir einmal alle drei bisher behandelten Formen ineinander, so ergibt sich z. B. folgendes Bild.

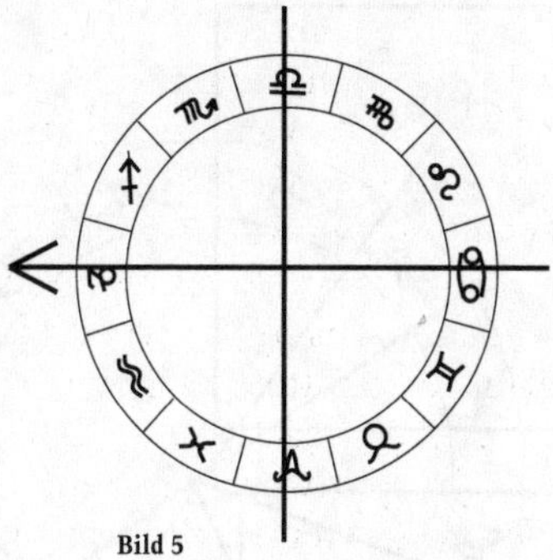

Bild 5

Die erste Form, der Aszendent, die immer gleichzeitig die Spitze (also den Anfang) des ersten Hauses bestimmt, setzen wir an die linke Seite, denn aus dem linken Bildraum (eines jeden Mandalas) strömt uns die Vergangenheit entgegen.

Die zweite Form, die Häuser, ergibt sich aus der ersten mit Notwendigkeit, denn wenn das erste Haus feststeht, so steht auch die Reihenfolge der weiteren Häuser fest. Die ersten drei Häuser steigen hinab,

die Häuser 4–6 sind aufsteigend,

die Häuser 7–9 sind hochsteigend,

und die Häuser 10–12 sind wieder hinabfallend.

Über diese Symbolik werden wir noch berichten.

Die dritte Form, die Tierkreiszeichen, schließlich bildet ein von den Häusern unabhängiges System, wenn es auch innerhalb der Häuser sich aufhält. Während die Häuser (je nachdem, zu welcher Stunde, Jahreszeit und an welchem geographischen Ort der Zug losfährt), verschieden groß sein können, ist der Tierkreis an eine strenge Form gebunden. Sowohl was seine Abfolge als auch was seine Größe ausmacht. Jedes Tierkreiszeichen füllt den 360-Grad-

Kreis zu 30 Grad, so daß 12 mal 30 = 360 Grad sind. Weil die Häuser jedoch verschieden groß sind, kann es geschehen, daß ein Zeichen zwei Häuserspitzen in sich trägt (Bild 6) oder gar keine Häuserspitze (Bild 7).

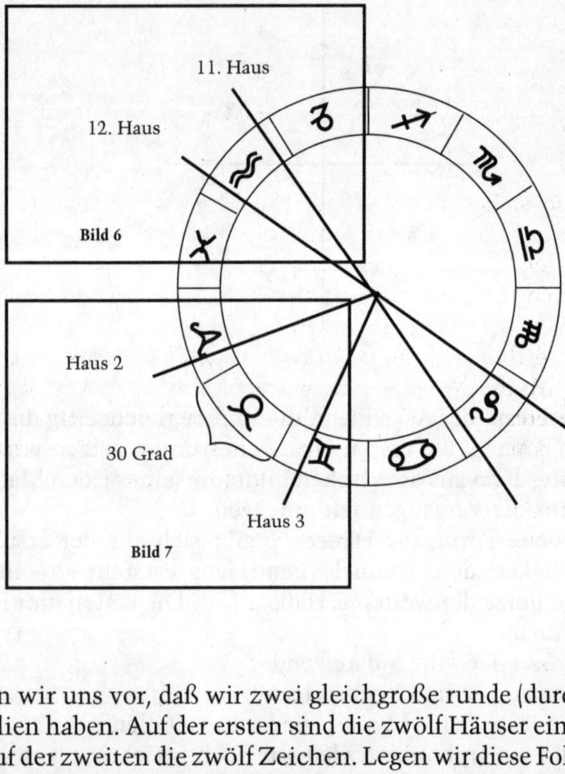

Stellen wir uns vor, daß wir zwei gleichgroße runde (durchsichtige) Folien haben. Auf der ersten sind die zwölf Häuser eingezeichnet, auf der zweiten die zwölf Zeichen. Legen wir diese Folien jetzt übereinander, so daß die Häuserfolie ihr erstes Haus immer links hat, so erhalten wir ein recht gutes Bild über das Ineinander der beiden Kreise. Den Tierkreiszeichenkreis können wir drehen, so daß mal das Tierkreiszeichen «Widder» von der Aszendentenachse geschnitten wird, mal das nächste Zeichen «Stier» usw., so erhalten wir jene Aufteilung der zwölf Aszendenten, die im nächsten Kapitel diskutiert wird.

Wenden wir uns der *vierten* Form unserer Hieroglyphen zu. Jetzt endlich tauchen Personen auf: es sind jene zwölf inneren Wesen, von denen wir im ersten Kapitel gesprochen haben und deren Summe deine Gesamtperson ausmacht. Diese Personen tragen die Namen alter Gottheiten (Merkur, Mars etc.) oder heutiger Himmelkörper (Sonne, Mond, Merkur etc.), haben aber zunächst weder mit alten Göttern noch mit Planeten etwas zu tun. Wir können gar (nur als Denkmodell) einen Umkehrschluß wagen: Als die frühen Menschen begriffen hatten, daß sie eine kriegerische Personen in ihrem eigenen Inneren mit sich herumtragen, projizierten sie diese Figur nach außen und errichteten ihr ein äußeres Standbild (einen Götzen). Dieses Standbild nannten sie «Ares» oder «Mars» oder «Shiwa», je nachdem in welcher Kultur sie sich gerade befanden. Desgleichen gaben sie diese Bezeichnung auch einem Himmelskörper, von dem sie spürten, daß ihm der Name dieser inneren Person gut zu Gesicht stünde. Die inneren Personen werden also mit ihrem «Künstlernamen» (Jupiter, Venus, Uranos) deshalb benannt, weil sie eine große Nähe zu jenen göttlichen Künsten aufweisen, die den Planetengottheiten vom Mythos zugewiesen wurden. Uns aber, wir sagten es schon, interessieren sie nicht als Gottheiten oder Planeten, sondern als in der Person wirksame Potenzen, die ein bestimmtes Thema in sich tragen, das *im Menschen* erkannt und ggf. gelebt werden will.

Diese Hieroglyphen, die ebenfalls heilig sind – und also zum Heilsein beitragen wollen –, stehen nun nicht in einer bestimmten Abfolge im Mandala. Während die Häuser aufeinander von 1 bis 12 folgen und die Zeichen ebenfalls aufeinander von 1 bis 12 (von Widder bis Fische) folgen (wenn auch nicht immer mit 1 beginnend), so sind die Personen der vierten Art regellos. Sie können (von zwei Ausnahmen abgesehen) im Mandala stehen, wo sie wollen.

Sagen wir es präziser: Natürlich stehen sie genau da, wo sie hingehören, damit sich *dein* Drehbuch ergibt, aber dir *erscheinen* sie erst einmal vollständig regellos.

Da können vier Planeten im 4. Haus stehen, zwei im 8. Haus und der Rest im 12. Oder: vier im 2. Haus, zwei im 1. und der Rest im 5., 6. und 7.

Oder: ein Planet im Zeichen Widder, drei im Zeichen Zwillinge, zwei im Zeichen Waage und der Rest in den Zeichen Schütze, Steinbock, Wassermann.

Es sind dies die zwölf Personen, die deinen Zug bevölkern. Drei im Salonwagen, zwei im Kohletender (denen begegnest du nur ungern, sie sind schmutzig und heruntergekommen), einer im Postwagen, einer im Viehwagen usw. Oder es sind jene zwölf Akteure, die im Theaterstück deines Lebens an die Bühne verpflichtet worden sind und dein Stück aufführen. Jetzt, mit diesen Akteuren, kommt Leben «ins Spiel». Mit den vorherigen drei Symbolarten wurden nur der Schauplatz und der Sinn der Geschichte festgelegt, mit den Handelnden erst kommt es zur Aufführung. Jetzt läuft das Stück *in der Zeit* ab. Die Personen handeln, etwas ereignet sich. Und je nachdem, ob das Stück eine Farce, ein Trauerspiel, ein Drama, eine Komödie, eine Burleske, ein Kriminalspiel oder ein langweiliges Gesellschaftsstück ist, die Personen agieren entlang eines Textes, der längst feststeht. Das einzige Problem besteht darin, daß dein Bewußtsein den Text noch nicht kennt, so daß du glaubst, man könne das Stück an jeder Stelle zu seinen eigenen Gunsten beeinflussen. Dem ist nicht so! Noch niemand hat sein Stück verlassen oder seinen Text auf einmal anders gesprochen. Stell dir vor, es wird «Hamlet» aufgeführt und der Hauptdarsteller entschließt sich, den Schädel nicht in die Hand zu nehmen, statt dessen einen Blumenstrauß, oder er entscheidet sich gar, er wäre jetzt lieber Don Carlos und spricht auf einmal dessen Text. Das Beispiel ist deshalb gar nicht abwegig, weil wir Menschen uns einbilden, derartiges sei möglich. Man müsse es nur richtig wollen. Wir glauben tatsächlich, daß Romeo sich diesmal entscheiden kann, am Ende des Stückes nicht zu sterben, statt dessen könne er das Schlußcouplet «Gern hab ich die Frauen geküßt» singen, bis der Vorhang fällt. Weder ist derartiges je geschehen, noch wird es jemals geschehen. Nein, es ist die Aufgabe des Menschen, sein Stück zu Ende zu spielen.

Sonst nichts?

Aber jedes Lehrbuch der Astrologie erzählt dir aufs neue die Geschichte, daß man es selbst in der Hand hat, sein Stück besser zu bewältigen, es zu einem sinnvollen Abschluß zu bringen, nicht immer wieder hereinzufallen auf das Stück.

Unser Lehrbuch gehört nicht zu dieser Art.

Weder glauben wir, daß man es besser machen könnte, noch gar, daß man es *anders* machen sollte. Jede Änderung deines Stückes ist entweder unmöglich, oder sie steht bereits im Drehbuch – also warum sich in Stress bringen?

Natürlich hat das Stück einen Sinn, und dieser Sinn ist schwer genug: Du sollst es nicht nur *leben* (es bleibt dir sowieso nichts anderes übrig), nein, *du sollst das Stück auch noch verstehen.* Das ist die große Schwierigkeit eines jeden Lebens, daß es tief in sich einen Sinn eingewickelt trägt, den du im Laufe des Stückes auszuwickeln hast. Dieser Sinn enthält in sich die Frage: Wer bin ich? Und alle zwölf Personen sind die Zuträger, dich mit Notwendigkeit in die Wahrheit dieser Frage hineinzustoßen. So tief, daß du irgendwann nicht umhin kannst, dir diese Frage selbst vorzulegen. Das ist der höhere Auftrag, den die zwölf Personen haben. Dir zu zeigen, warum du gerade in diesem Zug sitzt. Warum er gerade dieses Ziel hat. Warum er heute und nicht erst in hundert Jahren fährt. Mag sein, in hundert Jahren sitzt du in einem neuen Zug, aber die Frage bleibt dieselbe. So lange, bis du den ganzen Zug verstanden hast. So lange, bis es dir zum Hals heraushängt, immer nur den Romeo zu spielen. Das Stück «Romeo und Julia» wird auch seit vierhundert Jahren gespielt, immer in einer etwas moderneren Bearbeitung, die Kulissen wechseln, die Kostüme wechseln, die Theater wechseln. Aber das Stück bleibt – wenn es dein Stück ist.

Die Personen des Stückes weisen gegenüber den vorherigen Hieroglyphen eine Besonderheit auf. Die Symbole der ersten Art (Aszendent), der zweiten Art (Häuser) und der dritten Art (Zeichen) haben jeweils eine Zwölfteilung: es gibt zwölf (mögliche) Aszendenten, Häuser und Zeichen, aber es gibt nur elf Himmelskörper, die unser Sonnensystem bilden.

Folgende Anreihung finden wir vor:

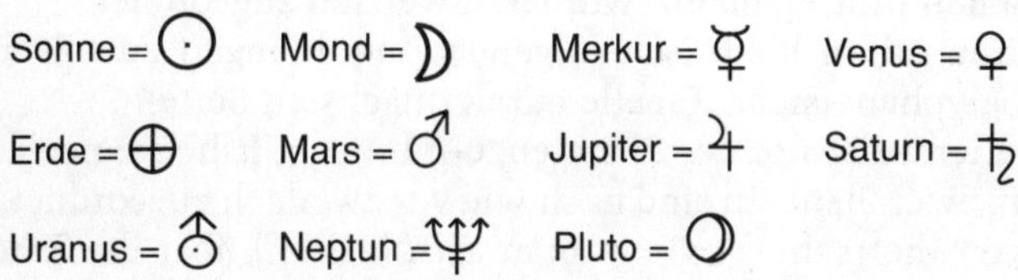

Bild 8

Der Planet Erde zählt in unserem Sinne ebenfalls nicht zu den Himmelskörpern, denn da wir uns auf ihr befinden, sie somit nicht am Himmel geschaut werden kann (sondern unser Bezugssystem bildet), kann sie nicht in das Horoskopformular eingetragen werden. Anders gesagt: Unser Horoskopformular mit seinen beiden Hauptachsen *ist* das große Symbol für diesen Planeten.

Insofern sagt das Formular als solches: Dein Drehbuch *hier auf Erden.*

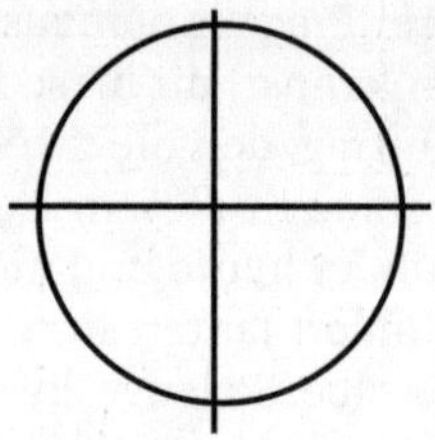

Bild 9

Somit bleiben zehn Hieroglyphen übrig. Da es zwölf Tierkreiszeichen gibt und jedem Zeichen ein Himmelskörper als bewegliches Prinzip zugerechnet wird, stehen wir vor dem Problem: wie verteile ich zehn Himmelskörper auf zwölf Tierkreiszeichen?

Vor 200 Jahren, als Uranus, Neptun und Pluto noch nicht am Himmel entdeckt waren, stand man vor einem ähnlichen Problem. Man hatte nur die «klassischen» sieben Himmelskörper zur Verfügung und mußte diese auf zwölf Zeichen verteilen.

Diese Aufgabe war rasch gelöst, denn seit vielen hundert Jahren ordnete man einfach «Sonne» und «Mond» (genannt die «Lichter» oder die «großen Lichter») jeweils einem Zeichen zu und die restlichen fünf Planeten wurden zweifach zugeordnet.

Somit galten historisch folgende Zuordnungen zu folgenden Hieroglyphen: (siehe Tabelle auf der nächsten Seite)

Die letzte Spalte der Planetenzuordnung gilt heute noch. Wir sehen, zwei Planeten sind nach wie vor zweifach zugeordnet. Der Merkur «herrscht» (so sagt man astrologisch) über die Zeichen Zwillinge und Jungfrau und die Venus über die Zeichen Stier und Waage.

1. Art der Symbolik	2. Art	3. Art der Symbolik	4. Art der Symbolik			
Aszendent	entspricht den Häusern	Tierkreiszeichen	Planeten bis zum Jahr 1781	Planeten bis zum Jahr 1846	Planeten bis zum Jahr 1930	Planeten seit 1930
Widder	1	♈	♂	♂	♂	♂
Stier	2	♉	♀	♀	♀	♀
Zwillinge	3	♊	☿	☿	☿	☿
Krebs	4	♋	☽	☽	☽	☽
Löwe	5	♌	☉	☉	☉	☉
Jungfrau	6	♍	☿	☿	☿	☿
Waage	7	♎	♀	♀	♀	♀
Skorpion	8	♏	♂	♂	♂	♇
Schütze	9	♐	♃	♃	♃	♃
Steinbock	10	♑	♄	♄	♄	♄
Wassermann	11	♒	♄	♅	♅	♅
Fische	12	♓	♃	♃	♆	♆

Es ist müßig, darüber zu philosophieren, ob es in den nächsten Jahren oder Jahrzehnten zu der Entdeckung weiterer Himmelskörper kommen wird, die dann jeweils eine Venus oder einen Merkur zu ersetzen in der Lage sind. Manche Astrologen fabulieren davon oder rechnen gar heute schon mit imaginären Trans-Pluto-Planeten (von denen es sogar schon Bahnbeschreibungen, sogenannte Ephemeriden, gibt). Derartiges hat nichts mit Esoterik zu tun, sondern mit «Was wäre, wenn . . .» und ist ein interessantes Spiel. Wir sind jedoch der Meinung, die *vorhandenen* Spielmöglichkeiten sind noch längst nicht erschöpfend verstanden und bereiten uns noch genügend Kopfschmerzen – warum also diese Arbeit unnötig verkomplizieren. Heute sind es zehn Himmelskörper, d. h. es reicht heute, zehn Personen im Inneren kennenzulernen.

Mit Bezug auf unser Bundesbahnbeispiel werden wir allerdings weiterhin so tun, als wären es zwölf Personen. Wir werden dann sagen: Der Bewohner des 3. Wagens (Merkur) hält sich im Moment nicht in seinem Wagen auf, sondern im 9. Wagen, insofern wäre auch der Bewohner des 6. Wagens (ebenfalls Merkur) im 9. Wagen, denn es ist beide Male derselbe Merkur. Vom Blickwinkel des Kennenlernens her schaut man zweimal (je von einem anderen Standort) auf dieselbe Person.

Diese zwölf Personen, die Insassen der einzelnen Wagen und ihr Aufenthaltsort werden von uns im 6. Kapitel behandelt.

Die nächste Spielart der Symbolik, die fünfte, ist in der Astrologie unter dem Namen «Aspektlehre» bekannt. Damit ist gemeint, daß die einzelnen Personen im Inneren ganz bestimmte Beziehungen untereinander eingehen können. Sie können verbündet sein, sich lieben, sich hassen, sich gleichgültig sein, gegeneinander intrigieren, sich mißbilligen, aneinander herumnörgeln, sich nekken, sie können sich spinnefeind sein, sich verraten, ewige Treue schwören usw., kurz, sie können all das tun, was normale Menschen miteinander ebenfalls tun können. Nichts Menschliches ist ihnen fremd. Nur, sie tun das alles in mir!

Aus diesen Allianzen, Freundschaften oder Feindschaften lebt das Stück. Jetzt kommt Dramatik in sein Inneres.

Stellen wir uns – nur als Bild – folgende Situation vor:
Der Insasse des Wagens Nr. 5 (nennen wir ihn bei seinem Künstlernamen: «Sonne») ist verliebt in den Insassen des Wagens Nr. 7 («Venus»). Um aber in den siebenten Wagen zu kommen, muß er den sechsten Wagen durchqueren. Angenommen, hier sitzt jemand, der von diesem Liebesabenteuer auf keinen Fall wissen darf (nehmen wir an, es wäre «Mond»). Sei es, daß der «Mond» einen Groll auf die «Sonne» hat, sei

es, daß «Sonne» einige Jahre vorher bereits «Mond» ewige Treue geschworen hat (Gründe kann es viele dafür geben, daß «Mond» nichts von dem Plan der «Sonne» wissen darf, in den Wagen Nr. 7 zu «Venus» zu gelangen), Nr. 6 darf nichts merken. Also beschließt «Sonne», heimlich in den Wagen Nr. 7 zu gehen. Sei es, daß er warten muß, bis «Mond» schläft (oder nicht aufmerksam ist), sei es, daß er ihn ablenken muß, sei es, daß er den Weg rechts oder links *außen* am Wagen entlang wählt (eine gefährliche Sache), sei es gar, daß er sich unter dem Wagen Nr. 6 hindurchhangeln muß (wie leicht kommt man da «unter die Räder»). Außerdem wird «Mond», je öfter «Sonne» derartiges betreibt, immer mißtrauischer und beginnt jetzt, Nr. 5 mit seinem Mißtrauen, das leicht in Haß umschlagen kann, zu verfolgen. Irgendwann fliegt die Sache auf und «Sonne» sitzt in der Tinte.
Aber auch das ist aus dem Kanon der möglichen Verwicklungen des Lebens nur ein winziger Ausschnitt. Es gibt Hunderttausende von Möglichkeiten, sich zu verwickeln – und damit sich zu *ent*wickeln. Damit ich mich erkennen kann. Damit ich erkennen kann, daß ich ein Lügner bin, ein Ehebrecher, ein Hasardeur, ein . . .
Aber die Verwicklungen der inneren Personen bleiben ja nicht auf diese beschränkt. Wir hatten im ersten Kapitel schon beschrieben, daß das Innere dem Äußeren entspricht, und so verwundert es natürlich nicht, daß jene Person, von der wir gerade reden (Nr. 5) im Außen verheiratet ist (mit Nr. 6) und jetzt ein Verhältnis mit seiner Sekretärin (Nr. 7) hat und sich pausenlos auf abenteuerliche Weise von zu Hause wegschleichen muß, damit er mit Nr. 7 einen Abend, eine Nacht, ein Wochenende verbringen kann, ohne daß Nr. 6 es merkt.
Anders gesprochen: Solange unser Beispiel-Mann (der ja aus zwölf Personen besteht) von seiner Frau weg zu seiner Sekretärin geht, identifiziert er sich nur mit einer Person aus seinem Inneren, nämlich nur mit Nr. 5. Die Personen, die er außerdem noch ist, nämlich Nr. 6 und Nr. 7, diese Personen hat er in das Außen abgeschoben. Somit läßt er seine Frau den Part der Nr. 6 spielen und seine Sekretärin den Part der Nr. 7. Damit aber hat er sich selbst – aus sich heraus – verdrängt, ins Unbewußte abgeschoben. Seiner Frau hat er den Part seiner 6. Person, seiner Sekretärin den Part seiner 7. Person zugeschoben – und diese haben ihn übernommen. Somit lügt er seiner eigenen 6. Person, und damit *sich selbst*, etwas vor.
Wir sehen an diesem Beispiel – ganz nebenbei –, daß jede Lüge, die ich im Außen begehe, in Wahrheit eine Lüge an mir selbst ist.

Natürlich ist unser Beispiel damit noch lange nicht am Ende. Eines Tages bricht meine Frau unter dem ganzen Lügengebäude zusammen, sie erfährt den wahren Zusammenhang und versinkt im Schmerz. Es ist dies die Stunde der Wahrheit. Ich erlebe jetzt, welchen Schmerz die Person Nr. 6 in meinem Inneren zu durchleiden hat. Mir wird mein eigener Jammer gespiegelt. Eine Grenzsituation tut sich auf. Ich habe jetzt zwei Möglichkeiten: ich kann meine eigene Nr. 6, meinen Mond, wieder in mich aufnehmen, indem ich am Schmerz meiner Frau meinen eigenen Schmerz empfinde. Ich kann also wieder zu der 6. Person, zu *meiner* 6. Person, zurückfinden (allerdings um den Preis, daß ich Nr. 7 im Außen aufgeben müßte), oder ich spalte Nr. 6 ganz ab und wende mich Nr. 7 zu, lasse mich also von meiner Frau scheiden und heirate meine «Venus». Eine «Scheidung» (das Wort ist eminent treffsicher) heißt in den weitaus meisten Fällen: ich scheide eine meiner eigenen Personen vorübergehend von mir ab. Damit ist Nr. 6 natürlich nicht aus meinem Leben verschwunden. Nein, Nr. 7, die vorher meine Sekretärin war, wird jetzt meine Frau. Damit aber verliert sie nach einiger Zeit ihre Attraktivität als eine «7» (als eine Venus) und rutscht auf geheimnisvolle Weise in den 6. Wagen, wird also zu einer neuen Nr. 6! Eine Nr. 6 freilich, die um die Gefährlichkeit von Sekretärinnen weiß und jetzt persönlich an deren Auswahl teilnimmt. War Nr. 6 vorher (als sie noch Nr. 7 war) ein Ausbund an sexueller Phantasie, so wird sie jetzt zu einer migränegeschüttelten Ehefrau und zu einem Musterbeispiel für Mißtrauen. Sie kennt alle Tricks von Nr. 5 (hat er sie doch ihr zuliebe, als sie noch Nr. 7 war, erdacht) und wacht sorgfältig über seinen 7. Wagen. Jetzt ist Nr. 5 endgültig in der Falle. Der 6. Wagen ist ihm Horror, und der 7. Wagen hat keinen Insassen mehr – oder dieser existiert nur noch in seinen Phantasien.

Unsere Geschichte könnte jetzt durch viele Inkarnationen weitergehen. Es ist nur ein Stück unter den vielen aufgeschriebenen und nichtaufgeschriebenen Theaterstücken der Welt.

Dieses Spiel, daß Nr. 5 gern in den 7. Wagen geht, ohne daß Nr. 6 es merkt, muß aber nicht unbedingt im Außen der Welt spielen, es kann mit der gleichen Berechtigung auch *an meinem Körper* abgehandelt werden, denn er ist für die Personen in meinem Inneren ebenfalls Außenwelt. So könnte der Wagen Nr. 5 meine Nahrungsaufnahme behandeln (er wäre dann Speisewagen) und der Wagen Nr. 7 meine Verdauung. Dazwischen liegt der Wagen Nr. 6: die Verwertung der Nahrung. Ich muß jetzt dafür sorgen, daß meine Nahrung, die ich gern (und üppig) esse, sofort zu Wagen Nr. 7 gelangt, ohne in meinem Körper verwertet zu werden, sprich: ohne daß ich Fett ansetze. Natürlich führt das zu einem Eiertanz, bei dem ich mich mühe, nur die Stoffe aufzunehmen, die ich nicht in Fett umwandele. Jetzt mache ich Atkins-Diäten, Einläufe usw. usw., und dennoch merkt es meine Frau (Pardon, mein Magen) und wandelt die ankommende Fülle doch in Fettzellen um.

Das heißt, das Theaterstück kann sich auch an meinem «Körper» (dick, dünn, Adipositas, Anurexie, groß, klein, «hübsch», «häßlich» etc.) abspielen oder meine Organe beeinträchtigen (Geschwüre, Rheuma, Frakturen usw.). Diese Arten der Allianzen werden wir im Kapitel 6 behandeln. Im Horoskop-Mandala werden diese Symbole sichtbar an den *Linien*, die die Planeten-Signaturen miteinander verbinden (und die mitunter verschiedenfarbig sich ausweisen).

Derartige Linien, also Aspektfiguren der Planeten untereinander, sollte es eigentlich ebenfalls zwölf verschiedene geben, und im Laufe astrologischer Betätigungen (durch die Jahrhunderte hindurch) sind von den Astrologen auch jede Menge Winkelbeziehungen identifiziert worden. In diesem Buch arbeiten wir nur mit sechs verschiedenen (Konjunktion, Opposition, Quadrat, Sextil, Trigon und Spiegelpunkt, darüber später mehr). Der Grund dafür, daß wir die anderen (z. B. Halbquadrat, Halbsextil, Eineinhalbquadrat, Quincunx, Halbsumme etc.) nicht berücksichtigen, liegt darin, daß wir sie in unserer Praxis deshalb nicht erprobt haben, weil wir mit den oben aufgeführten Aspekten mehr als genug zu tun haben. Wir sagen also keineswegs, die restlichen sechs Aspekte sind unwichtig, sondern nur: sie gestalten das Bild so vielfältig, daß man schließlich den Wald vor lauter Bäumen nicht mehr sieht.

Um dem Leser das Bild der Aspekte ein wenig zu verdeutlichen, möchten wir hier ein Experiment wiedergeben, das in den dreißiger Jahren dieses Jahrhunderts von dem amerikanischen Statistiker John B. Hadeller unternommen wurde.

Dieser Wissenschaftler (er war kein Astrologe!) untersuchte Scheidungsfälle zwischen Ehepartnern und verglich die Geburtstage der Partner miteinander, um herauszufinden, wie viele Tage (im Jahr) die beiden voneinander entfernt waren. War der erste Partner also z. B. am 20. Februar geboren und der zweite am 18. Juni, so betrug der Abstand 120 Tage (im Gradkreis des Jahres standen die Sonnen der beiden somit etwa 118 Grad voneinander entfernt, und das ist eine Winkelbeziehung, die wir astrologisch ein Trigon [=120 Grad] nennen). So behandelte er einige tausend Scheidungsfälle. Die folgende Graphik beschreibt das Ergebnis.

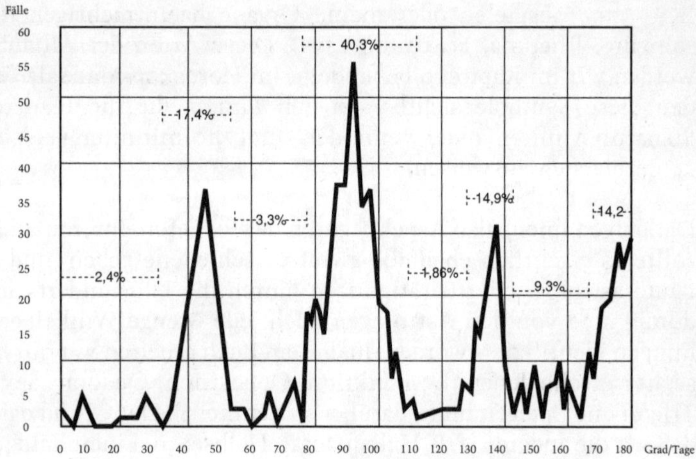

Bild 10

(zitiert nach Hans Beer: Neue Astrologie, München 1951, S. 41)

Wir sehen, daß es die größte Zahl der Scheidungsfälle bei einem Abstand der beiden Partner von 90 Tagen (= 90 Grad) gab, also bei der Winkelbeziehung, die wir astrologisch ein Quadrat nennen, dann bei 45 Grad (Halbquadrat) und bei 135 Grad (Eineinhalbquadrat) und schließlich bei 180 Grad (= Opposition). Weiterhin sind die Aspekte, die gemeinhin als günstig gelten, nämlich das Sextil (= 60 Grad), das Trigon (=120 Grad) und das Halbsextil (30 Grad), mit den wenigsten Scheidungsfällen ausgewiesen.

Man könnte allein aus dieser Graphik heraus entscheiden, den 45- und den 135-Grad-Winkeln (Halbquadrat und Eineinhalbquadrat) mehr Aufmerksamkeit zu schenken, als das bisher astrologisch geschieht.

Wir wollen dieses Experiment nicht überbewerten. In ihm sind nur die Sonnenstände berücksichtigt, also nur ein (wenn auch sehr wichtiger) Bewohner des Zuges, und für sich allein besagt es gar nichts. Schon gar nicht ist die Graphik ein Beweis für die Wirksamkeit der Aspekte. Sie ist eine Illustration, ein Bild, und als solches wird sie hier verwendet.

Wir haben jetzt alle Symbolbezüge, alle Hieroglyphen unseres Modells zusammengetragen. Jedes dieser Symbolgefüge erhält sein eigenes Kapitel im Fortgang unseres Buches.

Astrologie aber beginnt nicht bei den einzelnen Symbolen, sondern in der Zusammenschau des Ganzen. Wir müssen uns also notgedrungen durch die nächsten fünf Kapitel (Aszendent, Häuser, Tierkreiszeichen, Planeten, Aspekte) hindurcharbeiten, um eine Kenntnis der Einzelelemente zu erwerben; erst im Anschluß daran können wir darangehen, die Gesamtheit des Mandalas zu erfassen. Es ist dies die Arbeit eines Chemikers (oder eines Alchemisten), der erst den Aufbau und die Wirkungsweise der Einzelelemente verstanden haben muß, bevor er sie, unter Kenntnis der rechten Stunde, mit den richtigen (Zauber-)Worten und unter der richtigen Fragestellung zusammenzuführen und arbeiten zu lassen vermag.

Insofern ist es ein grandioser Irrtum zu glauben, daß Horoskope vom Computer gedeutet werden können. Ein Computer kann immer nur zusammensetzen. Glied A an Glied B. Was dabei herauskommt, lebt nicht, hat keine Seele. Es hat keinen Zusammenhalt und keinen Bezug zu irgend etwas (außer zu dem Besitzer des Computers, der damit Geld verdienen möchte). Nicht, daß es nicht eine Menge richtiger Sätze enthalten würde, aber das tut ein Obduktionsprotokoll auch. Ein Computer hat mit Astrologie *nichts* zu tun, nur der Mensch hat das, und noch der mittelmäßigste Astrologe kann in deiner Seele mehr anrühren als das elaborierteste Horoskopprogramm. Die gleiche Sinnlosigkeit findet statt, wenn eine Horoskop-Beratung per Brief oder Kassette verschickt wird. Wir haben schon darauf hingewiesen, daß eine Horoskop-Beratung ihren Sinn darin findet, daß der Astrologe an seinem Gegenüber etwas begreift und der Klient in seinem Gegenüber den gleichen Spiegel erhält. Das Entscheidende findet eben in der *direkten Spiegelung* statt. Einem Computer aber kann ich nichts spiegeln – und er mir deshalb auch nicht. Ebensowenig kann eine Beratung aus der Ferne diese Spiegelfunktion übernehmen. Also ist es notwendig, daß beide Teile in diesem Spiel sich real (als Menschen) gegenübersitzen.

Aber das nur am Rande.

In den nächsten fünf Kapiteln werden wir also das Grundgerüst der Symbolik erarbeiten, oder, bleiben wir bei unserem Chemiker-Beispiel, zwölf verschiedene Elemente kennenlernen, nur jeweils unter einem anderen Gesichtswinkel. Es gibt eben nur zwölf Wagen, zwölf Personen, zwölf Kasperlefiguren oder eben zwölf (esoterische) Elemente. Und wir müssen nicht in jedem Kapitel zwölf neue Elemente kennenlernen, sondern jedes der folgenden Kapitel trägt nur eine andere Sichtweise an jedes Element heran. Unter der Überschrift «der Aszendent» schauen wir alle Elemente an als *Gewordene:* d. h. ihre Wachstumsbedingungen, ihre Einschlüsse, ihre Geschichte. Ein Element, das heute «Kohle» heißt, hatte eine Vergangenheit, es war in grauer Vorzeit «Wald». Diese «Waldhaftigkeit» finden wir noch heute tief in die Kohle eingelassen vor (auch wenn die Kohle sich daran nicht mehr erinnern kann). Einst ein blühender Wald, dann ein gefallener Wald, vermodert, abgelagert, von Schichten überdeckt und verdichtet. Heute ein schwarzer Klumpen.

Aber angenommen, dieser schwarze Klumpen würde damit beginnen, sich zu erinnern . . .

Jeder Mensch trägt tief in sich eine Ahnung davon, wie es war, als er noch in der Mitte des Paradieses am «Baum des Lebens» stand, als der Baum noch lebte, als der Garten noch blühte, als der Mensch noch lebte. Und jeder Mensch trägt tief in sich die Sehnsucht, zurückzufinden zu diesem Garten, zurückzufinden in die Einheit: als alle Personen in ihm noch beisammen waren und Hand in Hand um diesen Baum herum einen Kreis bildeten. Als sie, die Gesichter einander zugewendet, in einem großen Kreis um den Baum des Lebens herumtanzten, so als wäre es der Maibaum.

Heute sind von den zwölf Personen mindestens fünf weggeschickt worden, von den restlichen sieben weigern sich zwei zu tanzen; einer will lieber meditieren, einer steht abseits und schmollt, und die verbleibenden fünf tanzen ebenfalls nicht mehr, sie *diskutieren* lieber (ob man jetzt rechts oder links herum tanzen sollte, welche Kostüme angemessen wären oder ob man nicht überhaupt etwas Sinnvolleres tun könnte).

Mit diesem (etwas überzogenen) Beispiel wollten wir ausdrükken, daß *jeder* Mensch – aus dem Vergangenen herkommend – zutiefst in seinem Inneren verletzt ist: er trägt eine Verzauberung mit sich herum, die ihn drückt. Bei manchen Menschen ist diese Verletzung im Äußeren sichtbar, ihr Körper trägt die Spuren der Zerstörung nach außen gewendet. Bei den meisten Menschen jedoch ist derartiges nicht zu sehen, es spielt sich vollständig im Inneren ab. Sei es im Inneren des Körpers, sei es im Inneren der Seele. Das Vergangene hat seine Spuren hinterlassen.

Das ist die Ausgangsbedingung für die Grammatik einer Horoskop-Beratung. Sie folgt – wie jede Dialektik – einem Dreischritt, oder (wie jede Grammatik) dem Thema: Subjekt – Prädikat – Objekt. Es ist dieser Dreischritt auf eine geheimnisvolle Weise ebenfalls identisch mit den drei Zeitformen: Gestern – Heute – Morgen.

Die erste Frage einer Horoskop-Betrachtung bezieht sich also auf das Gestern. Auf Vergangenes oder auf die Verletzung, die aus dem Damals stammt. Verzauberung fand immer statt im Damals.

Damit ist nicht etwa das psychoanalytische Damals der *Kindheit* gemeint. Niemand wird in der Kindheit verletzt – auch wenn er selbst Stein und Bein schwört, er sei bereits mit fünf Jahren vergewaltigt worden. Natürlich gibt es Vergewaltigungen in der Kindheit. Aber sie sind nicht die *Ursachen* für das heutige Verletztsein, sondern das vergangene Verletztsein ist Ursache für die Vergewaltigung. Anders gesagt: die Vergewaltigung, die mit fünf Jahren geschah, liegt schon im Moment deiner Geburt (also fünf Jahre vorher) in deinem Geburtshoroskop als Ereignis festgeschrieben vor. Sie muß jetzt nur noch von deiner Lebenszeit erreicht werden, um sich zu ereignen.
Welchen Sinn sie dann hat, magst du fragen? Sie soll das Verletztsein, das schon bei der Geburt in dein Leben eingewickelt ist, deutlich sichtbar für dich manifestieren. Damit du einen Anhaltspunkt für deine Fragen und für deine Suche hast.
In dieser Sichtweise liegt auch die Antwort auf die Frage: Wer hat dich vergewaltigt? Eine der fünf (oder wie viele es bei dir eben sind) Personen, die du damals weggeschickt hast. Sie möchte heute mit Gewalt wieder

zu dir zurück. Möchte eindringen in das System, aus dem sie einst mit Gewalt vertrieben wurde. Die gleiche Gewalt, mit der du sie damals wegschicktest, wendet sie jetzt auf ihre Rückkehr auf. Das erlebst du als Vergewaltigung. Sie will einfach wieder rein!

Vergangenes verdichtet sich und wird zum *Subjekt* des Aktes. Der Punkt A' der Geburt (vgl. Bild 3) ist sowohl Symbol für Vergangenes, also für das «Gestern», als auch für das (grammatikalische) Subjekt, also für dein *Sein.* Das mag auf den ersten Blick mißverständlich erscheinen. Wieso kann das Gestern ein Subjekt sein?

Nimm noch einmal das Beispiel der «Kohle». Sie ist als Kohle Subjekt ihres Seins. Sie ist aber auch *vergangener* und damit *verzauberter* Baum, d. h., sie ist als Kohle nur verstehbar, wenn sie sich in ihrer damaligen Verzauberung als verwandelter Baum begreift. Ohne dieses Wissen kann sie nur lamentieren, sie sei so schwarz, häßlich und schwer. Und wenn dieser böse Bergmann nicht gewesen wäre, der sie in ihrer Kindheit mit einem Preßlufthammer brutal aus ihrem Stollen herausvergewaltigt hätte, dann ginge es ihr heute besser. Nein, auch im Stollen, als sie noch ungebrochene Kohle war, war sie bereits Kohle. Ihre Verzauberung reicht tiefer. Aber erst jetzt, als nach oben geförderte Kohle – sie ist jetzt ans Licht der Welt gebracht –, hat sie die Chance, sich zu begreifen.

Zugegeben, unser Beispiel hinkt, denn wir wissen nichts über die Bewußtseinsprozesse, die ein gebrochenes Stück Kohle zu durchlaufen in der Lage ist (oder eben nicht), aber übertragen wir das Beispiel auf den gebrochenen Menschen, so dürfen wir hier sagen: Der Bruch, die Verletzung ist deshalb da, damit ich darangehe, mir mein Sein, meine Wunde, meine Subjektivität und damit mein Damals irgendwann einmal anzuschauen.

Der Aszendent ist also sowohl mein Sein als auch das (beschädigte) Subjekt der Grammatik, als auch die Beschreibung des Damals.

Der zweite Ort der Horoskop-Grammatik ist das «Prädikat». Es enthält die «Tätigkeitswörter» (wie wir früher sagten: die Tu-Wörter). In ihnen liegt das «Tun» des «Heute». Gerechterweise muß man sagen, daß auch das «Nicht-Tun» (also das Unterlassen) ein Tun ist, gemäß der Formel: «Man kann nicht nichts tun.» Es geht also um das «Handeln», im Gegensatz zum «Sein» (des Aszendenten). Das «Heute» und das «Handeln» sind über folgende Schiene miteinander verlötet: Das Prädikat in der Grammatik des Horoskops beschreibt, was ich «heute», also jeden Tag aufs neue, zu tun habe. Mein *Handeln* im *Jetzt*. Insofern steht das Prädikat immer im Präsens, in der Gegenwart, denn alles, was ich tat, zählt bereits zum Sein und bildet damit wieder die Vergangenheit des Aszendenten. Insofern wächst das Material des Aszendenten stetig (auch heute noch) an, ist wie ein Schuttabladeplatz, auf dem sich der Müll von Jahrtausenden sammelt. Tun aber kann ich immer nur jetzt. Damaliges Tun gehört zum Subjekt, jetziges Tun gehört zum Prädikat. Weil aber mein heutiges Handeln geprägt ist von meinem aus dem Damals stammenden So-Sein, sind die beiden grammatikalischen Bestandteile Subjekt und Prädikat auf intensive Weise voneinander abhängig. Eins kann eigentlich nicht ohne das andere gedacht werden.

Der Satz «Das Mädchen (Subjekt) singt (Prädikat)» klingt deshalb vertraut, weil das «Singen» (als Tun) aus der Vergangenheit des Mädchenhaften verstehbar ist (Mädchen haben schon immer gesungen). Der Satz «Das Mädchen regnet» macht keinen Sinn, weil ich das Regenhafte nicht aus dem Damals des Mädchenhaften ableiten kann. Noch nie hat ein Mädchen geregnet, also warum sollte es das heute tun? Eines der großen Ziele des esoterischen Weges besteht darin, ganz und total ins Jetzt zu kommen, also: nur noch *Prädikat* zu sein. Dieses Ziel setzt voraus, daß ich nicht mehr am Damals, d. h. am Sein, hänge. Die große Schwierigkeit (und die Angst) besteht darin: wenn ich total im Jetzt bin, ganz Prädikat bin, «singend», dann verschwindet der Sänger. Das Subjekt (und damit die Vergangenheit) löst sich auf. Ich bin nicht mehr. Das einzige, was übrigbleibt, ist der Gesang. Aber das Subjekt («Ich») verschwindet im Nichts. Im Nirvana. Im Gesang geht das ja noch an, aber was, wenn nun auch noch das «Singen» aufhört?

Mein «Handeln», mein «Tun», wird im Horoskop vom Standort der *Sonne* angezeigt. Je nachdem in welchem Haus und in welchem Zeichen sie steht (und natürlich welche Aspekte zu anderen Planeten sie aufweist), erhalte ich eine sehr detailgetreue Beschreibung meines aktuellen Handlungsmusters. Wie wird gehandelt (Zeichen), wo wird gehandelt (Haus). Welche Vorlieben,

Abneigungen, Ängste gibt es, welche Fußangeln, welche Begabungen und welche Unmöglichkeiten zeigen sich. Das alles (und noch vieles mehr) ist am «Prädikat» der astrologischen Grammatik ablesbar.

Aber das «Prädikat» der astrologischen Grammatik ist nicht dazu da, daß ich *irgend etwas* tue (singen oder regnen), sondern das Tun meiner Sonne in einem bestimmten Haus und einem bestimmten Zeichen bildet auf eine mysteriöse Weise eine Fortsetzung meines Seins (Aszendent). Nur an diesem Ort, so könnte man sagen, wo meine Sonne heute steht, kann ich etwas über mein Sein verstehen. Es steckt eine *Folgelogik* dahinter, die es beim Namen zu nennen gilt. Anders formuliert: Wenn ich das Sein des Aszendenten restlos (in seiner Verzauberung) begriffen habe, dann kommt für den Standort der Sonne eigentlich nur eine Position in Frage. Nicht, daß man derartiges jederzeit auf Anhieb sehen könnte, denn so raffiniert wie das Schicksal ist keine noch so versierte Astrologie. Aber es gilt diese Grundregel im Auge zu behalten: Ein bestimmtes Aszendententhema (aus dem Damals) erzwingt eine bestimmte Haltung und Handlung im Heute.

Viele Menschen begreifen diese Logik als Straflogik und führen hier das Wort «Karma» im Mund. «Man muß die Suppe auslöffeln, die man sich eingebrockt hat», wird oft übersetzt als: «Du warst einmal ziemlich böse, und dafür bekommst du heute auf den Po gehauen», und dahinter steckt eine Wer-nicht-hören-kann-muß-fühlen-Logik (so wie man früher ein Kind bestrafte), aber keine Astro-Logik. Das Schicksal straft nie, denn es hat kein Rachebedürfnis. (Das haben nur die Menschen und oft genug auch die Astrologen.) Das Schicksal trägt dir etwas hinterher. Wenn du «Brocken» *von dir* weggegeben hast (sie fielen in deine «Suppe», sprich, in deine Welt), dann mußt du diese «Brocken» in der Tat aus der Welt wieder in dich hinein aufnehmen, «auslöffeln». Nur so macht der oben zitierte Satz über deine «Suppe» einen Sinn. Daß dieser «Brocken» mitunter sehr scharfkantig ist und weh tut, wenn er wieder auftaucht («Kohle»), liegt nur daran, daß du in deiner Seele nur das Weiche und Weiße übrigbehalten wolltest und deshalb alles Spitze und Dunkle in die Welt hinaus verstoßen hast. Maria Szepes hat diesen Satz mit der «Suppe» in einem tiefen esoterischen Verständnis neu formuliert: «Die Bluthunde des Karmas sind uns wahrhaftig auf den Fersen. Sie bringen uns jedoch allein jenen Gegenstand hinterher, den wir einst fortwarfen. Und so sehr wir auch vor ihnen auf der Flucht sind, irgendwann legen sie uns diesen Gegenstand vor die Füße.»

Der Aszendent enthält somit eine Beschreibung des «Fortgeworfenen», und die Stellung der Sonne ist der Versuch des Schicksals, jenen Ort zu präsentieren, wo du es wieder hineinzunehmen in der Lage bist.

Das ist die «Progression» des Lebens.

Aszendent	Sonnenstand
Subjekt	Prädikat
Ich	Mein Tun
Damals	Heute
Das Sein	Das Tun
Das Verzauberte	Der Weg, die Verzauberung zu lösen
Das Abgespaltene	Der Ort, es wiederzufinden
Die Kohle	Die Beschäftigung mit der Kohle
Der Brocken	Das Löffeln in der Suppe
Das Fortwerfen	Das Suchen
etc.	

Das menschliche Schicksal hat somit Ähnlichkeit mit einem Apportierhund. Doch was wir bei diesem noch drollig finden, daß alles, was wir wegwerfen, von ihm getreulich wiedergebracht wird, das beklagen wir bei uns deshalb, weil wir in dieser großen Perspektive nicht zu sehen gelernt haben. Unser großes Manko besteht darin, daß *wir uns an das Fortwerfen nicht mehr erinnern* (es ist schon zu lange her). Somit hat die Astrologie – wie jede andere Therapie auch – die Aufgabe, uns an das Fortgeworfene zu erinnern. Sie hat die Logik des Wurfes und die Logik der Wiederkehr des Geworfenen in das Gedächtnis zurückzubringen. Daß diese Aufgabe dadurch so kompliziert wird, daß nicht jeder das gleiche fortgeworfen hat, daß es also viele hunderttausend verschiedene Wurf-Kombinationen gibt, sei hier nur am Rande erwähnt. Und daß das, was fortgegeben wird, immer nur die inneren Personen aus unserem Bundesbahnmodell sind, versteht sich von selbst. Da aber die inneren Personen (auch die fortgegebenen) *handeln* und (in der Regel) an ihren Handlungen zu erkennen sind, muß sich daran die Frage anschließen: Sage mir, welche Handlungen aus dem Außen auf dich zukommen, und ich sage dir, welche Personen zu dir zurückwollen.

Kommen wir zu dem dritten Thema unserer astrologischen Dialektik. In der Grammatik unter dem Stichwort «Objekt» bekannt, finden wir hier (etwas abweichend von jeder sprachlichen Grammatik) etwas vor, das *sich* herstellt.

Wenn ich (das Subjekt) etwas tue (Prädikat), dann hat das etwas zur *Folge.*

Und von dieser Folge handelt das Objekt.

In der Astrologie ist dieses Thema unter dem Namen «Finalität» (Wolfgang Döbereiner) seit einigen Jahrzehnten in der Diskussion. Der Ort, an dem sich dieses Thema zeigt, ist das «medium coeli» (MC genannt), und dieses MC liegt im Schnittpunkt der Achse des 10. Hauses mit dem Tierkreis.

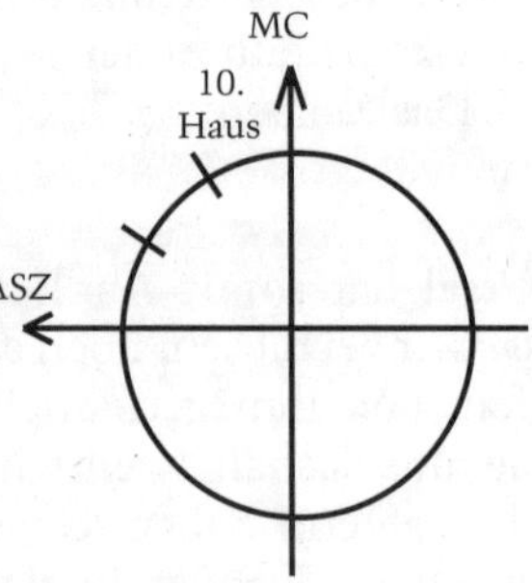

Bild 11

Das MC wird somit nicht von einer (inneren) Person, d. h. von einem Handlungsmuster, dargestellt, denn die Spitze des 10. Hauses ist ja keine Planetensymbolik (wie Merkur oder Uranus), sondern er ist ein mathematischer Ort innerhalb des Tierkreises.

Das hat zur Folge, daß ich hier nichts tun kann (nur die Personen in mir können etwas tun), sondern *daß sich etwas ergibt.* Die Finalität oder das Ziel meines Tuns oder – philosophisch gesprochen – meine «Entelechie» (das in mir angelegte Ziel, mein «Werdeziel», wie Herbert Fritsche sagt) enthält zwei wichtige

Basisregeln, die ich wissen muß, damit sich kein Mißverständnis einschleicht.

1. Ich erreiche das MC in jedem Fall, unabhängig davon, was ich tue. Das heißt, das Ziel meines Lebens steht von Anfang an fest und kein wie auch immer geartetes Tun kann daran etwas ändern. Dieses Ziel ist Teil des Objektiven, d. h., es stellt sich her unabhängig von der Stellung des Subjekts (also von mir). Würden wir annehmen, wie Hans Blüher es tut, daß der Mensch eine Achse hat, um die er sich dreht, so stünde der eine Teil der Achse (gleichsam ihre untere südliche Lagerung) in meinem Subjektsein, und der obere Teil der Achse ragte in den Bereich des Objektiven. Ob man für diesen oberen Teil der Achse die Worte «Schicksal» oder «Natur» oder «Gott» einsetzt, bleibt der einzelnen kulturellen Vorliebe überlassen. In jedem Fall gibt es etwas übergeordnet Objektives, zu dem hin meine Entwicklung zwangsläufig führt.

2. Ich kann nichts tun, *damit* ich dieses übergeordnet Objektive erreiche. Jedes Tun, das sich auf das MC bezieht, ist ebenso sinnlos wie ein Tun, das sich auf die «Erleuchtung» bezieht. Solange ich (das Subjekt) irgendwohin will, komme ich immer nur zum Subjektsein, niemals zum Objektiven, denn *mein* Wollen stimmt nicht mit dem Wollen des Objektiven überein. Mein Wollen ist der Ort meiner Sonne, mein (objektives) Ziel ist der Ort des MC. Es geht also nicht darum, diesen Ort zu erreichen (denn ich erreiche ihn, wenn auch erst auf dem Totenbett, ohnehin), so als gelte es, etwas zu tun, damit ich zum Ziel komme, sondern es geht darum, an der Stelle, an der meine Sonne steht, *zu leben* und d. h. zu handeln. Der Weg und das Ziel haben *keine* Verbindung, auch wenn der gesunde Menschenverstand mir das Gegenteil einreden möchte. «Du mußt heute etwas tun, damit du morgen . . .»

Natürlich gibt es eine Dialektik zwischen dem Weg und dem Ziel, aber (wir müssen es noch einmal betonen) eine Dialektik und eben *keine* Verbindung.

Zwischen zwei Punkten A und B gibt es eine *Verbindung*, diese Verbindung ist die Linie. Um nun von A nach B zu kommen, muß ich die Linie entlanggehen. Sobald aber das Linienmodell im Spiel ist, kann ich nachsinnen über die Frage: Wie muß ich gehen, langsam oder schnell, gut oder böse, brav oder ungezogen. Das ist das normale

Denkmodell, das in uns allen tief eingepflanzt sitzt. Und wir unterhalten uns darüber (sei es mit anderen, sei es mit uns selbst), wie denn der vorteilhafteste Weg sei, B zu erreichen. Dieses Denken hat nichts mit dem Modell der esoterischen Astrologie zu tun. Sie behauptet im Gegenteil: es gibt *keinen Weg* von A nach B, vom Aszendenten zum MC, sondern eines Tages gibt es einen Sprung, und der, der vorher A war, ist jetzt B. Im Punkt der Geburt ist er A, im Punkt des Todes – aber nicht etwa zehn Jahre vorher schon, weil er so brav war – ist er B. Es ist ein qualitativer Sprung und nicht das Ergebnis eines Weges. Das kann kaum verstanden werden, weil wir so tief in die Ideologie des Fortschrittes verwickelt sind, die jedes Tun im Hinblick auf ein Ziel sieht. Das Problem besteht darin, daß ich – so lange ich auf das Ziel schiele – nie gänzlich im Tun bin, also wieder einmal nicht im Jetzt.

Die Dialektik zwischen dem Weg und dem Ziel besteht im folgenden: je bewußter ich meinen Weg gehe (ohne das Ziel je anzupeilen) und nur meinen Weg, desto bewußter bin ich eines Tages im Ziel. Ohne für das Ziel je etwas getan zu haben. Je mehr ich jedoch das Ziel anvisiere, desto unbewußter ist mein Weg und desto unbewußter bin ich schließlich beim Erreichen des Zieles.

Obwohl ich nämlich eines Tages, so oder so, mein Ziel erreiche, und obwohl das Ziel objektiv feststeht (und kein Deut sich je am Ziel ändert), gibt es doch Unterschiede bei meiner Interpretation des Zieles.

Stellen wir uns vor, mein Ziel sei es, als Clown zu sterben. Aber auf dem Weg dorthin (in einer armen Zirkusfamilie geboren, der eigentliche Clown brennt mit der Kunstreiterin durch, der Zirkus kann sich keinen neuen Clown leisten, also muß ich für den Clown einspringen, obwohl ich eigentlich Raubtierbändiger werden wollte) *träume* ich nur von meiner Raubtiernummer (wie ich der Menge mit diesem gefährlichen Akt den Atem verschlage), und unterdessen spiele ich lustlos, ja widerwillig den «dummen August». Ich stecke meinen ganzen Energien in das Ziel, Dompteur zu werden, und verwende keine Energien darauf, mein Dasein als Clown zu verstehen. Ich bin Clown, Und ich soll auch einer werden. Aber noch auf meinem Totenbett knalle ich mit der imaginären Dompteurspeitsche. Mit anderen Worten: das Ziel zu erreichen und das Ziel auch als Ziel zu verstehen und zu akzeptieren, sind zwei verschiedene Dinge. Ich erreiche es in der Zukunft auf jeden Fall. Aber ob ich auch verstehe, warum es mein Ziel ist und dann zu meinem Ziel «ja» sagen kann, diese Fragen entscheiden sich allein daran, ob ich «bewußt» gehen (tun) lerne.

Das gilt selbstverständlich nicht nur für das große Lebensziel, das MC, sondern für jedes kleine Ziel ebenfalls. Solange ich das Ziel im Blick habe, lebe ich nicht. Ich versäume das «Jetzt», indem ich auf das «Morgen» schiele.

Mit diesem Dreischritt ist das Thema der esoterischen Astrologie vollständig beschrieben.

Es lautet:

Aszendent	Sonne	MC
Sein	Tun	Ergebnis
Subjekt	Prädikat	Objekt
Verzauberung	Weg durchs Leben	Erlösung (von der Verzauberung)

Was es denn mit den anderen elf Personen des Stückes auf sich hat, könntest du jetzt fragen. Wo ist ihre Funktion? Was haben sie zu tun? Oder: was habe ich mit ihnen zu tun?

Sie sind ergänzende und erläuternde Satzbestandteile. Sie beziehen sich als Adjektive auf das Subjekt oder als Adverbien auf das Prädikat. Sie detaillieren. Bei dem Satz: «Das Mädchen trägt ein Kleid» (Subjekt, Prädikat, Objekt), könnte eine Ergänzung ins Spiel kommen: «Das Mädchen trägt ein *häßliches* Kleid», und dann hat das Mädchen ein Problem. Es könnte sein, daß sie ihr ganzes Leben nur das Thema der Häßlichkeit ihrer Kleidung sieht und dabei lange nicht auf ihre eigentliche Aufgabe stößt. Damit wollen wir sagen, daß diese Beifügungen (des Saturns oder anderer Zuginsassen) stark in den Vordergrund rücken und mich sehr lange beschäftigen können. Aber sie sind und bleiben Beifügungen, Attribute, die die Sache erläutern – und nicht das Eigentliche. A und O einer astrologischen Beratung müssen deshalb die Punkte Aszendent – Sonne – MC bleiben, wenn auch die anderen Familienmitglieder diese drei Fragestellungen stark erweitern und verkomplizieren können.

«Es muß darum auch jeder Mensch,
der mit seinem Willen in seine Welt eingreift,
zuerst zerstören, ehe er aufbauen kann.»
(Susanne Schmida: Es sind die Götter, Wien 1951)

Kapitel 3

Der Aszendent – Der Vorhang geht auf

Das Wort «Aszendent» bedeutet (ascendere: lat. aufsteigen) das Aufsteigende. Aus der Raum- und Zeitlosigkeit steigt die Seele auf und verankert sich im Moment der Geburt, genau am richtigen Ort, zum richtigen Zeitpunkt, in der Materie. Sie tritt ins Fleisch – inkarniert. Ein Potential, Ergebnis der bisherigen Wanderung der Seele, eine Energie, zusammengesetzt aus allen vergangenen Taten, Gedanken und Erlebnissen, wird zurückgeworfen in den Raum, zurückgeworfen aus der Ewigkeit in die Zeit.

Stell dir vor: Alle deine Leben, die vergangenen und die zukünftigen, wären zusammengefaßt in einem dicken Buch, einem großen Roman. Und jedes Kapitel entspräche einer deiner Inkarnationen. Sowohl der Titel des gesamten Buches als auch die Überschriften der einzelnen Kapitel sind dir zuerst einmal unbekannt. Jedes neue Kapitel, das sich zwangsläufig aus den Inhalten der vorherigen ergibt, trägt eine dir unbekannte Kapitelüberschrift und beginnt mit deinem Eintritt in die Zeit. Im Moment deiner Geburt wird mit deinem Aszendenten ein Geheimnis gesetzt, dessen Dynamik sich erst einmal in der Vergangenheit, in den zurückliegenden Inkarnationen, verliert. Du hast die Aufgabe, dich auf die Suche zu machen nach diesem Geheimnis.

Und wenn du irgendwann einmal den roten Faden deines großen Gesamtwerkes verstanden hast, so wirst du damit auch den Titel dieses (deines) Buches, d. h. deinen wahren Namen, erkennen, und dein Weg durch die Zeit wird beendet sein. Theoretisch kannst du in jedem Moment (auch in diesem) aus jedem Kapitel, aus jeder Inkarnation, auf deinen wahren Namen schließen, und der Roman wäre in seiner letzten Auflage. Doch da dies nicht mit dem Willen (auch wenn du es noch so sehr erstrebst) zu erreichen ist, wollen wir diesen Gedanken erst einmal wieder vergessen und zurückkehren zum Beginn deines heutigen Kapitels, zu deinem heutigen Leben.

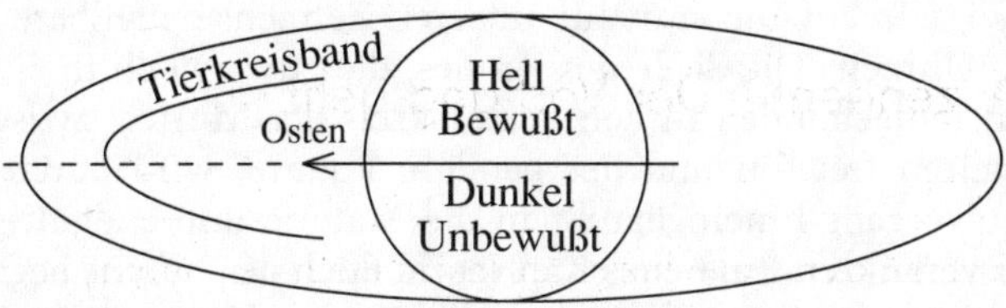

Die Stelle am Himmel, die im Moment der Geburt genau im Osten (also dort, wo der Sonnenaufgangspunkt sich befindet) liegt, zeigt uns das Thema des Aszendenten. Der Tierkreisgrad, der dort angeschnitten wird, tritt in diesem Augenblick ans Licht, er taucht auf aus dem Dunkeln, aus dem Schatten. Die Linie des Aszendenten (Sonnenaufgangs- und Sonnenuntergangsspunkt) unterteilt das Horoskop in Dunkel und Hell, Unbewußtes und Bewußtes, in die untere und obere Erdkugelhälfte.

Und analog zum Abbild der Zeitqualität am Firmament wird ein Mensch wiedergeboren, der genau das Seelenthema in seinem Inneren erhellen soll, das just in diesem Moment aus dem Dunkel des Erdschattens ins Licht emporgehoben wird und damit in den Blickwinkel des Betrachters. Für die Seele, die mit ihrer gesamten Energie zur Menschwerdung, zum Heilsein, strebt, wird im Moment der Geburt der Vorhang zur Zeit geöffnet. Sie kehrt zurück auf die Bühne der Welt, wird hineingeboren in

Lebensumstände, die genau ihrem Wesen, ihrer Aufgabenstellung, gleichsam der Fortsetzung ihres Romans entsprechen. Mit dem ersten Atemzug beginnt sie, diese Welt in sich aufzunehmen, um dann mit ihr in einen selbständigen Austausch zu treten. Das Ein und Aus des Atems, das, wie Buddha sagt, Welten erschafft und Welten zerstört, symbolisiert in seinem unvergänglichen Rhythmus das Werden und Vergehen, das Geben und das Nehmen, den Tag und die Nacht, die Geburt und den Tod, den Kreislauf der Wiedergeburt. Und genau in diesem Moment des ersten Atemzuges, mit dem der Mensch sein Los erneut auf sich nimmt, er den Faden seiner Verstrickungen weiter zu entwickeln gedenkt, schauen wir auf die kosmische Uhr und messen die Zeitqualität – ablesbar am Firmament. Gleichzeitig schauen wir auf die nur auf unserer Zeitachse meßbare und gültige Uhrzeit. Die Seele des Kindes, die zuvor noch in Geborgenheit (eingebunden in den Lebenskreis der Mutter) zwischen den Welten frei hin und her pendeln konnte, wird durch den Geburtsvorgang hineingepreßt in die Materie und endgültig im Körper verankert. Ein neues Kapitel im Buch des Lebens beginnt.

Auch du, der Leser, befindest dich ja im Moment inmitten deines Romanes. Die Textstelle, an der du gerade angelangt bist, könnte lauten: «Ich sitze in meinem Zimmer am Schreibtisch und lese eine Einführung in die Astrologie. Meine Empfindungen und Gedanken dazu sind . . .» Daß du *jetzt* an dieser Stelle deines Weges dich aufhältst, ist die notwendige und zwangsläufige Folge all deiner vorherigen Erlebnisse, Taten und Gedanken, denn du bist nicht nur Leser deines eigenen Romanes, sondern selbstverständlich auch der Urheber, der Autor des Textes. Was immer du tust, du kannst nur aus *deiner* Geschichte heraus handeln, aus *deinen* Erfahrungen heraus leben, und aus dem Erlebten ergibt sich etwas Neues, deine Zukunft.

Allerdings erwirkt sich Zukunft, Schicksal, nicht aus den sichtbaren Taten, sondern aus dem unbewußten Potential heraus, welches sie begleitet. «Ich lese ein Buch» ist ein neutraler Handlungsvorgang. Es ist nicht gut oder böse, ein Buch zu lesen. Und so kannst du dich ohne Probleme mit diesem Vorgang identifizieren. Alles, was du bewußt tust, was du nicht wertest, nicht *be*wertest, womit du dich vollkommen identifizieren kannst, ist in dem Moment, wo es durch den Zeitablauf beendet ist, erlöst, wird zur unwichtigen Vergangenheit. Nun liest du ja ein Buch nicht ohne einen bestimmten Grund. Irgend etwas wird dich dazu angeregt haben, *dieses* Buch zur Hand zu nehmen. Vielleicht ein ganz allgemeines Interesse, du willst möglicherweise mehr über dich oder mehr über die Zusammenhänge der Welt erfahren usw. Wenn dir alle Beweggründe, die dich zu diesem Moment hingeführt haben, bekannt wären, so wärest du, wie man so schön sagt, ganz bewußt im Hier und Jetzt. Es bliebe für die Zukunft nichts mehr zu erfahren, zu erlernen übrig. Übrigbleiben kann nur, was deiner Wahrnehmung entgangen ist. Es könnte aber sein, daß der «heimliche» Beweggrund, dieses Buch zu lesen, dein Ego ist. Du willst mehr wissen, andere kontrollieren (siehe Kapitel 1), oder du verschanzt dich, deine Nase in ein Buch steckend, hinter deinem Interesse, weil du dir deinen Partner vom Leib halten und damit einer Auseinandersetzung aus dem Weg gehen willst. Was immer du nicht sehen, nicht wahrhaben möchtest, was immer «übrig»bleibt: aus diesen, und *nur* aus diesen Energien wird der rote Faden deines Seins gesponnen. Aus ihm weben die Nornen dein Schicksal in dein Leben hinein. Wenn wir unser Beispiel in die Zeit hinein vergrößern, so ist das Übriggebliebene für jeden Menschen inhaltlich immer gleich. Ob es das ist, was er im Kleinen übersieht oder im Großen nicht wahrnehmen möchte: Es ist sein Thema, sein Schatten, sein abgespaltener Teil, der unerkannt im Unbewußten schlummert und mit unermüdlicher Kraft ins Licht des Bewußtseins drängt. Durch die Jahrtausende hindurch malt das Schicksal ein immer feineres, farbigeres Bild mit immer detaillierteren Formen, und doch folgt der Pinselstrich nur einem Gesetz: dem der Erkenntnis. Der Erkenntnis des verborgenen wahren Namens. So ist denn der Aszendent nicht nur das Unerkannte des «vorherigen Kapitels», sondern er trägt die Geschichte des gesamten Romans in all seiner Vielfältigkeit in sich. Er verbirgt das Geheimnis deines Seins als ein Potential, das sich in immer neuen Spielarten entfaltet. Es ist der Urstoff, aus dem heraus du handelst. Es ist die Ursubstanz, aus der heraus sich dein Leben erwirkt, aber es ist *niemals* das, was du tust. Es ist die Kraft, die dich zum Handeln zwingt, die dich zurück zum «Tatort» drängt und der du wieder und wieder zu entrinnen versuchst. Es ist der Schatten, der dir auf dem Fuße folgt, vor dem du dich seit Anbeginn der

Zeit verzweifelt verbirgst, und dem du doch nicht entkommen wirst. Du selbst bist es, vor dem du fliehst. Du *bist* deine Geschichte. Du bist *dein* Schatten. Du *bist* dein Aszendent.

Wenn wir hier die Aszendenten beschreiben, so handelt es sich zunächst einmal um Idealtypen, die sich noch in vielfältiger Weise verzweigen und verästeln. Wie du ja schon weißt, gehört zu jedem Tierkreiszeichen ein Planet, der dieses Aszendenten-Thema als bewegliches Prinzip in das Horoskopmandala hineinträgt, in eines der zwölf Häuser und in ein bestimmtes Zeichen hinein. Angenommen, jemand hat einen Stier-Aszendenten: Die Herrscherin des Zeichens «Stier» ist die Venus. Sie steht z. B. im 10. Haus im Zeichen Wassermann.

Damit ist das Thema des Aszendenten in das Thema des 10. Hauses *und* in das Thema des Zeichens «Wassermann» hinein verzweigt.

Auf diese Art und Weise verbinden sich zwei, drei oder mehrere Themen zu einem einzigen Bild, verschmelzen zu einem Inhalt, und so erhalten wir nun unzählige Aszendenten-Kombinationen (auch Aspekte zu weiteren Planeten gehören dazu), die das Fassungsvermögen eines jeden Buches sprengen würden. Letztlich gibt es genau so viele Möglichkeiten, wie es Menschen gibt. Wir müssen uns also in unserem Text auf die Grundlagen beschränken. Wir werden jeden Aszendenten in seinem tiefsten seelischen Vermächtnis zu schildern versuchen. Diese Bilder besitzen sehr scharfe Konturen und mögen sehr hart und gnadenlos erscheinen, denn es handelt sich hierbei um den Archetypus. Sie sind gedacht als Hilfsmittel für dich, deinen Faden weiterzuspinnen, selbst weiter zu denken. Sie sollen deine Seele anregen, ihre eigenen Bilder zu gebären. Nimm unsere Beispiele also nicht wörtlich, nicht als Tatsachen, sondern schau dir die Wirklichkeit an, die hinter den Worten zu *wirken* beginnt, wenn du durch sie hindurch schaust.

Der Widder-Aszendent

Wenn der Schatten, dem der Mensch entflieht, das Energiepotential eines Widders ist, so wird er sehr weit laufen müssen, um ihm zu entkommen. Denn die große zerstörerische Kraft, die er zu verbergen sucht, kann unvermutet in sein Leben einbrechen, und er befindet sich urplötzlich inmitten eines Schlachtfeldes. Es gehört zum Leben eines jeden Widder-Aszendenten, daß er sich, ohne zu merken, wie es dazu kam, in einer zerbrochenen, zerstörten Situation wiederfindet. Die harmonische Stimmung, die Beziehung, das Verhältnis zu andern, plötzlich kehren sich die Energien um und gehen gegen den Strich, gegen den gewünschten Verlauf. Es ist sehr wichtig, sich an dieser Stelle noch einmal ganz klar vor Augen zu führen: Der Aszendent sagt nie etwas darüber aus, was einer *tut,* er ist das, was einer *ist.* Aus dem Sein, dem Potential des Widders, ergibt sich Zerstörung. Er zerstört nicht! Er *ist* Zerstörung. Es ist eine Energie, die sich raumergreifend ausdehnt und andere (anderes) beiseite drängt. Es entsteht Ungleichgewicht, Disharmonie.

Ein Beispiel: Ein Mensch mit einer Fische-Sonne verhält sich zurückhaltend, vielleicht sogar schüchtern. Seine Anwesenheit ist unauffällig, er stört nicht. Er ist empfindlich und sensibel. Angenommen aber, er hat einen Widder-Aszendenten, er *ist* also der raumergreifende Widder. Sein Ego (ein sanftes Fische-Ego) läßt jedoch keine so unangenehmen Energien zu. Es will von seinem Schatten (seinem Zerstörerdasein) natürlich nichts wissen. Dieser Mensch befindet sich nun in einer Diskussionsrunde, in der er mal wieder (wie immer) nicht zu Worte kommt. Ganz Fische (sensibel, vielleicht ein wenig beleidigt), steht er auf und will sich (es hat doch keinen Sinn) unauffällig verflüchtigen. Beim Aufstehen verfängt sich das Tischtuch an seiner Jacke, Geschirr fällt auf den Boden, vor Schreck wirft er den Stuhl um, dieser fällt auf ein dahinterstehendes Glasregal, das unter enormem Krach zusammenbricht. Das Ergebnis ist Zerstörung. Was hat *er* getan: Nichts! Er wollte sich ja nur unauffällig davonstehlen. (Loriot sagte bei dieser Gelegenheit: «Das Bild hängt schief!»)

Hätte er keinen Widder-Aszendenten, sondern (nehmen wir an) er wäre ein doppelter Fische, so wäre ihm gleichgültig, ob er zu Wort gekommen wäre oder nicht. Brav hätte er dort gesessen und zugehört, oder er wäre wirklich unauffällig gegangen. Hätte er aber eine Widder-Sonne, also ein Widder-Ego, so wäre sein *Tun* raumergreifend und er hätte längst auf den Tisch gehauen und gesprochen. Aus beiden Möglichkeiten heraus wäre keine Zerstörung entstanden. Nun steht natürlich unser Widder-Fische-Mensch ratlos und erschreckt herum und redet sich heraus (heraus aus seinem Schatten): Ich wollte doch nicht, ich habe doch nur . . .! Was die Beteiligung seines Bewußtseins an diesem Vorgang angeht, ist dieses sicherlich richtig. Doch erst dann, wenn er die Folgen seines Handelns auf sich selbst bezieht, wenn er das ihm Entgegenkommende als Auswirkungen seines Tuns annimmt, beginnt er etwas über sich und seine Energien zu verstehen. Er erhascht ein winziges Stückchen des Schattens, der von nun an keine Ruhe mehr geben wird, bis er in seiner vollständigen Form ins Bewußtsein des Menschen hineingewachsen ist. Schicht um Schicht, Inkarnation um Inkarnation wächst die Gestalt ihrer Vollendung entgegen. Zurückblickend auf die Vergangenheit eines Widder-Aszendenten sehen wir den Menschen, der mit seinem Willen das Leben zu bezwingen suchte, der im immerwährenden Kampf um den Sieg erbarmungslos vorwärtsstürmt, jederzeit bereit, den Handschuh zum Duell zu werfen. Da blieb keine Zeit nachzudenken, kein Raum, um Rück-Sicht zu üben. Diese Energie drängte in die Sichtbarkeit, verführte zur Tat. Sie überrollte Verstand und Zweifel. Nichts blieb ungetan, nichts ungesagt, nichts unberührt, auch jenes nicht, was nicht getan, gesagt oder berührt werden durfte.

Geben wir hier einmal (als exemplarisches Beispiel) an, wie der Herrscher des Widder-Aszendenten (also der Mars) sich in den einzelnen Häusern verhält.

Mars im ersten Haus

Hier ist die Widder-Energie ursprünglich. Jeder Impuls wird sofort umgesetzt in die Tat. Ohne Überlegung, ohne Rück-Sicht. Ähnlich wie der Krieger in früheren Zeiten im Nahkampf mit der Waffe auf den Feind losstürmte, ist seine Energie auch heute noch bahnbrechend, stürmisch und aggressiv. Sein Leben ist ein Kriegsschauplatz. Was zurückbleibt, ist Verwüstung.

Mars im zweiten Haus

Die sich ziellos ausbreitenden und vorwärtsstrebenden Energien werden hier im zweiten Haus aufgefangen, zusammengepreßt und begrenzt. Der Jäger selbst wird zum Gefangenen. Tobend vor Wut kann er nicht vor und nicht zurück. Er reißt und zerrt an seinen Fesseln. Seit Jahrtausenden steht er kurz vor dem Ausbruch und kommt doch nicht in die Freiheit.

Mars im dritten Haus

Kraftvoll mit gestählten Muskeln baut sich der Mars bedrohlich vor dem Gegner auf, schlägt sich wie Tarzan kräftig auf die Brust – und doch: der Feind fürchtet sich nicht. Immer wieder will der Krieger sich beweisen, er stellt seine Kräfte zur Schau, bellt laut und bleibt doch jener Hund, «der nicht beißt».

Mars im vierten Haus

Es gibt kaum etwas so lästiges wie ein plärrendes, mit den Füßen auf den Boden stampfendes Kind. «Ich will!» oder «Ich will nicht!» lautet hier das Kriegsgeheul im Inneren der Seele. Gefühlsterror und Trotz sind die Worte, die den Mars im vierten Haus deutlich charakterisieren.

Mars im fünften Haus

Der Potenzprotz, der angestachelt durch jegliche Konkurrenzsituation als Mittelstürmer mit gespreizten Ellenbogen geradewegs nach vorn an die Spitze, an die Macht prescht. *Sein Wille regiert und geschieht!* Leichen säumen seinen Weg.

Mars im sechsten Haus

«Wenn du mich nicht . . ., so hätte ich dich auch nicht!» So lautet hier die ewige Entschuldigung des reaktiven Mars. Warum stellt der andere auch seine Füße dorthin, wo ich gerade laufe. Und der Schrei der anderen erreicht ihn noch nach Jahrtausenden.

Mars im siebenten Haus

«Schaut euch mal die anderen an», sagt er, «wie aggressiv sie sind, wie sie streiten, kämpfen, morden. Schaut sie euch an, wie sie jegliche Harmonie zerstören, wie sie sich schuldig machen am Weltgeschehen.» Der Krieg bleibt (Gott sei Dank, so denkt er) draußen vor der Tür, und doch gibt es keinen Frieden in seiner Seele. Draußen sind die bösen Buben!

Mars im achten Haus

Zwanghaft verfolgen die marsianischen Energien ihr Ziel. Vergewaltigt, gefesselt und geknebelt wird die gequälte Seele, bis sie ihre Eigenständigkeit aufgibt. Hier bleibt ihr wenig Hoffnung.

Mars im neunten Haus

Hier führt der Mars einen religiösen Krieg, er ist der Missionar, der mit der Waffe in der Hand geistige Regionen erobert. «Und wenn du nicht glaubst, so brauche ich Gewalt», und geschundene Seelen folgen ihm in ihrer letzten Hoffnung.

Mars im zehnten Haus

Wenn es mehr gäbe als die Todesstrafe, so wäre es dem Mars im zehnten Haus gerade recht. Er ist Richter und Henker in einem. Wenn der Kopf rollt, so geschieht es nur für Recht und Ordnung. Darin liegt eine wahre Genugtuung.

Mars im elften Haus

Unstet und unberechenbar sind hier die Widder-Energien. Sein Wille, frei zu sein, macht ihn zum Verräter an den anderen. Er ist der Raubvogel, der bei seinen Beutezügen plündert und leere Nester hinterläßt.

Mars im zwölften Haus

«Meinen Willen lege ich deine Hände, o Herr», lautet hier die Lebenslüge. Das (Mars-)Opfer sei vollbracht, glaubte hier der Mensch. Doch auch der heilige Krieg ist ein Krieg.

Der Stier-Aszendent

Jeder Stier-Aszendent ist wie ein Becken ohne Abfluß. Jegliche Lebensenergie wird hineingesogen, angesammelt, gebunden und verwahrt. Der Flußlauf wird unterbrochen, der Kräfteaustausch mit der Welt verhindert. Der Mensch, dem diese Energie zu eigen ist, lebt in innerer oder äußerer Gefangenschaft. Alles, was sich im Laufe der Zeit im Sammelbecken seiner Seele angehäuft hat, macht ihn schwer, lähmt ihn, hält ihn fest. Es ist die Gefangenschaft der Energien, die seine Bewegungen verlangsamen, seine Schultern beugen, seine Kräfte blockieren. Der Stier-Aszendent ist ein Opfer der Zeit, die nie vergeht. Seine Vergangenheit klebt an ihm, er findet nicht heraus aus den längst beendeten Geschichten, aus verlorenen Hoffnungen, aus verblaßten Gefühlen. Er sitzt da und wartet, er sitzt da und duldet, er sitzt da, unbeweglich, gefangen und beschwert von all dem, wovon er nicht lassen und womit er nicht atmen kann.

Stelle dir vor, ein junger Mann aus der Großstadt verbringt seinen Urlaub in einem kleinen Ort am Meer. Er verliebt sich in ein Mädchen, das in großer Liebe zu ihm entflammt. Er verlobt sich mit ihr und verspricht, wiederzukommen und sie zu heiraten, sobald er sein Studium beendet hat. Im nächsten Sommer wartet das Mädchen vergeblich auf ihn, doch sie vertröstet sich auf das kommende Jahr. Auch in den folgenden Jahren kommt er nicht. Wann immer ein Schiff anlegt, steht sie da und wartet. Die Zeit vergeht, sie gibt die Hoffnung nicht auf. In ihrem Herzen bleibt sie ihm treu. Sie wartet und wartet. Das Mädchen kann seinen Heimatort nun nicht mehr verlassen, denn es könnte ihn ja verpassen. Sie schafft es nicht, davon loszulassen. Sie nimmt ihre Verlobung sehr ernst. Alle anderen Angebote des Lebens weist sie zurück, bleibt ihrer Geschichte treu. Allmählich wird sie zum Opfer: ohne ihn hat das Leben keinen Sinn, hat sie selbst keinen Wert. Nur er, der vom Schicksal entführte, könnte sie erlösen. Ohnmächtig wartend vertut sie ihr Leben in verblassender Hoffnung. Ihre Lebenskraft versiegt, die Zeit steht still. Und wenn die Zeit stillsteht, so gibt es keine Zukunft und ohne Zukunft keine Bewegung und keine Hoffnung. Jeder Stier-Aszendent trägt in sich solche Geschichten von Schwere, von Bündnissen und Treue-Schwüren, von Bürden und vom Opfersein, von Kerkern und Gefangenschaften.

Der Zwillings-Aszendent

Während beim Widder der Energiestrom ungestüm nach außen drängt und beim Stier die Energie sich verdichtet (Schwere bildend), ist das Zwillings-Thema weder verausgabend noch vereinnahmend. Es ist weder bejahend noch verneinend. Es ist schlichtweg neutral. Was die Mitmenschen als «pflegeleicht» empfinden, ist letztlich nichts anderes als eine spannungslose Leere. Und um diese Leere, diesen Stillstand zu verbergen, ergeht sich der Zwilling in sinnloser Bewegung. Er läuft hierhin, dorthin, auf der Suche nach einer Bewegtheit, die er in seinem Inneren nicht vorzufinden vermag. Er ist der ewige Beobachter im Theaterstück des Lebens. Immer in der Hoffnung, seinen Namen eines Tages auf der Liste der Darsteller zu finden und eine tragende Rolle zugeteilt zu bekommen. Und doch stehen immer nur die anderen im Rampenlicht. Sie kämpfen, sie trauern und sie lieben; sie durchleben Schicksalsschläge, Höhen und Tiefen, Glück und Leid. Und er, der Zwillingsmensch, steht draußen, geht unter in der dunklen unpersönlichen Masse des Zuschauerraumes. Sicher, er kennt sie nun alle, die verschiedenen Theaterstücke und die unterschiedlichsten Darsteller. Er ist und er war ja immer und überall dabei. Wann auch immer für ihn der Vorhang zum Spiel in einer neuen Inkarnation aufgeht, wieder sind die Hauptrollen schon vergeben. Da gibt es die hübschere ältere Schwester, den klügeren Bruder, die faszinierendere Geliebte, die nicht zu verdrängende Ehefrau. All die unschlagbaren Talente, all die nicht zu erreichenden Vorbilder, all die großen Egos auf den Siegertreppchen des Lebens. Und wie immer bleibt ihm die schmerzhafte Erkenntnis seiner eigenen Ohnmacht, seiner Bedeutungslosigkeit. Was immer er tut, was immer er unter Anstrengungen zustande bringt, um diesem Schatten zu entrinnen, das Schicksal wird für ihn die Weichen so stellen, daß er sich selbst in die Falle läuft, sobald er die Bühne mit dem Zuschauerraum verwechselt. Der Applaus der anderen wird ihm dann hohl und leer erscheinen, und der Stachel des mangelnden Selbstwertgefühles wird tiefer und tiefer in seine Seele eindringen, bis er ohnmächtig aufgibt.

Er ist ein schillernd bunter Schmetterling, der tanzend von Blume zu Blume fliegt. Jeder freut sich, wenn er kommt, doch keiner fragt ihn je nach seinem Namen. Jeder freut sich über die Gaben, die er bringt, doch keiner erinnert sich seiner, wenn er geht. Und so wächst in ihm die Sehnsucht, irgendwann einmal, irgendwo dazu zu gehören, eine Ansprache zu finden, die ihm einen Namen und damit eine Bedeutung geben könnte. Die Worte: «Du (und kein anderer) bist es!» könnten ihn erlösen. Durch die Jahrtausende hindurch, immer wieder in rhythmischen Abständen, begegnet ihm der, dem seine ganze Hoffnung gilt. Es ist der Schmetterlingsfänger. Begeistert jagt er dieses eine wundervolle Exemplar. Das Schmetterlingsherz hüpft voller Freude, die Erlösung scheint ihm so nahe. Da hat ihn der Dorn auch schon durchbohrt. Gefangen und in ohnmächtigem Schmerz wird er der Sammlung (an der Wand) hinzugefügt. Ein toter Schmetterling unter vielen. Die Hauptrolle, der Applaus, alles Lug und Trug. Das Spiel des Lebens nimmt seinen Lauf, die Darsteller erscheinen im Rampenlicht aufs neue, und er schaut wieder zu.

Der Krebs-Aszendent

Der Krebs-Aszendent besteht aus einem Meer von versunkenen Gefühlen und Geschichten. Der Mensch, der mit diesem Aszendenten geboren wird, steht bis zum Hals tief in seiner seelischen Vergangenheit. Selbst bei einem leichten Sturm, der nur sanft die Wellen bewegt, droht das Wasser über ihm zusammenzuschlagen. Hilflos versucht er sich zu retten, und doch zieht es ihn erneut in die Tiefe. Er geht unter in Erinnerungen, die, mit Gefühlen versehen, seine Seele bedrohen. Ewig ist er ihnen schon hilflos ausgeliefert, doch nie brachte er die Kraft oder den Mut auf, schwimmen zu lernen und sich selbständig den verschlingenden Tiefen zu entziehen. Hilfesuchend klammert er sich an den nächstbesten Menschen. Das können die Eltern, die Kinder, Freunde oder (am liebsten) Partner sein. Wer auch immer ihm als Rettungsanker dient, er wird hineingezogen, in symbiotischer Umklammerung erdrückt. Bis der andere, sich selber rettend, den Schutz und die Hilfe verweigert. Wieder steht sie dann da, die verlassene, ungeborgene Krebsseele, überfließend von Schmerz und Trauer. Wo sind die Mütter dieser Welt geblieben? schreit das einsame Kind, den ewig gleichen Schrei, der den Urschmerz des Menschenkindes an die Weltenseele heranträgt und der ungehört verklingt. Immer wieder mußte die Seele die Geborgenheit des Mutterleibes verlassen, die Erinnerungen an die Kälte der Menschen und die Ablehnung der Welt hat sie beleidigt und verstockt stumm werden lassen. «Ich komme aus dem Wasser nicht mehr heraus, und wenn ich dann ertrinke, seid *ihr* alle schuld!» Mißtrauisch beobachtet der scheinbar um sein

Leben Kämpfende das Ufer, an dem sich die Erwachsenen tummeln. Da niemand sich des (beinah!) ertrinkenden Kindes annimmt, lockt die Krebsseele, sich auf ihre Fähigkeiten und Möglichkeiten besinnend, mit sanfter Weichheit in die mütterliche Falle. Der sich vom sicheren Ufer lösende Gefährte wird ihr direkt in die Arme gespült. Sie trägt ihn (sie ist nun endlich nicht mehr allein) mit aller Hingabe durch die Strömungen des ruhig wogenden Meeres. Er (an ihrer mütterlichen Brust lehnend) verlernt nun seinerseits das Schwimmen. Der Sturm des Schicksals aber peitscht von Zeit zu Zeit die Wellen in die Höhe. Scheinbar kämpfend um sein Kind hält der Krebs-Mensch sein «Opfer» nun noch fester in den Armen. Zwei mögliche Ausgänge für diese Geschichte gibt es: entweder sie gehen beide unter, oder «das Kind» (der Partner) gewinnt seine Selbständigkeit zurück und rettet sich verfolgt von Vorwürfen wie: «Was habe ich alles für dich getan, du Undankbarer!» ans Ufer. Seiner Seelenruhe beraubt, gehört auch er nun zur schmerzvollen Geschichte des Krebses. Die Tränen um ihn erhöhen den Meeresspiegel, der durch die Jahrtausende steigt, bis das Wasser alles überschwemmt und mit sich gerissen hat und die Welt der Hoffnungen endlich untergegangen ist.

Der Löwe-Aszendent

Im Mittelpunkt der Geschichte eines jeden Löwe-Aszendenten steht sein verlorenes, verschlossenes, verkauftes, verratenes Herz. Und somit wird sein Leben von der Suche nach Liebe und Lebendigkeit bestimmt. Der Zugang zur Herzensenergie ist verschüttet, und die Sehnsucht, die ihn zur Suche bewegt, gibt ihm den einzig möglichen Schlüssel in die Hand. Und der heißt: Machtverlust. Und so ist er zerrissen zwischen dem Schmerz des ins Nichts zerfließenden Egos und dem bewußten oder unbewußten Drang nach Macht. Jeder Löwe-Aszendent hatte in früheren Zeiten eine hohe Position. Sein Herz schlug nur noch für ihn selbst, seine männlich zeugende Kraft verwendete er, sein «Ich» zu nähren und zu schützen. Er war an der Spitze! Ob Kaiser oder König, ob Geschäftsmann oder Familienoberhaupt, ob im

Amt eines Priesters oder Richters, ob als Don Juan oder Casanova, als Heiler oder Helfer, die äußeren Gewänder der Macht sind so zahlreich wie die Sandkörner am Meer. Sie sind Kostümierungen und verbergen alle den einen harten Kern: das dem Leben und den Menschen verschlossene Herz. Denn da, wo Machtstreben und Größenphantasien den Menschen beherrschen, hat Liebe keinen Platz. Und da, wo Hinwendung und Liebe aus dem Herzen strömen, verliert das Ego an Unberührbarkeit und damit an Macht. Nur da, wo der Mensch Untergebene, Abhängige, Schwächere um sich versammelt, hat er die Möglichkeit, auf der Erfolgsleiter nach oben zu steigen. Er lebt dann im ständigen Konkurrenzkampf. Jede gewonnene Schlacht läßt ihn wie auf einer Pyramide auf den Schultern der anderen stehen. Nur so ist ja das Gefühl, ganz oben an der Spitze zu sein, möglich. Somit braucht er die anderen als Untertanen. Er schöpft seine Kraft und Lebensenergie aus ihnen und ihren Herzen. Da die anderen Menschen nicht freiwillig ihre Schultern hinhalten und ihre Lebensenergie zur Verfügung stellen, muß der nach Macht Strebende zuerst einmal etwas versprechen, um an die Kraftquellen zu gelangen. Und genau hier liegt das Geheimnis, der Schatten, die Schuld des Löwe-Aszendenten. Er verspricht Herz, Liebe, väterliches Versorgen und Schutz. Er verspricht, die Sonne zu sein und mit seinem Strahlen die anderen zu erwärmen. Und tatsächlich, er wird zur Sonne für die anderen, doch sein Strahlen entspringt nicht der Kraft seines Herzens, ist kein Geben, sondern kommt aus den gestohlenen, von ihm vereinnahmten Herzen. So ist er immer auf der Jagd nach neuen Opfern. Irgendwie schafft er es auch, sich die Herzen der anderen einzuverleiben, und nun hängen sie «von ganzem Herzen» an ihm (im wahrsten Sinne des Wortes) und verfolgen ihn durch die Zeit, um es von ihm – früher oder später – zurückzufordern. So ist sein Leben geprägt von der Verzweiflung des vom Thron gestürzten Königs und der ebenso großen Verzweiflung des um sein Herz ringenden Menschen. Aus diesem Fluch gibt es keinen Ausweg. Die «Erlösung» des verbannten Herzens beginnt mit dem Sturz des Egos. Und so *muß* er stürzen. Besonders schwierig ist das Lebensthema «Löwe» für Frauen zu erlösen. In ihnen steckt ein männliches Potential, der Körper ist weiblich (obwohl sich auch dort männliche Züge zeigen können), und so führt die Suche nach dem richtigen, ergänzenden Partner oft in eine Sackgasse. Ist der Partner ebenfalls stark und strebt nach Macht, so ergeben sich Konkurrenz und Machtkämpfe, die kaum zu beenden sind. Das Projektionsspiel wird dort am deutlichsten: nicht sie ist machtbesessen und herzlos, sondern *er* (denkt sie!). Und wahrlich, er muß die Rolle des Bösewichtes jetzt auch spielen. Ist der Partner eher weiblich und schwach, so «gewinnt» die Löwe-Frau das Spiel, und er bleibt auf der Strecke. Er wird zum Spielball der jagenden Raubkatze, bis er sich – wie die Maus – nicht mehr rühren kann. Dann verliert sie das Interesse und sucht ein neues Jagdrevier. Dieses Spiel ist ein so männliches Spiel, daß ein Mann es sich leichter eingestehen kann. Oft ist er lange Zeit sogar auch noch stolz auf seine Erfolge. Doch auch er wird sich eines Tages den anklagenden Blicken der gebrochenen Herzen nicht mehr entziehen können.

Der Jungfrau-Aszendent

«Manche Menschen leben so vorsichtig, daß sie wie neu sterben.» Diesen Satz könnte man als Motto über den Jungfrau-Aszendenten stellen. Und wahrlich, der Einsatz am Roulette-Tisch des Lebens ist so zaghaft (möglichst auf Rot und Schwarz gleichmäßig verteilt), daß auch der Gewinn ausbleibt. Und dann beginnen sie, sich zu beklagen, die Jungfrauen. «Alles habe ich richtig gemacht, alles bedacht, niemandem geschadet usw., wo bleibt mein Gewinn?» Es ist schon erstaunlich, wie der Jungfrau-Mensch, sich beugend und biegend, an jede Situation, jede Stimmung, an jeden Menschen anpassend, jeder Reibung aus dem Wege geht. Wie er versucht, wachsam, vorausschauend die Weichen rechtzeitig zu stellen, um Kollisionen mit dem Leben zu vermeiden. Schon seine Eltern schoben direkt vor den Geburtskanal eine Schablone, in deren Form er (ohne es zu merken) hineingeboren wird. Er richtet sich wieder einmal (wie schon seit Jahrtausenden) darin ein. Um seine Persönlichkeit herum wächst eine Mauer, die alles, was nicht sein darf, alles was schmutzig, böse oder charakterlos ist, draußen läßt. Letzte Reste von Schmutz werden durch das Leben aberzogen, abgewaschen und abgeschliffen. Es entsteht ein sauberes, reines, bescheidenes, ordentliches, gefügiges, hilfsbereites Wesen. Diese Abtrennung von der «schmutzigen» Welt besteht seit Jahrtausenden und manifestiert sich wieder und wieder. Ob diese Mauern Klostermauern waren, hinter denen die Seele in die Reinlichkeitsgebote der Kirche hineinwuchs, oder ob es die Trennung der oberen, vornehmen Kaste gegenüber dem Proletariat war oder die Trennung der feinen, höflichen Menschen gegenüber den grobschlächtig Unfeinen oder die Abkehr der mitleidvoll dienenden gutherzigen Menschen von den machtbesessenen Egos. Wo auch immer wir diese Trennungslinien finden, sie trennen das Saubere, Gute vom Schmutzigen, Bösen, trennen die «saubere» Jungfrau von der «unreinen» Welt. Damit diese Abtrennung gewahrt bleibt und die reine Seele von der Sünde unberührt, muß sie sehr vorsichtig sein. Das Leben wird beobachtet, wie man einen Feind beobachtet, um vor seinem Angriff auf der Hut zu sein. Nichts berühren, sich bloß nicht die Hände schmutzig machen, um den «Beweis» für die eigene Unschuld immer in der Hand zu halten. Seit Urzeiten läuft die Jungfrau mit vorgestreckten Händen durch die Welt und ruft: «Schaut mich an, wie sauber meine Hände sind, ich bin unschuldig! Ich bin es nicht gewesen!» Und genau dort liegt das Problem, sie ist es auch nicht gewesen. Nichts und nie und nimmer! Wenn wir den Schatten des Jungfrau-Aszendenten durchmessen, werden wir in der Tat keine heimlich begangenen Sünden vorfinden, wir stoßen dort nicht auf verborgene Schandtaten, aber wir finden die Lüge, die in der Ausgrenzung der dunklen Anteile des Menschseins besteht. Denn die Trennungslinie, die Mauer, die das Sauberbleiben ermöglicht, ist gleichsam ein Schutz, aber wehe, die Mauer reißt ein. Sie wird einreißen! Und der Schmutz der Welt, der seit ewigen Zeiten vor die Türe gekehrt wurde, dringt ein, kehrt zurück in das Nest, aus dem er einst herausgeworfen ward. Obwohl hier die Jungfrau nun händeringend die Schuld bei anderen sucht, bleibt ihr die Konfrontation nicht erspart. Die Seele selbst ist es, die sich auf geheimnisvolle Weise so lange in die eigene Geschichte verstrickt, bis die auflösende Situation entstehen wird. So muß zwangsläufig geschehen, daß es plötzlich nicht mehr möglich ist, zwei Herren zu dienen, sich gleichzeitig nach zwei unterschiedlichen Seiten zu beugen, es zwei Partnern mit unterschiedlichen Bedürfnissen recht zu machen. Das Schicksal und dessen Beauftragte treten fordernd gegen die Schutzmauer. Zumeist ist Lähmung die erste Antwort auf diese Bedrängnis. Denn jede Berührung mit der Welt hieße nun, sich die Hände doch zu beschmutzen. Der Aufbruch aus dem Unschulds-System ist deshalb besonders schwierig, weil Lob und Anerkennung, kirchliche und sonstige Gebote die Steine der Mauer bilden. Und so müssen wir uns noch einmal klar darüber werden, daß es nur darum geht, die Trennungslinien aufzuheben, und nicht etwa auf die andere Seite hinüberzugehen. Für jeden, der seinen Schmutz vor die Türe kehrt, muß ein anderer ihn in sein Grundstück aufnehmen. Denn ein Niemandsland gibt es nicht.

Der Waage-Aszendent

Die Geschichte des Waage-Aszendenten ist die Geschichte einer langen Suche, einer langen verzweifelten Suche nach dem eigenen Ich. Wer bin ich, wenn ich mich nicht in irgend jemandem definieren kann? Wer bin ich, wenn ich nicht einen Spiegel vorgehalten bekomme, der mir mein verlorengegangenes Bild vor Augen hält? Das Ich, oder nennen wir es in diesem Falle besser die Willenskraft eines Menschen, die es ihm ermöglicht, aus sich selbst heraus, sozusagen aus eigenem Antrieb, sein Leben zu gestalten, bringt dadurch, daß jede Raumergreifung nur auf Kosten eines anderen stattfinden kann, Chaos, Schmerz und Unfrieden. Man denke nur an den Geburtsprozeß, der sowohl der Mutter als auch dem Kinde selbst Schmerzen bereitet. Das Kind, das sich seinen Raum, seine Welt erobern will, *muß* einen anderen, in diesem Fall die Mutter, verletzen, und es muß der eigenen Kraft vertrauen, die es ihm ermöglicht, sich durch den Geburtskanal hindurchzuarbeiten. Rücksicht und das Beibehalten von friedlichem Ineinander ist in diesem Moment nicht möglich. Da es das Hauptanliegen des Waage-Menschen ist, stets das Gleichgewicht zu wahren (und Harmonie herzustellen), muß er sich, um seinem Prinzip gerecht zu werden, in diesem Moment von allen «Ich erobere mir meinen Raum»-Intentionen trennen. In dieser Entscheidung entbindet er sich von seinen Geburts-Energien und damit von der Verantwortung für seine eigene Geburt. Dieser Vorgang ist nicht etwa der Ursprung der Waage-Problematik, sondern hier wiederholt sie sich bereits. In jedem Leben stellt sich erneut die Frage: «Die anderen oder ich?» Die immergleiche (feige) Antwort lautet: «Die anderen.» Normalerweise steht auf der einen Seite der Mensch und ihm gegenüber sein Schatten, der ihn zwangsläufig bei jeder Bewegung, die er macht, begleitet: Krieg, Schmerz, Zerstörung usw. Nun hat sich der Waage-Aszendent in seinem Bestreben nach Harmonie von diesem Schatten gelöst und hat sich damit von seiner Urenergie abgeschnitten. Seine Willens- und Antriebskraft, die ihn ins Leben der Taten hineingebären könnte, ist nun nicht mehr in ihm, sondern steht ihm verselbständigt und energiegeladen im Außen gegenüber. Er bleibt leer und kraftlos zurück. Er wird zum Schatten seiner selbst, während der andere sich zu einem Menschen aus Fleisch und Blut (das er sich von dem Waage-Menschen holt) entwickelt. Er, der losgelöste Schatten, der ohne «seinen neuen Herren» nicht existieren kann, ist von jetzt an auf der verzweifelten Suche nach demjenigen, der ihn entwirft. Nun weiß der Schatten natürlich nicht, daß er ein Schatten ist, aber er spürt seine Unvollkommenheit. Er ist stets auf der Suche nach dem anderen, der es ihm ermöglicht, sich zu fühlen, nach demjenigen, der ihm seinen Namen geben, sein Ich bestätigen könnte. Und so wird er abhängig, abhängig von Beziehungen jedweder Art. Hat er jemanden gefunden, an dessen Fersen er sich heften kann, so hat dieser ein leichtes Spiel mit ihm, muß er doch wie ein Schatten jeder Bewegung seines neuen Herren folgen. Er wird zum Leibeigenen. Ob dies im Konkreten geschieht oder geistige Inhalte berührt werden, Impulse zur Bewegung und Entwicklung kommen grundsätzlich von außen. Die auf diese Art versklavte Seele lebt nun ausschließlich innerhalb des Rahmens, der ihr von außen zugebilligt wird. Im Inneren (der Seele) sind ihr alle (alle!) Möglichkeiten bekannt, diese Situation zu verlassen. Millionenmal sind sie durchdacht worden, doch übrig bleibt die innere Qual der ewigen Frage: «Warum *tue* ich es nicht?»

Der Skorpion-Aszendent

Jedem, der sich ein wenig mit der Astrologie beschäftigt, sind die Reaktionen auf die Bekenntnisse eines Menschen, er sei ein Skorpion, bestens bekannt. Rückzug, Abwehr, ein leichtes Gruseln. Wenn diese Reaktionen auch zumeist spaßig gemeint und übertrieben dargestellt sind, so tragen sie doch das berühmte Körnchen Wahrheit in sich. Der Skorpion-Aszendent verbreitet ein leichtes Unbehagen, eine Andeutung von etwas Dunklem, Kaltem. Es ist die aus der Unterwelt aufgestiegene, verlorene Seele, die auf der Suche nach dem Lebendigen jeden, den sie berührt, in ihren Bann zu ziehen versucht, um etwas zu erlangen, was ihr seit Jahrtausenden fehlt: das Leben. Er, dem die Idee wichtiger war als alles andere, dem das Idealbild heilig war, er, der der Vorstellung sein Leben geopfert hat, steht jetzt in einer ausgebrannten Welt. Die emotionsleere Seele versucht nun einzudringen in Leib und Seele eines «Opfers», um sich dort mit fremdem Leben zu versorgen. Sie setzt sich mit ihren Saugnäpfen fest, um sich am Strom der Herzenskraft zu nähren. Ist das Opfer zu schwach, sich dieser Umschlingung zu entziehen, geraten beide in die Falle einer ungelösten Opfer-Täter-Beziehung. Ähnlich wie in den bekannten Vampir-Geschichten, hat das zur Folge, daß das Opfer, nun ebenfalls blutleer und seines Lebenssaftes beraubt, zum Lichtlosen (zum Untoten) wird. In dieser Konstellation liegt die Macht des Skorpions, aus der er seit Jahrtausenden sein blutleeres Weiterleben nährt. (Weshalb er mit Vorliebe «Licht-Arbeiter» wird.) Doch Erlösung erfährt er auf diesem Wege nicht. Da seine Seele aber zum jetzigen Zeitpunkt, im Abbild des Aszendenten abzulesen, ans Licht tritt und dem Ruf nach Erlösung folgt, ahnt er tief in seinem Inneren um diesen Zusammenhang. In der Erzählung von Bram Stoker verliebt der auf seinem Schloß lebende Vampir sich in das *Bild* einer Frau. Er verläßt die Sicherheit seiner Gruft und begibt sich, von ihr (ihrem Bild!) besessen, in Gefahr. Er schafft es nicht, die Angebetete auf seine Seite zu ziehen. Er findet weitab von seinem Heimatschloß den endgültigen Tod durch den Holzpfahl, der ihm in die Mitte seines Herzens gestoßen wird. Obwohl ein solches Ende von ihm sicherlich nicht geplant war, macht diese Geschichte nur Sinn, wenn wir annehmen, daß sein unbewußter

Erlösungswunsch ihn dorthin trieb. Nur wenn der Holzpflock (Holz = Jupiter = Einsicht) ihn mitten ins Herz (Thema Liebe) trifft, kann er aus dem Schattendasein befreit werden. Auch die zweite Möglichkeit, einen Vampir zu töten, trägt symbolisch dieselben Inhalte. Ein Sonnenstrahl muß ihn treffen, und er zerfällt zu Staub (Sonne = Herz = Leben = Licht = Erkenntnis). Obwohl diese Geschichte nur ein Gleichnis ist und dem Leser diese Bilder sehr weit von seinem Leben und seiner Problematik entfernt erscheinen mögen, so bedarf es nur eines inneren Schauens und eines inneren Bildverständnisses, und er wird die Inhalte dieser Worte auch auf sich, seinen Lebensweg und seine heutige Problematik beziehen können. Der dunkelste Schatten des Skorpion-Menschen ist seine Verstrickung in eine magische Vergangenheit. Magie heißt nichts anderes, als daß der Mensch seinen Willen, seine Idee vom Schicksal *über* die Idee Gottes (oder die des übergeordneten Gesetzes) stellt. Er sammelt all seine Lebenskraft und richtet sie brennpunkthaft auf eine Situation oder auf einen Menschen, um dort etwas entstehen zu lassen, was eigentlich nicht auf seinem Wege liegt. Es gelingt ihm nur, wenn er seine Seelenenergie dort beläßt. Wir können dies getrost «die Seele verkaufen» nennen. Wenn wir davon ausgehen, daß jeder Eingriff in die Gesetzmäßigkeit etwas gekostet hat und auch heute noch kostet, so wird das Bild einer ausgebrannten, leblosen Seele verständlich. Auf der (unbewußten) Suche nach seinem Erlösungsakt sucht sich jeder Skorpion-Aszendent im Laufe seines Lebens eine nicht einzunehmende Festung. Zumeist «verliebt» er sich (ganz ebenso wie unser Vampir) in irgendein Bild. Er verläßt seine sichere Burg (was immer mit einem Machtverlust verbunden ist), um irgendwo vor einem verschlossenen Tor zu scheitern. Seine ganze Sehnsucht und – wie er glaubt – sein ganzes Herz hängt an der Erfüllung seines Wunsches. Und so versucht er so lange einzudringen, bis er eines Tages daran zerbricht, bis ihm der Holzpflock das Herz durchbohrt.

Der Schütze-Aszendent

Im Laufe unserer langjährigen Beratungstätigkeit haben wir natürlich von unseren Klienten eine Menge dazugelernt (und lernen auch heute weiter). Wir lernen aus den Bestätigungen, aber auch aus dem Unverständnis unseres Gegenübers. Im Laufe der Zeit häufen sich ganz bestimmte Reaktionen auf bestimmte Deutungen, besonders auf die sicherlich nicht ganz einfache Beschreibung der Aszendenten. Herausragend ist dabei die Reaktion der Schützen auf ihre Aszendenten.

1. Sie wissen schon alles und sind ganz erstaunt darüber, daß man es *auch* weiß.

2. Sie sind stolz auf ihren Aszendenten. Sosehr man sich auch bemüht, die Schattenanteile des Schütze-Themas zu beschreiben, es trifft und betrifft nicht. Sicherlich hat auch ein Löwe eine Portion Stolz auf seine Macht und seine Stärke in sich, aber sobald er sich seiner «Herzens-Schwierigkeiten» bewußt wird, ist er doch betroffen. Der Schütze aber, geschmückt und ausgestattet mit allumfassendem Wissen, mit philosophisch geschultem Blick, mit der Anmaßung des Priesters, ein Pontifex, eine Brücke zwischen Gott und der Welt zu sein, ist und bleibt der Größte. Auch ein gescheiterter Gelehrter bleibt gelehrt, und auch ein gefallener Priester behält sein Wissen und damit das Gefühl seiner geistigen Überlegenheit. Wenn er einmal gescheitert ist, so wird er es jetzt mit dem Wissen, das er hat, besser, richtiger machen. Im Gegensatz zum König, der ohne Thron und ohne Untertanen kein König mehr ist, gibt es in der äußeren Welt wenig Korrektive für die Anmaßung des Wissens. Die Energien des ewig Suchenden gehen hinaus ins geistige Erfassen des großen Ganzen, so daß er, der sich in den Kosmos und in die Weltenzusammenhänge hineinzudenken vermag, letztlich immer von sich selbst wegdenkt. Und so versteht er die Welt, aber nicht sich selbst in der Welt. So versteht er die Menschenseele, aber nicht seine eigene. Sein starker, nach Erkenntnis strebender Drang, bezieht sich ausnahmslos auf das Höhere. Seine suchenden, nach den Zusammenhängen dürstenden Energien, befinden sich außerhalb seiner Selbst, und alles, was der Weltenspiegel ihm zurückwirft, ihm nahelegt (es sich zur Selbsterkenntnis zunutze zu machen), wird von ihm erneut eingesponnen, in

höhere, größere Zusammenhänge. Er selbst, er verliert sich darin. Nun war (und ist) nicht jeder Schütze-Aszendent ein Philosoph, ein Priester, ein Seelenführer, ein Therapeut. Und doch bleibt der tiefste Kern des Themas, das zum Schatten und damit, wie wir wissen, auch zum Problem dieses Lebens geworden ist, das Wissen und die damit verbundene Macht. Es ist das Wissen selbst, das die Seele zu Fall gebracht hat. Es gibt nichts Gefährlicheres, als der Wahrheit ganz nahe zu sein. Mit jeder Erkenntnis wächst die Anmaßung, anderen diese zu vermitteln, andere zu missionieren. Man denke nur an den Drang der katholischen Kirche, ihre Bilder von Gott, Himmel, Hölle als die einzig richtigen (und besseren) den anderen aufzuzwingen. Man denke nur daran, wieviel Macht damit schon immer verbunden war. Und doch haben diese Bilder einen tiefen Symbolgehalt und sind Teil der großen Wahrheit. Genau dies macht sie so gefährlich. Ist etwas oberflächlich, dumm und banal, so beeindruckt es niemanden und ist leicht zu verwerfen. Ist ein Gedanke, ein Bild aber sinnvoll, hat es Tiefe, so wird es zum Werkzeug der Macht, in die andere hineingezogen und hineinverstrickt werden. Indem sie von dem einen Teilstückchen der Wahrheit, den der philosophische Geist ins Unermeßliche aufgeblasen hat, so geblendet sind, verlieren sie letztlich das innerste, das tiefste Geheimnis des Lebens: das Sein, das Bei-sich-selbst-Sein, das Einssein. Weltanschauung heißt: sich die Welt anzuschauen, bedeutet also als Außenstehender hinzuschauen. Und so irrt der Mensch, der sich alleine durch sein Wissen am Ziel glaubt, denn er *weiß* nur etwas über das Ziel, er befindet sich nicht dort.

Wahrheit kann man nicht erkennen, in Wahrheit kann man nur *sein,* und davon ist der Schütze weiter entfernt als jeder andere. Sein Geist hat ihn geblendet; er hat sich angemaßt, mehr zu wissen als andere. Diese Wahrheit ist es, die einen dunklen Schatten über sein Leben wirft, damit allmählich die grelle Verblendung des Wissens ausgelöscht wird. Dieser Prozeß ist sehr schmerzhaft. Das Leben holt den weiterhin nach oben Strebenden aus dem Himmel der großen Gedanken herunter in eine – ach – so banale Welt. Wir wissen, daß im 7. Haus des Schützen das Zeichen Zwillinge zu finden ist. Dies ist nun die Welt, die ihm entgegenkommt, banal, unwissend, voller Unverständnis für die großen Zusammenhänge. Die anderen sind langweilig und dumm, und doch sind sie seine Mitmenschen, die Aufmerksamkeit von ihm fordern, auch wenn er sich noch so oft schulterzuckend und desinteressiert abwendet: sie holen ihn ein, die Alltäglichkeiten, die kleinen Probleme, die das Leben so mit sich trägt. Angewidert mag er sich zurückziehen, innerlich die Nase rümpfen, er entgeht ihnen nicht. Jeder Sturz tut weh, wieviel Schmerz aber mag ein Sturz mit sich bringen, der ein Leben lang andauert. Die Umstände lassen höchstens vorübergehend einen Aufstieg zu. Wenn er erneut auf den Ölberg gelangt, dient diese Position nur dazu, sich mit den anderen «Verkündern» zu messen und – zu verlieren. Welche Position der Schütze (es gibt auch Schütze-Aszendenten, die am Fließband arbeiten) auch immer einnimmt, sie ist auf *jeden Fall* unter seinem Niveau. Offen oder heimlich: er weiß alles besser. Eingestanden oder uneingestanden: er ist den anderen weit, weit voraus. Aber was hilft es, eine verwaiste Brücke zu sein, über die keiner mehr geht: diese Brükke führt *über* den Fluß des Lebens. Erst wenn sie (das Ego) einbricht und in tausend Teile zerfällt, wenn der Strudel des Lebens sie mit sich reißt, kann irgendwann die Seele finden, wonach sie schon so lange sucht.

Der Steinbock-Aszendent

Die Seele eines Steinbock-Aszendenten ist alt, uralt. Weit gewandert, ist sie müde, hat die leichte, beschwingte Zeit der Jugend schon lange hinter sich gebracht. Sie ist schwer, starr und unbeweglich geworden. Damit meinen wir nicht, diese Seele sei älter als andere oder hätte zahlreichere Erfahrungen gemacht. Stellen wir uns einmal ein etwa siebzigjähriges Ehepaar vor. Sie ist an Literatur interessiert, liest viel, hat Freunde, mit denen sie plaudert, probiert neue Rezepte aus, geht zur Altengymnastik. Eine junggebliebene Seele, wie man so sagt. Offen für vieles, berührbar und beweglich. Das heißt, sie macht auch im Alter von siebzig Jahren noch neue Erfahrungen. Sehen wir uns dagegen ihn an. Muffig sitzt er beim Frühstück, schimpft darüber, daß die Butter früher auch besser gewesen sei, klagt über seine Knochen und daß er sich kaum noch bewegen kann. Sitzt anschließend unmutig vor dem Fernseher und beschwert sich darüber, daß es heute keine Werte mehr gibt usw. Für ihn gibt es nichts Neues mehr, keine Zukunft, das Leben liegt hinter ihm. Seine Erfahrungen haben sich in seiner Seele verdichtet, sie eingeschweißt, blockiert. In diesem Sinne ist der Steinbock-Aszendent uralt. Er kommt auf die Welt mit Erfahrungen von Jahrtausenden, Erfahrungen, die sich wie Ringe um seine Brust gelegt haben, kaum daß er atmen kann. Alles liegt hinter ihm, nichts vor ihm. Alles erscheint ihm schwer. Seine gesamte Energie ist regressiv und negativ. O ja, er hat vieles erlebt, vieles durchlebt, und tief in seinem Inneren weiß er um die Gesetzmäßigkeit und Unabdingbarkeit dieser Erfahrungen. Er hat sich stark und hart gemacht, seine Bürde zu ertragen. Aber: er *trägt* sie nicht. Er *erträgt* sie nur. Er ist griesgrämig und abwehrend dem Leben und neuen Erfahrungen gegenüber geworden. Auf daß die Bürde nicht noch schwerer werden möge, hat er sich verschlossen und verhärtet, so daß alles von ihm abprallt und ihn möglichst unbehelligt in seinem jetzigen Zustand beläßt. So ändert sich nun wirklich nichts mehr, alles ist hart, fest und klar – kristallklar. Das Wasser des Lebens ist erstarrt, seine Seele erfroren. Erschauernd blickte er zurück und ist dabei zur Salzsäule erstarrt. Schaut er vorwärts in sein heutiges Leben hinein, so blickt er in eine leere und öde Wüste. Nur das Wasser seiner eigenen Seele könnte sie wieder fruchtbar machen, doch seine Kälte hält es in ewigem Eis zurück. Alles Offene, Weiche, Empfindsame hat er von sich abgespalten, hinausgeschickt in die Welt. Er ist Saturn/Chronos, der seine Kinder in die Unterwelt verbannte, er ist Herodes, der die Kinder töten ließ. Das Kind im Inneren seiner Seele ist die höchste Gefahr für sein System, und so mußte er es verleugnen und verbannen. Aber ohne Offenheit und die Möglichkeit, eine Schale zu sein, die etwas in sich aufnehmen kann, kommt nun auch von Außen nichts mehr an ihn heran. Nichts Schweres, Unschönes, Gefährliches, aber auch nichts Angenehmes, Liebevolles, Geborgenheitschenkendes. Denn mit dem verbannten Kind wurde auch die Mutter verbannt. Und so ist aus ihm der einsame, mutterlose, ewige Erwachsene geworden. Die Seele hat sich zurückgezogen in ihren Eispalast und regiert von dort aus die Welt. Klar und gerecht, aber unerbittlich und kalt. Kein Kind (keine Seele/kein Mond) kann dort überleben. Denn alles Fließende erstarrt, kaum daß es mit dem Eis in Berührung kommt, und so bleibt die Lebenslandschaft leer. Es ist schwer für den Steinbock-Aszendenten zu erkennen, daß die Leere, die Kälte aus seinem eigenen erstarrten Inneren kommt. Er hat seine Erfahrungen nicht für das Leben zu nutzen gewußt, sondern hat sich dagegen gestellt und hat begonnen, formal und ohne Freude seine Pflichten zu erfüllen. Schon von Geburt an spürte er die Last auf seinem Gemüt. Blockiert steckt er fest in seinem «Nein». Das Nein hat ihn fest im Griff, und schmerzvoll wird er feststellen, daß er es alleine nicht zu lösen vermag. Schwäche zeigen oder gar Hilfe annehmen kann er nicht. So bleibt er stekken im eisigen Panzer, immun gegen Leben, Liebe und Freude. Und erst, wenn irgendwann einmal einer um ihn weint (und heiße Tränen seinen Panzer durchweichen), beginnt er zu spüren, wie kalt und einsam es um ihn herum geworden ist. Und erst, wenn nichts mehr zu halten ist, nichts mehr so ist wie früher, wenn das schmelzende Eis seine Seele überflutet und er zu ertrinken glaubt, beginnt seine Erlösung.

Der Wassermann-Aszendent

In einer fachsimpelnden Gesprächsrunde unter Astrologen kamen wir einmal darauf, wer unter den zwölf Aszendenten wohl am schwersten zu beraten sei. Wir waren uns sehr schnell einig. Fast aussichtslos (bis sinnlos) ist es, einen Wassermann-Aszendenten zu beraten. Seine Reaktionen ähneln ein wenig denen des Schütze-Aszendenten. Doch im Gegensatz zu ihm, der durch bestätigendes «Das weiß ich schon!» eine eher positive Energie schafft, läuft der Berater beim Wassermann-Menschen ins Leere, da dieser sich nicht mit ihm auf der gleichen Ebene befindet. Ihn hat sein Wissen über die anderen (und damit auch über den Berater) erhoben. Er sitzt weit oben auf seiner Wolke. Nicht mehr fragend, nicht mehr suchend, sondern im Bewußtsein, seinen irdischen Weg hinter sich zu haben, beobachtet er von Ferne die Winzlinge dort unten, wie sie sich mit dem Menschsein abmühen. Er (sitzend an einem beliebigen Punkt C) weiß, daß es weder lohnt, den Weg A noch den Weg B zu gehen, da ja doch beide im Punkt C enden werden. Und so bleibt er draußen, hat den Menschen verächtlich den Rücken gekehrt und ist letztlich desinteressiert an all den kleinen Egospielchen, die aus der Höhe betrachtet tatsächlich aussehen wie Spielzeug. Er macht nicht mehr mit (ist jedoch Redakteur bei einem der Zeitgeist-Magazine) und verachtet alle, die, verwickelt in ihre Spiele, mit ganzem Herzen bei der Sache sind. Dem derartig Außenstehenden kommt das, was die Seele eines Menschen bewegt, lächerlich vor. Ähnlich wäre es, wenn man das Auf und Ab eines Geschlechtsaktes als Unbeteiligter betrachten würde. Es käme einem absurd vor, daß Menschen solche Bewegungen machen, während, von innen heraus gefühlt, dieselbe Sache ganz anders aussieht. Aus dieser distanzierten, überheblichen Betrachtungsweise erscheint ihm dann der Mensch selbst als lächerlich und klein. Daraus wächst die Verachtung für das Unvollkommene, das Naive, das «Verwickelte» im Menschen. Denn er hat sich *ent*wickelt, sich herausgewickelt aus den Zusammenhängen, will frei sein. Frei von Bindungen, frei vom kleinlichen Streben nach irdischen Gütern. Und wenn er sich schon herabläßt, dann nur um die Welt zu verbessern, ihr mit seinem Genie auf die Sprünge zu helfen. Doch zumeist sieht er schnell ein, wie aussichtslos es ist, seine «Perlen vor die Säue zu werfen». Es kann ihm ja doch keiner folgen, da er den anderen weit, zu weit voraus ist. Und so verschließt er den Schatz seines Genies in seinem Inneren und ist sozusagen inkognito, unerkannt (ja verkannt), auf der Welt. Er kommt nicht herunter von seiner Wolke, er bleibt innerlich überheblich und unberührbar dort sitzen, während er sich scheinbar mit dem Volke gemein macht. Vor langer Zeit schon hat er einem höheren Anspruch genügen wollen und sich von allem, was ihn daran hätte hindern können, getrennt. Da aber jeder Mensch in Verbindlichkeiten hineingeboren wird, mußte er diese für seine hohen Ziele verraten. Er ist zum Verräter an der Liebe und der Zugehörigkeit seiner engsten Mitmenschen geworden. Er hat sich von ihnen abgewendet, und heute findet er – als Folge davon – eine von ihm abgewendete Welt vor. Heute wird die Welt zum Verräter an ihm. Er findet in ihr kein Zuhause mehr. Es gibt keinen Platz für ihn, den Besonderen, den Außergewöhnlichen. Und so bleibt ihm nur noch seine Verachtung. Die Welt entlockt ihm diese Gefühle. Unbewußt stellt er

Situationen her, in denen er, als «Menschenfeind» erkannt, ins Abseits katapultiert wird und d. h., mit seinem Schatten konfrontiert wird. Eine solche Situation bringt ihm zwar schmerzlich seine Distanz zum Bewußtsein, aber sie macht ihm auch immer wieder klar, daß er niemals einer unter vielen sein kann. Koste es, was es wolle – und es kostet. Er hat das Menschliche in sich verraten, sich losgesagt vom subjektiven Bestreben, von persönlichen Wünschen, und so ist seine Welt jetzt *un*menschlich und *un*persönlich. Das ist der Preis, den er zahlt für seine Freiheit. Er schaut nach innen und findet sich abgetrennt von jeder Regung. Er schaut nach außen und findet sich abgetrennt von jeder Bindung. Freischwebend zieht seine Wolke ihre Bahn – aber wozu? Niemand will es wissen. Das ist es, was es so schwer macht. Das ist es wahrscheinlich, was es so sinnlos macht, einen Wassermann-Aszendenten zu beraten. Wozu, wenn keine Bindung besteht, die gelöst werden müßte? Wozu, wenn keine Verwicklungen entstehen, die dann wieder entwickelt werden müßten? Wozu an etwas rühren, wenn Unberührbarkeit die Antwort ist?

Der Fisch-Aszendent

Alles auf dieser Welt ist nur ein Gleichnis, ist Maja, Illusion. Jeder kennt diese Worte und ahnt tief im Inneren der Seele, daß sie wahr sind. Doch helfen sie uns wenig, wenn das Leben uns packt, wenn unser Ego zerbrochen wird, wenn wir leiden. Solange wir gefesselt an unseren irdischen Leib, gebunden an Zeit und Ort unser Schicksal durchleben, hilft es uns wenig, zu wissen, daß dies alles nicht wirklich ist, daß es Illusion ist. Wir können es nicht fühlen, nicht leben. Das ist gut so, denn keine Theorie, auch wenn sie noch so wahr ist, soll Leben vermeiden, sie sollte helfen, es zu verstehen. Dennoch, die Versuchung ist groß. Wenn nichts wirklich ist, ist dann der Mensch selbst nicht eine Illusion? Das ganze Leben ein Traum? Wozu dann leiden, wozu dann sich die Mühe machen, die Bürde zu tragen? Und so berührte der Mensch die Welt mit seinem Zauberstab, und sie verschwand. So berührte er sich selbst, löste sich auf, und übrig blieb das Nichts:

ein Fisch-Aszendent. Nichts mehr wollen, nichts mehr sollen. Er hat sich zurückgezogen von der Welt und ist bis heute verschwunden geblieben. Auch, wenn man es auf den ersten Blick nicht sieht, auch wenn er selbst es zuerst nicht bemerkt: ein gewichtiger Teil seiner Seele ist abwesend, ist nicht mit ihm auf die Welt gekommen. Er wollte nicht geboren werden, wollte die Last des Lebens nicht auf sich nehmen, nicht, daß er sich geweigert hätte (wie z. B. der Krebs-Aszendent). Nein, auch sich *weigern* ist *etwas.* Er tat (und tut) nichts dazu und nichts dagegen: eben gar nichts. Denn wozu? Weiß er doch um die Sinnlosigkeit der Anstrengungen und Leiden. Er ist ausgestiegen aus all den Konkurrenz- und Ego-Trips, aus der aussichtslosen Suche nach irdischer Geborgenheit, aus Sicherheits- und Zweckdenken, aus dem Verhaftetsein an die – ach – so vergängliche Materie, aus der trügerischen Suche nach dem Sinn des Lebens. Er weiß, daß all dies umsonst ist. Er hat recht. Ent-täuscht von der Welt hat er sich zurückgezogen in ein Kloster oder einen ähnlich abgeschiedenen Ort auf dieser oder einer anderen Welt. Ihn kann nun nichts mehr täuschen. Er hat das Leben durchschaut und doch: Wozu ist er hier? Warum ist er ins Fleisch getreten? Inkarniert? Wo liegt sein Fehler, seine Schuld? Die alte esoterische Formel: «Nichts mehr wollen, nichts mehr sollen», hat einen dritten Teil, und der heißt: «Einfach nur *da*sein». Der Fisch hat daraus aber ein «einfach nicht dasein», «einfach wegbleiben» gemacht, und nun ist er wieder da, um sein Mißverständnis zu klären. Jetzt ist er so weit entfernt von den anderen, so fremd geworden, daß er mit erstauntem Unverständnis auf die Belange der Welt schaut. Die Welt des Realen, Praktischen beginnt, ihn zu verfolgen. Schon sehr früh spürt er sein Anderssein, sein Fremd-sein. Er zieht sich zurück in seine Träume, in seine Erinnerungen ans Jenseits. Und das Diesseits beginnt, ihm hinterherzulaufen. Zuerst die Eltern, dann die Lehrer, sie alle wollen ihn wecken, zurückführen ins Leben. Sie ziehen und zerren an ihm. Die reale Welt hält ihn fest umklammert, niemand erlaubt ihm, wieder zu fliehen.

Selbst wenn er sich mit Hilfe von Drogen oder Alkohol wieder auf den Fluchtweg begibt, werden ihn auch dort die Folgen einholen. Er beginnt zu leiden am Da-sein, denn alles, was er kann, ist Weg-sein. Er schlafwandelt in einer Welt, die Wachsamkeit von ihm fordert. Er träumt in einer Welt, in der Träume keinen Platz haben. Er fühlt sich unverstanden, wie ein Fremdling, wie ein Lehrling im Menschsein. Tief im Inneren seiner Seele gibt es Erinnerungen von der Auflösung des Egos, vom Zerfließen des Willens und vom Glücksgefühl des Nicht-Irdischen. Das alles muß er vergessen, um wieder hierzusein, um das Leben neu zu erlernen. Er muß zuerst die Hoffnung verlieren, um sie eines Tages zurückzugewinnen. Er fühlt sich eingepreßt in den Zwang zur Anwesenheit. Er wird zum Opfer der Umstände. Erst, wenn er freiwillig seine Bürde wieder aufhebt, wird sie eines Tages leichter. All das, was er weggeworfen hat, um einzugehen in das Himmelreich, findet er nun wieder vor. Das Schicksal wirft es ihm vor die Füße. Je öfter er darüber hinwegsteigt, sich vor der Arbeit, der Problembewältigung drückt, desto höher wird der Berg. Er verliert jeglichen Mut, zieht sich wieder zurück und landet dort, wo er herkommt, im Nichts, um erneut von Sehnsucht getrieben wieder von vorne zu beginnen, immer wieder, bis er verstanden hat.

«Himmel und Hölle sind in uns, und alle Götter sind in uns.
Das ist die große Erkenntnis der Upanishaden Indiens
im 9. Jahrhundert vor Christus.
Alle Götter, alle Himmel, alle Welten sind in uns.
Sie sind vergrößerte Träume, und Träume sind Manifestationen
der miteinander im Streit liegenden Leibesenergien in bildlicher Form.
Das ist der Mythos.
Der Mythos ist eine Manifestation der Energien
der miteinander im Streit liegenden Leibesorgane
in symbolischen Bildern, in metaphorischen Bildern.
Ein Organ will dies, ein anderes will das.
Das Gehirn ist eines der Organe.»
(Joseph Campbell: Die Kraft der Mythen, Zürich und München 1989, S. 49)

Kapitel 4

Die Häuser – das Bühnenbild

Das Thema, das jetzt unsere Aufmerksamkeit erhält, versteht nur der, der sich vorher ein Bild von der Quadratur des Kreises gemacht hat. Legen wir in den Kreis nach einem bestimmten Ritual (siehe Anhang) seine beiden Hauptachsen, so erhalten wir vier Punkte auf der äußeren Bahn (Aszendent, Immum coeli, Deszendent, Medium coeli), und damit ist der Kreis geviertelt. Der ganze Kuchen besteht jetzt aus vier Stückchen.

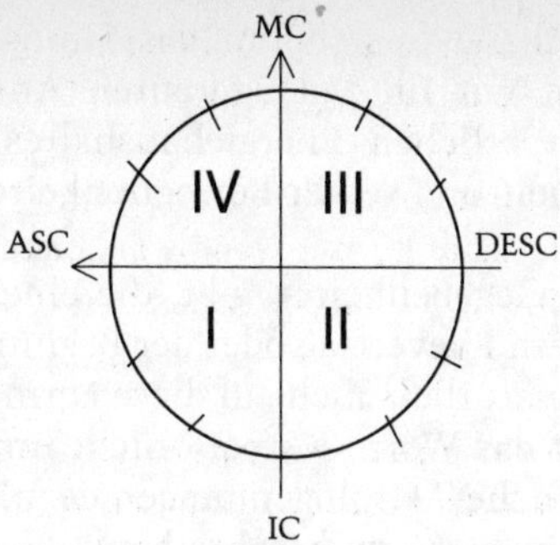

Bild 1

Wir wissen bereits, daß die Häuser zunächst (vom Aszendenten aus) hinabsteigen, und damit haben wir eine erste Grobeinteilung der Häuser, die wir mit römischen Zahlen benennen wollen. Diese Vierteilung zu verstehen soll unser erstes Ziel sein. Die «Namen» für diese «Quadranten» lauten:

I. = Körper, II. = Seele, III. = Geist und IV. = Gesetz,

und jeder dieser Quadranten enthält drei Häuser, so daß wir auf eine Gesamtsumme von zwölf Häusern kommen.

Mit diesen Quadranten hat es folgende Bewandtnis.

I. Quadrant (mit den Häusern 1–3)

Der I. Quadrant beschreibt den Korpus der Sache, um die es geht. Soweit es sich um eine sichtbare Sache handelt, gibt der I. Quadrant Auskunft über die *materielle Form* der Sache, beschreibt sein Material und die im Material liegenden Potenzen, Energien und Bewegungsmöglichkeiten.

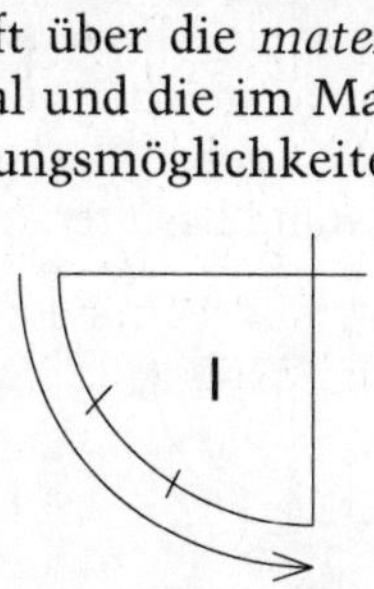

Bild 2

Angenommen, es handelt sich um das Horoskop eines *Menschen,* so erhalten wir im I. Quadranten Auskunft über das Thema seines körperlichen Energiehaushaltes, seiner körperlichen Beschaffenheit und seiner Beweglichkeiten.

Da es in der Welt Gegebenheiten gibt, die eine nichtmaterielle Form haben (z. B. ein Ehevertrag oder der Beginn eines Therapieverlaufes) und wir natürlich auch auf diese Formen ein Horoskop stellen können, ist das Wort «Körper» nicht immer wörtlich zu verstehen, und manche Astrologen neigen dazu, den I. Quadranten als die «Sache an sich» zu beschreiben.

Aus esoterischer Sicht ist es freilich ein Unding, Horoskope auf Sachen oder Ereignisse zu stellen und sie für sich allein zu betrachten. Da das Ziel der esoterischen Arbeit immer darin besteht, daß ein Prozeß der Selbsterkenntnis in Gang kommt, und «Eheverträge» etc. sich nicht selbst erkennen können, macht jedes Horoskop auf eine nichtmaterielle Sache nur dann Sinn, wenn sie auf einen bestimmten Menschen bezogen wird.

Eigentlich aber ist der Körper des Menschen (und jeder Sache) eine besondere Form der Energie. Energie nämlich, die sich verdichtet – gleichsam verdickt – hat und damit in die Sichtbarkeit gehoben wurde. Statt «Körper» könnten wir also auch «verdichtete Energie» sagen. Da wir das Ganze aber nicht hier schon zu sehr komplizieren wollen, bleiben wir bei dem Wort «Körper».

II. Quadrant (mit den Häusern 4–6) Seele

Das Thema «Seele» trägt so viele Mißverständnisse in sich, daß viele Astrologenleben nicht ausreichen, um zu verstehen, was hier gemeint sein könnte. Wir geben deshalb nur einige wenige (auf dem heutigen Wissensstand basierende) Stichworte.

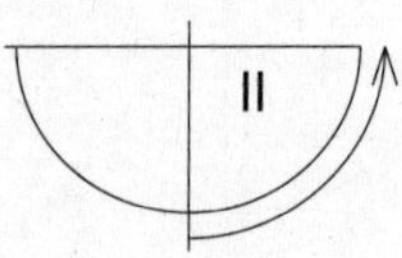

Bild 3

Der II. Quadrant bezieht sich als erstes auf das Thema der Lebensenergien oder der Lebenskraft. Gott schuf, so steht in der Genesis, einen Körper aus Lehm, und als dieser Körper fertig war, war der I. Quadrant vollständig ausgebildet. Aber er lebte noch nicht! Er war gebildet aus Energien, Lehm-Energien – zu Lehm verdichteten Energien –, aber er trug noch keinen Lebensodem, keinen Hauch des Lebens in sich. Erst als Gott der Lehmfigur einen Atem in die Nase blies, wurde der Mensch ein lebendiges Wesen.

Das Seelische trägt in sich also die Kraft des Lebens. Diese Kraft ist gleichermaßen die Kraft der Gefühle, der Empfindungen, der Freude und des Leides, der Liebe und des Hasses usw. Aufgespalten ist dieses Seelische in zwei polare Landschaften, Nacht und Tag, Frau und Mann, Ohnmacht und Macht, Dunkel und Hell, und von dem Kräftespiel dieser beiden großen seelischen Abteilungen, deren Austausch, deren Gebundenheit, deren Kampf untereinander handelt der II. Quadrant.

Seele ist *niemals* sichtbar, wenn auch ihre Äußerungsformen, d. h. ihr Ausdruck nach außen, sichtbar sein können. Das heißt, die Seele kann den Körper veranlassen, ihren Zustand körperlich darzustellen. So kann z. B. «Traurigkeit» als seelisches Phänomen im Körper als «tränende Augen», also als Weinen dargestellt werden, aber das muß nicht sein, denn ich kann genauso meine Traurigkeit hinter einem Pokerface verbergen.

Die unsichtbaren Landschaften des II. Quadranten sind riesengroß, und hier spielt sich das eigentliche Drama des Menschseins, die «menschliche Komödie» (die mitunter auch als «Tragödie» empfunden wird), ab. Das innere Menschtum mit all seinen Höhen und Tiefen, mit seinen Verzweiflungen und seinen Verzückungen, hat seinen Aufenthaltsort im II. Quadranten.

III. Quadrant (Häuser 7–9) Geist

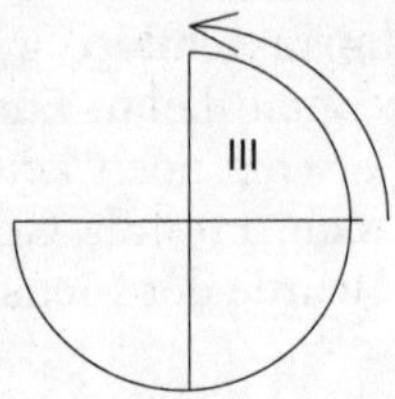

Bild 4

Die Welt des Geistes ist nicht minder mißverständlich als die Welt der Seele.

Der III. Quadrant trägt als erstes die gesamte *sichtbare Welt* in sich. Nein, nicht die gesamte Welt, denn da ich (mein Körper und meine Seele) bereits in den ersten beiden Quadranten abgebildet wurde, enthält der III. Quadrant die Formel: «Welt minus ich». Alles, was außerhalb meiner Selbst sich befindet *und* sichtbar ist, ist hier beheimatet. (Nimm das Wort «sichtbar» nicht zu wörtlich: eine Wolke bestehend aus Giftgas mag unsichtbar sein, dennoch ist sie Teil des III. Quadranten, wenn sie von außen auf dich zukommt.)

Im 7. Haus, das das erste Haus des III. Quadranten ist, wird *meine Welt* geboren, die folgerichtig exakt gegenüber meinem Aszendenten liegt. Insofern lebt jeder Mensch in seiner *eigenen* Welt. (Will ich meine Welt einmal kennenlernen, so brauche ich nur mein Horoskop auf den Kopf zu stellen und das 7. Haus als erstes Haus zu lesen [das 8. als 2. Haus usw.]. Ich stehe dann im 7. Haus meiner Welt als all das, was dieser Welt im Außen entgegentritt!)

Was hat das alles mit «Geist» zu tun, mag der Leser fragen? «Welt» ist doch nicht «Geist»?

Unter dem esoterischen Blickwinkel schon!

Um das zu verstehen, müssen wir etwas weiter ausholen:

«Geistig» ist etwas in dem Moment, in dem es als Information von außen auf mich zukommt. Die Welt des Geistes ist – im herkömmlichen Sinne – die Welt der Vorträge, der Bücher, der

Botschaften, die unaufhörlich aus der Welt auf mich einströmen. Ein Buch z. B. ist eine geistige Wesenheit, ein Poltergeist auch. Beide kommen von außen auf mich zu, die eine aus dem Buchgeschäft, die andere aus einer spiritistischen Seance. Der heilige Geist kam als Taube von oben und der böse Geist als Mephisto von unten.

All diese Wesenheiten kommen aus dem III. Quadranten, aus *meiner* Welt, auf mich zu. Warum? Weil sie eine Botschaft in sich tragen. Eine Botschaft, die spezifisch auf mich zugeschnitten ist *und* die in meiner Seele (also in meinem II. Quadranten) etwas in Bewegung bringen soll. Insofern ist meine Welt eine «versiegelte Botschaft», ein Gleichnis, das von mir entschlüsselt werden muß. *Deshalb* kommt es als Teil meiner Welt, an meine Seele adressiert, von außen auf mich zu.

Die Sprache, in der diese Welt mit meiner Seele kommuniziert, ist freilich nicht direkt zu verstehen, sondern es ist eine Symbolsprache, die zwar von der Seele verstanden wird, aber meist nicht von meinem Bewußtsein. Die Welt (meine Welt!) redet pausenlos zu mir, aber ich verstehe sie nicht. Die Sprache, in der das geschieht, lernen wir nämlich nicht in der Schule. Wo wir sie lernen? Nun, wir sind mitten in diesem Lernprozeß: esoterische Astrologie ist eine der Möglichkeiten, die Übersetzungsleistung zwischen der Sprache des Geistes (der Welt) und der Sprache der Seele *und* dem Verstehen auch mit dem Bewußtsein zu bewerkstelligen.

Alles, was von außen auf mich zukommt, ist eine geistige Botschaft an meine Seele. Ich brauche sie nur noch zu verstehen.

IV. Quadrant (Häuser 10–12) Gesetz

Dieser Verstehensprozeß dessen, was die Welt mir in mein Leben schickt, kann nur dann erfolgen, wenn ich begreife, daß die Botschaften der Welt einem *Gesetz* unterliegen.

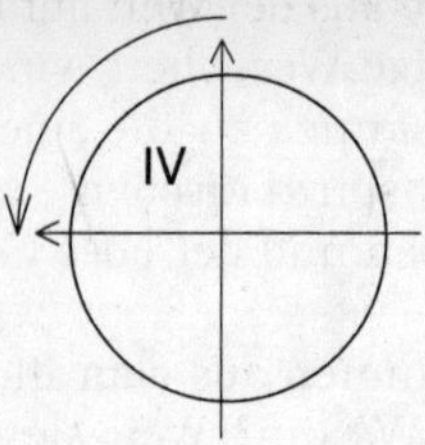

Bild 5

Der Grippevirus (oder der Lottogewinn des III. Quadranten), der von außen auf mich zufällt, tut das nämlich nicht chaotisch (also: er hätte auch einem anderen zufliegen können) nach dem, was die landläufige Vernunft eben so «Zufall» nennt, sondern er verläuft entlang eines «Gesetzes».

Dieses Gesetz ist ganz ebenso unsichtbar, wie die Seele unsichtbar ist, es wird nur entlang seiner Äußerungsformen im III. Quadranten dargestellt. Das Gesetz (IV.) stellt somit die lebendige Fülle der Welt (III.) ganz ebenso zur Verfügung, wie die Seele (II.) die lebendige Fülle meines Körpers (I.) zur Verfügung stellt. Wir sehen: wie es zwischen meiner Sichtbarkeit (Körper) und der Sichtbarkeit der Welt (Geist) eine Polarität gibt (die Polarität von Ich und Du), gibt es zwischen meiner Seele eine Wechselbeziehung zur Seele der Welt (Gesetz).

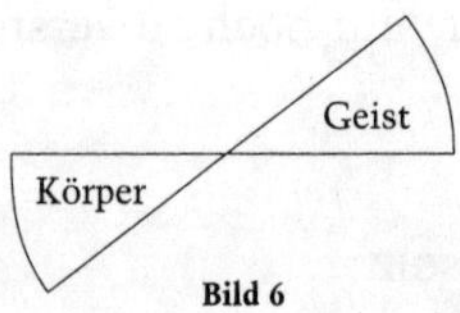

Bild 6

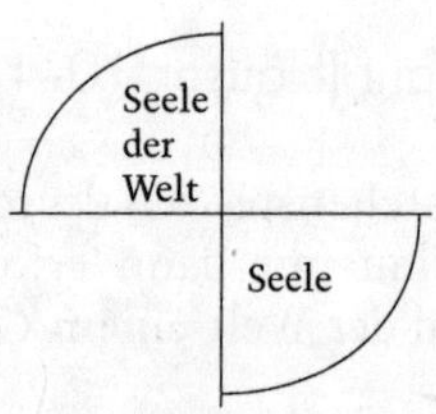

Bild 7

Statt «Gesetz» könnten wir also auch «Seele der Welt» oder «Seele des Geistes» sagen. Hegel hat für den IV. Quadranten das Wort «Weltgeist» geprägt, wenn er auch nicht sah, daß jeder Mensch einen ganz individuellen «Weltgeist» besitzt. Daß für die Undurchschaubarkeit dieses IV. Quadranten in vielen Kulturen das Wort «Gott» gewählt wurde, kann uns nicht weiter verwundern, denn hier wird der Macht der eigenen Seele eine höhere Wesenheit gegenübergestellt, die in der Tat das kleinliche Menschenstreben übersteigt. Folgerichtig setzte die christliche Mystik seit alters her den Zusammenhang zwischen der eigenen Seelenerkenntnis und der Gotteserkenntnis ineins. Die Augustinische Formel «Noverim te, noverim me» spricht diesen Zusammenhang in der kürzest möglichen Form an. «Dich möchte ich kennenlernen, mich möchte ich kennenlernen» oder: «Was begehre ich zu wissen: Gott und die Seele, sonst nichts». (Alle Zitate aus Sudbrock: Wie sieht die Seele aus, Karlsruhe 1987, S. 16.)

Daß dieser Zusammenhang bereits dem Orakel zu Delphi geläufig war: «Erkenne dich selbst – und du erkennst Gott», sei hier nur der Vollständigkeit halber erwähnt. Es ist ein alter Topos, der längst bekannt war und wieder vergessen wurde. Der IV. Quadrant ist das Gift und damit das Heilmittel für die individuelle, auf Abgrenzung bedachte Seele. Hier, so könnte man hinzufügen, wird der Plan geschmiedet, die Seele zu erkennen und sie in ihrem Allmachtsanspruch zu vernichten. Wir wollen es mit der Grobeinteilung der vier Quadranten zunächst bewenden lassen und jetzt in die Details, d. h. in die einzelnen Abteilungen der vier Quadranten, einsteigen: in die Häuser.

Grundsätzlich gilt: jedes Haus ist ein Boden, eine Landschaft, die dem, der sie betritt, etwas ganz bestimmtes abverlangt. Diese Formulierung darf man getrost wörtlich nehmen. Ich bin gezwungen, mich in der Landschaft des Hauses entlang seiner Forderungen zu verhalten; ist sie sumpfig, so schreibt sie mir vor, ganz vorsichtig mich zu bewegen; besteht sie aus einer dünnen Eisdecke, so muß ich mich der Länge nach hinlegen, um diesem Eis eine breite Auflage zu bieten usw. Nein, natürlich sprechen wir nicht von realen Landschaften, kein Haus des Horoskops ist sumpfig oder von einer Eisfläche bedeckt, es geht um menschliche Themen, aber das Bild stimmt dennoch. Allerdings kann eine Landschaft oder ein Haus nicht beliebig betreten werden, denn wir sind seit unserer Geburt bereits in die Landschaft hineinversetzt. «Es kömmt aber darauf an» (nein, nicht sie zu verändern), die Landschaft zu erkennen.

Anders gesagt, die zwölf Personen meines Inneren können sich (theoretisch) in zwölf verschiedenen Landschaften befinden, und diese Landschaften für jede Person zu erkennen, zu akzeptieren und zu leben, ist das große Arkanum des Lebens.

Jetzt die Landschaften.

1. Haus

Die Landschaft des 1. Hauses oder (wenn dir das andere Bild lieber ist) der Eisenbahnwaggon unseres Geisterzuges trägt nur eine Forderung in sich, und sie lautet: sei Narziß!

Kümmere dich um dich! Wir sind auf der körperlichen Ebene, der Ebene der körperlichen Energien.

In der Mythologie wurde die Gestalt des Narcissos beschrieben als ein schöner Jüngling, der (von der Rachegöttin Nemesis) verdammt wurde, sich in sein eigenes Bild (das sich in einem Weiher spiegelte) zu verlieben. Von diesem Bild kam er nicht mehr los, und so starb er auch am Rande des Gewässers. Die Götter verwandelten ihn daraufhin in eine Narzisse.

Spiegele dich. Das Märchen erzählt vom «Spieglein, Spieglein an der Wand, wer ist die (der) Schönste im ganzen Land?» Diese Selbstbespiegelung trägt in sich ebenfalls die Aufforderung: verwende die anderen ausschließlich als Spiegelfläche für den eigenen Energiehaushalt.

Da im 1. Haus die körperlichen Energien wie eine übervoll aufgeladene Batterie auf «Entladung» drängen, ist hier ebenfalls der Entstehungsort der *Tat*.

Ich muß in diesem Haus dafür sorgen, daß ich meine Energien loswerde. Jede (innere) Person, die auf diesem erregungsgeladenen Boden sich befindet, hat gleichsam Hummeln im Hintern und wartet nur auf ein Startzeichen, ihren Erregungsüberschuß irgendwohin abzuleiten. Das geht nicht still im Kämmerlein, sondern will, wie der Widder (mit gesenkten Hörnern), in den Raum hinein sich vollziehen. Diese beiden Ebenen, die der Tat und die der Selbstbespiegelung werden symbolisch im Bild des «Bodybuilders» zusammengezogen: er muß sich unglaublich abmühen, muß hart (an den Trainingsgeräten) arbeiten, um dann seine Muskelspielposen vor dem Spiegel so lange zu absolvieren, bis er sich (endlich) in den Augen des Publikums spiegeln darf. Freilich, er könnte diese Energien auch im Hundert-Meter-Lauf, beim Fußball oder im Boxkampf loswerden, doch da es nie allein um die Kraft geht (obwohl sie sehr entscheidend ist), sondern auch um das Gesehenwerden, ist der Bodybuilder oder der (elegant auf den Wellen tanzende, durchtrainierte) Surfer das archetypische Bild für die heutige Zeit, ganz ebenso wie es in alten Zeiten das Bild des muskulösen kriegerischen Helden war. Die Bilderwelt der heutigen Tage hat uns die Figur des «Tarzan» überliefert, eines etwas tumben Kraftprotzes, der sich am Ende des Kampfes mit beiden Fäusten auf die Brust trommelt und einen Ruf ausstößt, der eigentlich heißt: «Schaut alle her und seht, was *ich* für ein starker Bursche bin.» Diesen Zusammenhang der Abreaktion von Kraft und der Bespiegelung des eigenen Körpers sollten wir immer im Auge behalten, wenn es um Personen in dieser Landschaft geht.

Daß darüber hinaus auch solche Attribute wie Abenteuertum, Pioniergeist und Initiativgeschehen in diesem Bereich beheimatet sind oder Dinge wie Mut, Herausforderung oder Tapferkeit in dieser Landschaft ihren Entstehungsort haben, gehört bereits zu den abgeleiteten Geschehnissen, die wir später noch bei den «Personen» (Planeten) behandeln werden.

Diese Landschaft des 1. Hauses stellt die initiative Energie für den gesamten Tierkreis zur Verfügung, ähnlich einer Dampflokomotive, die den ganzen restlichen Zug mit ihrer Antriebsenergie ausstattet.

In der Landschaft des 2. Hauses bist du ein Gefangener. Eingesperrt im Irgendwo, sei es in deiner Ehe, deinem Beruf, deinen Meinungen, läufst du wie in einem unsichtbaren Käfig hin und her und wartest auf bessere Tage. Tage, in denen sich der Käfig öffnete und du in die Freiheit entlassen würdest – obwohl dir nichts so viel Angst bereitet wie ebendiese Freiheit. Nein, du bist nicht wirklich gefangen, du hast den Schlüssel zu deinem Gefängnis selbst in der Tasche, denn (auch wenn du es vergessen haben solltest) du hast von innen abgeschlossen. Aber das ist ein schwacher Trost, denn irgend etwas in dir hält das Außen, die Freiheit des «Hänschen klein», der allein in die weite Welt hineingehen könnte, für noch bedrohlicher als die klitzekleine Sicherheit, die dir dein Käfig immerhin bereitet. Denn dein Gefängnis ist wenigstens überschaubar. Zwar ist es abgeschlossen, und kaum etwas Neues kann in seine Mauern eindringen, aber du hast es dir immerhin wohnlich dort gemacht.

Der Käfig ist nicht abgeschieden, es gibt eine Menge Publikumsverkehr. Jeder, der deine Meinungen und deine Lebensart teilt, bekommt von dir eine Besuchserlaubnis, ja, du erhältst einen großen Teil deiner Lebendigkeit darin, daß viele Menschen dich in deinem Gefängnis bestätigen und mit dir den großen Verein der «Alt-Eingesessenen» bilden. So könnt ihr euch gemeinsam über die Gefangenschaft hinwegtrösten oder euch gar einreden, daß die anderen, die wild an eurem Käfig vorbeijagen, nichts vom wahren Leben verstünden. (Jeder, der durch Gitterstäbe hindurchschaut, kommt leicht auf die Idee, daß der *auf der anderen Seite* sich in Gefangenschaft befindet.) Unter esoterischen Gesichtspunkten – und dies ist ein esoterisches Buch – ist freilich jeder Gitterstab, der sich deinem Blick darbietet, ein Symbol für *dein* Gefängnis. Auch wenn du dir ganz sicher bist, du blicktest in ein Gefängnis *hinein*, so schaust du doch in Wahrheit aus einem Gefängnis *heraus*.

Eine der Besonderheiten deines Gefängnisses besteht darin, daß du es dir in dieser Landschaft nicht nur häuslich eingerichtet hast (mit bestickten Deckchen wie «My home is my castle»), sondern daß du der Meinung bist, je mehr luxuriöse Dinge sich in dieser Landschaft befänden, desto mehr steige dein Wohlbefinden und dein Ansehen. Man soll es dir und deinem Gefängnis «ansehen», daß du es geschafft hast. Daß du ein wertvoller Mensch bist, weil du so viele Dinge von Wert um dich herum angesammelt hast (oder doch zumindestens demnächst anzusammeln gedenkst). In diesem Denkmodell ist allerdings auch ein Zwang enthalten, der Zwang nämlich, daß du mit keinem je erreichten Wert deinen eigenen Wert endgültig zum Ausdruck gebracht hast, und so mußt du (zwanghaft) weiter kaufen und sammeln und umdekorieren, damit das einmal Erreichte nicht etwa schon alles sei.

Aus diesem Zwang heraus und damit in dieser Landschaft lebt die gesamte kapitalistische Logik, deren Hauptsatz schlicht und ergreifend lautet: «Akkumuliere.» Wenn du 1989 zehn Millionen verdient hast und 1990 ebenfalls nur zehn Millionen, bist du eigentlich schon ein Verlierer, denn du hast deinen Wert nicht steigern können. Resignation und das Gefühl von Wertlosigkeit, gar von Wertverlust, machen sich breit.

Dieses Gefühl gilt auch auf der schmaleren Ebene deines Einzelgefängnisses. Ja, eigentlich besteht das gesamte Gefängnis selbst nur aus diesem Zwang zur Ausdehnung des eigenen Wertes, der in Wahrheit ein Engerwerden des eigenen Gefängnisses beinhaltet.

Die landläufige Astrologie beschreibt die Landschaft des 2. Hauses gern als «Besitz», und oft kommen Menschen in unsere Beratung mit der Frage: Wie sieht denn mein 2. Haus aus, werde ich noch «reich» werden? Unsere Antwort muß in einem solchen Fall sinngemäß lauten: «Hoffentlich nicht», denn jede Million trägt dazu bei, dein Gefängnis wesentlich enger zu machen, als es ohnehin bereits ist.

Wir sehen, esoterische Logik ist nicht nur absurd, sondern auch unerbittlich. Sie treibt dich leicht weg von der Frage: «Was bekomme ich?» oder «Was wünsche ich mir so sehnlichst?», aber dafür in die Arme einer ganz anderen Frage: «Wer bin ich wirklich?» und «Woran kann ich diese Wahrheit über mich erkennen?»

3. Haus

Der Name dieser Landschaft könnte heißen: «Sich regen bringt Segen». Man muß etwas tun. Wir sind ja immer noch im körperlichen Quadranten, und die Aufforderung, die hier an die inneren Personen ergeht, lautet: Bewege dich oder bringe etwas in Bewegung. Es ist eine Bewegung oder eine Beweglichkeit, die hinaus in den Außenraum will und dort gesehen werden will.

Das Ganze funktioniert nach dem Prinzip des Froschauges. Man hat herausgefunden, daß das Froschauge die Welt als eine weiße Fläche wahrnimmt. Steht der Frosch still und steht die Welt still, so ist die Fläche leer. Der Frosch sieht nichts. Die Welt hat aufgehört zu existieren. Erst eine *sich bewegende* Fliege reizt die Nervenendungen im Augeninneren zu ihrer Tätigkeit an: der Frosch sieht. Aber er sieht nur das Sich-Bewegende, der Rest bleibt leer. So ist es dem Frosch ohne weiteres möglich, die einzelne, sich bewegende Fliege aus dem Rest der stillstehenden Formationen herauszufiltern und sie zu schnappen.

Die Landschaft des 3. Hauses scheint zu sagen, bewege dich, damit du von dir das Gefühl hast, du existierst. Sich nicht zu bewegen, bedeutet hier buchstäblich: im Nichts, in der Leere zu versinken. Diese Form der Beweglichkeit ist aber jetzt nicht unbedingt mit den Gliedern durchzuführen (obwohl sie auch nie ganz ausgeschlossen ist), denn schon im Alter von vier Jahren lernt das Kind, daß sich das Herumzappeln, das Hin und Her, auf Dauer nicht auszahlt, und so geht die körperliche Beweglichkeit über in eine intellektuelle Beweglichkeit. Und so zappelt man jetzt innerhalb des Wissens hin und her. Man lernt die Nebenflüsse der Donau und die unregelmäßigen Verben in der Hoffnung, daß das, was jetzt gern als «geistige» Beweglichkeit (geistig rege) mißverstanden wird, dazu führen wird, sich aus dem umgebenden Nichts herauszuheben. (Es ist das «kreischende Nichts», von dem der Film «Network» erzählt.)

Statt also die Glieder zu rühren, bewege ich jetzt Wissen um mich herum, in der Hoffnung, darin mich zeigen zu können und also gesehen zu werden. Und so ist in dieser Landschaft ein stetiges Bedürfnis nach Austausch und Kontakt und Kommunikation zu finden, und die anderen werden aufgesucht, weil ich im anderen, der für mich das Froschauge darstellt (ich bin die Fliege!) nur dann eine Spur hinterlasse (so glaube ich zumindest), wenn ich dergestalt mit Hilfe von Daten und Fakten beweglich bin, daß seine Nervenendungen gereizt werden.

Dann sieht er mich und sagt (so hoffe ich): «Donnerwetter, was für eine Person», und schenkt mir seine Aufmerksamkeit. So bin ich in dieser Landschaft gezwungen, dafür zu sorgen, daß die anderen aufmerken. Daß sie mich bemerken, daß sie sehen, es gibt mich. So liegt in dieser Landschaft natürlich ein ziemlich mühsames Geschäft verborgen, denn ich muß immer neue Bewegungen einstudieren, immer mehr Wissen akkumulieren, denn alles, was ich bereits, um gesehen zu werden, rübertransportiert habe, scheidet erst einmal aus dem Spiel aus. Es nützt ja nichts, dem anderen zum zweitenmal dasselbe Wissen aufzutischen, und so bin ich wie ein Händler, der dafür zu sorgen hat, immer neue Waren herbeizubekommen, die seine Kundschaft noch nicht kennt oder gar hat. Ich handele in der Tat mit Wissen und erhalte dafür Aufmerksamkeit. Daß in dieser Landschaft auch die realen Händler zu Hause sind, die ihre Waren austauschen, sei nur am Rande erwähnt. Es sind freilich nicht die Lebensmittelhändler, die täglichen Bedarf an Brot abzudecken haben, sondern die, die mit jenen Gütern handeln, auf die ich in der Not auch verzichten könnte; die eben dazu dienen, gesehen zu werden. Das symbolische Beispiel dafür ist der Journalist. Er muß seine Ware täglich neu anbieten, denn sie verdirbt nach einem Tag. Hat er keine Geschichte zu erzählen, versinkt er in der Bedeutungslosigkeit.

In dieser Landschaft tobt der tägliche Kampf um die kleinen Brötchen, die jeder zu backen hat, die er aber als Pastete oder petite four ausgeben muß, damit man ihn sieht.

4. Haus

Der I. Quadrant, die körperliche Ebene, ist durchwandert. Jetzt wird eine neue Landschaft betreten: Innenwelt. Die Welt der Gefühle.

Das 4. Haus stellt den Anbeginn des Emotionalen dar, und das *erste* Gefühl, das archetypisch in der Welt vertreten ist, ist das Gefühl der Geborgenheit, das Gefühl des Aufgehobenseins. Schon im Mutterleib stellt sich diese Frage, und bereits hier findet sie ihre erste Antwort. Sind die Wände, die mich umgeben, von einer warmen, behütenden, mich umsorgenden und nährenden Qualität oder spüre ich bereits hier, daß sie mich eigentlich ablehnen, d. h. gar nicht umgeben wollen. Die Signale, die gesendet werden, können vom Fetus oder später vom Embryo sehr wohl registriert und gespeichert werden und spiegeln bereits hier ein Grundmuster für mein Angenommensein in der späteren Welt.

Schlägt mir aus dem Organismus meiner Mutter bereits von der ersten Stunde an Ablehnung oder Gift (Nikotin etc.) oder das Gefühl einer drohenden Abtreibung entgegen, so ist diese Innenwelt bereits von allem Anfang an problematisch. So ist der Uterus eigentlich das Ursymbol (nicht die Ursache) für alle späteren Modelle der Geborgenheit, sowohl für jene, die ich in die Welt hineinstrahlen kann, als auch für jene, die aus der Welt auf mich zukommen.

Das 4. Haus ist der Beginn des Seelischen und trägt die weibliche Seite der Seelenlandschaft. Hier liegt der Aufbewahrungsort des «ewig Weiblichen», der Hort des Mütterlichen, das Reich der Großen Urmutter, aus deren Schoß (nach griechischer Vorstellung) die Welt einst entstand. Es ist nicht das mädchenhaft Weibliche – sein Reich ist im 2. Haus –, sondern die Frau als reifes Wesen. Die chinesische Philosophie bezeichnete diese Landschaft als «Yin», als jenes dunkle, tropfenförmige Gebilde, das sich mit dem männlichen Tropfen (der nächsten Landschaft) zur Einheit des T'ai Chi verbinden will.

Diese Landschaft des Weiblichen trägt die Wünsche nach Vereinigung, Verschmelzung, Geborgensein, Angenommenwerden, Aufgenommenwerden, nach Wärme und Schutz.

Auf der Oberfläche dieses Prinzips liegen deshalb auch die abgeleiteten Phänomene wie «Heim» und «Heimat», jene Bereiche also, in denen der Mensch sich gern zu Hause fühlt. Es liegt hier ebenfalls das schutzsuchende kleine Kind, das allein in der Welt nicht zu existieren vermag, *und* seine Mutter, die ihren eigenen Wunsch nach Geborgenheit zumindest vorübergehend auf das Kind zu projizieren vermag. Aus dem «Ich will Geborgenheit» wird dann «Ich schenke Geborgenheit».

Die Landschaft des 4. Hauses, mit der das Seelenleben beginnt, ist der Boden, auf dem der Mensch aufnahmebereit wird. Das Wort «Boden» ist fast schon mißverständlich, denn es suggeriert etwas Festes, Starres. Eigentlich befindet sich hier Flugsand oder Sumpf, denn in diese Oberfläche dringt alles ein, sinkt tief hinab und setzt sich als Ablagerung im Inneren wie eine geologische Gesteinsformation ab. So verwundert es auch nicht, daß die archetypische Symbolik hier von «Wasser» (oder Meer) spricht, in das hinein alles seine Aufnahme findet. Die Worte «Mater» (die Mutter) und «Mare» (das Meer) haben deshalb auch eine etymologische Verwandtschaft, so wie das Thema der Druckplatte (der Mater) darin besteht, daß sich in ihrer Oberfläche tiefe Eingrabungen befinden.

Dieses Hineinnehmen stellt eines der großen seelischen Phänomene des Lebens dar. «Eindrücke» sind in das Innere hineingenommen worden und bilden – im Guten wie im Bösen – die Grundlage für jedes Seelenleben. Sei es, daß sie mich, aus der Vergangenheit herkommend, als unbewußte Strukturen neurotisch agieren lassen, sei es, daß sie die Grundlage für mein intelligentes und intellektuelles Handeln und für mein gesamtes Fühlen bilden.

«Seele», das ist der riesige Schuttabladeplatz des Vergangenen, der das Heute mitbestimmt. Es sind die tief innerseelischen Strukturen, die in jedem Handeln mitschwingen und die jeden Menschen zu einem Seelenwesen machen, das nach Wärme und Geborgenheit sucht, auch dann noch, wenn er selbst nach außen hin Kälte verbreitet.

5. Haus

«Die werden sich in hundert Jahren wundern, wie sie mit mir umgegangen sind, weil wenn ich Zeit hätte, ich würde ja auf so vieles noch kommen, und ich müßte ja so viel noch schreiben, nur ich kann ja nicht. Anstatt daß ich gefördert werde, werde ich unterdrückt, das ist auch klar, ich werde es Ihnen auch später erzählen, warum das so ist, und ich bin ganz sicher nicht das Genie des Jahrhunderts, ich bin ganz sicher eines der Genies des Abendlandes, ich meine, darüber läßt sich nicht streiten, und das ist immer schon so gewesen, daß die, die es waren, die wußten es immer von sich.

Ja, wer denn sonst?»

(Ein großer deutscher Hof-Astrologe)

Hier hat das Seelische seinen Höhepunkt erreicht. Es ist die Lebenslandschaft des Siegers. Es herrscht das Reinhold Meßner-Syndrom: «Ich klettere hoch hinauf.»

Eine (innere) Person, die sich in diesem Haus befindet, wird von der Landschaft geradezu in die Größe hineingetrieben. Es ist der männliche Seelenanteil des Yang, der – ungestört durch irgendwelche Kontrollinstanzen – seine Königsbestrebungen leben kann und soll. Nicht, daß es in dieser Landschaft nötig wäre, nach dem Muster des obigen Zitates zu prahlen. Dieses Zitat spiegelt nur eines zutiefst verletzten Egos *Wunsch* nach Größe.

Wer im 5. Haus steht, hat so viel (schon unverschämte) Selbstbewußtheit, daß ihm nie der Gedanke käme, darüber irgendein Wort zu verlieren. Gerade das macht den Sieger aus, daß er an die Niederlage keinen Gedanken verschwendet. Natürlich gibt es Niederlagen – auch für diese Person –, aber sie haben ihren Ursprung nicht in diesem Haus, sie kommen von einer ganz anderen Seite.

In dieser Landschaft liegen die Herrscherhäuser der konkreten Welt. Da es aber neben der sichtbaren Welt der unteren beiden Quadranten noch eine andere Welt gibt, die nicht von dieser Welt ist («Mein Reich ist nicht von dieser Welt», sagt ein anderer König), passiert es, daß beide Herrscherhäuser mitunter gegeneinander arbeiten. Diese Auseinandersetzung kann das irdische Königtum nicht gewinnen.

Darüber später mehr.

Die Landschaft des 5. Hauses trägt die Überschrift «Macht und Herrschaft», und hier befindet sich die Schmiede für die Karrieren in dieser Welt. Hier sitzt die «Herrenrasse», die sich aufmacht, jenen Ausschnitt der Welt zu beherrschen, der ihm jeweils am nächsten liegt. Insbesondere ein Thema liegt tief in diese Landschaft eingewoben: das «cherchez la femme». Hier sitzen die großen Liebhaber, sowohl der Weltliteratur als auch des alltäglichen Lebens. Wir haben dieses Spiel bereits ausführlich in unserem Buch «Tanz der Schatten», 5. Kapitel, beschrieben, so daß wir uns auf einige zusätzliche Bemerkungen beschränken dürfen.

Das «Verlieben» ist ein reines Egospiel und findet in der Landschaft des 5. Hauses statt. Das mag manchen Menschen, die darüber lieber eine hehre Vorstellung behalten mögen, nicht gefallen. Es ist aber dennoch so. Der Herrscher dieses Hauses, der König, gibt einem anderen Menschen zu verstehen: «Du bist unter all den tausend möglichen Mitspielern die einzige, die würdig ist, meine Königin zu sein. Du bist die Auserwählte.» Da dieses Spiel in der Regel wechselseitig stattfindet, ist es der tiefe Sinn dieses Zwei-Personen-Stückes, dem jeweils anderen seine Sonderstellung (der einzige unter tausend) zu garantieren. Das hat mit «Liebe» nicht das geringste zu tun, wohl aber mit «Verliebtsein». Der andere wird erhöht, und er erhöht damit mich. Statt also zu sagen: «Ich bin verliebt», könnte man mit der gleichen Berechtigung die Worte wählen: «Ich bin erhöht», oder «Ich erhöhe gerade . . .» Das ist nun beileibe nicht so prosaisch, wie es die alten Worte waren, trifft aber den Kern ungleich tiefer (und erklärt das «Hopsen», das Hochspringen des Verliebten, der sich im Zustand der Erhöhung befindet) und macht verständlich, daß für manche Menschen nur dieser Zustand den eigentlichen «Kick» erzeugt. Weshalb er sich kurze Zeit nach der (alten) Verliebtheit schon auf der Suche nach einem neuen Partner für den nächsten Erhöhungszustand, für den nächsten Kick, befindet. Das kann milde Formen einer Sucht annehmen, aber auch «addicts» produzieren. Sie sind von dieser Droge restlos abhängig, und d. h. für Beziehungen untauglich. Jede längere Beziehung schickt sie sofort auf «Entzug», und der Rest ist Katzenjammer.

Das nämliche Motiv gilt auch für das zweite wichtige Spiel in dieser Landschaft: das Karrierespiel. Jeder neue Job, der angetreten wird, ist wie eine Verliebtheit: Ich sonne mich im Glanz der neuen Verantwortung, des höheren Lohnes etc. Nach kurzer Zeit läßt der «Kick» nach, und ich muß mich in eine neue «Höhe» hineinverlieben. Ich will sie, ich muß sie haben! Ein neues Aufgabengebiet, eine neue Faszination, ein neuer Höhepunkt für mein Ego. So geht der Jung-Manager in immer neue Bereiche, verliebt sich immer wieder aufs neue in eine höhere Machtposition. Hat er sie dann, stößt er sie gleich wieder von sich und liebäugelt mit einer neuen Geliebten. Er ist eigentlich ebenso berufsunfähig, wie er beziehungsunfähig ist, aber es fällt niemandem auf, da ihn jeder für dynamisch hält.

Jeder Job ist ebenso wie jede Geliebte Durchgangsstation für meinen Wunsch nach Höhe und wird beim Anvisieren einer neuen Höhe geopfert. Ein wahrhaft tückisches Spiel, dessen Tücke darin liegt, daß wir gar nicht merken, wie wir es spielen.

6. Haus

Die 6. Landschaft trägt in sich den Auftrag, zwischen den beiden vorherigen Landschaften (des Yin und des Yang) eine Art Versöhnung herbeizuführen, zwischen dem Weiblichen und dem Männlichen ein einigendes Gespräch in Gang zu bringen. «Ich sei», so spricht diese Landschaft, «gewährt mir die Bitte, in eurem Bunde der dritte.» Er ist derjenige, der in sich große seelische Not empfindet. Er ist weder männlich noch weiblich, weder aktiv noch passiv, sondern chamäleonhaft damit beschäftigt, hier eine Lücke zu stopfen und zu trösten, dort eine Bresche zu schlagen und zu kämpfen. Sein Credo, sein Zwang lautet: Ich muß das Rechte tun, damit ich mir nichts vorzuwerfen habe. In dieser Landschaft gibt es keine eigenen Bedürfnisse, sondern nur die Not, auf die Bedürfnisse anderer angemessen zu reagieren. Wir haben sie an anderer Stelle mit dem Namen «Notwendigkeit» beschrieben. Es ist in der Tat das Reich der Notwendigkeit (und nicht das Reich der Freiheit), dem die Krankenschwester zu dienen hat: hier eine Bettpfanne und dort gebührende Härte, wie es eben erforderlich ist, und niemand fragt, was sie sich eigentlich wünscht. Aus der Not eine Tugend machen, das ist das Thema dieser Landschaft. Und da die Seele, die gleichzeitig aus Ohnmacht und Macht besteht, sich immer in einer tiefen Krise befindet, ist das Amt der Krankenpflegerin bitter notwendig. Dem, der keinen Mut mehr hat, muß sie Mut machen, und dem, der zu übermütig ist, einen Einlauf. Und so recht ist diese Landschaft bei niemandem beliebt, hat sie doch immer mit *Not* zu tun. Mit seelischer Not. Um von dieser Not nicht fortgeschwemmt zu werden und selbst im Elend zu versinken, hat sich die Landschaft im Laufe der Jahrtausende mit einer Eigenschaft gewappnet, die dem Ansturm der schmerzhaften Bataillone standhalten soll: der Vernunft oder dem Bewußtsein. Diese Figur, die (wir wiederholen es) eine Ausgeburt der Not ist, soll das, was ich eben notgedrungen tun muß, mit dem Siegel der Vernünftigkeit, der Rationalität, versehen und diente im Laufe der letzten beiden Jahrtausende dazu, eine ganze Weltsicht zu etablieren. Wir sind heute rational, vernünftig, wir lassen die «Kirche im Dorf» und gebrauchen unseren Verstand, sprich unsere Schulweisheit. Daß in unseren Schulen und Universitäten nur noch das Fach «Vernunft» – also das 6. Haus – gelehrt wird und nicht mehr das Fach «Seele», liegt allein daran, daß die Angst vor den beiden vorhergehenden Landschaften so groß ist. Eine Bastion wurde errichtet, von der aus die beiden feindlichen Heere beobachtet werden, und nur noch manchmal wird diese Bastion von einem Stoßtrupp verlassen, um die Verwundeten dieses Getümmels in die Festung zu bringen. Dort werden sie mit Rationalität wieder gesundgepflegt, um sie dann in den Kampf des Lebens zurück zu entlassen. Verstehen wir das nicht allzu wörtlich (wir sind ja auf seelischem Boden), so steht in dieser Bastion noch am ehesten die Couch des Psychoanalytikers. Er soll – sprechend und rational – das Kampfgeschehen im Inneren wieder sortieren, die Bösen und die Guten trennend identifizieren, so daß sie im Moment nicht kämpfen müssen, sondern ihre Reihen ordnen. Bis der Patient dann, erneut ins Leben entlassen, wieder unter dem Ansturm seiner seelischen Heerscharen krank wird. Eine Sisyphus-Arbeit.

7. Haus

Der Boden, den wir jetzt betreten, ist ein geistiger, d. h., hier sitzen die Botschafter und damit die spezifisch auf mich zugeschnittenen Botschaften des Häusersystems. Anders formuliert:

hier sitzt meine andere Seite oder meine «bessere Hälfte», wie der Volksmund oft meinen Partner nennt. Die Landschaft des 7. Hauses enthält nämlich all jene Personen, die sich aus der Welt (die ja meine Welt ist) auf mich zubewegen. Das Ganze funktioniert nach dem Prinzip der Selbstladepistole. Ich bin die Pistole, und im 7. Haus sitzt das Magazin mitsamt den Patronen. Die Pistole benötigt die Patronen, denn ohne sie kann sie ihre Funktion nicht erfüllen und bleibt sinnlos. Jede Pistole hat ein anderes Magazin und andere Patronen. In eine Walther PPK vom Kaliber 7.65 bekomme ich weder das Magazin noch die Patronen von einer Heckler und Koch vom Kaliber 9 mm para. Es paßt hier nicht.

Wird jetzt eine Patrone (eine Person) aus dem eingeführten Magazin abgeschossen (und verläßt mich), so lädt die Pistole selbständig wieder nach und führt eine neue Patrone in den Lauf ein. Dieses Spiel kann oft gespielt werden, denn die Kapazität des Magazins ist mitunter recht groß. Es ist das Partnerspiel: gefällt mit der eine nicht, «schieße ich ihn ab» und nehme mir einen neuen.

Aber dieses Spiel ist nicht so einfach zu betreiben, denn das simple Pistolenbeispiel trägt noch wesentlich weiter, als man es ihm auf den ersten Blick ansieht. Jede Patrone besteht nämlich aus zwei Teilen: dem Projektil, das den Lauf verläßt (wenn es abgeschossen wird), und der Patronenhülse (in der sich das Pulver befindet) und die zunächst in der Pistole verbleibt. Erst durch den Pulverdruck – nach dem Abschuß –, der den Pistolenschlitten nach hinten treibt, wird die Hülse an der Seite der Pistole ausgeworfen. Der Rest der Patrone muß also erst entsorgt werden, bevor ein neues Spiel beginnen kann. Mitunter ist es gar so, daß die Hülse im Lauf verbleibt, der Schlitten kann den Rest des Alten nicht bewältigen, damit aber ist der Platz im Lauf noch durch die leere Hülse blockiert, und eine neue kann nicht eingeführt werden. Eine neue Partnerschaft ist nicht möglich, weil die Reste der alten meine Seele besetzt halten. Es gibt eine Ladehemmung. Die Reste der Patrone müssen erst mühsam aus der Pistole entfernt werden, dazu muß man sie mitunter auseinandernehmen – das nennen wir dann Therapie.

In der Landschaft des 7. Hauses befinden sich also jene Patronen (vielleicht abgeleitet von «Patron», was umgangssprachlich soviel heißt wie «übler Kerl», «Genosse», «Schuft»), die ich als Begegnungen für mein Leben benötige. Alle Menschen, die mein «Kaliber» haben, d. h., die inhaltlich zu mir (und in mich hinein) passen, tummeln sich in diesem Raum und warten darauf, in mich eingeführt zu werden (was wir mitunter ja sogar wörtlich nehmen!).

Daß ich dabei sowohl Pistole als auch Patrone (für die anderen Pistolen) sein kann, versteht sich nach dem Gesagten von selbst. Angenommen, meine Sonne stünde im 7. Haus, so bin ich wohl eher Patrone und habe mehr Angst davor, «abgeschossen» zu werden, als selbst abzuschießen.

In diesem Haus beginnt die Welt des *anderen* Menschen, den ich auf meinem Weg durchs Leben so dringend benötige, damit er für mich als Spiegel dient.

8. Haus

Wieder ist die Landschaft geistig, wieder geht es um Welt, wieder geht es um den außer mir liegenden Spiegel. Die Gestalten der Welt, die mir im 7. Haus begegneten, werden im 8. Haus mit Hilfe eines magischen Binderituals zu Ver-Bindlichkeiten.

Ich bin hier auf dem Boden des Festhaltens. Aber nicht (wie im 2. Haus) *ich* halte an den Gegebenheiten der Welt fest, sie halten mich. Als hätte es einen Zauberspruch gegeben (ja, hier liegen die Zaubersprüche der Welt), der mich band, heften sich Teile der Welt an meine Seele und sind nicht mehr abzuschütteln. Es existiert ein sichtbarer oder unsichtbarer Vertrag, der mich an einen Außenweltanteil bindet, und diese Bindungen sind äußerst hartnäckig.

Diese Landschaft wird so oft mißverstanden, daß wir ein wenig weiter ausholen müssen. Gebunden zu sein ist ein Vorgang, der eigentlich nur im II. Quadranten geschehen kann, denn das einzige Vehikel, das Bindeenergien zur Verfügung hat, ist die Seele. Sie hat positive und negative, männliche und weibliche

Energien zur Verfügung, mit Hilfe derer sie sich, als wären es ungesättigte Elektronenschalen, an Außenweltanteile anlagern kann. Bindung ist somit immer seelische Bindung. Als solche kann sie aber von innen nicht angeschaut werden, denn der Moment der Anlagerung ist längst vorbei und vergessen.

Stellen wir uns vor, ich hätte mich im Alter von drei Monaten an die Brust meiner Mutter gebunden. Das Kräftespiel meiner Energien hat sich an diese versorgenden und nährenden «mammae» mit ihren Nippeln verankert. Diese Bindung ist irgendwann unterbrochen worden, denn meine Mutter hat mich abgestillt. Ein seelisches Manko entsteht, denn der Vertrag, den ich seelisch geschlossen habe, hat seine Zahlungen eingestellt, obwohl ich meinerseits daran festhalte. Um ohne Schmerzen weiterleben zu können, verdränge ich den Wunsch nach der mütterlichen Brust. Im Alter von vierzehn Jahren jedoch taucht der verdrängte Wunsch in mir zweifach wieder auf. Zum einen entdecke ich, daß es im Außen, in der Welt, Frauen mit Brüsten gibt, zum anderen entdecke ich, daß es Zigaretten gibt. Beides kommt jetzt aus dem 7. Haus auf mich zu, und im 8. Haus schließe ich über beides einen Vertrag: Ich werde zum Raucher und jage mein ganzes Leben lang großen Brüsten hinterher. Ich binde mich also an Gegebenheiten der Welt (7) und werde davon abhängig (8). Damit hänge ich im 8. Haus fest. Daß zu den Brüsten auch noch die gesamte Frau gehört und daß ich mir mit dem Zigarettenrauchen das Treppensteigen unzumutbar erschwere, interessiert mich eher am Rande. Ich nehme es – als unvermeidbar – in Kauf.
Das vorliegende Binderitual, aus dem ich mich nicht so ohne weiteres lösen kann, hat aber keinen Selbstwert, sondern der Hintergrund dieser Veranstaltung ist der, daß ich über diese Abhängigkeit Zugang zu einem gebundenen Seelenanteil in mir erhalten soll. So ist jede Bindung an einen Teil der Außenwelt nur der Spiegel für eine seelische Bindung, die ich noch nicht gelöst habe.
Damit der Leser sich jetzt an diesem Bild nicht festbeißt und es als Milchmädchenrechnung betrachtet, sei hinzugefügt: Die Tatsache, daß meine Mutter mir die Brustwarzen brutal entzogen hat, hat bereits eine weitere Vorgeschichte (hat also hier nicht etwa begonnen, sondern stand schon in meinem Geburtshoroskop), und zweitens: Raucher haben mitunter sehr viel tiefere Motive als «nur» Nippelersatz.

Die Landschaft des 8. Hauses will mich eigentlich mit einer *Idee* verbinden. Da sie eine geistige Landschaft ist, bestehen ihre Bewohner aus Vorstellungen, Ideen, also aus Abstraktionen. Aus Bildern, die allesamt ein Geheimnis in sich tragen: sie leben nicht. Jede Bindung, die hier erfolgt, ist eine Verpflichtung zu Lasten der Lebendigkeit. Normalerweise wird dieses Haus das Haus des «Todes» genannt, aber das ist ein Mißverständnis. Es ist das Haus des Nicht-Lebendigen. Hier leben die Untoten. Jede Energie, die an ein Bild geheftet wird, fehlt mir bei der Unmittelbarkeit meines Lebens.

9. Haus

Die letzte Landschaft innerhalb des Geistigen ist eine Landschaft der Weite, der geistigen Weite. Sie zu durchwandern ist eine Lust, freilich nur für den, der in der Tat Wanderer ist, d. h., der nicht mehr an *eine* Idee, *einen* Plan oder *eine* Vorstellung zu sehr gebunden ist. Erst durch die Bindung, durch die geistige Verengung des 8. Hauses *hindurch* gelangt man in ein sich weit öffnendes Tal und kann hier nach Herzenslust ausschreiten. Diese Landschaft ist optimistisch und weltoffen, und ihr Sinn besteht darin, *sie zu durchqueren.* Es geht also nicht darum, an ihrer schönsten Stelle zu verweilen und ein Häuschen zu bauen, weil die Aussicht so schön ist, sondern darum, in einer bestimmten Zeit bestimmte Strecken zurückzulegen, diese Gegenden hinter sich zu lassen. Der Pfeil zielt auf Neues, und jedes Neue ist schnell das Alte, so daß der Wanderer weiterziehen muß. Das hat nichts mit Hetze zu tun, sondern mit dem Aufnehmen immer neuer geistiger Nahrung.

Der eigentliche Nerv dieser Landschaft besteht freilich in etwas ganz anderem: es ist in Wahrheit gar kein Weg durch das Neue, sondern ein Weg durch das vergessene Alte. Wenn, wie Platon sagt, alles Lernen und Wissen nichts anderes ist als ein Wiedererinnern – eine Anamnesis –, so ist der Weg nach vorn in das geistige Wissen hinein eigentlich ein Weg zurück zu den Quellen des Erinnerns, dem Ursprung meiner Herkunft. Aber dieses Wissen stellt sich erst sehr spät ein, in späten Phasen eines Lebens. Vorher, also in jungen Jahren, ist die Landschaft das bunte Kaleidoskop des Geistigen. Eine innere Person, die sich hier aufhält, ist erst einmal eine, die auf der Spur des Wissens, auf der Spur nach Erkenntnissen ist, sie setzt dieses Wissen ein, um sich in den Vordergrund zu schieben. Sie wird ein souveräner «Suchender» oder gar ein Therapeut (was im Endeffekt auf dasselbe hinausläuft).

Geistig durchquert sie ein weites Land, aber da sie noch nicht gelernt hat, was diese Weite eigentlich bedeutet, verwendet sie sie als Instrument, sich selbst unauffällig zu verkünden.

Möglicherweise hilft sie anderen Leuten bei ihrem Weg (zurück zum Ursprung – das ist der Sinn von Therapie) und merkt dabei lange Jahre nicht, daß sie sich dadurch immer weiter vom eigentlichen Zentrum entfernt.

Der geistige Boden des 9. Hauses ist immer nach zwei Seiten hin offen, nach vorn in neue geistige Gebilde hinein und damit rasch in die Sinnlosigkeit des Fortschrittes, und *zurück*, hinunter zu den Wurzeln des Seins. Erst einmal geht jeder in dieser Landschaft nach vorn, gleichsam in das Einatmen. Neues soll eingeatmet und hineingenommen werden. Aber irgendwann gibt es einen Umschlag, jetzt liegt die Konzentration auf dem Ausatmen. Altes wird nach oben gebracht, und ich kann mich davon lösen. Der Filmtitel «Zurück in die Zukunft» hat hier seine tiefe Majestät. Der wahre Verkünder des Geistigen wird, indem er es verkündet, frei von dem Verkündeten. Wenn es auch dreißig Jahre dauern sollte.

DC!

10. Haus

Mit der 10. Landschaft betreten wir einen vollständig neuen Bereich. Es ist nicht mehr das individuelle Menschenreich mit seinem Wollen und seinen Plänen, sondern es ist die Lern-Landschaft des *Sollens*. Es ist das überindividuelle Gesetz, dem gleichwohl das Einzelindividuum unterworfen ist. War der herausragende Vertreter des Alten Testamentes Moses, der eines Tages vom Sinai herabstieg und die Gesetze für ein ganzes Volk mit herunterbrachte, so ist die Landschaft dieses 10. Hauses ebenfalls der Sinai, jetzt jedoch für die Einzelseele. Für dich und für mich. Und jeder hat hier – das ist das eigentlich Neue des Neuen Testamentes – seine eigenen Gesetzestafeln tief im Inneren vorliegen. Diese Gesetzestafeln sind erst einmal jedem einzelnen unbekannt. Jeder Mensch tanzt zunächst um das goldene Kalb seiner eigenen Seele, seines eigenen II. Quadranten. Früher oder später jedoch werden in der Landschaft des 10. Hauses ebenfalls die Stellvertreter dieses unbekannten inneren Gesetzes sichtbar. Sie erscheinen und wollen dem Gesetz Geltung verschaffen. Jeder Mensch aber – dem Tanz ums goldene Kalb verfallen – sieht nicht ein, warum es gerade ihm so schwer gemacht werden sollte, und so hält er die Vertreter des Gesetzes für seine Feinde, die er zu bekämpfen oder doch zumindest zu umgehen versucht. Und so liegt in dieser Landschaft das, was dem Menschen scheinbar Zwänge und Ängste und Härten und Unannehmlichkeiten verschafft. Hier liegen alle Widerstände, die ihn am Tanzen hindern. Hier liegt die gestrenge Vaterfigur, die darauf drängt, daß die Musik nicht zu laut wird; hier liegt der verknöcherte Hauswirt, der mit dem Besenstil an die Decke pocht, weil er das Tanzen nicht mehr hören mag; hier liegt die Polizei, die der Feier ein Ende bereitet und mein angeknackster Meniskus, wenn ich partout nicht auf die vorherigen Warnungen (das Tanzen zu lassen) hören wollte. Jetzt liege ich im Gips und hadere mit der Welt, die mir meinen unschuldigen (Seelen-)Spaß nicht lassen will. Noch immer komme ich nicht auf die Idee, daß ich mich zu weit aus meinem Gesetz herausbegeben habe und daß die Landschaft des 10. Hauses keine andere Wahl hatte, als mich auf das Krankenbett hin zu kurieren. Insofern ist das verletzte Knie der Versuch der Heilung und nicht etwa die Krankheit (als die wir es oft betrachten).

Wir begreifen das 10. Haus gern als die Sammelstelle für alle Schicksalsschläge, und das ist es in der Tat – es möchte mich auf meinen Weg «schicken», auf den Weg in mein Gesetz hinein. Und mit unerbittlicher Härte korrigiert es alle Abweichungen von diesem Plan, dessen Härte allein darin besteht, daß wir ihn nicht verstehen können, weil wir ihn nicht verstehen wollen. Hier – in dieser Landschaft – liegt auch das Thema meiner täglichen Arbeit, die mir als «Beruf» ins Leben geschickt wurde. «Arbeit macht frei», lautete der zynische Spruch über dem Eingang eines der Nazi-Konzentrationslager; doch in der Landschaft stimmt beides: sowohl die Tatsache, daß die Arbeit eine Zwangssituation darstellt, in die wir eingepfercht sind, als auch daß ein Akzeptieren dieses Zwanges uns frei macht. Suche *dein* Gesetz und ordne dich darin ein.

11. Haus

Während die vorherige Landschaft an eine Situation der Härte verpflichten will und von mir fordert, sie zu akzeptieren, will der Boden des 11. Hauses mich von etwas *lösen.* Hier gilt der Spruch «Arbeit macht frei» nicht mehr, hier lautet er «Arbeit macht unfrei», und jede (innere) Person, die sich hier aufhält, tritt in den Dienst einer Befreiungsbewegung. Sie will mich von etwas lösen, von etwas ent-binden. Das hört sich auf den ersten Blick erstrebenswert an, so als ob ich mich darüber freuen könnte, jetzt eben nicht mehr irgendwo festzusitzen. Was aber, wenn ich gern festsäße? In meiner Arbeit? In meiner Beziehung? In meiner Wohnung? Was geschieht, wenn ich froh darüber bin, so eine tolle Beziehung, Arbeit, Wohnung etc. zu haben? Das 11. Haus interessiert sich nicht dafür, ob es mir gefällt, frei zu sein oder gebunden zu sein. Es befreit – auf Biegen oder Brechen. Lag die Härte des 10. Hauses darin, daß ich in einem erdrückenden Zusammenhang auszuhalten gezwungen wurde, so liegt die Härte des 11. Hauses darin, daß ich aus einem festgefahrenen Zusammenhang, den ich jedoch als befriedigend erlebe, herausgebrochen werde. In beiden Fällen ist es jedoch Härte, die ich subjektiv als solche erlebe.

Versuchen wir, das an einem praktischen Beispiel zu verdeutlichen: Morgens kommt in die Beratung eine Frau, die ihre Ehe als gescheitert ansieht. Sie sitzt seit zwanzig Jahren fest mit drei Kindern – ohne Beruf, ist vollständig von ihrem Mann abhängig. Sie jammert über ihr Schicksal, das sie im 10. Haus festgenagelt hat. Sie würde sich gerne lösen, kann es aber nicht (und soll es wohl auch nicht).

Am Nachmittag sitzt ebenfalls eine Frau uns gegenüber. Sie hat ebenfalls drei Kinder und seit zwanzig Jahren eine Ehe und keinen Beruf, und ihr ist gerade der Mann zu einer Jüngeren davongelaufen. Sie jammert ebenfalls über ihr Schicksal, das sie im 11. Haus festgenagelt hat. Sie würde gerne in ihrer alten Ehe, die sie als harmonisch empfunden hat, verbleiben, kann es aber nicht (und soll es wohl auch nicht). Das Schicksal bricht sie aus dem Alten heraus. In beiden Fällen produziert der IV. Quadrant erst einmal «Unglück» – jedenfalls wird es so empfunden.

In beiden Fällen wird – undurchschaubar zunächst – der Mensch in sein Gesetz «gesetzt», einmal in das Gesetz der «Härte», im anderen Fall in das Gesetz der «Lösung» (die lange Zeit ebenso hart erscheint). Wir können diese beiden Beispiele als Exempel werten für einen anderen Zusammenhang. Was in einem Fall richtig ist, ist in einem anderen Fall falsch. Eine einheitliche Theorie des Menschseins, die Gesetze für alle Menschen aufstellt, geht unfehlbar in die Irre. Jede Therapierichtung, die mir sagt: «Wenn du in deiner Ehe seit zwanzig Jahren dich als unfrei empfindest, dann gehört das dazu, und du mußt es aushalten», mißhandelt das 11. Haus und arbeitet an meiner Wahrheit vorbei. Jede Therapierichtung, die mir sagt: «Wenn du in einer Ehe seit zwanzig Jahren dich als unfrei empfindest, dann löse dich und erkämpfe dir deine Freiheit», mißhandelt das 10. Haus und arbeitet an meiner Wahrheit vorbei. Jeder Mensch muß also sein individuelles Gesetz selbst herausfinden.

Die Landschaft des 11. Hauses verlangt von mir, daß ich in einem ständigen Lösungsprozeß meine Unabhängigkeit zu erarbeiten bereit bin. Dafür stellt sie mir große Kräfte zur Verfügung und ein ausreichendes Maß an Kreativität und Originalität.

Weil ich auf eigenen Füßen stehen soll (und nicht irgendwo bequem im gemachten Bett herumsitzen), erhält das 11. Haus vom Schicksal die Gabe des Innovativen. Das Schicksal *nimmt* mir hier die Sicherheit, am Alten mich festzuhalten, es *gibt* mir hier die Gnade der Kreativität und der Erneuerung.

Die letzte Landschaft im Bereich des Menschseins trägt das Thema der Ver-Nichtung. Das klingt schwerwiegender, als es gemeint ist. Denn nicht das Menschsein wird hier vernichtet – ins Nichts überführt – oder gar das Leben, sondern nur die Dominanz des Seelischen, die Idee der Größe. Wenn Sokrates von sich behauptete: «Ich weiß, daß ich nichts weiß», so befindet er sich genau an diesem Ort. Mit der gleichen Berechtigung hätte er sagen können: «Ich weiß, daß ich vom Nichts weiß», daß das «Nichts» zum Menschsein gehört, dann wäre es klar, daß er sich im gesicherten Wissen vom «Etwas» befindet. Und dieses Etwas ist das «Nichts».

Tritt dieses Etwas jedoch unvorbereitet in ein Leben hinein, so erleben wir es als die *Abwesenheit* von dem, woran wir nun einmal hängen, und das wird als Krise empfunden. Hier im 12. Haus liegen die «Nebel von Avalon», jene milchigen Erscheinungen, hinter denen sich – der Sage zufolge – ein ganzes Inselreich verbergen soll. Doch wir können es nicht sehen. Nur solche Seelen wie die eines Sokrates treten durch die Nebel hindurch und treffen auf diese Welt; auf diese «Welt hinter der Welt». Wir anderen stehen – in dieser Landschaft – buchstäblich im Nebel und haben Angst, in den Abgrund des Nichts zu fallen. Wir glauben nicht an Avalon, sondern nur an die reale, anfaßbare Welt. Aber sie ist hier zu Ende! Es ist, wie es die Alten dachten, das Ende der Erdscheibe, und der Okeanos stürzt an ihren Rändern in die Tiefe. Natürlich geschieht das nicht wirklich, sondern innerseelisch: Der Verdacht entsteht, die Welt des Egos, die Welt meiner wichtigsten inneren Personen hat aufgehört zu existieren – was bleibt, ist Nebel.

Auf der anderen Seite ist dieses Reich ebenfalls das große Areal der Täuschungen, der Illusionen, der Sehnsüchte, der Schwindeleien, der Heimlichkeiten, der Lügen und der Hochstapeleien. Wenn schon meine Welt leer ist, dann muß ich sie mit Gespinsten und Gespenstern auffüllen, so daß der *Schein* entsteht, sie wäre angefüllt. Es ist dies der Versuch, aus Nebel Gebilde zu bauen (die immer nebulös bleiben), weil ich mich nicht traue, in die dahinterliegende Welt einzutreten. Gleichsam durch das Nichts in das Etwas zu gelangen. Da dieses Etwas nicht von dieser Welt ist, muß ich den Mut finden, den «schönen Schein» der Welt aufzugeben, für die (wie Hesse sagt) «geahnte Wirklichkeit des Inneren».

Hier liegt das letzte Antidot (das Gegengift) zum Ego. Mit meinem Ego komme ich nicht auf das mystische Inselreich. Wer hier zu fischen hat, fischt jahrzehntelang im Trüben, im Trug. Bis er eines Tages tatsächlich zum «Fischer» wird, nachdem er das Fischen nach Anerkennung und Macht aufgegeben hat.

Diese Aufgabe (das sei hier als Warnung eingefügt) kann man nicht *beschließen,* so wie ich beschließen kann, ins Kino zu gehen. Es ergibt sich eines Tages von selbst. Alle vorherigen Versuche sind Versuche des Egos und damit wieder Täuschungen.

«Bei dem Wagnis, Symbolhaftes in die Erinnerung zu rufen,
muß aber eines beachtet werden:
man muß das Symbol (soweit dies möglich ist) eingesehen haben,
man muß also wach und gesichert von ihm sprechen können;
kann man das nicht, dann ist man seiner selbst nicht sicher,
dann wird man zum Opfer des Symbols,
also Opfer einer uneingesehenen Macht,
die dann mit einem macht,
was *sie* will;
vor dieser psychischen Vergewaltigung durch das Symbol
und vor der psychischen Befangenheit,
zu der das symbolanerkennende Denken
bei nicht genügender Wachheit führen kann –
vor ihnen soll hier gewarnt werden.»
(Jean Gebser, Ursprung und Gegenwart, Bd. 1, Stuttgart 1986, S. 50)

Kapitel 5

Die Sonne – die Verhaltensanweisung

Der Sonnenstand ist der bekannteste Faktor im Horoskop. Er ragt deutlich heraus. Auch jemand, der sich nie mit der Astrologie beschäftigt hat und der nichts von ihr hält, weiß, daß er (z. B. am 25. März geboren) ein «Widder» ist. Selbst ihm sind aus Zeitungen (oder von Zuckerwürfeln) die herausragenden Eigenschaften seines Sternzeichens bekannt. Beim Widder sind dies: «vorwärtsstrebend, ehrlich, feurig, kämpferisch, direkt, jähzornig» usw. Selbst diese Vereinfachung enthält ein Körnchen Wahrheit, und der eine oder andere Widder wird diese Eigenschaften in sich wiederfinden. Darüber hinaus aber gibt es die sogenannten «untypischen» Widder. Ein Mensch mit einer Widder-Sonne, der nun genau diese Eigenschaften in sich nicht finden kann. Er fühlt sich schwach, der Welt nicht gewachsen. Wir wissen, daß ein einziger Faktor, z. B. der Neptun auf der Widder-Sonne, das Bild vollständig verändern kann. Von dem sich kraftvoll durchsetzenden Widder ist dann nicht mehr viel zu spüren. Seine Energie wird verschleiert, verpufft ins Nichts. Aber auch dieser Mensch hat die Verhaltensanweisung «Widder» mit auf den Weg bekommen. Doch er ist eben einer, dessen Wille sein Ziel nicht erreicht. Er ist ein Widder, der nicht gewinnt, sondern verliert. Und dennoch: er hat den Auftrag, den Weg des Widders zu gehen. So ist es besser, vom «Weg» oder vom «Verhalten» zu sprechen als von den Eigenschaften eines Menschen, auch wenn beide manchmal übereinstimmen. Wir haben an anderer Stelle schon beschrieben, daß der Mensch sein Aszendent *ist*, und nun fügen wir hinzu, daß er sich so *verhält*, wie es die Regieanweisung (= Verhaltensanweisung = Sonnenstand im Horoskop) vorgibt. Auf der Häuserebene (Lebenslandschaft, Bühne) findet er Bedingungen vor, die ihn zu einer Auseinandersetzung mit einem ganz bestimmten Thema zwingen. *Wie* er aber damit umgeht, sagt uns wieder sein Sonnenstand. Jeder Mensch bringt sich im Laufe seines Lebens durch sein Ego immer wieder in Konflikte mit der Umwelt und mit den Egos seiner Mitmenschen. Diese Konflikte werden im Horoskop angezeigt durch die Spannung des Sonnenstandes zur Häuserebene und durch die Aspekte. Diese «Ego-Konflikte», die bei allen Menschen mehr oder weniger gleichlaufend sind, könnte man auf zwei wichtige Bilder reduzieren: Entweder das Ego ist groß und stark, schießt über das Ziel hinaus und wird von außen korrigiert, oder das Ego ist sowieso schon sehr klein und schwach, es leidet darunter, bis es endlich lernt, sich selbst anzunehmen. Diese Problemfelder und diese Auseinandersetzungen eines jeden Menschen mit seinem Ego *sind nicht* der Schatten, aber der Schatten führt das Ego dorthin. Ohne Reibung mit der Welt, ohne den Aufstieg und den Niedergang des Egos, blieben wir satt und zufrieden in unseren Vorstellungen von uns selbst sitzen. Keiner begänne, Fragen zu stellen, keiner suchte Antworten. So brauchen wir die Brüche in unserem Ego, den Verlust von Sicherheit, die unruhige Seele, um zu lernen, Erfahrungen zu sammeln. Die Verhaltensanweisungen des großen Regisseurs beinhalten immer auch das Scheitern des Menschen – die Falle. Denn nur, wenn der Mensch in der Falle seines Egos sitzt, verliert er seine Naivität, gibt er (erzwungenermaßen, zugegeben) seinen Glauben an seine Vollständigkeit auf. Nur dann ist er bereit, nach innen zu schauen, wenn es im Außen keine Lösungsmöglichkeiten mehr gibt.

Die Widder-Sonne – das kämpferische Ego

Die Verhaltensanweisung für die Widder-Sonne lautet klar und deutlich: Kämpfe! Setze dich durch!

Fordere das Leben zum Kampf auf und reagiere, wenn es dir den Handschuh zum Duell vor die Füße wirft. Erobere dir dein Revier. Geistig oder konkret, stürme vorwärts und schaue nie (nie!) zurück. Deine Aufgabe ist der Neubeginn. Dafür mußt du alten Ballast abwerfen, Bedenken beiseite schieben und handeln. Dein Leben ist das der Tat. Du mußt zupacken, um das Leben zu be-greifen. Werde dir deiner Kräfte und Fähigkeiten bewußt, *deinen* Weg zu gehen, unabhängig von anderen *deines* zu tun, *deinen* eigenen Impulsen zu folgen. Die Rolle im Theaterstück des Lebens, die der «große Regisseur» dir zugeteilt hat, ist die eines Vorreiters. Du bist es, der die Stille bricht, das Unausgesprochene ausspricht, das Unsichtbare sichtbar macht. Es ist sicherlich keine bequeme Rolle, denn oft entlarvst du die Mitspieler, stellst sie bloß, konfrontierst sie mit ihren Lügen und Scheinheiligkeiten. Du bist sehr ehrlich, bringst die Wahrheit ans Licht, zeigst Aggressionen auf, doch zerstörst du auch oft die Harmonie und den Gleichklang und ziehst damit den Unmut und damit auch die Ablehnung deiner Mitmenschen auf dich. Du schießt quer, bist ungefällig und unverbindlich. Dennoch: du kannst es nicht lassen, dein Ego zieht seine Kraft und Stärke aus der Auseinandersetzung. Findest du keinen Widerstand, so leidest du, deine Energie erschöpft sich, deine Lebenskraft versiegt. Du fühlst dich wie gelähmt. Lieber kämpfen und verlieren, als ohne Feind (und es gilt für dich das Leben als solches zu bezwingen) auf leerem Feld zu stehen. Deine Lebenskrise beginnt, wenn es nichts mehr zu umkämpfen, zu erobern gibt. Natürlich verlierst du nicht gerne, aber sogar eine Niederlage spornt dich an, mobilisiert Kräfte in deinem Inneren. Du fühlst dich lebendig, bist in deinem «Muster», was hier ganz positiv gemeint ist. Es heißt, du erfüllst deine Rolle, hast Zugang zu deiner Kraft. Doch so lange du Bäume ausreißen kannst, bleibt dir keine Zeit nachzudenken. So sind denn weite Strecken deines Weges schon abgerodet. Es gibt auf einmal nichts mehr zu tun. Kein neuer Anfang ist in Sicht, kein Ringen, kein Kämpfen, keine Herausforderung. Du kennst und kannst nur eine Rolle spielen. Und auf einmal schreibt das Leben ein Theaterstück, in dem die Figur des Kämpfers gar nicht oder von einem anderen besetzt wird. Dein Ego wird verwundet. Es kann mit der Leere nicht umgehen. Wer bist du, wenn es nichts zu tun gibt? Wer bist du, wenn du nicht leidenschaftlich für oder gegen etwas sein kannst?

Ja, wer bist du?

Die Stier-Sonne – das bewahrende Ego

Die Rolle, die du als Stier zu übernehmen hast, erscheint auf den ersten Blick angenehm und unproblematisch. Du bist verträglich, kommst mit deinen Mitmenschen gut aus. Du hast die Fähigkeit, dich in kleine wie in große Gruppen einzuordnen und fühlst dich dabei sehr wohl. Du versammelst Menschen um dich herum, machst es dir und ihnen gemütlich. Sie mögen dich dafür, fühlen sich bei dir wohl. Freundschaften und Zusammensein sind ein wichtiger Bestandteil deines Lebens. Und so soll es auch sein. Du bist Bindeglied zwischen den anderen, verströmst Wärme und bekommst Wärme dafür zurück. Dies ist so eine Art Gegengeschäft, und so lange es funktioniert, bist du glücklich. Du würdest für deine Freunde alles tun, doch du verausgabst dich nie. Du achtest darauf, nie mehr in den Spielautomaten des Lebens hineinzustecken, als herauskommen kann. Risiko ist nicht deine Sache. Deine Aufgabe ist es, zu bewahren, zu versammeln, Energien zu binden. Unsicherheit ist dir ein Greuel. Treu hältst du, was du versprichst, man kann sich auf dich verlassen. Und du bist sehr stolz darauf. Ja, du hast eine Rolle übernommen, die in der unsicheren Dramaturgie des Lebens auf andere beruhigend und stabilisierend wirkt. Und so scharen sie sich um dich, wärmen sich an dir und aneinander wie die Kühe in einem Kuhstall. Du bist in deinem Element, wenn Fenster und Türen verschlossen sind, du deine Schäfchen ins Trockene gebracht hast. Wenn sich nichts mehr bewegt, kannst du entspannen, das Leben genießen. Und: du kannst genießen. Es ist die Freude am leiblichen Genuß, den du anderen vermitteln kannst. Du bist ganz echt, ganz Mensch, ganz und gar zum Anfassen: praktisch, lebenstüchtig, partnerschaftlich. Wie schön, wirst du sagen, wo ist denn das Problem? Das Problem ist, daß du davon abhängig bist. Was ist, wenn jemand aus der Gruppe ausbricht, eine leere Stelle hinterläßt? Was ist, wenn der Lebenssturm Fenster und Türen aufreißt und es kalt wird im Kuhstall? Was ist, wenn deine materielle Sicherheit ins Wanken gerät? Wenn Freunde dich verraten? Wenn du Heimat, Haus und Hof verlierst? Was dann? Wer bist du dann, wenn du nicht bewahren, nicht halten kannst, was du halten willst? Wenn der Zaun, den du um dein Leben herum gezogen hast, eingerissen wird? Ja, was dann? Deine Kraft, deine Fruchtbarkeit versiegen, denn du bist kein Einzellebewesen. Du kannst alleine nicht existieren. Dies wird dir an jenen Orten schmerzhaft bewußt. Die größte Angst, die du hast, ist die Angst vor der Leere. Die tiefste Krise, in die du geraten kannst, ist das Alleinsein, der Verlust, das Loslassenmüssen. Und so, wie zwangsläufig jedes Ego den Menschen in die Enge treibt, wird genau dieses dir geschehen. Das Schicksal setzt genau dort den Hebel an, wo es am besten aufdecken und den Schatten ans Licht zerren kann. Bist du aber versorgt, zugedeckt bis zum Hals, so siehst du nichts, weißt du nicht, was sich unter der Decke verbirgt. Es gibt für dich keine Veranlassung, unter das wärmende Oberbett zu schauen, und deshalb wird (muß!) das Schicksal es dir herunterreißen, damit du nachsiehst, was sich darunter verbirgt. Damit du nachschaust, wer du bist. Ja, wer bist du, wenn du nicht geschützt bist von all dem, was du um dich herum angesammelt hast. Wer bist du, wenn nicht Freunde dich bestätigen? Wer bist du, wenn dir die Vergangenheit nicht mehr gehört?

Ja, wer bist du?

Die Zwillings-Sonne – das vermittelnde Ego

In dem Moment, in dem du das Manuskript deines Theaterstükkes liest, dir die Rollenverteilung anschaust, bist du begeistert. In jedem Akt, in jeder Szene ist dir eine Rolle zugeteilt worden, du wurdest eingesetzt für alles und jedes. Du spielst mehrere Rollen gleichzeitig. Immer wieder gibt es etwas für dich zu tun. Du tauchst auf, überbringst einen Brief, ziehst dich um, stehst in der nächsten Szene am Empfang, wechselst die Kleidung, wirst als intellektueller Freund im 2. Akt wieder benötigt usw. usw. Es gefällt dir, deine Nase in alles zu stecken, jeden zu kennen, überall dabei zu sein. Du hörst viel, siehst viel, wirst oft gehört, oft gesehen. Du bist leicht, unkompliziert und flexibel. Du lebst auf der Oberfläche des Lebens, immer auf dem Sprung: beweglich, neugierig, interessiert. Deine Rolle ist die des Vermittlers, des Schmetterlings, der befruchtendes Material überbringt. Sei stolz auf diese Rolle, lasse dir nicht einreden, es sei besser, tiefer in die Wahrheit des Lebens einzutauchen, länger bei einer Sache zu bleiben. Du würdest dich selbst vergewaltigen, wärest unecht, und deine Lebendigkeit ginge verloren. Nutze deine Fähigkeit zur Neutralität, bewerte nicht und lasse dich nicht bewerten. Es hat seinen Sinn, Vermittler zu sein. Immer dann, wo zwei sich nicht verstehen, brauchen sie dich, ihren Dolmetscher. Immer da, wo ein Produkt unter die Leute gebracht werden soll, brauchen sie dich, den neutralen Überbringer. Immer dort, wo Informationen übermittelt werden sollen, braucht die Welt dich, den Journalisten «Schimmerlos». Lies dir deine Verhaltensanweisungen genau durch und schiele nicht nach denen der anderen, die gravierender sein mögen und dir damit eventuell wichtiger erscheinen. Die Aufgabe stellt sich für jeden gleich: sei du selbst, spiele *deine* Rolle. Oft gefällt dir deine Rolle nicht, sie erscheint dir zu unbedeutend, du verstellst dich, verirrst dich in der Darstellung von fremdem Verhaltens(an)weisungen. Es ist gut, daß du nicht viel Ausdauer hast, so kannst du auch dieses Spiel nicht lange durchhalten. Bist du ganz ehrlich zu dir selbst, so wird dir schnell alles zur Last, was zu lange dauert, was Festigkeit und Konsequenz von dir verlangt. Lasse es einfach sein, sei leicht, sei frei, sei beweglich. Die anderen brauchen dich, du bist ihr Informationsträger, und manchmal schaffst du es, sie mit deiner Schnellebigkeit mitzureißen. Durch dich fühlen sie sich leichter, unkomplizierter, beweglicher. Doch auch für dich hält das Leben problematische Situationen bereit. Plötzlich stoppt es deinen Bewegungsdrang. Läßt dich in eine Sackgasse laufen. Wenn du dich (aus welchen Gründen auch immer) nicht mehr bewegen kannst, wenn es nichts Neues mehr zu erfahren gibt, wenn deine Lebenslandschaft auf einmal wie leergefegt ist, die Kontakte zu deinen Mitmenschen zerfallen: dann ist für dich, für dein Ego, Krisenzeit. Da du gewohnt bist, deine Energien nach außen abzugeben, dich von einem Ort zum anderen zu bewegen, weißt du nichts mit dir anzufangen, wenn das Schicksal dir die bekannten Wege versperrt. Dann bist du gezwungen, die Fragen, die du normalerweise an die Welt stellst, an dich selbst zu richten, und deine Aufgabe ist es dann, dieses Neuland zu betreten. Wer bist du, wenn nicht eine Information die andere jagt? Wer bist du, wenn du von Ort zu Ort unterwegs bist und doch nirgends wirklich ankommst?

Wer bist du?

Die Krebs-Sonne – das fürsorgliche Ego

Der besonders deutliche Auftrag an dein Ego lautet: Sei *mit* den anderen, leide mit ihnen, lache mit ihnen! Sei ein Begleiter, nutze deine enorme seelische Kraft, um dich mit den Menschen zu verbinden, sie zu schützen und ihnen Geborgenheit zu schenken. Du kannst ihnen eine Heimat sein, so eine Art seelisches Zentrum bilden, um das sich die anderen scharen wie eine Familie um ihre Mutter. Das bedeutet nicht, daß du unbedingt eine Familie gründen sollst, denn du wirst sehr bald bemerken, daß in *jeder* Zugehörigkeit deine Mütterlichkeit und Fürsorglichkeit sichtbar wird. Man braucht dich, dein Einfühlungsvermögen, dein Verständnis und: du brauchst die anderen. Du stellst den weiblichen Pol im Leben dar, den Mond, der von der Sonne beschienen werden muß, um gesehen zu werden.

Versuche nicht, mit den anderen Egos, die vielleicht sichtbarer strahlen, zu konkurrieren. Es würde dir nicht gut bekommen, du wärest der Unterlegene und würdest darüber hinaus an Seelenkraft verlieren. Befolgst du deine Verhaltensanweisungen, so mag die Rolle, die du spielst, etwas unauffällig sein. Doch: sie ist es, die die Welt in ihrem *Inneren* zusammenhält. Du bist weich, verletzlich, beeindruckbar. Sei eine Schale, die vom Leben aufgefüllt werden kann. Verschließe dich nicht, auch wenn du oft schmerzhaft berührt bist. Jeder, der dich kennt, weiß, wie empfindsam du bist, und verzeiht dir gerne (da auch du nicht nachtragend bist) deine Gefühlsschwankungen, deine sprichwörtliche Launigkeit. Sie gehören zu dir, sind eng verbunden mit deinem Wesen, das letztlich passiv und hilflos den Energien der Welt ausgeliefert ist. Sobald du dich zu «retten» versuchst, verlierst du dich, wirst deiner Aufgabe nicht mehr gerecht. Die Suche, die auf deinem Lebensplan steht, ist die Suche der Seele nach sich selbst. Die Sehnsucht, dich selbst zu empfinden, zu dir selbst zu finden, hat dich an diese Stelle deiner Entwicklung getrieben. Es ist keine einfache Aufgabe. Oft lenkst du mit deiner Opferbereitschaft, mit deinem Helfen-Wollen, von dir ab. Du gibst Energien weg, statt aufnehmend zu sein. Deine Stärke aber ist es, gewähren zu lassen, Mit-Gefühl zu haben. Und dich einlassen zu können.

Also: lasse dich ein, lasse dich führen, lasse dich verführen. Setze keine Widerstände, lasse die Welt tief in dich eindringen, lasse dich mitreißen, um dein Unbewußtes kennenzulernen, um deine seelischen Wurzeln zu finden. Du hast Zugang zu deinem inneren Kind, und so finden auch die (äußeren) Kinder gern zu dir, fühlen sich bei dir wohl. Führe dir ganz deutlich vor Augen, daß du zu jemandem gehören *mußt,* daß du immer jemanden neben dir brauchst, der die andere Seite darstellt, mit der verbunden du dich erst vollständig fühlst. Versuche zu verstehen, warum dann ausgerechnet dies dir zeitweise verwehrt werden muß. Warum das Schicksal und seine Gehilfen ausgerechnet dich abweisen, dich aus der Geborgenheit verbannen, dich hilflos alleine stehen lassen müssen. Warum dich, wo du auf Nähe und Schutz am meisten angewiesen bist, wo du alleine fast lebensunfähig bist. Gerade deshalb, weil du nur verwundet und verfolgt dein Nest verläßt, um dich tatsächlich auf die Suche nach dir selbst und deiner Seele zu machen.

Du mußt dich in den anderen verlieren, um dich wieder zu finden. Sie haben den Auftrag, dich abzuweisen, dich hinauszuwerfen, damit du dich unter Schmerzen fragst: Wer bin ich eigentlich?

Die Löwe-Sonne – das strahlende Ego

Als für dieses Leben die Rollen verteilt wurden, hast du Glück gehabt. Dir hat man dieses Mal die Hauptrolle übertragen: «Sei strahlender Mittelpunkt!» lautet die wichtigste Verhaltensanweisung des «großen Regisseurs». Sei ausdrucksstark und beeindrucke die Zuschauer! Spiele deine Rolle mit Selbstsicherheit und Freude! Lege all deine Gefühle, dein ganzes Herz hinein. Die Liebe zu deiner Rolle (die Liebe zum Leben) sind wichtiger als das, was du damit erreichen könntest. Es geht nicht um zukünftige Ziele, sondern um Direktheit und Unmittelbarkeit. Sei ganz du selbst, sei aufrichtig und stolz. Du hast die Kraft, dein Leben selbst zu gestalten, du bist kreativ und eigenständig im Handeln. Die Anweisungen für dich lassen dir viel Freiheit. Sie schreiben dir nicht vor, was du tun sollst, sondern nur, daß du handeln sollst. Lebendig, echt und immer im direkten Bezug zur Situation. Du hast die Kraft, aus dir *selbst* heraus zu leben. Das macht dich sehr subjektiv und sehr eigenwillig. Mag sein, daß sich manchmal der eine oder andere deiner Mitmenschen von dir und deinem starken Ego überrollt fühlt. Versuche dies nicht zu verhindern, du verkrampfst dich, wirst unecht und verlierst die Kraft, an der du andere ja auch gerne teilhaben läßt. Sie fühlen sich bei dir wohl, beschützt und von der Wärme bestrahlt. Das kann eine Sonne nur, wenn man sie im Mittelpunkt des Universums beläßt. Mittelpunkt sein heißt eben auch, an der Macht zu sein. Du hast eine natürliche Autorität, also sei ein König und herrsche. «Herrsche mit Menschlichkeit. Sei ein Beschützer der Schwachen!» lautet der Auftrag an dich. Du hast eine regenerative Kraft, lasse andere daran teilhaben und verstecke nicht deine dir angeborene Dominanz. Genieße dein Leben, deine Einzigartigkeit und Individualität. Da Existenzangst ein Fremdwort für dich ist, betrachte das Leben als ein Spiel, verausgabe dich und spiele. Gerne spielst du das Konkurrenzspiel, denn deine Gewinnchancen sind groß. Genauso lieb ist dir, der Raubkatze, die

Jagd. Dort kannst du dich beweisen, und dann schlägt dein Herz. Es gibt viele «Mäuschen», mit denen du dich im Liebesspiel vergnügen kannst. So macht das Leben Freude. Was aber, wenn dir ein anderer die Beute abjagt, ein anderer an die Macht kommt, die Konkurrenz gewinnt. Wenn ein neuer Stern am Himmel aufgeht und heller strahlt als du. Was dann! Du kannst es nicht ertragen, du fühlst dich wie der König der Wüste, dem man seine Mähne geschoren, seine Zähne gezogen und ihn in einen Käfig gesperrt hat. Deine Kraft versiegt. Die Strahlen deiner Sonne werden abgelenkt. Sie erreichen ihr Ziel (deine Untertanen) nicht mehr. Du spürst, wie du abhängig bist vom Spiegel deiner Bewunderer. Versuche dann nicht, mit Protzerei und Angeberei wiederzuholen, was das Schicksal dir in diesem Moment vorenthält. Dein Sturz ist unvermeidlich, also stürze. Verstehe, daß die Hauptrolle auch ihre Schattenseiten hat und daß du sie deshalb (auch wenn du es lange nicht glauben magst) zugeteilt bekommen hast. Zuerst wird dein Ego aufgebaut, ja geradezu verherrlicht, und dann läßt das Schicksal dich fallen. Nur im Verhältnis zu deiner vorherigen Selbstsicherheit kannst du verunsichert werden. Ein geringeres Gefälle würdest du nicht spüren. Wenn man von sehr weit oben stürzt, tut es besonders weh. Die Lebenskrise, die dich zum Nachsinnen auffordert, ist immer verbunden mit Versagen und Niederlagen. Erst wenn du deine Existenz zu hinterfragen beginnst, wenn du deiner nicht mehr sicher bist, beginnst du zu wachsen. Also frage und wachse. Wer bist du wirklich, hinter dem Glanze deiner Sonne?

Wer bist du?

Die Jungfrau-Sonne – das tugendhafte Ego

Die Rolle, die du zu übernehmen hast, läßt sich nur mit viel Anstrengung und Mühe erfüllen. Pausenlos flüstert der Souffleur: Paß auf! Sei vorsichtig! Sei umsichtig! Lasse dir keine Regungen deiner Mitspieler entgehen. Beobachte ihr Verhalten, analysiere sie, durchschaue sie. Nur so kannst du dich vor unangenehmen Überraschungen und Verunsicherungen schützen. Du brauchst die Sicherheit, der Welt nicht willkürlich ausgeliefert zu sein. Und das kostet viel Kraft. Du mußt ständig auf der Hut sein, mußt immer aufmerksam die Welt und dich selbst in der Welt beobachten und kontrollieren. Nicht nur, daß du das Chaos draußen in der Welt bannen möchtest, du versuchst auch ständig, deine eigenen Gefühle in der Balance zu halten. Du bist immer auf dem Sprung, unkontrollierte Auswüchse deiner Seele zu beschneiden. Du möchtest die widersprüchlichen Strömungen deiner Emotionen leiten, ihnen ein begradigtes Flußbett zur Verfügung stellen, um nicht auszuufern und niemanden mit deinem «Wasser» zu belästigen. Um dieser Aufgabe gerecht zu werden, ist aus dir ein guter Beobachter geworden. Nur, wenn du die gesamte Umgebung kennst und du deinen Weg vorausberechnen kannst, kann dir dies gelingen. Da die Lebensströme deiner Mitspieler stark und ungehindert fließen wollen, mußt du dich oft vernünftig zurückhalten. Dich in Bescheidenheit und Anspruchslosigkeit üben. So wird aus dir ein sehr braves, ein sehr ordentliches Ego. Du gehst sachlich und kritisch mit dir um, lotest gründlich jede Untiefe deines Wesens aus, um fleißig weiter an dir selbst und an der Verbesserung der Welt zu arbeiten (am liebsten bei den Grünen). Oft stößt du dabei auf Widerstand und Ablehnung. Natürlich brauchen sie dich, die großspurigen Egos, die unsozial und überschwappend das fruchtbare Land verwüsten. Du hast sie gewarnt. Aber wer will das schon hören. Sie brauchen dich, ihren zuverlässigen Warner. Sie brauchen dich, den Realisten, um von ihrem Höhenflug auf den Boden zurückzukehren. Aber: sie danken es dir selten. Warte nicht auf den Dank, denn, wenn du ehrlich bist, so ist es *alleine* dein Bedürfnis, die Welt zu ordnen und zu säubern. In Wirklichkeit dienst du nicht ihr, der Welt, sondern deinem eigenen hygienischen Ego. Du möchtest tugendhaft, edel und gut sein. Und dafür möchtest du natürlich belohnt werden. Anerkennung und ein abgesichertes, ruhiges Leben soll dein Lohn sein. Wie sehr du dich, dieses Ziel im Auge, auch auszusteuern versuchst, dich beugst, drehst und wendest, um jedem und allem gerecht zu werden, irgendwann einmal muß das Chaos in dein Lebenssystem einbrechen. Die Sintflut schlägt über dir zusammen, alles, was du tugendhaft und fleißig zu vermeiden suchtest, bedrängt dich dann und läßt dich jetzt vor Angst nicht mehr schlafen. Unruhig grübelnd und immer wieder deine Situation analysierend, wirst du schwächer und schwächer. Deine Abwehrmechanismen brechen zusammen. Du bist den höheren Mächten ausgeliefert. In ohnmächtiger Angst fragst du dich dann, warum geschieht gerade dies, gerade mir. Wer bist du, wenn dein Krisenschutz versagt? Wer bist du, wenn deine Logik dir keine Antworten mehr gibt? Wenn deine Vorsorge nichts mehr zu vermeiden vermag? Wenn du ausgeliefert dem Nichtkontrollierbaren begegnest?

Ja, wer bist du?

Die Waage-Sonne — das ausgewogene Ego

Du bist ein absoluter Sympathieträger im Theaterstück des Lebens. Und dennoch: ein klares, deutliches «Ja» zu deiner Rolle wird man nicht von dir zu hören bekommen. Nicht, daß sie dir unangenehm wäre, aber, denkst du oft, eine andere Rolle wäre vielleicht doch schöner zu spielen gewesen. Du vergleichst, wägst ab, wärest manchmal lieber ein anderer. Ganz gerne würdest du mal tauschen, in eine andere Haut schlüpfen. Doch nach langem Hin und Her möchtest du zu guter Letzt doch lieber bei deiner eigenen Friedfertigkeit und Ausgewogenheit bleiben. Du stellst dir zwar manchmal vor, wie es wäre, dich auch einmal zu wehren, dich durchzusetzen, stark zu sein. Aber, wenn du ganz ehrlich bist, so findest du doch Stolz in dir, auf deine Gewaltlosigkeit und deine Fähigkeit, deinen Mitmenschen mit Taktgefühl, Diplomatie und Verständnis zu begegnen. Du kommst unbewaffnet auf die Welt, kannst nicht zubeißen und bist deshalb darauf angewiesen, mit deinen Mitmenschen in Harmonie zu leben. So bist du ein sehr beziehungsfähiger, aber auch beziehungsabhängiger Mensch. Grundsätzlich hast du Verständnis für jeden, bist immer darauf bedacht, Ungerechtigkeiten zu verhindern und auszugleichen. Selbst, wenn man nicht auf dich hört, dich übergeht, bist du schnell wieder versöhnt. Harmonie ist dir wichtiger als ein eigener Standpunkt. So bist du gern gesehen, hast viele Freunde. Du bist höflich, kultiviert, hast guten Geschmack und – du bestätigst die Egos der anderen. Du setzt keine Widerstände und hinderst damit den Fluß des freundschaftlichen

Austausches. Eine Verständigung mit dir ist immer möglich. Du bist fähig und bereit, die Meinung deines Gegenübers zu teilen und zu unterstützen. Und so bekommt auch dein Ego genügend Bestätigung und Aufwertung. Du bist in deiner Mitte, bist zufrieden mit dir selbst, wenn um dich herum Friede und harmonisches Miteinander herrschen. Unbelastet von Streitereien und Auseinandersetzungen bist du in deinem Element, hast Zeit und Muße für die Schönheit des Daseins und die Ästhetik des Alltags. Dein Leben vollzieht sich in den klassischen Proportionen des goldenen Schnitts. Mit deiner charmanten, geselligen Art legst du viele verknüpfende Linien zwischen dich und deine Umwelt. Locker und luftig gewebt ist dein soziales Netz, und du tänzelst leichtfüßig über die Fäden. Was aber, wenn du dich verstrickst, wenn dir Unverbindlichkeit nicht mehr möglich ist, weil du hineingeraten bist in die Fänge des Schicksals? Was, wenn Entscheidungen von dir gefordert werden? Wenn du am Scheideweg stehst, unfähig zu handeln? Wie gelähmt und blokkiert fällt dein ehemals so wendiges «Ich» in sich zusammen. Jetzt wärest du gerne ein anderer: stark, handlungsfähig, dynamisch und entscheidungsfähig. Doch ein anderer bist du nicht, wirst du niemals sein. Aber wer bist du, wenn deine geistige Elastizität, die die Bewegung nach allen Seiten hin ermöglicht hat, auf einmal erstarrt und dir keine «fremde» Identifikation mehr möglich ist?

Ja, wer bist du dann?

Die Skorpion-Sonne – das kompromißlose Ego

Ohne dich wäre jedes Theaterstück langweilig, ohne Spannung. Der «große Regisseur» machte dich zum Orientierungspunkt für andere. Er schuf deine Rolle nach einem Bild und gab dir ein perfektes Muster vor, in das du dich hineinentwickeln sollst. Er gab dir die Rolle einer «Idee». Er setzte eine Vorstellung vom perfekten Menschen vor dich hin, mit dem Auftrag, alles auszumerzen, was diesem Bild widerspricht. Du sollst dir konsequent und opferbereit diese Ideale zu eigen machen und dein Leben an ihnen orientieren. Oft erfordert es extreme Selbstaufgabe, diesem «Gott» zu dienen. Der höchste Preis, den es zu zahlen gilt, ist der Tod des Egos. Auf dieses Ziel hin ist deine Rolle angelegt. Es gibt Höheres, Wichtigeres, als die kleinlichen subjektiven Bedürfnisse des Menschen. Du sollst über dich selbst hinauswachsen, konsequent alles ergründen, was diesem Ideal dient. Du verstehst etwas von Ritualen, weißt sie für deine hohen Ziele zu nutzen. Du bist bereit zur Askese, kannst durchhalten, Schwäche überwinden. Du bist Herr deiner Impulse, beherrschst deine Gefühle. Du setzt alles auf eine Karte, wenn es etwas zu erreichen gilt. Erbarmungslos hart zu dir selbst, läßt du nicht locker, fixiert folgst du deinen Vorstellungen, an die du deine gesamten Energien bindest. Du magst keine Halbheiten, und so lebst du immer in Extremen, kompromißlos ganz für oder ganz gegen eine Sache. Die schroffen Gegensätze, zu denen du fähig bist, halten dich immer in Spannung. Dein Souffleur ist der Gott der Unterwelt, der dich in sein dunkles Reich hinabziehen möchte. Da du ihn nicht fürchtest, ist er zu deinem Verbündeten geworden. Von ihm hast du gelernt, daß der Tod die Voraussetzung für die Wiedergeburt ist. So bist du, gerade weil du dich so magisch fixiert an etwas bindest, sehr wandlungsfähig. Nur derjenige, der zu binden vermag, kann auch lösen. Dein Lebensthema führt dich genauso oft in die schwarze Festung wie in das gelobte Land. Nur in Extremen fühlst du dich lebendig. Du brauchst das Schwarz und das Weiß. In einer Grauzone kannst du nicht existieren. Leitbilder sind wie ein Sog, dem du besessen folgst und für die du dich kasteist und beschneidest. Niemand kann dir dorthin folgen. Und so stehst du eines Tages in deiner – zur Wirklichkeit gewordenen – Vorstellung einsam und alleine da. *Alles* hast du aus dir heraus in die Ideale hineingegeben und: plötzlich (du verstehst es nicht) bedeuten sie dir nichts mehr. Du hast das Lebendige verausgabt, jetzt fühlst du dich leer und tot. Nur ein neues Ziel könnte dich ins Leben zurückholen. Weit und breit aber ist alles grau und öd. Die alten Ideale werden vom Grauton der Landschaft verschluckt. Du kannst dich nicht mehr orientieren, du fühlst dich vom Schicksal betrogen, vom Leben verlassen. Nichts mehr regt sich in deinem Inneren, ein riesiges schwarzes Loch droht dich zu verschlingen. Erst jetzt, wo du alles verloren hast (wo du verloren bist), kannst du mit der Frage nach deinem «Ich» beginnen. Wer bist du, wenn du nicht die *Vorstellung* von dir bist?

Ja, wer bist du überhaupt?

Die Schütze-Sonne – das optimistische Ego

Bei deiner Geburt war eine gute Fee anwesend, die dir drei gute Gaben mit auf den Weg gab: ein heiteres, offenes Wesen, einen lebhaften Geist und ein begeisterungsfähiges Herz. Du bist ein Glückskind. Mit diesen Gaben fühlst du dich dem Leben gewachsen. Du glaubst an dich selbst, hast Vertrauen zu deinen Mitmenschen. Du fürchtest das Schicksal nicht. Du verstehst seine Macht, weißt um die Zusammenhänge der Welt und akzeptierst, was doch nicht zu ändern ist. Für diese Inkarnation gehört dir die Rolle des Optimisten. Du bist aktiv, unternehmungslustig und impulsiv. Du besitzt sehr viel Selbstbewußtsein, kaum etwas wirft dich aus der Bahn. Du brauchst keine Bestätigung durch andere. Du lebst aus der Fülle deines eigenen Potentials, aus dem Streben nach Weisheit und Erkenntnis. Dein Blick ist immer nach vorne gerichtet, dein Bildungsdrang und deine Liebe zur Philosophie sind sprichwörtlich. Die Verhaltensanweisung für dein Ego lautet: «Mache dich auf die Suche nach dem Sinn des Lebens und verteile dann großzügig die gefundenen Erkenntnisse an Bedürftige.» Deine Schüler werden zu dir finden, um dich um Rat zu bitten. Stelle dich ihnen zur Verfügung. Sei ihr Vertrauter, ihr Ratgeber. Verurteile nicht, tadele nicht, sei tolerant, so daß jeder Mensch sich wohl fühlt in deiner Nähe. Lasse die weniger Glücklichen an deiner positiven Kraft teilhaben. Überhebe dich nicht über sie, sondern verstehe sie. Begreife, daß deiner geistigen Helligkeit zwangsläufig ein Schatten folgen muß. Für jeden Glücklichen muß einer auf dieser Welt unglücklich sein. Für jeden, der auf der Sonnenseite des Lebens steht, muß einer im Schatten darben. Sei nicht herablassend, sondern nutze deine Gaben zum Wohle der anderen. Übernimm die Rolle des Seelenführers und sei dir deiner Machtstellung bewußt. Viele werden dir zuhören, dir glauben und dir folgen. Dein Ego wird getragen und immer höher emporgehoben. Bis dir schwindelig wird und du ganz den Boden unter den Füßen verlierst. Immer weiter entfernst du dich von deinen Anhängern. Du schaust dich um und ... keiner von ihnen folgt dir mehr. Alleine stehst du oben auf dem «Ölberg». Deine Stimme verhallt im Leeren. Weiterstrebend richtest du deine Energien wieder nach vorne. Doch noch höher hinauf geht es nicht. Du bist am (geistigen) Ende deines Weges angelangt. Auf der Spitze des Berges bleibt dir nur noch der Griff nach den Sternen. Vergeblich bemühst du dich. Selbst für einen Schützen gibt es Grenzen. Dein wiß- und erkenntnisgieriger Lebenstrieb kennt nur das «Vorwärts». Den Berg hinabsteigen kannst du also nicht (welches Ego könnte das schon?). Deine Mitreisenden sind, ohne daß du es bemerkt hast, von deinen geistigen Schwingen geglitten. So stehst du in der Krise deines Lebens, auf einem riesigen Berg von Wissen und ahnst doch erst jetzt, daß du nicht bist, wer du glaubtest zu sein. Jetzt ist die Zeit gekommen, daß du dich an dich selbst erinnerst. Daß du dich erinnerst, wer *du* bist und nicht, wer die anderen sind, daß du dich erinnerst, wer *du* bist und nicht, was die Welt ausmacht.

Ja, wer bist du eigentlich?

Die Steinbock-Sonne – das pflichtbewußte Ego

Sicherlich hast du dich nicht um diese Rolle gerissen. Doch die Fäden deines Schicksals verknüpften sich hin zu dieser Aufgabe. Sie lautet: Verhalte dich erwachsen, gewissenhaft und pflichtbewußt. Und dafür wurde dir eine Kontrollinstanz mit auf den Weg gegeben, die aufmerksam beobachtet, ob du dieser schwierigen Rolle immer gerecht wirst. Diese Instanz ist dein Gewissen. Es ist dein Verbündeter für dein jetziges Leben. Nur, wenn du fleißig und gründlich, zuverlässig und leistungsfähig bist und dem engen Maßstab, den es an dich legt, genügst, kannst du in Ruhe schlafen. Alle Anweisungen, die für dich gelten, sind klar und unmißverständlich formuliert. So bleibt dir wenig Spielraum und wenig Raum für Spiele. Konzentriertes Arbeiten und ein sachlich reduziertes Leben für die Gemeinschaft steht auf deinem Plan. Du kennst die Regeln und besitzt das nötige

Durchhaltevermögen, sie zu erfüllen. Dein Lohn ist Würde und öffentliches Ansehen. Dein schlichtes, beherrschtes Ego wird mit einemmal zum Maßstab aller Dinge. Kein Druck, keine noch so schwere Aufgabe kann dich beengen. Gefestigt bis ins Mark, trotzt du der Welt. Je mehr es zu klären, zu ordnen, zu organisieren gibt, desto erfolgreicher wird dein Ego. Und Erfolg ist dir wichtig, du bist sehr ehrgeizig und jederzeit bereit, alle unnötigen Schnörkel des Lebens für deine Ziele zu opfern. Beharrlich folgst du dem für dein Ego ausgelegten Köder: die Verantwortung für andere zu tragen. Das macht dich stark und unantastbar. Die Kinder dieser Welt, in ihrer Hilflosigkeit, folgen deiner väterlichen Autorität nur zu gerne. Zu ihrem Schutz erläßt du für sie Gesetz um Gesetz. Du weißt, was man tut und wie man es tut. Du bist der Hüter der Gesetze, kontrollierst mit ihrer Hilfe die Welt. Du setzt Meilenstein auf Meilenstein, hängst Paragraph an Paragraph, bis du dich in ihrem Dschungel verlierst. Deine Krise beginnt, wenn das Leben seine eigenen Wege geht, wenn du es nicht mehr berechnen kannst. Wenn auf einmal 2 + 2 nicht mehr 4 sind, sondern 5. Wenn du improvisieren müßtest, bist du verloren. Dein Ego ist nur lebensfähig, wenn es festen Boden unter den Füßen hat, wenn du den Fundus deiner Erfahrungen verwerten kannst. Allem Neuen, Unvorhersehbaren, das plötzlich dein Leben überfluten kann, stehst du hilflos gegenüber. Panik und Chaos lassen dich verzweifeln. Wo ist dann deine überlegene Ruhe geblieben? Du kennst dich nicht wieder. Wer bist du, wenn die Mauern deiner Regeln zerbröckeln? Wer bist du, wenn ein kosmischer Wind deine Logik und deinen Realismus verweht?

Ja, wer bist du?

Die Wassermann-Sonne – das originelle Ego

Deine Rolle ist am wenigsten umschrieben. Es ist nicht ganz klar, ob es sich überhaupt um Anweisungen handelt. Verhalte dich, wie es dir gefällt, sagt der Regisseur; trete auf, wann und wo du willst; mache, was du willst. Es gibt nur eine Aufgabe für dich: «Mache es anders als alle anderen!» Breche ein in den festgefügten Ablauf des Theaterstücks und verwirre, verändere, reformiere! Aber: nimm dich dabei nicht ernst. Sei leicht und beschwingt! Sei ein Narr! Tanze auf der Bühne des Lebens! Nutze die Fülle deiner Einfälle, um immer wieder zu überraschen. Betrachte die Welt als ein Zirkuszelt und schwinge dich am Trapez über die Köpfe der Zuschauer hinweg. Spüre dann, wie leicht und wie schwerelos du bist. Du brauchst kein Netz, keinen doppelten Boden. Jede Absicherung würde dich nur schwer machen, deinen freien Flug behindern. Setze dich immer wieder neuen Situationen aus, ändere dich pausenlos, sei ganz und gar auf die Zukunft ausgerichtet. Schaue nie zurück! Begegne der Welt mit deinen Talenten der Improvisation und Originalität. Begegne ihr mit Witz und Schlagfertigkeit. Du bist durch und durch fortschrittlich. Die Menschen brauchen dich, du sollst sie herausheben aus ihren veralteten, festsitzenden Strukturen. Selbst, wenn sie dich als seltsam und exzentrisch ansehen, sie nehmen dir nichts übel. So, wie es dem Narren seit altersher erlaubt war, ungestraft die Wahrheit zu verkünden, darfst auch du deinen Witz und die bunte Vielfältigkeit deiner Einfälle aus deinem geistigen Füllhorn über die Welt freigiebig verströmen. Du darfst es, weil dein sozialer Idealismus keine Unterschiede macht. Du wertest nicht, bist emotional unabhängig. Für dich sind alle Menschen Brüder, sind alle gleich. Du gehörst zwar nicht so recht dazu, bist immer unterwegs, auf dem Sprung, denn Neues ist der Anreiz für dein Ego, sich lebendig zu fühlen. Nur im «Loslassen» schlägt dein Herz im Takt der Welt. Spielt das Leben aber die Melodie von Treue, Verbindlichkeit und Zugehörigkeit, kommt es aus dem Takt. Du leidest an Rhythmusstörungen, dein Herz verkrampft sich oder beginnt zu rasen. Zu rasen, voll von Angst und Panik. Du bist dann wie ein zitternder Vogel, der gefangen ist (und damit seines Lebenselixiers beraubt) und Todesfurcht entwickelt. Der Tod deines Egos ist die Gefangenschaft. Wenn der Künstler auf dem Seil die Balance verliert, wenn Ikarus die Flügel von der Hitze der Sonne (der Glut des Lebens) zu schmelzen beginnen, dann beginnt das Sterben des Wassermann-Egos. Gebunden und gefesselt gibt es dich nicht mehr. Kannst du nicht fliegen, willst (und kannst) du nicht leben. Erst, wenn du die Welt von unten betrachten mußt, kannst du auch dich selbst in dieser Welt wahrnehmen. Und dann erst stellt sich die Frage, wer du überhaupt bist. Du weißt, wer du bist, wenn dein kraftvoller Flügelschlag dich in den Himmel hebt. Wer aber bist du auf der Erde?

Ja, wer bist du?

Die Fische-Sonne – das unauffällige Ego

Gäbe es zusätzlich zu den Verhaltensanweisungen für die zahlreichen Egos dieser Welt auch Kostümvorschriften, so hieße diese für dich: «Verschleiere und maskiere dich.» Hüte dich davor, erkannt zu werden. Halte dich mystisch und geheimnisvoll im Hintergrund. Umgib dich mit einer Aura von Unwirklichkeit. Gut gespielt hast du diese Rolle, wenn hinterher keiner so recht weiß, wen oder was oder ob er überhaupt irgend jemanden gesehen hat. Für das Ego eine wahrhafte «Traumrolle», wirst du denken. So lautet denn die wichtigste Aufforderung an dich: lerne klaglos (auf dein Ego) zu verzichten! Verzichte auf Bestätigung, Prestige und Überlegenheit im Sinne *dieser Welt*. Deine Wurzeln kommen aus einer anderen. Du trägst das Diesseits und das Jenseits gleichermaßen in dir. Lasse deine Energie hin und her fließen im Flußbett deiner Phantasie. Suche die Wahrheit, suche dich selbst in der Wirklichkeit beider Seiten. Sei empfänglich für die großen Träume der Menschwerdung, die nur dort existieren können, wo die Grenzen sich verwischen, wo der Mensch selbst grenzenlos wird. Ein grenzenloses Ego kann entweder allerhöchste Größe oder Nichtigkeit bedeuten. Je nachdem, ob du den Souffleur beachtest, der mit stummer Geste dir bedeutet: «Schweige!» Gebrauchst du zu viele Worte, binden sie dich an diese Welt, und du verlierst deine Träume. Läßt du das Unaussprechbare unausgesprochen, gehört es dir. Deine innere Welt ist reich und vielschichtig. Sie ist die Quelle deines Lebens, lasse sie nicht versiegen. Wenn du dich von den Erfordernissen der Welt zu sehr bedrängen läßt, wenn du beginnst zu planen, zu streben, zu sichern, dann trennst du dich von ihr ab. Du unterbrichst den Zustrom an Urkraft, schneidest dich ab von deinen Wurzeln. Es ist nicht leicht, im Zeichen Fische geboren zu sein. Deine Talente sind still, deine Eigenschaften introvertiert. Du bist empfänglich, mitfühlend und sensibel. Aber eben auch lebensuntüchtig, nachlässig, willenlos, chaotisch und unrealistisch. Deine Stärke ist deine Hinnahmefähigkeit und deine Absichtslosigkeit. Je weniger du erreichen möchtest, desto mehr bekommst du. Deine Mitmenschen bestaunen dich mitunter wie ein Wunder. Du lehrst sie – ganz ohne dein Dazutun –, daß es ebendiese gibt. Von dir können sie erfahren, wie man erwartungslos und ohne Bedingungen das Leben fließen lassen kann. Solange du es schaffst, nichts zu wollen, einverstanden zu sein mit deinem schwachen Ego, wirst du getragen, es geht dir gut. Was kann denn einem Menschen schon geschehen, wenn er quasi pausenlos in der Krise ist, wirst du dich fragen. Wo sind denn die Einbrüche in dein Schicksal zu finden? Das einzige Ego unter den zwölfen, das sich pausenlos fragt, wer bin ich eigentlich, bist du. Die Antworten sind unbestimmt und unklar wie du selbst. Aber, solange du suchst, dich von Frage zu Frage treiben läßt, ist dein Lebensfluß lebendig und gesund. Erst, wenn du versuchst, dich am Ufer zu etablieren, wenn du Grenzen ziehst, wenn du deine Fremdheit zu überwinden suchst, kommst du in Schwierigkeiten. Denn, dann bist du nicht mehr du.

Ja, wer bist du denn dann?

«Paragraph eins:
Jeder macht seins!»
(Gordon Shumway)

Kapitel 6

Die Planeten – die Darsteller

Wir können nicht vorsichtig genug sein: die Titelüberschrift dieses 6. Kapitels ist grundlegend falsch, und eigentlich müßte hier das Wort «die Personen» stehen, aber da wir ein Astrologiebuch schreiben, dürfen wir uns nicht allzuweit von der gängigen Lesart entfernen. Es sei also noch einmal darauf hingewiesen, daß die *realen* Planeten, die da in ihrem festgelegten Rhythmus seit Jahrtausenden um die Sonne wandern, *nicht* das Thema dieses Kapitels sind. Da aber diese realen Planeten etwas *anzeigen*, ganz ebenso wie die Zeiger einer Uhr das tun, dürfen wir ihre Zeigerstellung verwenden, um einen Sachverhalt zu erläutern. Bei der Uhr wissen wir es genau: sie ist nicht der Produzent der Zeit, sie zeigt sie nur. Mit den Planeten ist es ebenso: sie sind nicht verantwortlich für die Personen in mir, aber sie *zeigen mir*, wie es um diese Personen bestellt ist. Allein die Tatsache, daß die Planeten nicht mit Nummern versehen sind (statt: die Sonne steht im Zeichen Schütze also: die «eins» steht im Zeichen Schütze), sondern meistens mit den Namen von (heidnischen) Gottheiten, könnte uns klarmachen, daß es hier um Personifikationen geht, also um Inhalte in *mir*.

Wir kommen also jetzt dazu, den Zug, dessen Richtung (Kap. 3), dessen Wagenanordnung (Kap. 4) und dessen Inneneinrichtung

(Kap. 5) wir bereits beschrieben haben, zu *bevölkern.* Jetzt erst treten die Insassen der einzelnen Wagen auf und werden beschrieben. Ohne Personen wäre es ein Geisterzug, der nur Möglichkeiten bereitstellte. Jetzt wird er belebt. Die Planeten *sind* die Symbole für die zwölf Personen in dir, in deinem Zug, und der erste Schritt besteht darin, diese Personen zu skizzieren. Sie müssen in der Beschreibung lebendig werden, sie müssen greifbar werden in ihren Charakteren, in ihren Wünschen, Hoffnungen, mit all ihren Abneigungen und Interessen, mit ihren wunden Punkten und ihren Stärken.

Das Faszinierende an dieser Sicht besteht darin, daß *jeder* Mensch (also auch du) *alle* diese Personen in sich trägt. Sie leben in jedem und beanspruchen von daher einen Teil deiner Lebendigkeit, deines Lebens, für sich, oder anders gesagt: es sind die verschiedenen Facetten des Lebens schlechthin. Das heißt nicht, daß du sie (in dir) bereits kennst. Wenn die Autoren mit diesem Buch eine Absicht verfolgen, so ist es die, dem Leser einige dieser Figuren seines eigenen Inneren näherzubringen. Ihm zu verdeutlichen: diese Figur(en) gibt es, sie sind in dir – lausche. Lausche so lange, bis du ihren Pulsschlag spürst, bis du ihren Herzschlag wahrnimmst, denn *dein* Herz schlägt auch für sie. Dein Herz hält sie am Leben, und je mehr dieser Personen du *nicht* in dir wahrnehmen kannst (weil du sie nicht in dir haben willst), desto reduzierter ist dein Leben, desto weniger lebst du.

Denke dir folgendes Bild: Zu jeder der zwölf Personen, die du in dir nicht haben willst, sagst du zu deinem Herzen: «Ich möchte nicht, daß du für meinen Mars (meinen Saturn, meinen Pluto etc.) schlägst. Ich will nicht, daß diese Person teilhat an deinem Schlag.» Und so muß dein Herz immer reduzierter arbeiten (und deshalb mitunter viel schneller schlagen), obwohl es von seiner Natur her für alle da ist. Herzkrank ist ein Herz, daß für viele dieser Personen *nicht* schlagen darf. Und insofern sind wir alle herzkrank.

Wenn wir jetzt die Personen im Inneren beschreiben, so geschieht das in einer Reihenfolge, die in der Natur des menschlichen Bewußtseins liegt, d. h., wir folgen dem Entwicklungsweg des Tierkreises, der der Entwicklungsweg des Menschseins ist.

Wir beschreiben also zwölf Personen, auch wenn das Band der Planeten (und der Sonne) bis heute nur zehn Symbole bereitstellt. Venus und Merkur werden also unter jeweils anderem Gesichtswinkel doppelt dargestellt.

Wieder müssen wir in der Beschreibung einen Kunstgriff anwenden. Wir stellen die Personen jetzt so dar, als wären sie Abstraktionen. Anders gesagt, so, wie wir sie beschreiben, existieren sie nicht. Jede Person im Inneren deines Seins lebt in einem bestimmten Milieu, das von dem Thema des Hauses (irgendwo von 1 bis 12) und von dem Thema des Zeichens (von Widder bis Fische) bereits seit Anbeginn deines Lebens zutiefst imprägniert worden ist. Von daher ist seine *reine* Form nicht deine Form. Unser Kunstgriff besteht darin, dem Leser eben nicht seine Person «Mars», die vielleicht im 3. Haus im Zeichen Schütze (eventuell sogar mit einem Quadrat zu Uranus) steht, zu beschreiben, sondern den «Mars» als Abstraktion.
Wenn der Leser also etwas über seinen Mars herausfinden möchte, dann hat er die Aufgabe, diese idealtypische Beschreibung der Person «Mars» zu nehmen, mit ihr zu der Ebene des 3. Hauses (4. Kap.) zurückzublättern und dort zu sehen, wie ist der Boden, auf dem diese Person wächst, und sodann in das 5. Kapitel zu gehen in das Zeichen «Schütze» und zu betrachten, welche Handlungen (Zeichen) dieser Person (auf dem Boden des 3. Hauses) möglich sind. Darüber hinaus muß er noch in das 7. Kapitel «Aspekte», sich die Dynamik eines Quadrates anschauen und jetzt die Person «Mars» mit der Person «Uranus» in diesen Quadratzusammenhang stellen. Wir sehen: Jede Personenbeschreibung wird sofort zu einer Gleichung mit mehreren (zunächst) Unbekannten. Je tiefer wir freilich in die Materie eindringen, desto geübter werden wir bei der Lösung derartiger Gleichungen.

Die *Namen* der im folgenden auftretenden Personen sind Pseudonyme oder besser noch «Künstlernamen», die von Kultur zu Kultur sich wandeln. So heißt die erste Person, die wir beschreiben, in der griechischen Mythologie «Ares», in der römischen «Mars», in der indischen «Shiwa» usw. Wir hier wählen die astronomisch-astrologischen Namen, um damit einen Persönlichkeitsanteil im Inneren der menschlichen Welt auszudrükken.

Die erste Person unseres Inneren ist männlich. Wenn wir eine Figur des äußeren Lebens zur Illustration heranziehen wollten, so wäre es ein junger, starker Mann, einer, den man am ehesten am Strand unter den Surfern findet. Braungebrannt und körperlich durchtrainiert (also ziemlich muskulös), ist das Leben für ihn eine Herausforderung, der er mit körperlichen Energien entgegentreten kann und die er mit Kraft meistert. Sein Prinzip ist das der *Energie,* die sich vom Inneren in das Äußere hinein ausdrücken will. Insofern ist der Kraftsport (heutzutage) ein bevorzugter Ausdrucksort, den diese Person für ihr Thema wählen kann. In früheren Jahrhunderten, als es keinen rituellen Sport (mehr) gab, fand diese Person ihre Ausdrucksmöglichkeit als Krieger. Auch der Krieg, der Feldzug, war ein Betätigungsfeld für die ungestüm nach außen drängenden Energien.

Nebenbei: der heutige Krieger, der «Soldat» in einer durchtechnisierten Armee, entspricht diesem Bild nicht mehr. Zwar wird er im Anfang seiner Laufbahn in diese Energien hinein trainiert, aber dann verliert sich das körperliche Kraftspiel, und er sitzt irgendwo auf einem Stuhl und hat nur noch eine Zieloptik vor sich. Diese Wandlung fand in der Zeit zwischen den beiden Weltkriegen statt, in der die kriegerischen Energien auf einmal durch technisch-motorisierte Energien abgelöst wurden. Als das Kriegsspiel aufhörte, begann (mit der Olympiade 1936) das Sportspiel, dessen Höhepunkte (und Entartungen) wir heute miterleben.

Natürlich verstehen wir vollkommen, daß diese Person sich nicht unbedingt über die Folgen ihres Tuns Rechenschaft abgibt. Ihre Stärke liegt nicht im Nachsinnen und Abwägen, sondern im Tun, im kraftvollen Drauflos. Ja, sie steht unter dem *Zwang* der Energieabfuhr. Nichts ist für sie schlimmer, als wenn das stetig sich ansammelnde Energiereservoir keine Ausdrucksmöglichkeiten findet. Blickt man tiefer in diese Energien hinein, so findet man, daß es eigentlich die Energien der männlichen Lenden sind und daß alle anderen Formen (Speer, Lanze, Surfbrett, Gewehr) nur symbolisch verpackte Ableitungen aus diesem phallischen Entladungswunsch sind. So hat der männliche Sexualwunsch, den diese Person trägt, zu einem großen Teil gar nichts zu tun mit der Suche nach Liebe oder Partnerschaft oder der «Frau fürs Leben», sondern besteht schlicht aus einem Entladungsbegehren. So wie der Surfer nach starkem Wind sucht, sucht die marsische Person den weiblichen Schoß als Herausforderung für das Abarbeiten seiner Energien. Und es kann geschehen, daß sowohl über den Wind als auch über den Schoß (hinterher) die gleichen Reden mit den Kameraden geführt werden. Daß das mitunter der weiblichen Person, die ihr Becken für diesen Kraftakt zur Verfügung stellte, nicht sonderlich gefällt, liegt darin, daß sie das Prinzip der Energieabfuhr (noch) nicht verstanden hat oder sich eben mehr als einen kriegerischen (oder sportlichen) Akt versprochen hatte. Selbstbewußte Frauen wissen mitunter dieses sportliche Spiel sehr wohl richtig einzuschätzen und in seiner Unkompliziertheit durchaus zu würdigen.

Wir müssen hier sehr präzise sein, das, was sich in dieser Person ausdrückt, ist nicht etwa Lebenskraft, die pralle Buntheit des Lebendigen, sondern zunächst Muskelkraft. Zur Verfügung stehende Energie, die in erster Linie dazu dient, im Kampf Widerstände oder Trägheiten zu überwinden. So ist das *erste* Motiv, das in das Leben eines jeden Menschen tritt, der energetische Kampf um den Durchlaß durch den Geburtskanal. Bereits hier zeigt sich, wie es um die innere Person des Kriegers bestellt ist. Hatte er die Kraft, sich durchzusetzen, hindurchzukämpfen, oder blieb er bereits hier auf der Strecke? Schon dieses Bild liefert ein präzises Symbol für das spätere Bild des «Lebenskampfes». Immer geht es hier (wie im Sport und im Krieg auch) um «Gewinner oder Verlierer», und nichts grämt diese innere Person mehr, als in diesem Kampf nicht siegreich gewesen zu sein.

Der Unterschied zwischen der kriegerischen Energie und der Lebenskraft (die hier nicht gemeint ist) ist wie der zwischen Potenz (also Erektionsfähigkeit) und Zeugungsfähigkeit. In der Person des Kriegers entscheidet sich, ob die Erektion tragfähig und handlungsfähig ist, nicht ob der Samen fruchtbar ist. Über den Samen wachen andere Personen. Der Krieger hat nur das kraftvolle Eindringen und die Entladung bereitzustellen, und dabei müssen alle Widerstände (die er für seine Arbeit benötigt, sonst macht ihm sein Amt keinen Spaß) beiseite gestoßen werden. Insofern zeichnet er auch verantwortlich für das Thema der Aggressionen, also wie wir mit unserer Wut und mit unserem Mut umzugehen haben.

Die Frage, die der Leser sich bei jeder beschriebenen Person vorlegen sollte, ist generell die folgende: *Wie ist es bei mir um diese Person bestellt?*

Kenne ich sie?

Wo ist mein Krieger? Darf er offen nach außen agieren? Oder versuche ich, ihn vor den anderen Menschen zu verstecken?

(Wenn ich ein Mann bin:) Wie steht es um meine Erektionen?

Verabscheue ich Kampf und Gewalt?

Tritt mir Gewalt und Aggression oft von außen entgegen? (Thema Vergewaltigung!)

Ist mein Thema eher «Frieden schaffen ohne Waffen»? (Ein vollständig unverständlicher Satz – jedenfalls für diese Person.)

Da diese erste Person ihrem Archetypus nach immer männlich ist, reagieren wir je nach Geschlecht (also ob wir Mann oder Frau sind) unterschiedlich. Als *Mann* habe ich *eher* die Möglichkeit, mich mit dem Krieger zu identifizieren, denn er entspricht ja *einem* männlichen Teil von mir.

Wenn wir sagen «eher», so heißt das nicht, daß es leicht wäre, sich zu seinen Aggressionen, zu seinen Energien zu bekennen. Die gesamte «Friedensbewegung» hat ihren «Krieger» vermeintlich ins Exil geschickt, während die «Falken» des amerikanischen Kongresses sich deutlicher mit ihrem Krieger zu identifizieren scheinen. Daraus dürfen wir nicht folgern, daß das zweite gesünder sei als das erste. Denn wir wissen nicht, welche *anderen* Personen von den «Falken» noch ins Exil geschickt worden sind, so daß zwar der Krieger da sein darf, er aber aus anderen Motiven «wildgeworden» ist, während die «Friedensbewegung» ja für den Frieden «kämpft», der Krieger also (wenn auch über einen Umweg) munter drauflosdrauen darf. Er kann jetzt mit gutem Gewissen alle *bekämpfen,* die für den Krieg sind. Wir sehen, die Dinge liegen wesentlich komplizierter, als sie auf den ersten Blick erscheinen.

Bin ich eine Frau, so habe ich mit dieser Person auf den ersten

Blick mehr Schwierigkeiten, denn erstens habe ich keinen Penis, und zweitens stehen mir viele gesellschaftliche Möglichkeiten, meinen Krieger zu leben, erst gar nicht zur Verfügung, und wenn ich schon einmal als muskelbepackte russische Diskuswerferin auftrete, ist mir das Gekicher der Welt (am Fernsehschirm) sicher.

Insofern unterliege ich fast schon dem Zwang, diese Person aus meiner inneren Welt hinauszuprojizieren und ihr erst einmal im Außen (in der Welt der Männer) zu begegnen. Ich träume dann von starken Männern, oder sie sind mir ein Greuel – je nachdem, wie es um diese Gestalt in meinem Inneren bestellt ist.

Wollte man ihr einen wohlklingenden Namen geben, also nicht ihre Unbändigkeit, ihre Aggressionen, ihren «Biß» an die erste Stelle setzen, so wären (auch bei einer Frau) die Worte «Eigeninitiative», «Spontaneität» und «Tatendrang» angemessen. Auch das Thema der Eroberung (oder der Amazone) gehört zu ihrem Spezifikum.

Blicken wir noch einmal auf unser Bundesbahnbeispiel, so könnten wir sagen, daß der «Mars» jene Person ist, deren Energien den ganzen Zug in Bewegung halten. Beim Zug ist das die Lokomotive. Ihre Kraft faucht im heißen Kessel, durch das Feuer entfacht, und drängt darauf, auf die Räder übertragen zu werden, um die Widerstände der Pleuel und Kolben zu überwinden und loszustürmen. Egal wohin, nur nicht stillstehen.

Das ist freilich nur der Idealtypus, der Archetypus.

Es gibt aber auch sehr langsame Lokomotiven, sie denken oft: «Ich will auch fauchen und rasen, so wie die anderen (die – als Gipfel der Gemeinheit – auf dem Parallelgleis vorbeidonnern). Aus diesem Motiv heraus entsteht im Menschen der Wunsch, er müsse seine Lokomotive verändern. Jetzt besucht er Workshops mit dem Titel «Wie ich eine schnellere Lokomotive werde». (Oder auch, wenn er bereits zu schnell ist: «Dampf ablassen ohne zu rasen».)

Wir hier wollen erst einmal einen anderen Weg einschlagen. Wir sind nicht der Meinung, daß eine Lokomotive etwas falsch machen kann, sie ist, wie sie ist, und die einzige Forderung, die wir an den Leser stellen, ist jene: Schau dir deine Lokomotive an, lerne sie kennen, begreife sie, sie hat einen tiefen Sinn in deinem Leben, einen Sinn, den du möglicherweise noch nicht verstanden hast.

Allerdings: Sie steht in einem Zusammenspiel mit den anderen Wagen, und je mehr du dieses Zusammenspiel siehst, desto mehr begreifst du, warum sie entweder zu schnell ist oder zu langsam oder immer auf der Stelle tritt.

Bevor wir zu der zweiten Person aus dem inneren Ensemble übergehen, ist noch eine Bemerkung über die Hierarchien der Personen notwendig. Es könnte sein, daß der Mars und damit die Person des Kriegers in deinem Horoskop an einer exponierten Stelle steht (beispielsweise in der Nähe deiner Sonne), und dann wird er als Träger deiner Identifikationen herausragend, d. h., du identifizierst dich mit dieser inneren Person mehr als mit den anderen inneren Personen. Dennoch solltest du wissen, daß jede Identifikation mit einer Planetenfigur immer eine *Nebenidentifikation* ist, die Hauptidentifikation, der du in jedem Falle vorrangig folgst, ist immer die mit der *Sonne.* Mit anderen Worten: die Sonne spielt die *Hauptrolle* in jedem Stück. Aber wie in einem Theaterstück auch, kann sich mal in einem Akt eine andere Figur (zeitweise) in den Vordergrund schieben und die Handlung bestimmen. Doch jedes wirkliche Stück ist auf eine Hauptrolle hin angelegt, und der Träger dieser Rolle ist niemals ein einzelner Planet (der als Planet selbst kein Licht werfen kann), sondern immer das Zentralgestirn, um dessen Kern sich alles dreht. Dieser räumlichen Hierarchie entspricht auch eine zeitliche. Die Person des Mars hat ihren Wirkungsbereich und damit die Identifikationsmöglichkeit in der ersten Hälfte des Lebens. Der fünfzigjährige Krieger ist eine ebensolche Seltenheit wie der fünfzigjährige Surfer. Nicht, daß es das nicht gäbe, daß manch einer besonders lange an diesen Identifikationen hängt, aber der Mann, der mit fünfzig Jahren in der Disko immer noch auf Eroberungen ausgeht, um seine Energien loszuwerden, ist eine ebensolche Absonderlichkeit wie der zweiundzwanzigjährige Philosoph (ebenfalls eine innere Figur). Jede dieser Figuren hat ihre Zeit und benötigt ihre Zeit im Raum des Menschseins.

VENUS

Der zweite Darsteller im Inneren unseres Seins ist eine Frau. Stellen wir sie uns vor als jung und hübsch, als Inbegriff eines Wesens, bei dessen Anblick jedem gesunden Mann das Wasser im Munde zusammenläuft. Sie ist kein Mädchen mehr, aber sie ist auch noch keine Ehefrau, sondern gerade zur vollen Schönheit erblüht. Ihre Gaben sind körperlicher Natur, sie trägt das Geheimnis einer jeden Geliebten in sich, das Geheimnis der körperlichen Attraktion. In den fünfziger Jahren war Brigitte Bardot die idealtypische Besetzung für diese innere Rolle, insbesondere mit ihrem Filmtitel «Und immer lockt das Weib». Sie ist der Traum eines jeden Mannes, und da sie das weiß, hütet sie sich davor, ihr Geheimnis leichtfertig aus der Hand zu geben und dem Manne Einblick zu gewähren, was hinter ihrem Schleier verborgen liegt. So wie die erste Person als Symbol ihrer Kraft den erigierten Penis in sich trägt, so hat die zweite Person als Symbol das Geheimnis des (zunächst noch) verschlossenen Schoßes in sich. In dieses dunkle Geheimnis eingelassen zu werden, an den Lüsten, die diese Tiefen verheißen, teilzunehmen, darum dreht sich das uralte Spiel des «cherchez la femme».

Und so trägt diese innere Darstellerin in sich auch die Figur der weiblichen Sexualität. Wiederum meinen wir damit nicht das Thema der Fruchtbarkeit, diese ist erst in der vierten Person des Mondes beheimatet, sondern die andere Seite der männlichen Erektion, gleichsam der geöffnete Kelch, in den hinein die männliche Energie ihren Einlaß sucht.

Im Gegensatz zu dem aktiven, energetischen und drängenden Mars-Darsteller, handelt es sich bei der Venus um eine eher scheue, passive und nur unterschwellig lockende Person. Während also der Mars drängend Einlaß sich verschaffen möchte, nimmt Venus gewährend sich zurück. Es ist der Unterschied von konvex (nach außen gewölbt) zu konkav (nach innen gewölbt).

Für dieses Spiel gibt es eine notwendige Forderung, die von dem weiblichen Darsteller seinem eigenen Bild nach erfüllt werden muß: Attraktivität. Natürlich meinen wir dieses Wort nicht im Sinne der Modejournale, sondern in der naturgesetzlichen Weise, der «Anziehungskraft», die die Blüte für die Biene «attraktiv» macht.

Und so ist die Frage, die die Person der Venus wahrhaft bewegt (wohlgemerkt, wir sprechen immer vom Archetypus, nicht von seinen unzähligen Ableitungen): Bin ich (für die anderen) attraktiv, anziehend, erotisch genug. Das führt natürlich auf der menschlichen Ebene sofort zu der abgeleiteten Frage: Bin ich «schön» genug, oder ganz allgemein: «Wie ist mein Wert» gegenüber allen mit mir konkurrierenden Gestalten. Und so wie der Mars seine *Stärke* mit den anderen messen muß, muß die Venus ihren *Wert* mit den anderen messen.

Bis zu dieser Stelle ist die Venus als *eine* Person beschrieben. Jetzt müssen wir diese Person in der Mitte spalten und einen Teil für das 2. Haus (Stier-Venus) ableiten und die zweite Person für das 7. Haus (Waage-Venus) reservieren.

Der Stieraspekt der Venus hat den Impuls, die Schönheits- und die Wertthematik zum Zwecke der erdhaften Verwurzelung zu verwenden, d. h., ihre Frage besteht darin, wie kann ich meinen Wert und meine Schönheit einsetzen, um mich aus der Unsicherheit des Lebenskampfes hinauszuretten *in die Sicherheit* einer festen Burg, eines festen Zuhauses?

Wir finden diese Person dominant hervortretend bei jenen Frauen, deren Lebensziel zunächst darin besteht, mit den Mitteln ihrer Attraktivität einen Mann zu finden, der fortan für sie den Lebenskampf zu bestehen hat, während sie den geselligen Teil der Beziehung organisiert. Vom Mann aus gesehen ist sie freilich selbst nur Schmuck und soll ihm zur Zierde und zur Lust gereichen. Mitunter sieht man derartige Pärchen sonntags über die Hauptpromenade bummeln, und man hat das deutliche Gefühl, hier sollen Schönheit und Wert demonstriert werden.

Diese Dokumentation von Wert und deren Gegenteil (die Angst vor der Minderwertigkeit) ist das Hauptanliegen des Darstellers der Stier-Venus. Auf der Seite der Frau besteht eine Identifikation mit dieser Person darin, dem gängigen Schönheitsideal zu entsprechen und es möglichst zu übertreffen. Daß dabei die gesamte Palette der Schönheitsindustrie zu Rate gezogen wird, versteht sich ebenso wie die Hinwendung zu Luxusartikeln (von der Cartier-Uhr bis zum Ferrari), die allesamt bemüht werden müssen, das Bild des Wertes immer wieder neu zu erstellen. Freilich hat diese Person in ihrem Inneren ein gravierendes Problem: in ihr tickt ein Zeitzünder, d. h., mit fortschreitendem Alter legt ein grausames Schicksal Hand an ihre Formen, sie entwickelt sich zur Ehefrau, und ihre einstige Attraktivität schwindet. Venus wird zur Demeter, damit aber verändern sich die Proportionen, und der jetzt einsetzende Kampf wird mitunter bis aufs Messer geführt (das sich die Schönheitschirurgen teuer bezahlen lassen). Wie kann ich Venus bleiben? ist die Frage, deren Antwort bereits tief in der Zeit vorgezeichnet ist: gar nicht! Wer bei dieser Frage zu lange verharrt, verdirbt ganz ebenso wie ein guter Wein, der zu lange aufgehoben wird. Auf der Seite des Mannes finden wir diese Person als Projektionsfigur, d. h., ich gehe (als Mann) mit meiner inneren Venus als Bild in die Welt und suche mir dort eine Außenweltfigur, die diesem Bild entsprechen soll. Habe ich sie gefunden, so soll sie ihre Funktion erfüllen und mir Lust, Sicherheit und Wert garantieren. Damit aber wird sie zu einem *Objekt,* das mir als «Schmuck» dienen soll. Natürlich empfindet sie das nach geraumer Zeit auch so und fühlt sich als Objekt (oft als Sexualobjekt) behandelt.

Zum Problem wird sie dem Mann in dem Moment, in dem sie sich von der Venus hin zur Mutter (d. h. zum Mond) seiner Kinder entwickelt. Damit wird in mir als Mann die Stelle der Venus wieder vakant, und es hat noch keinen Mann gegeben, der das nicht als Manko empfunden hätte. Der *normale* Mann versucht jetzt, diese freigewordene Stelle im Inneren seiner Welt mit einem Objekt der Außenwelt wieder (wenn auch meist heimlich) zu stopfen. Wir finden hier das Bild der Sekretärin, deren Dynamik wir im Kapitel 2 bereits beschrieben haben. Jeder Mann, der hier sagt, nein, bei mir ist das nicht so (und vorausgesetzt, wir glauben ihm), muß sich sagen lassen, es gibt nur einen denkbaren Fall, bei dem das tatsächlich nicht so ist. Er hat gleich seine Mutter (also seinen Mond) zur Frau gewählt! Und damit von Anfang an auf seine Venus verzichtet.

Nach all diesen problematischen Punkten soll freilich nicht unterschlagen werden, daß in dieser Person eben auch die Fähigkeit, das Sinnliche überhaupt genießen zu können, beheimatet ist. Ohne sie gäbe es keinen Genuß.

Die dritte Person unseres inneren Theaterstückes weist gegenüber den beiden vorherigen eine Besonderheit auf: sie hat *kein* Geschlecht. Es erscheint fast so, als wäre sie kurz vor der Pubertät stehengeblieben, und an diesem Ort verweilt sie ihr ganzes Leben. Insofern weist auch ihr Körperbau (stellen wir uns ruhig vor, die inneren Personen hätten einen solchen) weder ausgeprägt weibliche (rundes Becken oder Brüste) noch ausgeprägt männliche (breite Schultern, muskulöse Arme) Körperformen aus, sondern eher das schlaksige Wachstums eines Körpers, der lang und hager zwar wächst, aber sich nicht in das Geschlecht hinein differenziert. Dieses Bild findet seine Entsprechung auch in dem Desinteresse, das diese Person an dem *Geschlecht* des anderen empfindet. Nicht, daß unsere Merkur-Person nicht den *anderen* sucht oder benötigt, nur eben nicht (wie die beiden ersten Personen) hauptsächlich in geschlechtlicher oder gar sexueller Hinsicht.

Der Name dieser Person ist «Intellekt», und seine Interessen sind funktional. Das heißt, diese Person trägt in sich alle gelernten und lernbaren Inhalte, die die Schule (das Gymnasium, die Universität) sowie alle Fachzeitschriften und Bücher zu vermitteln wissen. Dieses Wissen ist ebenfalls neutral, d. h. geschlechtslos, denn es drängt mich in keine Richtung, außer der, es zu akkumulieren, es in mich aufzunehmen.

Konfrontieren wir diese dritte Person mit den beiden vorherigen, so könnte man sagen, die erste Person will stark sein, die zweite schön (und sicher) und die dritte will wissen. *Was* will sie wissen, und wofür wird dieses Wissen verwendet, könnte sich der Leser fragen? Die Antwort ist verwirrend: Sie will einfach wissen! Manchmal auch: Sie will wissen, damit die anderen wissen, daß sie etwas weiß. Nein, ganz im Ernst: Das Wissen wird hier zum Selbstzweck, weil diese Person erst in der Vielfalt des Wissens weiß, daß sie da ist. So wie die Hübsche in der Attraktivität ihren *Wert* findet, findet der Intellektuelle in seinem Wissen seine *Bedeutung*. Erst im Wissen, so glaubt er, wird er gesehen. Für ihn müßte man den Spruch «Ich denke, also bin ich» umformulieren in «Ich weiß etwas, also bin ich». Im Idealfall saugt er Daten und Fakten auf wie ein nasser Schwamm, ohne je darüber nachzudenken, was man denn – um alles in der Welt – mit diesem Wust anfangen soll. Diese Person ist der Träger all dessen, was man «so weiß», und vor allem der Träger all dessen, was man so «wissen sollte». Das bringt sie mitunter in Stress, und ein fehlendes Abitur kann zur tiefen Wunde ihres gesamten Lebens werden. Auch diese Person teilt sich in zwei Hälften, deren eine der Zwillings-Merkur ist (während der andere das Jungfrau-Thema vermittelt). Der Zwillingsteil hat seine Aufgabenstellung darin, das Wissen oder die Daten, mit denen er eigentlich nichts anfangen kann, weiterzutragen. Ein gütiger Gott hat dieser Person das Amt des Pollenträgers überantwortet, ein wichtiges Amt, das hier auf Erden nicht nur von den Insekten, sondern ebenfalls von den Briefträgern versehen wird. Ein Inhalt muß von A nach B getragen werden. Dieser Inhalt ist für A wichtig, und er ist für B wichtig, dazwischen steht der Überbringer, der vom Inhalt der Botschaft gar nichts wissen muß. Ob die Botschaft heiß oder kalt ist, für den Empfänger liegt hier alle Freude oder alles Leid der Welt, für den Überbringer ist es egal – er bleibt davon unberührt. Er ist der Tagesschausprecher, der die Nachrichten zu übertragen hat, und er wird darin geschult, emotionslos zu bleiben. Seine einzige Sorge besteht darin, daß er das Wort «Desoxyribonukleinsäure» ohne sich zu versprechen rüberbringen kann.

An dieser Stelle stoßen wir auch auf das Problem dieser inneren Person. Sie ist der deutlichen Überzeugung, daß man nur dann etwas ist, wenn man alles weiß, wenn man alle Daten parat hat, wenn man bei jedem Thema mitreden kann. «Wissen ist Macht», glaubt sie, und so beginnt sie, ihr Leben mit sinnleeren Wissenshülsen zu füllen, in der Hoffnung, darin – in den Augen der anderen – Bedeutung zu erlangen. Da diese Person kein Geschlecht hat, gilt sie für Mann und Frau gleichermaßen, wenn auch die männliche Identität (und Identifikation) ein leichtes Übergewicht auf diesem Gebiet zu haben scheint.

Am deutlichsten tritt diese Person hervor, wenn Menschen sich zum Gespräch (zur Kommunikation) versammeln. Ihre Welt ist die Welt der «Talkshow», denn dieses Wort heißt «sich sprechend zeigen», und darum geht es. *Sprechend zu zeigen, daß es mich gibt.* Zu zeigen, daß ich da bin. Wo ich etwas nicht weiß, könnte es leicht sein, daß ich schweigend ins Nichts versinke, in die Sphäre der Nichtigkeit.

Damit haben wir die ersten drei Personen, die erste Trias, tastend begriffen. Diese drei Personen haben entsprechend den ersten drei Häusern etwas Körperliches zu vermitteln, nämlich:

Die erste Person die körperlichen Energien – die Stärke.

Die zweite Person die körperlichen Formen – Schönheit und Wert.

Die dritte Person die körperlichen Bewegungen – das Sich-Zeigen im intellektuellen Austausch mit anderen.

(Daß das Intellektuelle und die körperliche Gebärde eng zusammengehören, hat sich in unseren Breitengraden noch nicht deutlich «herumgesprochen». Blickt man dagegen in südliche Länder, so ist das Gesprochene und die körperliche Bewegung noch eine Einheit. Man wird diesen Zusammenhang deutlich entdecken, wenn man einmal in einer Talkshow den Ton [den Talk] abdreht und nur noch den «Show»-Aspekt auf sich wirken läßt.)

Es sei noch einmal betont, daß wir hier nur die Idealtypen behandeln und nicht deren Ausformungen.

Aber stellen wir uns bereits hier ein Beispiel vor: Die Person des Mars wäre in meinem Leben in das 3. Haus gewandert, also in das Reich der 3. Person, so könnten wir diese Kombination beschreiben als «Stärke soll gezeigt werden» und erhalten das Bild des Hundes, der bellt, aber nicht (unbedingt) beißt. Es geht also um eine «Dokumentation von Stärke».

MOND

Mit der vierten Person betreten wir seelischen Boden (wenn auch das Wort «Boden» eher auf die Hausebene schließen läßt). Es ist die Figur der «Mutter» in meinem Inneren, und deshalb ist diese

Gestalt natürlich explizit weiblich. Ja, sie ist geradezu der Archetypus *des* Weiblichen im Inneren des Menschseins. Sie ist jene Form, in die hinein die Venus früher oder später zu wachsen bestrebt (mitunter auch: gezwungen) ist. Dennoch sind beide deutlich voneinander geschieden, und nur die Identifikationen gleiten hinüber. Im Unterschied zu den Venusformen, die eher schlank und schmal sind (wenn auch die richtigen Rundungen dabei gefordert sind), ist die Mond-Weiblichkeit charakterisiert durch das ausladend Fruchtbare. Sie hat ihren Schoß bereits geöffnet und eines ihrer Geheimnisse dem Manne preisgegeben, und insgeheim verachtet er sie für ebendiesen Akt. Es ist fast so, als wollte der Mann sagen: Dadurch, daß du dich mir geöffnet hast, hast du mir den Reiz des Geheimnisses endgültig genommen. Du hättest das eigentlich nicht tun dürfen. Du hättest für mich deine Reinheit bewahren müssen, eine Forderung, die nun wahrhaft paradox ist, drängte er doch vorher sehr kräftig darauf, diesen Einlaß zu erhalten. Insbesondere findet sich bei Männern dieser Vorwurf (uneingestanden) an ihre eigenen Mütter, können sie sich doch nicht vorstellen, daß gar noch dem Vater dieser Einlaß gewährt wurde. Aus dieser Dramatik (in der Psychoanalyse Ödipuskonflikt genannt) speist sich eine Ambivalenz, die nicht nur dem Vater gegenüber existiert, sondern ebenso der Mutter gegenüber.

Wir müssen uns darüber klarwerden, daß diese innere Person auf verschiedenen Ebenen existiert. Drei heben sich deutlich heraus und mischen sich miteinander, so daß das Thema des «Mondes» zu den schwierigsten der inneren Personen zählt.

1. Der Mond als Person der Mutter in mir.
Jeder Mensch hat eine Mutter, die ihn zur Welt gebracht und zu der er ein wie auch immer geartetes Verhältnis hat. Insofern weist die Person des Mondes als erstes auf diesen Akt des Austragens und Hervorbringens hin. Es ist im wesentlichen ein passiver Akt. Etwas reift in ihr, wächst heran und zwingt sie dazu, es (irgendwie) von sich zu geben, es hervorzubringen. Das geschieht nicht, indem sie etwas tut (aktiv), sondern indem sie es geschehen läßt. Nicht *sie* handelt, sondern das Handeln wird ihr vorgeschrieben, mit ihr geschieht etwas. (Man kann ebensowenig

sagen, die Kastanienschale öffnet sich [aktiv] und gibt die Kastanie frei, sondern die Kastanie sprengt, indem sie größer wird, die Schale.)

Dann – das Kind ist geboren – hat sie einen weiteren Teil zu erfüllen: Sie muß die geborgenheitsspendende Hülle (die einst der Uterus war) weiterhin auch im Außen als ein Gespinst von versorgenden Handlungen aufrechterhalten.

Wir sprechen hier nicht davon, ob ihr das (in den Augen des Kindes) auch gelingt, sondern nur davon, daß die Forderung nach Geborgenheit massiv an sie herangetragen wird (ob sie es kann, zeigt sich dann spezifisch an der Stellung des Mondes). Insofern ist die Figur des Mondes im Inneren meines Lebens (dargestellt an der Gestalt meiner Mutter) dafür verantwortlich, daß ich in meiner frühen und mittleren Kindheit behütet und geborgen aufwachse oder eben nicht.

2. Der Mond als die Person des kleinen Kindes in mir.
Um die bis jetzt beschriebene Figur gleich zu komplizieren: sie ist nicht nur Sinnbild für die Mutter in mir, sondern ebenfalls Symbol für *das Kind in mir.*

In jedem Menschen verbirgt sich ein Leben lang das kleine Kind, daß er früher einmal war. Und wenn dieses Kind nicht – im Laufe des Erwachsenenlebens – aus seinem Keller einige Male heraufgeholt wird, damit seine Existenz anerkannt und legalisiert wird, kann es passieren, daß es im fortgeschrittenen Alter wieder zum Vorschein kommt und hier gelebt werden will. (Wir haben von einem Mann gehört, der im Alter von achtzig Jahren von seiner Tochter gefüttert werden mußte und der jedesmal einen greinend-kindlichen Wutanfall bekam, wenn ihm sein «Lätzchen» nicht ordnungsgemäß umgebunden wurde.)

Wir nennen diesen Vorgang die «Legalisierung des Kindes». So wie der Vater eines unehelichen Kindes sein Kind zu legalisieren hat, so hat jeder Mensch im Laufe seines Lebens die Chance, auf sein inneres Kind zu stoßen und es als seines anzuerkennen. Daß dieses Kind es einem damit nicht leicht macht, versteht sich in dem Moment, da man weiß, daß es noch seine gesamten Wunden und Schmerzen (seine Wut und seinen Haß) aus der Kindheit mit sich herumträgt. Wird es nach oben ins Bewußtsein geholt, so muß es diesen Schmerz erst einmal loswerden, und dem Heulen und Toben dieser gekränkten Kreatur mag sich niemand gerne aussetzen. Insofern ist die «Legalisierung des Kindes» in der Regel Sache der Therapie.

Eigentlich sind «Mutter» und «Kind» in der Person des Mondes nur zwei Seiten der gleichen Medaille, denn ist der Mond verletzt, dann ist meine Mutter verletzt und demzufolge auch mein kleines Kind, es ist die gleiche Verletzung.

3. Der Mond als die Person der reifen (mütterlichen) Frau in mir. Jeder Mensch trägt in sich den Impuls, «zu den Müttern» zu gelangen, wie Goethe es ausdrückte. Jede Frau hat diese Figur als eine zu erfüllende in sich, und jeder Mann wünscht sich (unter anderem) eine Heimstatt, in der er sich geborgen fühlt. So wird der Archetypus der Frau oft zu dem Bild einer versorgenden Wesenheit, deren seelische Entsprechung das «Heim» darstellt. In einer sehr tiefen Tiefe könnte dieses «Heim» ein Abkömmling sein der Uterus-Geborgenheit, in der das Kind tatsächlich (auch hier gibt es Ausnahmen!) allumrundet aufgehoben und geborgen war. Ein wenig von diesem Gefühl dürfte mitschwingen in dem Wunsch, ein eigenes Heim, eine eigene Familie zu gründen. Auf der Seite des Mannes, wir wissen es schon, geht die Geliebte irgendwann über in den neuen Status der Frau und Mutter (also des Mondes); bliebe sie nur Venus, würden seine Heimatgefühle enttäuscht. Insofern hat der Mann keine andere Chance, als sich irgendwann einmal mit der Tatsache zu konfrontieren, daß er mit (s)einer Mutter verheiratet ist. (Und wo kriegt er jetzt eine neue Venus her? – Genug, nicht schon wieder!)

Auf der Seite der Frau findet sich freilich das gleiche Verlangen. Auch ihr ist diese Verwandlung unheimlich, weiß sie oft doch gar nicht, wie derartiges geschehen konnte. Zwar erhält sie als Mutter im Kind einen neuen Status, und der mag über vieles sie trösten, doch der Verlust ihrer einstigen venusischen Eigenschaften (und ihres einstigen Wertes) wird früher oder später (die Kinder werden größer und selbständiger) von dem neuen Amt nicht mehr aufgewogen, zumal sie deutlich spürt, daß auch er in ihr nicht mehr die Venus sieht und nach Jüngeren schielt.

Was wir hier recht oberflächlich an äußeren Bildern geschildert haben, findet natürlich seine Entsprechung auch auf einer tieferen Ebene. Hier ist der Mond das Thema des Fühlens, der Empfindung, des Gefühls. Hatte die erste Triade ihren Anfang mit dem männlichen Prinzip (dem Ungestüm Mars'), so finden wir den Anfang der zweiten Triade durch das Weibliche schlechthin beherrscht. Jetzt, in dieser Person, wird der Mensch empfänglich für Freude und Leid. Insofern stellt die Person des Mondes jenen Anteil des Menschseins bereit, in dem er *berührt* und *gerührt* wird. Seele tut sich auf. Sie öffnet sich wie eine Lotosblume und kann die Welt in das Innere hineinlassen. Fanden wir bei Mars und Venus eher das Lustprinzip der oberflächlichen Reizung der Genitalien, so finden wir hier – viel tiefer – die Gebärmutter als den Ort, der die Frucht behütet und birgt. Wir finden ebenfalls die weiblichen Brüste als den Ort wärmespendender Nahrung (*to nurture,* sagen die Amerikaner, ein Wort, das wir nicht übersetzen können) und die *Muttersprache* als jenen innerheimischen Ort, den man erst als Heimatvertriebener, im Exil, richtig zu würdigen lernt.

Wir sehen, die Person des Mondes hat ein riesiges Betätigungsfeld, sie fordert (darin gleicht sie E. T.) von uns nur eines: sie will «nach Hause», heim, in die Geborgenheit, und sie fühlt sich draußen in der Welt in aller Regel hoffnungslos verloren. Da aber die Welt im wesentlichen – vom Mond aus gesehen – kalt und unwirtlich ist (und alle sind «immer so gemein»), ist die Person des Mondes (das kleine Kind oder die schutzlose Frau) am ehesten in der Gefahr, von uns versteckt, verdrängt, verbannt zu werden.

Und wenn der Therapeut uns dann anbrüllt: «Öffne dich endlich», dann meint er eigentlich: lasse die Person des Mondes zum Vorschein kommen.

Als ob das so einfach wäre.

«So wahr ich der liebe Gott bin».
(Redewendung des Filmschauspielers Hans Albers)

Die fünfte Person ist die zweite Person der seelischen Trias.

Ihr Name lautet «mein Ego». Ihr Thema ist das Thema der Macht, der Herrlichkeit. Das in ihr vorhandene Bedürfnis besteht einzig darin, über die anderen sich zu erheben. Der größte zu sein, der König. Sie ist ohne Zweifel die wichtigste Figur im Theaterensemble, jene, die es gewohnt ist, die Hauptrolle zu bekommen.

> Du darfst dir die zwölf Personen ruhig vorstellen als zwölf Schauspieler, die an einer Bühne engagiert sind. Es ist eine kleine Bühne, und mehr Personen kann sie nicht fassen. Und wie du weißt, hat jeder Schauspieler an einer Bühne ein bestimmtes Fach. «Jugendlicher Held» oder «Liebhaberin» oder «Nebenrollendarsteller» (eher farblos, man läßt ihn nicht an die Liebhaberrollen, er hat kein Feuer, reißt nicht mit), aber an jeder Bühne existiert auch ein Klaus-Maria Brandauer. Und selbstverständlich erhält er in jedem Stück die tragende Männerrolle. Keiner kann sich vorstellen, daß der Direktor zu Brandauer sagen würde: «Heute könntest du im Faust eigentlich mal den Wagner spielen. Die Rolle ist zwar klein, aber fein.»
>
> Nein, so etwas geschieht nur, wenn Brandauer auf die Idee kommt, in Hollywood in einem ganz großen Film zu spielen. Aber Hollywood hat seine eigenen Helden. Hier spielt Robert Redford (der in diesem Ensemble die Nummer eins ist) die Hauptrolle, und Brandauer spielt die (wenn auch wichtige) Nebenrolle. Und jetzt ist sein Ego aufgerufen, nicht eher zu ruhen, bis es auch in Hollywood die erste Rolle spielen kann.
>
> Wir werden es noch sehen . . .

Aber diese Person will nicht nur unter allen anderen Spielern in mir die wichtigste Rolle innehaben, sie will sie auch im *Außen* verkörpern. Und das führt meist zu einem Problem, denn diese Rollen sind in der Regel bereits anderweitig besetzt. Tausende anderer Egos balgen sich hier um die wichtigsten Einzelrollen. Die Konsequenz, die sich daraus ergibt, ist ein gigantischer Konkurrenzkampf, ein Kampf der Egos. Wie stelle ich es an, in meinem Bereich der erste zu werden? Wir haben die verschiedenen Ausformungen, die dieses Ego annehmen kann, im Kapitel der Tierkreiszeichen bereits beschrieben, denn ihren Höhepunkt finden die Zeichen in dem Moment, in dem die Sonne (und also das Ego) sich in ihnen befindet. Und so können wir uns hier in ihrer Beschreibung kürzer fassen.

Da diese Person die Hauptperson in jedem Leben ist, stellt sie ebenfalls das Hauptproblem in jedem Leben dar. Sie ist im wesentlichen die Figur, über die ich am wenigsten nachdenke, denn jedes Nachdenken führt mich sofort dazu, mich zu einer Gestalt zu bekennen, die mir – bei Licht besehen – äußerst unangenehm ist. Folgender Paradoxie sehe ich mich ausgesetzt: Die wichtigste Antriebskraft in mir (in meiner ganzen Person) schreit danach, die erste Geige zu spielen, aber eine ganz wichtige Gegenkraft fordert mich auf: «Lasse das ja niemanden wissen!» Ja, noch nicht einmal ich selbst soll das zur Kenntnis nehmen, denn dieses Wissen widerstrebt mir selbst zutiefst. Und so muß ich versuchen zu lavieren. Ich muß versuchen, der Erste (in meinem Bereich) zu werden – aber so, daß es immer gute Gründe dafür gibt, warum ich das jetzt tue. Gründe freilich, die mit meinem Ego in keine Beziehung gebracht werden dürfen.

Im Laufe unserer Arbeit haben wir so viele tausend Motive von den Menschen erhalten (warum sie etwas taten), aber der Grund «Ich will der Erste sein» war so selten darunter, daß wir die Aufgabe, das Ego zu ent-decken (zu ent-tarnen) heute fast als unsere wichtigste Arbeit – auch bei uns selbst – empfinden.

Diese Gestalt ist so trickreich, ist durch die Jahrtausende so gewieft und findig in ihren Techniken geworden, daß es zu den großen Abenteuern des Lebens gehört, sie in ihren Gestaltungen und Gewandungen, hinter ihren Masken von Unscheinbarkeit und Blauäugigkeit, ausfindig zu machen. In ihr ist das Wort «Mein Wille geschehe» fleischgeworden, und es ist so tief mit der Person verwachsen, daß es zu den schwierigsten Übungen überhaupt gehört, sich einmal von dieser Gestalt zu lösen und sich ihr – als Beobachter –, wenn auch nur für wenige Momente, gegenüberzustellen.

In diesen Momenten ist sie dann freilich mit Leichtigkeit zu identifizieren. Sie ist der Motor des Lebens – so wie wir es verstehen – in seiner Pracht und in seiner Fülle, ganz ebenso wie die Sonne am Himmel der Motor aller Lebensvorgänge hier auf Erden ist.

Die Forderung des Christentums in seiner alten Form (nicht in der Form ihrer heutigen Institutionen): «Wer aber lebt um meinetwegen, der lebet ewiglich», die eigentlich die Forderung ist, das Ego zu opfern und die so oft in esoterischen Kreisen beschworen wird, ist in unserem Zusammenhang nichts weiter als eine Verdrängungsformel, die die Menschen zu neuen Lügen zwingt. Wir werden sie hier deshalb nicht erheben, weil wir alle an dieser Stelle nicht stehen.

Die einzige Forderung, die einem esoterischen Buch zu Gesicht steht, ist die: Lerne diese Figur endlich in dir kennen. (Damit hast du die nächsten fünfzig Jahre ausreichend zu tun!) Lerne ihre Tricks, ihre Finten, ihre unglaublich raffinierten Haken und Täuschungsmanöver. Ihr liebstes Täuschungsmanöver auf dem esoterischen Weg ist das «Heiligwerden» oder das «Fast-schon-heilig-Sein».

MERKUR

Wir begegnen hier wieder jener Person, die wir bereits als dritte beschrieben haben. Ihr Name war dort «Intellekt», ihre Funktion war die «Funktionalität». Als dritte Person wollte sie wissen, um zu wissen. Jetzt, als sechste Person, will sie immer noch wissen, aber sie benötigt dieses Wissen zu einem ganz anderen Zweck. Um dieses Ziel zu begreifen, müssen wir uns noch einmal auf die beiden vorherigen Personen besinnen. Wir waren und sind auf seelischem Terrain. Die beiden großen Symbole dafür sind Mond und Sonne, Yin und Yang, Nacht und Tag, Frau und Mann. Diese beiden Personen sind ohne Zweifel die wichtigsten Darsteller in unserem Inneren – und: sie sind immer getrennt. Des nachts, wenn der eine hell und klar am Himmel steht, ist der andere abwesend. Tagsüber, wenn die Sonne brennt, ist der Mond nicht (oder doch nur selten) vorhanden.

Es ist dies eine Erläuterung dafür, daß Frau und Mann so selten miteinander harmonieren, so selten eine Einheit bilden. Sie haben beide verschiedene Bereiche des Himmels für sich, leben verschiedene Aufgaben und Interessen. Stünden die beiden allein in der Welt der Seele, so würde es bis zum «Sankt Nimmerleins-Tag» keine Vereinigung geben, ja noch nicht einmal der Versuch, einander näher zu kommen, würde je unternommen werden. Lebt der eine seins, ist der andere nicht da. Lebt der andere seins, ist der eine nicht da. Um diesem Dilemma zu entgehen (so darf man phantasieren), hat ein gütiger Gott eine Person ins Innere unserer Seele gesenkt, die die Aufgabe hat, beide Parteien einander näher zu bringen.

Wie in der griechischen Mythologie Hermes, der Götterbote, das Amt versieht, zwischen dem Oben (dem Olymp des Egos) und dem Unten (der erd-weiblichen Seite) zu vermitteln, so dürfen wir ihm auch *in uns* als «Vernunft» jenes Amt zuschreiben, die beiden antagonistischen Partner zu einem einigenden Gespräch zusammenzubringen.

Dieses Amt ist der Grund dafür, daß er sich nicht allzuweit vom Ego entfernen darf. Wir wissen schon, daß der Merkur sich nur maximal 28 Grad (Winkelsumme des Kreises) weit von der Sonne entfernt aufhalten kann (siehe Anhang), vom Mond kann er sich beliebig absetzen. Daraus folgt, daß das Ego weit mehr in der Gefahr ist, sich der Aufgabe der Vereinigung zu entziehen. Und so muß Merkur dem Ego auf dem Fuße folgen.

Wir können die Aufgabe, die der Hermes zu gewärtigen hat, noch am ehesten verstehen, wenn wir uns den Hermes-Stab (den Caduceus), der dieses Amt symbolisch darstellt, genauer anschauen. Es ist ein langer Stab, dessen eines Ende Hermes in der Hand hält, während sich um das andere Ende zwei Schlangen jeweils rechts und links herum nach oben winden. Die Schlangen berühren weder sich, noch berühren sie den Stab. Aber oben am Ende des Stabes schauen sie in einen gemeinsamen Spiegel. Hermes, der Mittler (der mittlere Stab), hat also die Aufgabe, die beiden Seelenteile, die erst einmal nichts voneinander wissen wollen, am Ende zu vereinigen.

Seine Aufgabe ist also die Verbindung und Vermittlung zweier Teile. Dafür muß er etwas tun. Wie Hermes immer von oben nach unten unterwegs ist, so muß diese innere Person (in gleicher Weise) rührig sein und zwischen den beiden Antipoden seinen Teppich ausrollen, in der Hoffnung, sie mögen sich nähern. Da sie das nicht tun, gerät er in Stress und wird von Ängsten geplagt, er hätte nicht alles getan, was überhaupt getan werden könnte. Er muß dafür sorgen, daß das Ego nicht zu sehr in die Größe hinaufdriftet und ebenso dafür, daß der weibliche Teil nicht zu sehr in seinem Leid nach unten versinkt. Er ist dabei fast wie ein Kind, das Angst davor hat, der Papa könnte böse werden (und sich entfernen), und die Mama könnte in ihrem Schmerz versinken und Selbstmord begehen. Natürlich ist das Kind damit überfordert und wird zu einem neurotischen Bündel von Ängsten und Phantasien. «Bloß nirgends einem der beiden Teile Gelegenheit geben, sich zu entfernen», denkt es und führt einen Eiertanz auf, bei dem es selbst oft auf der Strecke bleibt. Das einzige, was ihm zu tun bleibt, ist sich noch mehr zu kümmern, damit es sich nicht schuldig macht. So übt es sich in Wohlgefallen, Bescheidenheit und Demut und wird oft (tief im Inneren) für die Stimme des «Gewissens» gehalten. Und es waltet in der Tat eine eigenartige Dialektik zwischen dem Wissen (Zwillings-Merkur) und dem Ge-Wissen des Jungfrau-Merkurs.

VENUS

Wir verlassen den seelischen Bereich mit seinen drei Gestalten und wenden uns dem «Geistigen» zu. Als erste Person (die siebente insgesamt) treffen wir hier wieder auf die Venus, deren eine Seite wir schon kennengelernt haben.

Mit dem «geistigen Bereich» ist das so eine Sache; er wird so gern mißverstanden, daß wir erst einmal grundsätzlich etwas klären müssen.

Die Personen, von denen wir bisher sprachen, waren deutliche Reisende unseres Zuges, *unseres Inneren.* Diese Deutlichkeit beginnt sich in der siebten Person zu verwischen. Statt dessen erscheint es uns so, als ob diese Personen, von denen jetzt unter der Überschrift «geistig» gesprochen wird, erst einmal nur im Außen existieren. Hinzu kommt, daß alles, was unter der Rubrik «Geistig» firmiert, tatsächlich etwas von außen kommendes ist. Das ist der Sinn des Namens «Geist». Der Mensch *hat* keinen Geist (so wie er einen Arm hat), sondern der Geist ist zu ihm gehörig, d. h., «Geist» ist dem Menschen zugedacht, aber nicht innewohnend. Das hört sich zunächst wie eine Spitzfindigkeit an, ist aber etwas ganz Wesentliches.

Etwas Geistiges ist immer eine Information, d. h. eine Botschaft. Und als solche ist sie, die Botschaft, jemandem zugedacht, aber sie gehört ihm nicht als sein Eigentum. Sie will ihm etwas zeigen und zwar etwas, was in ihm (in seiner Seele) bereits vorhanden ist, was er aber noch nicht wahrgenommen hat, und was er aus eigener Kraft nicht wahrnehmen kann. Diese Unfähigkeit des Menschen, sich zu sehen, bewirkt es, daß ein unbewußter Seelenanteil sich aus ihm heraus, aus der Landschaft seiner Seele, löst, zu einer geistigen Wesenheit sich verwandelt, im Außen eine Form annimmt und ihm von dort wieder entgegentritt. Jetzt aber – vermeintlich – als jemand (oder etwas), den er nicht kennt. Somit ist alles Geistige ein verpupptes und verkleidetes Seelisches, das eine Außenidentität entwickelt hat. Jetzt kann es mir aus dem Außen in Form eines Buches, eines Vortrages, eines herabstürzenden Dachziegels, eines Tieres, eines Menschen begegnen.

Insofern besteht der Mensch aus Körper, Seele und Geist, als die ersten beiden ihm innewohnen, das Dritte jedoch ihm aus dem Außen als Information zugedacht ist.

Die siebte Person der Venus ist der mir von außen zugedachte Mensch, der eine Information für mich bereit hält, die freilich erst einmal nicht sichtbar ist.

Das Thema dieser siebten (geistigen) Person ist das Thema der *Partnerschaft,* der Begegnung mit meiner unbekannten, weil unbewußten Seite.

Das Thema des *Ausgleiches,* das die landläufige Astrologie hier gern ansiedelt, ist nur insofern da, als es das letzte Ziel dieses Partnerschaftsspieles darstellt. Die Person der Venus stellt sich mir als erstes gegenüber und lockt mich. Sie muß also genügend Anziehung haben, daß ich mich in das Innere ihres Kreises hineinbegeben will. Da diese Person für Mann und Frau gleichermaßen gilt, darf sie – von Hause aus – kein Geschlecht haben, sondern stellt die personifizierte Schönheit oder Ästhetik oder Harmonie dar, *die spezifisch auf mich zugeschnitten ist* und auf mich wirkt. Sie muß mir als Negativ jene Form bieten, die ich als Positiv aufweise. Damit ist sie eng mit mir verschwistert und doch andersartig.

Und es geht jetzt darum, daß sie im Laufe der Zeit ihre Botschaft, die immer an mein Unbewußtes adressiert ist, los wird. Daß ich sie dafür dann nicht mehr mag, versteht sich daraus, daß ich mein Unbewußtes nicht mag.

Der Filmtitel «Und immer lockt das Weib» wird hier leicht zu dem Melodram: «Sie küßten und sie schlugen ihn».

PLUTO

Die nächste Person ist, fassen wir sie erst einmal personal, der sagenumwobene «schwarze Mann». Es ist jene Gestalt, deren Rang im Kasperletheater in der Figur des Teufels dargestellt wird und deren Tiefe wir noch nicht ansatzweise ausgelotet haben. Die Wissenschaft hat ihn vor zweihundertfünfzig Jahren in die dunkle Kammer des «Aberglaubens» gesperrt, und hier fühlt er sich sichtlich wohl. Im Laufe der Jahrhunderte hat er es verstanden, immer andere Fußspuren zu hinterlassen, so daß sich in dem Wirrwarr bald keiner mehr auskannte.

Sein Hauptmerkmal: man sieht ihn nicht, er ist unsichtbar. Sein Thema: er ist der Feind des Lebendigen; insbesondere ist er das Antidot, das Gegenmittel für das Ego, denn dieses verkörpert (unter anderem) des Lebens prächtige Fülle. Und so versucht er diesem Lebendigen seinen Stempel aufzudrücken, gleichsam das Lebendige wie aus einer Zahnpastatube herauszuwürgen.

Die Mittel, derer er sich dabei bedient, sind so vielfältig, daß auch hier niemals eine einheitliche Methode auszumachen wäre, außer einer: *Er* wendet niemals Gewalt an (obwohl jeder,

der an ihn glaubt, das glaubt). Hier verhält er sich wie die Kirche im Mittelalter (die fast vollständig unter seinem Bann stand): Er stellt die Idee bereit und urteilt, aber er legt nie Hand an, das erledigen die anderen für ihn.

Da er (wie die siebte Person auch) das Geistige vertritt, ist er wieder einmal ein Informationsträger, aber diesmal muß sein Inhalt nicht unbedingt als Person sichtbar werden (wie bei der siebten Person), sondern er ist die geistige Form, *an die ich mich binde.* Das Schlüsselwort dieser Person ist das Wort «Verbindlichkeit». Darin steckt die Figur des geistigen Magnetismus. Ein Inhalt, eine Idee, eine Ideologie fällt auf mich hernieder, und ich binde mich an sie. Wenn manche Systeme der Welt das Gebot aufstellen: Du sollst dir kein Bildnis machen, dann haben sie genau die Abwehr gegen diese Person im Sinn. Denn die Person liefert *Bilder, Ideen, Abstraktionen.*

Was daran so gefährlich sei, könntest du fragen. Jeder hat doch Ideen davon, was er sein möchte, was er werden möchte, wie die Welt ihr Wesen ändern sollte. Eben. Hier genau liegt der Pferdefuß. Die achte Person ist der Bildlieferant für die Welt, so wie die Welt sein *sollte.* Sie liefert mir ebenso die Vorstellung darüber, wie ich sein *sollte.* Und damit ist sie immer in einer großen Distanz zu dem, wie die Welt *ist,* zu dem, wie ich *bin.*

Der Kampf der beiden großen Gegenspieler des Weltgeschehens, der Kampf Michaels mit dem Drachen, ist eigentlich der Kampf zwischen dem «Sein» und der Vorstellung dessen, was «sein sollte». Hier tobt die Schlacht der Helden und der dunklen Mächte. Und nirgends anders. Und *jeder,* man muß sich das auf der Zunge zergehen lassen, der eine Vorstellung davon hat, worum es in diesem Kampf geht, gehört auf die Seite der dunklen Bataillone. Auch wenn er sich persönlich für einen «Lichtarbeiter» halten mag.

Der achten Person (gib acht!) ist es nämlich vollständig egal, wofür oder wogegen du kämpfst, Hauptsache, du hast eine *Idee,* der du dich verbunden fühlst. Hauptsache, du hast ein Ideal, ein Bild – alles weitere geschieht von selbst. Den Rest erledigen seine Hilfstruppen.

Jede Idee ist gegen das Leben gerichtet.

Insofern ist diese Person bekannt als der Einflüsterer, der Verführer, denn er verführt dich zum *Bild.* Sein gravierender Trick, der, den er schon im Paradies meistbietend verkaufen konnte, ist die Idee vom Baum der Unterscheidung zwischen Gut und Böse. Lichtarbeit ist gut, Schattenarbeit ist böse. Engel sind gut, Dämonen sind böse. Entwicklungshilfe ist gut, Ausbeutung in der Dritten Welt ist böse. Das sind die Polaritäten, mit denen er jeden packt. Er greift sich den Menschen bei seinem Wunsch, unschuldig und gut sein zu wollen und daraus eine Ideologie zu machen. Und es ist so gut wie ausgeschlossen, seinem Klammergriff zu entgehen. Wer für die linke Klammer nicht empfänglich ist, der ist es eben für die rechte. Er hat die Militärs ganz ebenso wie die Friedensfreunde, denn beide haben eine Idee. Und so flüstert er seit Anbeginn der Menschheit jedem *seinen* Spruch ins Ohr. Im Theaterstück des Lebens eine wahrhaft tückische Figur.

> «Menschen werden immer zu einem Kompromiß bereit sein, Menschen jedoch, die sich selbst dadurch entmenschlicht haben, daß sie zu blinden Anbetern einer Idee oder eines Ideals wurden, sind Fanatiker, die die Anbetung einer Abstraktion zu Feinden des Lebens gemacht hat.»
> *(Alan W. Watts: Zen-Buddhismus, Reinbek 1961, S. 50)*

Damit aber sind nicht etwa nur die Fanatiker des Glaubens oder der Politik gemeint, sondern jede, auch die unauffällige, Anbetung einer Abstraktion, eines Bildes, einer Theorie wird von diesem *inneren Fanatiker* in Szene gesetzt.

JUPITER

Würden wir die neunte Person auf der Bühne darstellen wollen, so finden wir in jedem Fall einen nicht mehr jungen Mann, dessen Interessen im geistigen Bereich liegen. Auf der Ebene der historischen Personen liegt hier der «Philosoph», von dem Hans

Blüher einmal (sinngemäß) gesagt hat: «Philosoph wird man frühestens im Alter von fünfzig Jahren, wenn man ein Mann ist, als Frau wird man das nie.»

Einen derartigen Satz darf man nur von sich geben, wenn man selbst – wie Blüher – Philosoph ist. Aus seinem Mund ist es ein Urteil, das den Archetypus in seiner Tiefe trifft. Aus dem Mund eines anderen Menschen wird es zu einem sexistischen Vorurteil und sollte besser nicht verwendet werden.

Es ist eine Gestalt, die durchaus korpulent sein darf und den Sinnesfreuden zugetan, denn sie weiß, daß ein Denken nur dann üppig gedeiht, wenn auch das sonstige Leben in seiner ganzen Breite pulsiert.

Diese Person beschäftigt sich mit der Frage nach dem Sinn des Lebens, *nachdem* sie das Leben in vollen Zügen gelebt hat. Sie ist optimistisch, gut gelaunt und lacht gern, weil sie alles gesehen und alles verstanden und deshalb allen verziehen hat.

Es ist nicht so, daß sie nicht mehr teilnimmt an diesen Genüssen, das tut sie nach wie vor, aber sie ist nicht mehr abhängig davon. Sie steht – obwohl mittendrin – immer auch ein Stück außerhalb und weiß, daß ihr Glück nicht mehr davon abhängt. Ja, aus dem Wissen, auch beiseite treten zu können, wenn es am schönsten ist, nicht mehr wie ein Narr den Bildern (der achten Person) nachlaufen zu müssen, gewinnt sie erst ihre Stärke.

So trägt sie eine tiefe Gleichmut in sich herum, die sich aus dem «Alles verstehen heißt alles verzeihen» ergeben hat, und ihr Credo lautet «Die Lage ist hoffnungslos, aber nicht ernst». Und obwohl die Person «Philosoph» ist, vertritt sie *kein* philosophisches System, keine therapeutische Richtung, keine Schule, denn *jedes* System ist der achten Person verpflichtet, nicht der neunten. Sie philosophiert aus dem Stegreif, gleichsam beim Spazierengehen, heute so, morgen so, je nachdem, wie die Situation es erfordert. Sie hat für jeden Menschen einen eigenen Standpunkt, weil sie weiß, daß jeder Mensch ein Original ist, und deshalb hat die Person selbst keinen *Standpunkt,* weil sie auf allen Punkten stehen kann.

Ihre eigentliche Aufgabe, die sie mit den Priestern und Therapeuten teilt, besteht darin, die Welt zu erinnern. Sie ist ein *Erinnerer*. Und indem sie die Welt an die verlorenen Teile erinnert, erinnert sie sich selbst. Das will gut verstanden werden: Sie ist kein Mahner, *kein* Besserwisser, *kein* Kritiker, *kein* Erneuerer (obwohl sie das alles werden kann, wenn sie noch nicht genügend vorbereitet ist), sondern eine Person, die die Welt und den Menschen an seine weggegebenen Teile erinnert. So wie ein Grabstein die Erinnerung an einen darunterliegenden Menschen wachhalten soll, so soll der Philosoph die Erinnerung an tief in der menschlichen Seele verborgen liegende Teile wachhalten oder wieder zum Bewußtsein erwecken.

Insofern ist er eigentlich Seelen-Erinnerer. Er erinnert die Seele an die verborgenen und verlorengegangenen Teile in ihr. Mit bürgerlichem Beruf könnte er heute Therapeut sein. Er steigt hinab und holt die Erinnerungen hinauf.

Das ist freilich ein Amt (und kein Beruf), und in früheren Jahrhunderten (bevor sie sich anderen Aufgaben zuwendet haben) wurde dieses Amt von den Priestern und den Ärzten versehen. Denn jeder Priester ist eigentlich Arzt, oder besser Seel-Sorger. Diese Gestalt hat jeder Mensch in sich, bei manchen steht sie mehr, bei manchen weniger im Vordergrund.

Zum Problem wird diese Gestalt an der Stelle, an der man noch nicht neben sich treten kann, sondern sie zur «Aus-Gestaltung» seiner Lebensziele verwendet. Hier wird sie zu einem unerträglichen Besserwisser, zu einem Klugschwätzer, der religiöse, politische oder therapeutische Ziele verfolgt, um sich selbst damit Federn an den Hut zu stecken. (Man übersieht hier leicht, daß nur eine Person in unserem Inneren mit einer Feder am Hut herumläuft.) Hier gaukelt sie Einsichten, Jovialität und Lebenserfahrung vor, die aus Büchern oder von Gurus geborgt sind, aber noch nicht selbst gemacht wurden.

Insofern ist ein dreißigjähriger Philosoph eine Absurdität, die leider heutzutage, da man das Absurde bereits für das Besondere hält, eine ganz normale Erscheinung ist. Natürlich ist der innere Philosoph bereits bei deiner Geburt fünfzig Jahre alt, aber erst einmal sind die anderen Gestalten in deinem Inneren viel dominanter und werden als erstes ausprobiert und wollen als erstes gelebt sein.

In den weitaus meisten Fällen sind an der Stelle, an der man diese Person zu leben glaubt, ganz andere Personen am Werk.

SATURN

Die letzten drei Personen – wir verlassen den geistigen Boden und betreten Neuland – haben einen spezifischen Reiz. Ihre Bedürfnisse sind nicht von dieser Welt. All das, was der normale Mensch an Zielen und Wünschen sich setzt, sind nicht ihre Wünsche und Ziele. Sie leben nicht für die Realität, sondern für die Wirklichkeit, und damit bereiten sie sanft und leise – und weise – den «Untergang der Welt» vor. Nicht etwa, wie ein pessimistisches Gemüt das verstehen könnte, mit einem Knall und mit großer Geste, nein, sie nehmen dem Menschen seine Grundlage, indem sie systematisch die individuelle Welt, auf die das Ego angewiesen ist, zerstören.

Diese drei Personen sind das Heilmittel für das Ego – um es zu heilen, muß es zerschlagen werden, denn es selbst ist die Krankheit. Was nach diesen Sätzen so aussieht, als würden wir – die Autoren – das Ego für zerschlagenswert halten, ist eine äußerst gefährliche (weil in die Irre führende) Ansicht. Nur solange wir die Position der letzten drei Personen einnehmen (und das tun wir für eine Weile), dürfen diese Sätze so formuliert werden; sobald wir wieder zu anderen Personen zurückkehren, sind die letzten drei Personen erst einmal Feinde und müssen (ob wir das wollen oder nicht) von unserem Ego bekämpft werden. Es kommt also immer auf den Standpunkt an, von welchen Personen aus man gerade schaut.

Die erste Person in diesem Dreiergespann ist ein Darsteller, der alt geworden ist. Er spielt im Theaterstück alle Rollen, die vom

Alter gezeichnet sind. Sowohl alte Frauen als auch alte Männer, denn das Geschlecht der Person spielt hier keine Rolle mehr.

Die erste Person verkörpert das *Gesetz* der Welt. Verknöchert und konservativ bietet sie der Welt ihre Schranken, die aus den Sätzen «du darfst ...» oder «du darfst nicht ...» bestehen. Das ist für jeden Menschen, der sich erst einmal als schrankenlos empfindet, eine große Hürde, die er möglichst zu umgehen trachtet. Die Person hebt ihren dürren, vom Alter gezeichneten Zeigefinger und sagt: «Bedenke, was du tust, du bist nicht im Einklang mit dem Gesetz, also ändere deine Richtung.»

Diese Person erscheint uns oft wie der strenge Vater der Kindheit, dessen Aufgabe es war, mir gegenüber die Regeln der Welt (*gegen* meine Interessen) zu vertreten. Und natürlich haben wir sie bereits als Kind abgelehnt oder zumindest für einen Spielverderber gehalten. Und in der Tat könnte man der Person den Namen «Spielverderber» geben, denn sie zerstört die Spiele, die wir blauäugig spielen möchten. So erscheint es uns zumindest. Wir würden gern noch ein wenig im Bett liegen und schlafen, aber der Wecker schrillt und die Arbeit ruft – gnadenlos, wie wir mitunter glauben. So ist sie der Feind jeder Gemütlichkeit, und ihre einzigen Hobbies scheinen aus den Worten «Pflichterfüllung» und «harte Arbeit» zu bestehen.

Wie gesagt, so erscheint es.

Die eigentliche Aufgabe dieser Person, die wie der schlimmste Lehrer unserer Schulzeit daherkommt, besteht jedoch darin, mir *mein* Gesetz zu zeigen. Hinter der Maske des *allgemeinen* Gesetzes (in das ja jeder Mensch um eine Nuance anders eingewiesen wird) schimmert nämlich mein individuelles Gesetz durch, das sich in der Tat für jeden Menschen anders darstellt. Der Saturn ist jene Person, die dafür zu sorgen hat, daß ich mich in dieses Gesetz hinein entwickele. Dazu muß er hart, mitunter mitleidlos auftreten. Er muß das deshalb tun, weil jeder Mensch über sein Gesetz eine eigene Vorstellung entwickelt, die mit dem, was unser Gesetz tatsächlich ist, nicht das geringste zu tun hat. In Wahrheit hilft er uns also dabei, uns nicht in das Verderben der immerwährenden Egodominanz zu stürzen.

Stellen wir uns das bildlich vor. Angenommen, mein Gesetz bestünde darin, Bildhauer zu werden (also einen harten Stein zu bearbeiten), aber der Plan meines Egos besteht darin, die Firma meines Vaters zu übernehmen und Bauunternehmer zu werden. Hier habe ich die Möglichkeit, in kürzester Zeit Chef zu sein und Millionen zu verdienen. Das gelingt auch ganz gut, aber in meiner Gier nach noch mehr Geld lasse ich mich in dunkle Machenschaften ein und verwickle mich so sehr in Bestechungsaffären, daß ich mich in kürzester Zeit im Gefängnis wiederfinde, in das diese Person des Saturns mich – aus mir heraus – gesetzt hat. Im Gefängnis muß ich Steine klopfen und entdecke, daß ich mit diesem Material ja auch Skulpturen fertigen kann. Ich bin auf einmal, wenn auch nur vorübergehend, im Gesetz. Nichts anderes hat diese innere Person gewollt. Solange ich jedoch *meine* Pläne verfolge, erreiche ich dieses Gesetz nicht. Das haben wir gemeint, als wir sagten, daß die Welt des Egos (wohlhabender Bauunternehmer) zerstört werden muß.

Das Beispiel des Bauunternehmers ist freilich viel zu konkret, denn das Gesetz schreibt ihm nicht etwa vor, ein Bildhauer zu werden, sondern ist viel allgemeiner, und jeder Bildhauer ist nur eine Ableitung aus der allgemeinen Forderung des Gesetzes (harte Arbeit an einem harten Material).

Wir sehen, der Saturn ist kein Spielverderber, sondern eine Person, die mir mein wahres Spiel aufzeigen möchte. Da sich das wahre Spiel aber mitunter um viele Meilen von dem Spiel meines Egos entfernt hat, muß diese Person streckenweise zu gravierenden Mitteln greifen, um mich wieder in die Nähe meines Gesetzes zurückzubringen.

Natürlich geht das meistens nicht ohne Jammern und Schmerzen, denn noch nie hat ein Mensch *freiwillig* seine Pläne zugunsten seines Gesetzes aufgesteckt. Der Saturn muß sich also etwas einfallen lassen. Trennungen, Todesfälle, Kündigungen, Gefängnisaufenthalte, Knochenbrüche oder Verkehrsunfälle sind beliebte Artikulationsmöglichkeiten, derer er sich bedient, mich in mein Gesetz hineinzudrücken.

«Wer nicht hören will, muß fühlen», könnte seine Maxime lauten. Doch bei Licht besehen, verwendet er diese Maxime nur, nachdem alle anderen Mittel, mich ins Gesetz zu bringen (die er lange vorher viel milder angewendet hatte), nicht gegriffen haben.

URANUS

Die zweite Person aus dem Bereich des Wirklichen und damit die elfte Person insgesamt, arbeitet gezielt an einer Loslösung von Bindungen. Ihr Thema ist mit dem Wort «Freiheit» deutlich umschrieben, wenn auch erst einmal niemand weiß, was damit gemeint ist.

Die Dialektik, die im Inneren dieser Figur waltet, ist, solange man sie nicht verstanden hat, wahrhaft tückisch. Ebenso wie ihr Vorgänger Saturn arbeitet sie im Bereich seelischer Bindungen, aber während Saturn das Leben schwer und drückend macht und damit die Seele belastet (so lange, bis sie sich emporschwingt), treibt Uranus sein Spiel unterirdisch. Es ist eine Gestalt, die unterminiert, intrigiert und sabotiert, eine Art fünfte Kolonne in den eigenen Reihen. Ihr Arbeitsplatz ist lange Zeit nicht offen sichtbar, das macht es so schwer, sie zu fassen. Während Pluto immer *unsichtbar* ist (und bleibt), ist Uranus lange Zeit *versteckt.* Das ist ein Unterschied. Denn eines Tages nimmt er seine Maske ab, und wir sind zutiefst verletzt.

Bevor wir seine Ziele beschreiben, wollen wir uns seine Auswirkungen und seine Arbeitsweise anschauen. Uranus tritt an der Stelle ans Werk, an der der Mensch *seelisch* an etwas *gebunden* ist. Diese Bindung kann verschiedenster Art sein: Ich bin an einen Arbeitsplatz, an eine Beziehung, an ein Hobby, an eine Idee, an einen Guru, an Eigentum usw. gebunden, und diese Bindung ist für mich eminent wichtig. Es ist eine Bindung, aus der große Teile meines Egos leben und ihre Größe beziehen. In dem Moment aber, indem ich diese Größe als selbstverständlich nehme und sie nicht mehr problematisiere, an ihr nicht mehr zweifle, sie nicht mehr jeden Tag aufs neue als Geschenk sehe, macht sich unterirdisch Uranus ans Werk, die Größe des Egos auszuhöhlen. Das wird lange Zeit nicht gemerkt, aber irgendwann ist der Zahn so hohl, daß auch die Oberfläche zusammenfällt, und dann erst merke ich, was die ganze Zeit am Werk war. Uranus wurde kurz vor der Französischen Revolution am Himmel entdeckt, und so trägt er die Signaturen dieser Revolution in sich. Die Aristokratie mit ihren gottgleichen Größenvorstellungen nahm sich selbst und ihre Privilegien als so selbstverständlich, daß sie die Gärungsprozesse im Inneren des Volkes lange nicht zur Kenntnis nehmen wollte; doch auf einmal war die Revolution da. Der Adel brach wie ein fauler Zahn in sich zusammen.

Diese große Dynamik gibt es natürlich auch im Kleinen. Immer bereitet sich von langer Hand etwas vor, und immer stürzt etwas, das für selbstverständlich gegolten hat, in sich zusammen. Der Ehemann nimmt seine Ehe für selbstverständlich und muß eines Tages mit Entsetzen bemerken, daß seine Frau seit drei Jahren ein Verhältnis mit seinem besten Freund hat. Der Untergebene, den ich seit Jahren protegiere (und der mir dafür dankbar zu sein hätte), hat sich unter der Hand mit meinem Vorgesetzten verständigt, und eines Tages ist mein Schreibtisch sein Schreibtisch (und ich habe die Kündigung).

Es ist beim Auftreten dieser Figur wichtig zu begreifen, daß er nur einem *ohnehin faulen* Zahn den letzten Rest gibt. Ich will freilich nicht glauben, daß der Zahn bereits hohl war (denn von außen sah er immer noch prächtig aus), und so braucht es Jahre, bis ich das Auftreten des Uranus (im nachhinein) verstehe. Erst einmal ist der Jammer (meines Egos) grenzenlos. Da wird von fehlender «Dankbarkeit» und vom «Verrat» geredet, und in der Tat ist diese Person erst einmal ein Verräter. Sie verrät mein Ego, das ist ihr Auftrag. Solange ich an mein Ego *gebunden* bin, treibt sie mir den Schmerz des Egoverlustes mit schöner Regelmäßigkeit (etwa alle sieben Jahre einmal) in die Augen. Damit ist ihre Aufgabe sehr schön charakterisiert: sie löst mich von der Abhängigkeit an mein Ego. Sie erlöst mich von dem Zwang, ständig der größte, beste und wichtigste Mensch zu sein. Aber da ich von diesem Zwang gar nicht erlöst werden möchte, ja alles unternehmen würde, das zu verhindern, kommt sie als verdeckter, versteckter Verrat hinterrücks auf mich zu, und ich erfahre das ganze Ausmaß meiner Nichtigkeit auf einmal. Ein tiefer Schlag in den Magen meines Egos!

Nach vielen derartigen Schlägen, nachdem ich viel über die Abhängigkeit von meinem Ego begriffen habe, kommt freilich der tiefe Kern dieser Person in mir immer deutlicher zum Vorschein, und die Figur wandelt sich, sie ist nicht mehr der Verräter, sondern jetzt gibt sie ihren tieferen Namen preis: «Sie ist der Narr!» Der Clown, der Bhagwan, der bunte Vogel, den es in keinem Käfig hält. Jede Gebundenheit, jede Ego-Dominanz sperrt mich in einen Käfig. Es mag ein goldener Käfig sein, es bleibt ein Käfig. Und ich kann ihm nur entkommen, indem ich mich in die Figur des Narren (der aus dem Tarot-Spiel) hinein verwandele. Ungebunden, frei und allein zieht er seiner Wege. Ein Till Eulenspiegel, der der Welt seinen Spiegel vorhält. Das weite Himmelszelt ist sein Zuhause, nichts mehr hält ihn, mit seiner Narrenkappe zeigt er den Menschen, was für Narren sie sind, zu glauben, sie könnten sich irgendwo festhalten.

Ach ja, derartige Narren sterben nicht, sie verschwinden einfach. Vom Till Eulenspiegel gibt es keine Sterbegeschichte, und von Lao Tse gibt es einen Bericht, der zu schön ist, als daß er dem Leser vorenthalten werden sollte. Lao Tse war schon zu Lebzeiten eine Legende, und als er alt geworden war, wollte er sich von der Welt zurückziehen und in die Berge gehen. Er stieß dabei auf einen Zöllner, der den Weg in die Berge bewachte. Der Zöllner erkannte ihn als den großen Philosophen und begriff, daß man ihn nie wiedersehen würde, und so sagte er zu Lao Tse, der noch nie etwas Schriftliches hinterlassen hatte, er dürfe nur passieren, wenn er den Kern seiner Philosophie vorher niederschreiben würde. Lao Tse schrieb in wenigen Tagen an der Grenze für den Zöllner den «Tao Te King», durfte passieren und ward nie mehr gesehen.

NEPTUN

Die zwölfte Person ist jene, von der gilt: Die Letzten werden die Ersten sein. Sie ist nicht mehr im Diesseits verankert, ihr Reich ist nicht von dieser Welt. Sie geht, darin gleicht sie Pluto, niemals ein in die Sichtbarkeit, und es ist so, als zöge sie, mit einem unsichtbaren Sog, auch andere Personen (aus dem Ensemble) hinüber in die Welt hinter der Welt.

Würden wir versuchen, sie zu personalisieren, so erhielten wir eine durch und durch jenseitige Wesenheit, die man einen Schutzengel (oder in moderner Version einen Schutzgeist) nennen könnte. Eine unsichtbare Kraft, die uns die Wahrheit über unsere irdischen Schritte vermitteln möchte und die uns Kunde über ein weitaus größeres Reich zu übergeben hat. In dieses Reich aber geht nur ein, wer die Bindungen an das Diesseits weitestgehend gelöst hat. «Mein Reich ist nicht von dieser Welt», sagt folgerichtig der herausragende Vertreter der jenseitigen Sphäre.

Diese Person des Neptun fühlt sich auf dem Planeten Erde sichtlich nicht zu Hause, und je nachdem wie exponiert sie in deinem Leben auftritt, versucht sie, auch die anderen Personen aus deinem Inneren für die jenseitigen Welten zu präparieren. Da diese das nicht wollen und sich gegen sie wenden, greift sie zu der Welt der Drogen. Drogen stellen immer den Versuch dar, die diesseitige Welt auszuhebeln und einen Übergang vorzubereiten. Mit Nikotin, Alkohol und härteren Drogen soll (von Neptun aus gesteuert) den anderen Personen der Boden der Realität weggenommen werden. Drogen sind der Versuch Neptuns, auch die anderen Ensemblemitglieder hinüberzuschaffen, die sich freilich weigern, denn sie wollen hier leben. Aber Neptun ist in der Regel stärker, und so gibt es einen fast aussichtslosen Kampf, von dem jede Drogenkarriere ein anschauliches Beispiel bietet. Einige Personen (im Inneren) hassen die Drogen und wollen in der Welt bleiben, sie versuchen den «Entzug» und die «Therapie», aber Neptun zieht sich dabei nur zurück. Er wird nie besiegt, und bei passender Gelegenheit tritt er als «Rückfall» wieder in Erscheinung.

Es ist der Auftrag dieser Person, die Welt von der «Wichtigkeit» in die «Nichtigkeit» zu überführen. Das vermag sie auch ohne äußere Drogen, denn sie hat die Möglichkeit, jederzeit das innere Arsenal der Drogen (sprich: der Neurotransmitter und Endorphine) anzuzapfen und so ein zunehmendes Absterben und Fahlwerden der Welt zu bewirken. Da die einzelnen Personen unseres Inneren in bestimmten Lebensphasen, in zeitlichen Rhythmen, in den Vordergrund geschoben werden (und nach einiger Zeit auch wieder verschwinden), wird auch Neptun in jedem Leben einige Male deutlich nach vorne gehoben. In solchen Phasen wird die Welt «öde und leer», man weiß nicht mehr, wo man sich orientieren soll. Der sonst vorherrschende Lebensmut und Optimismus erlischt, und die Welt wird fade. Jetzt stellt sich die Frage: Ist der Mensch bereit, Neptun in sein Reich der Meditation, der Kontemplation und Innerlichkeit zu folgen, oder klammert er sich haltsuchend weiterhin an die äußeren Dinge. Neptun hat die Gaben, die Welt als Lüge, als Täuschung, als Maja zu entlarven. «Das Sichtbare ist nicht wahr!» sagt er, und die anderen glauben ihm nicht, also muß er es gebührend zerstalten.

Es ist jene Person, mit der sich im Mittelalter die Mystiker identifizierten auf ihrem Weg zu Gott. Dieser Weg führt in die Abgeschiedenheit, in den Hintergrund der Welt (ins Kloster, in die Klause) und dort in das Reich der inneren Verzückung, denn die Welt hinter der Welt ist unendlich reich an majestätischen Landschaften und dem sagenumwobenen «Wasser des Lebens».

Da jedoch normalerweise die anderen Personen aus meinem Inneren lieber Champagner trinken und das «Wasser des Lebens» für eine nette alte Geschichte halten, ist niemand recht auf eine Person vorbereitet, die mich an diesen Born des Lebens führen möchte . . .

Damit sind die zwölf Personen skizziert. Es könnte unendlich viel mehr gesagt werden, aber ihre Konturen sollen reichen. Es ist wertvoller, daß der Leser, mit diesem Steckbrief ausgerüstet, selbst nach den Personen in seinem Inneren fahndet und man ihm eben nicht alles vorerzählt.

Jeder hat diese Personen in sich, das heißt: sie spielen in jedem

Lebensstück mit. Das bedeutet nicht, daß sie in jedem Stück gleichwertig wichtig sind. In einem Stück, es ist ein Kriegsstück, spielt eben der «Krieger» die Hauptrolle, in einem anderen Stück, es ist ein leises, meditatives Stück, eben die zwölfte Person. In manchen Stücken verbinden sich mehrere Mitspieler miteinander oder gegeneinander, und das leitet über zu dem nächsten Kapitel.

«Denn nirgends gibt es so große
Wandlungen und Wendungen
als dort, wo höchste Freiheit
und höchste Not zusammenstoßen.»
(Hans Blüher: Empedokles, Steglitz 1918, S.19)

Kapitel 7

Die Aspekte – die Verwicklungen

Wir haben den Tierkreis jetzt viermal umrundet – jeweils unter einem anderen Gesichtswinkel. Dabei beschrieben wir im

Kapitel 3: Die Art des In-das-Leben-Treten durch den Aszendenten;

Kapitel 4: Die Landschaften der Häuser, die dem Handeln das «Wo» verleihen;

Kapitel 5: Das «Wie» des Handelns, festgemacht hauptsächlich am Sonnenstand, und im

Kapitel 6: Die einzelnen Personen im Inneren mit ihren verschiedenen Bedürfnissen.

Bevor wir darangehen dürfen, eine Zusammenschau zu riskieren, z. B. in der Frage: Was heißt es jetzt, wenn sich die Person des «Merkur» (Kapitel 6) im 8. Haus (Kapitel 4) und im Zeichen Wassermann (Kapitel 5) befindet? Welches Bedürfnis wird sie hier artikulieren? müssen wir dieses Zusammenziehen an einem einfachen Beispiel systematisch üben. Dieses Übungsspiel nennen wir die «Aspekte», und es beschreibt jenen Prozeß, der sich ergibt, wenn zwei (oder mehrere) der inneren Personen sich in einem Abhängigkeitsverhältnis zueinander befinden.

Über den *mathematischen* Charakter dieser Abhängigkeiten, der sich aus bestimmten Winkelbeziehungen der einzelnen Planeten zueinander ergibt, haben wir ausführlich im Anhang referiert (ab S. 303 und der Leser sollte diesen Abschnitt jetzt lesen), in den folgenden Zeilen werden wir uns der *inhaltlichen* Seite zuwenden.

Das erste, was wir über Aspekte wissen müssen, ist folgendes: Im Prinzip kann sich jede der inneren Personen (die wir in Kapitel 6 in ihren Charaktereigenschaften beschrieben haben) mit jeder anderen inneren Person in eine enge Beziehung begeben. Das Wort «Beziehung» ist hier sehr treffend, denn es verweist auf eine Verbindung, so als wären die beiden Personen mit Hilfe eines Fadens aneinander gebunden und könnten ohne einander nichts unternehmen. Sie «ziehen» aneinander. Jeder, der mit einem anderen verbunden ist, ist damit aber auch gebunden. Auf der Ebene des Menschseins geschieht diese Bindung ebenso oft freiwillig wie unfreiwillig. Eine freiwillige Bindung zweier Menschen miteinander ist z. B. eine Verlobung, eine unfreiwillige ist z. B. ein Verkehrsunfall, wenn zwei Autofahrer sich «ineinander verbinden». Aber wir sprechen ja gar nicht von äußeren Personen, sondern von inneren, und die können – so mag der Leser glauben – ja nicht so nahe aufeinanderfahren. Doch, sie können! Sie können jederzeit auch im Inneren einen derart deutlichen Interessenkonflikt, eine derartige Krise auslösen, daß uns innerseelisch ein (äußerer) Verkehrsunfall noch als das kleinere Übel erscheint. Ganz abgesehen davon, daß dieser innere Konflikt ja auf eine geheimnisvolle Weise auch im Außen – eben als Verkehrsunfall oder ähnliches – ablaufen kann, *damit uns ein Spiegel für das Innere vor Augen geführt wird.*

Jedes «Kranksein» ist beispielsweise ein im Inneren ablaufender Verkehrsunfall, der uns verdeutlichen will, daß zwei (oder mehrere) Personen in mir «in Feindschaft» sich befinden.

Doch das ist nicht die richtige Sprache! Wir formulieren es hier zunächst so, weil es sich in der Astrologie eingebürgert hat, bei den «Aspekten» von *freundlichen* und *feindlichen* Zusammentreffen zu reden. Mit Esoterik hat das nichts zu tun. In der Esoterik gibt es keine freundlichen oder feindlichen Aspekte. Es gibt nur Teile in mir, die kenne ich, und Teile in mir, die kenne ich noch nicht. Manche Personen sind mir bekannt, manche Personen sind mir nicht bekannt. Manche sind «bewußt», und manche sind «unbewußt».

Und es ist nicht etwa so, daß die «bewußten» Anteile der Person freundlich wären und die Unbewußten unfreundlich oder unerfreulich. Nein, alles, was mir bewußt ist, taucht gar nicht mehr auf! Es verschwindet sang- und klanglos aus den Arealen des Schicksals. Es wird in dem großen Verkehrschaos des Lebens zum Zweck der Selbsterkenntnis ganz einfach nicht mehr benötigt. Jedes Thema aus meinem Inneren, das mir total und restlos «bewußt» wäre (wenn es je so etwas geben sollte), wird sofort zu den Akten genommen, und der Vorgang wird – wie eine beendete geschäftliche Transaktion – abgeschlossen und abgeheftet. Doch wir bezweifeln, daß sich derartiges sehr oft ereignet. Meistens stellt sich – nach Jahren – heraus, daß der Steuerprüfer die alten Unterlagen noch einmal einsehen möchte, und das als beendet geglaubte Verfahren wird auf einer neuen Ebene noch einmal eröffnet. Alle *freundlichen* und alle *feindlichen* Aspekte sind zum Hinschauen da, denn das ist die Übersetzung des Wortes «Aspekt». Etwas wird mir gespiegelt.

Ein Blick ins etymologische Wörterbuch hält diese Übersetzung für uns parat. Das Grundverb «specere» (von ad-specere = «hinsehen») finden wir wieder in dem deutschen Wort «Spiegel» (da es aus diesem Stamm abgeleitet worden ist).

Insofern ist *jeder* Aspekt im Horoskop, ganz ebenso wie jeder einzelne Planet auch, dazu da, mich früher oder später in einen Selbsterkenntnisprozeß zu verwickeln. Bei den schwierigen Aspekten fällt es schneller auf, währen die «freundlichen» Aspekte oft sehr lange benötigen, bis sie ihre brisante Spiegelfunktion entfalten.

Es gibt verschiedene Formen, verschiedene Qualitäten, die ein Aspekt mir präsentieren kann. Je nach seiner Winkelsumme erhält er einen anderen Namen und eine andere inhaltliche Aussage. Es gibt sechs Aspekte, die wir besonders herausstellen wollen.

1. Konjunktion

Die Winkelsumme beträgt 0 Grad. Das heißt, zwei (drei, vier etc.) Planeten stehen im Horoskop nebeneinander. Sie verlieren damit ihren jeweils individuellen Charakter und wirken als Allianz, d. h. wie ein Paar siamesische Zwillinge, deren jeweilige Hälfte einen eigenen Willen hat. Dabei ist es so, daß sie diesen Willen nicht gegen den jeweils anderen Teil durchsetzen können, sondern aus den beiden Einzelintentionen eine gemeinsame Intention machen *müssen*. In der Politik wäre das eine Koalition, d. h., zwei Parteien teilen sich die Regierungsmacht. Keine Partei kann ihr Programm allein durchsetzen, aber sie bilden ein Aktionsprogramm, in dem beide Parteiprogramme einigermaßen zu ihrem Recht kommen und vertreten dieses Programm als Einheit nach außen. Daß es intern darüber lange Rangeleien gibt, wer wie viele Ministerstellen bekommt, ist dem Auftreten nach außen kaum anzumerken.

2. Opposition

Die Winkelsumme beträgt 180 Grad. Das heißt, zwei innere Personen stehen sich diametral gegenüber und bilden ein «Gegeneinander». Sagt der eine «hüh», sagt der andere «hott». Sie sind Hund und Katze oder Sonne und Mond. Aber diese Opposition ist *offen* sichtbar, jeder kann sich auf die Gegensätzlichkeit des anderen verlassen. Es ist das Thema «Mann» und «Frau», konkav und konvex. In der Politik trägt diese Konstruktion den gleichen Namen. Es gibt eine Regierungspartei, sie ist an der Macht, und es gibt eine Opposition, die opponiert gegen die Macht. Und jeder der beiden weiß, daß der andere gegen ihn ist. Das ist nicht unbedingt Feindschaft, denn die beiden Parteivorsitzenden können durchaus einen gemütlichen Abend miteinander verbringen. Aber in der (politischen) Sache sind sie Gegner. Die interne Qualität der Opposition trägt die Signatur des Mondes (der der Sonne gegenüber steht).

3. Quadrat

Die Winkelsumme beträgt 90 Grad. Das heißt, zwei Planeten stehen so, daß sie den jeweils anderen nicht sehen können. Nehmen wir ein Bild aus dem Straßenverkehr (weil die Politik diese Konstellation kaum kennt). Als Autofahrer achte ich auf den Verkehr, der mir von vorn, d. h. von der gegenüberliegenden Seite, entgegenkommt. Meine Augen schauen nach vorn, damit ich alles, was von vorn (also aus der Opposition) kommt, überblicke. Jeder Autofahrer schaut geradeaus und erwartet das Problem von vorne, dagegen ist er gewappnet. Plötzlich aber schießt aus der Seitenstraße ein Auto im rechten Winkel auf mich zu. Sei es, daß es meine Vorfahrt nicht achtet, sei es, daß ich das Gebot «Rechts hat Vorfahrt» übersehe. Plötzlich ist das Auto da, und ich habe nicht damit gerechnet, das ist ein Quadrat.

Wir könnten es anders formulieren und sagen: Die Opposition ist der bewußte Gegner, denn er kommt offen von vorn, das Quadrat ist der unbewußte Gegner, denn er kommt von der Seite und wird erst im letzten Moment (wenn es schon zu spät sein kann) gesichtet. In jedem Fall ist ein Schreck die Folge und oft Blechschaden. Die interne Qualität eines Quadrates trägt die Signatur des Saturns.

4. Sextil

Die Winkelsumme beträgt 60 Grad. Das heißt, zwei innere Personen stehen durch ein ganzes Tierkreiszeichen getrennt und blicken in dieselbe Richtung. Das ist gleichzeitig Vertrautheit und Spannung. Und aus diesen beiden Polen ergibt sich eine Art «Erotik», eine Anziehung, die in sich den Wunsch trägt, das Andersartige des anderen zu erkunden. Es ist jene Spannung, die unsere Jugend in die Diskotheken treibt, eine Spannung, die unabdingbar zum «Verlieben» verleitet, aber mit der gleichen Folgerichtigkeit auch zum «Entlieben» (wenn sich die Personen ausreichend erkundet haben). Die interne Qualität des Sextils trägt die Signatur der Venus. Nicht umsonst heißt diese Konstellation Sex-til!

5. Trigon

Die Winkelsumme beträgt 120 Grad. Das heißt, zwei Personen stehen durch drei Zeichen getrennt im selben Element (Feuer, Wasser etc.). Das ist eine geistige Befruchtung, der eine profitiert vom anderen. Es ist so, als hätte man einen Mentor, einen älteren (väterlichen) Freund, der einem beratend und (relativ) weise zur Seite steht. Die interne Qualität des Trigons trägt die Signatur des Jupiters.

6. Der Spiegelpunkt

(Von uns auch «Schattenpunkt» genannt.)

Zwei innere Personen stehen in einem verdeckten und auf den ersten Blick nicht sichtbaren Abhängigkeitsverhältnis, das sie selbst lange Zeit nicht bemerken. Noch am ehesten kann man hier von einer «magischen Bindung» sprechen, die noch nicht gelöst worden ist. Sie läuft als «fixe Idee» oder als «Fluch» unerkannt mit, und man hält sie für normal. Die beiden inneren Personen sind einander «verfallen», können voneinander nicht lassen und merken es noch nicht einmal. Die interne Qualität eines Spiegelpunktes trägt die Signatur des Pluto. (Gespiegelt wird über die Achse Widder – Waage, nicht, wie bei manchen französischen Autoren, über die Achse Krebs – Steinbock.)

Wir werden im folgenden jede einzelne der inneren Personen mit jeder anderen inneren Person kombinieren, so daß der Leser einen Geschmack auf die Zunge bekommt, wie die jeweilige Allianz sich anfühlt (also Sonne–Mars, Sonne–Venus, Sonne–Merkur etc.). Wir werden diese Verbindungen nicht sechsmal beschreiben (also Sonne Konjunktion Mars, Sonne Opposition Mars etc.), sondern nur einmal. Zum einen haben wir nicht genügend Raum zur Verfügung, das zu tun, zum anderen wollen wir dem Leser selbst die Möglichkeit geben, seine eigenen Deutungen kennenzulernen. Wir beschreiben nur, was das Aufeinanderprallen zweier Charakterzüge gleichsam als Drittes hervortreibt, und der Leser erprobt seine Deutungsart, die im Falle eines Sextils anders aussieht als im Falle eines Quadrates.

Noch am ehesten kann unsere Beschreibung gelten als die Frage: Was macht das eine Prinzip, wenn es auf das zweite stößt? Welche Dialektik ergibt sich?

Da Sonne und Mond diejenigen Prinzipien sind, um die sich alles dreht, beginnen wir mit ihnen.

Generelle Anmerkung: Wenn wir jetzt darangehen, die einzelnen Konstellationen zu beschreiben, so liegt die Konzentration darauf, wirklich nur diese beiden Personen zu verbinden. Wir vernachlässigen dabei vollständig, daß es diese Personen (z. B. Sonne – Mars) ja nicht im luftleeren Raum gibt, sondern daß sie sich immer schon in einem Zeichen und in einem Haus befinden. Diese beiden Parameter muß sich der Leser jedoch aus den anderen Kapiteln dazusammeln und sie mit unserem Bild der Kombination verbinden. Erst hierin liegt die Kunstfertigkeit eines Astrologen.

Sonnen-Aspekte

Sonne – Mars

Diese beiden inneren Personen sind, da beide einem Feuerelement angehören, grundsätzlich nahe Verwandte. Der eine will strahlen und erobern, der andere will seine Energien (möglichst auch sexuell) loswerden. Es ist das Bild der potenten Männlichkeit, die überzeugt. Der starke Mann, der ein echter Macho *ist*, dem man es deshalb kaum anmerkt, denn er muß sein Machotum nicht heraushängen lassen (problematisch wird derartiges natürlich im Horoskop einer Frau, da sie selbst sich lange nicht traut, dieses Bild zu leben).

Ein hohes Maß an egoistischem Durchsetzungsvermögen.

Gehen wir hier – gleichsam als Übung für alle anderen Kombinationen – doch einmal die einzelnen Aspekte durch, so ergeben sich:

Sonne – Opposition – Mars

Ich erlebe die Durchsetzung der Energien im Außen, d. h., andere exerzieren mir vor, was ich eigentlich will. Eine Ablehnung der Kraftprotze macht sich in mir breit, ebenso eine Ablehnung der Gewalt.

Sonne – Quadrat – Mars

Die aggressive und energetisch sexuelle Kraft ist Teil meines Unbewußten, meine eigene Gewalt setzt sich hinter meinem Rücken gegen mich durch, ich werde gern zum Opfer.

Sonne – Sextil – Mars

Die beiden Personen stehen so zueinander, daß das Abenteuer in der Tat, in der Bewegung nach Außen gesucht wird.

Sonne – Trigon – Mars

Hier geht es nicht so sehr um die Tat, sondern um ein Verstehen, um ein Verständnis der raumergreifenden Energien. Das Ego muß das Schwert nicht benutzen, sondern seine Funktionen verstehen. Natürlich werden diese Energien auch körperlich eingesetzt, aber sie gehen auf ein höheres Ziel.

Sonne – Spiegelpunkt – Mars

Hier wird die Energie magisch, ohne daß der Mensch das wissen muß. Sein Energiepotential wird bindend und trägt das Signum von Hörigkeiten. Sei es, daß man dem anderen hörig wird, sei es, daß man ihn hörig macht. Das Messer richtet sich gegen das eigene Leben.

Sonne – Venus

Diese beiden inneren Personen haben eine eigentümliche Sucht eingebaut, die Sucht nach einer gegengeschlechtlichen Ergänzung. So sucht der Mann nach dem (schönen und reizvollen) Mädchen und die Frau nach einem idealen Partner. Diese Sucht gerät leicht zum Lebenszweck. Es ist eigentlich die lebenslange Suche nach einer Begegnung, wobei die Tücke darin besteht, daß jede reale Begegnung die Suche zum Abschluß bringt. Es entsteht (nach einiger Zeit) das Gefühl, daß etwas fehlt. Es fehlt nämlich die «Suche», oder wie wir es ganz banal umgangssprachlich ausdrücken können, die «Ab-Wechslung». Hört man in dieses Wort einmal aufmerksam hinein, so hat man einen zentralen Gesichtspunkt von Sonne – Venus erfaßt. Da Sonne – Venus immer den Wunsch nach Vollständigkeit und Komplettsein in sich trägt, dieser Wunsch aber in jeder Beziehung enttäuscht wird, kommt es zu einem häufigen «Ent-Lieben». Natürlich suchen diese beiden Personen immer auch das Schöne, Wahre und Gute, und daraus ergibt sich eine gehörige Portion «Geschmack». Sonne – Venus heißt auch: Ich will attraktiv sein.

(Anmerkung: Sonne – Venus können im Geburtshoroskop niemals mehr als 48 Grad auseinander stehen, sie bilden also nie Sextile, Quadrate, Trigone oder Oppositionen).

Sonne – Merkur

Zwischen diesen beiden Personen tobt ein Kampf. Es ist der zwischen Verstand und Gemüt. Je näher sich der Merkur an der Sonne aufhält, desto heftiger macht er sich bemerkbar. Der Merkur trägt den Auftrag, die Sonne in das Gesamt des Seelischen zurückzubringen. Sie hat sich entfernt, ist einseitig in die Ego-Hypertrophie entglitten. Merkur hat damit das heikle Amt, ein Rückholungswerk zu vollführen. Das kann er nur, wenn er die

Sonne an ihre Pflicht zur Rückkehr erinnert; so wird er penibel und versucht mit seelischer Steuerung und einem schlechten Gewissen auszuhelfen. Das Werkzeug, mit dessen Hilfe diese Arbeit vollführt wird, ist der Intellekt, der analytische Verstand, die Rationalität. Er versucht einerseits, die Gefühle zurückzubringen, andererseits, mich von den Gefühlen auch abzuhalten. Scylla und Charybdis. Durch diese enge Passage müssen die beiden hindurch. Je näher der Merkur an der Sonne steht, desto enger wird die Durchfahrt.

(Anmerkung: Sonne und Merkur können im Geburtshoroskop niemals mehr als 28 Grad auseinander stehen, sie können von allen möglichen Aspekten nur eine Konjunktion und einen Spiegelpunkt bilden).

Sonne – Mond

Hier treffen die beiden «großen Lichter» zusammen und bilden die wichtigsten Aspekte, die im Horoskop vorzufinden sind. Yang (Sonne) und Yin (Mond) treten in eine Beziehung. Sie haben irgendwann einmal das «große Werk», die «conjunctio oppositorum» zu vollführen. Aber erst einmal sind sie «Mann» und «Frau» und damit «Hund» und «Katze».

Jeder Aspekt zwischen den beiden zeigt mir, wie es um die Einheit und die Zerrissenheit meiner Seele bestellt ist. (Nicht, daß wir uns mißverstehen, dort, wo sie in Konjunktion stehen, ist nicht etwa Einheit, sondern «Auftrag, eine Einheit herzustellen». «Einheit» wäre noch am ehesten «Sonnenfinsternis».)

Wenn Sonne und Mond als die wichtigsten Personen in meinem Inneren (sie spielen in jedem Stück die Hauptrolle) in einem Aspekt sich befinden, so geht es in der Tat um die Auseinandersetzung zwischen Helligkeit und Dunkelheit, Nacht und Tag, ein Kampf, der in der christlichen Mythologie als der zwischen Michael und dem Drachen ausgewiesen ist.

Kurz bevor Jesus die Worte «Es ist vollbracht» aussprechen konnte, verfinsterte sich die Sonne, sie verlor ihren Schein. Das Ego zerschmolz, und es wurde dunkel. In diesem Bild steckt (möglicherweise) das Ende der seelischen Zerrissenheit, das Helligkeit und Dunkelheit immer voneinander trennt. Diese Aufgabe, sich mit der Zerrissenheit der beiden großen Pole «Frau» und «Mann» zu beschäftigen, begleitet einen Sonne-Mond-Aspekt lebenslang. «Kümmere dich um die auseinander gewanderten Pole der Einheit deiner Seele.»

Bist du Mann, so ist das Weibliche in dir in Verlust geraten. Bist du Frau, so ist das Männliche in dir in Verlust geraten. Und die Arbeit besteht darin, das jeweils andere wieder herbeizuholen. Hier liegt in der Tat die wichtigste Aufgabenstellung bei der «Reise des Helden». Er muß hinab zu den «Müttern» und «Vätern» und sich dort wiederfinden. Das gilt nicht nur im übertragenen Sinne, sondern auch innerhalb der Familiengeschichte. Jeder, der einen Sonne-Mond-Aspekt hat, muß sich mit dem «Geheimnis seines Elternhauses» beschäftigen; er muß das Kästchen, in dem ein Familiengespenst (möglicherweise schon seit vielen Generationen) sich aufhält, suchen und eines Tages öffnen. Dazu aber muß man in die eigene Kindheit (nachdem man erwachsen geworden ist) hinabsteigen und in den Bildern, die vorhanden sind, jene aufsuchen, die verschollen sind. «Sonne» und «Mond» sind auf der seelischen Ebene auch «Vater» und «Mutter», wenn auch nicht immer der körperliche Vater und der seelische Vater übereinstimmen. Seelisch kann mein «Vater» die Mutter sein und vice versa. Das herauszufinden, wer wirklich «Vater» und «Mutter» in meiner Familie waren, gehört zu den ersten Schritten auf dieser Reise.

Sonne – Pluto

Die beiden Personen repräsentieren das Lebendige und das Anti-Lebendige. Beide zusammen bilden einen Strudel. Die Kräfte des Lebendigen strömen und wollen sich ausbreiten, die Kräfte des Anti-Lebendigen ziehen nach unten und bilden einen Sog. Beides zusammen ergibt eine konzentrierte Kraftform, die punktuell wirbelt und eine mächtige Kreisform bildet. Und immer mehr des lebendig Strömenden wird in den Sog des Strudels hineingezogen. Was man jedoch bei einem realen Strudel sofort sieht, ist auf der menschlichen Ebene lange Zeit nicht sichtbar: er ist gefährlich. Man gerät leicht in den Rausch der kraftvollen Geschwindigkeit und merkt nicht, daß man immer um die gleiche

Sache kreist. Da der Pluto eine geistige Kraft ist, ist auch der Strudel geistig und heißt hier «Idee», «Vorstellung», «Abstraktion». Es ist der Kampf des Lebens gegen die «Idee des Lebens». Insofern ist die «Idee» der stärkste Feind des Lebendigen. Bevor ich nicht auf den Boden des Strudels gelangt bin, gibt es kein Entkommen. Jede mythologische Hadesfahrt will uns davon berichten. Erst ganz unten gibt es einen Ausweg. Denn hier beruhigt sich das kreisende Wasser, und ich kann dem Kreis entkommen.

Sonne – Jupiter

Wieder treten zwei Personen des Feuer-Elementes einander gegenüber. Beide haben dieselbe Richtung, wollen ähnliches. Die Sonne will Macht und Herrlichkeit, der Jupiter geistige Weite und Einsichten. Das führt zu einer Potenzierung der gerichteten Energien und damit leicht zu souveränem Größenwahn. Erst in dem Moment, in dem der Jupiter seiner eigentlichen Aufgabe näherkommt, nämlich den Pfeil statt nach vorn in den Fortschritt zurück in die Erinnerung zu schießen (was, wie wir schon angedeutet haben, mindestens fünfzig Jahre dauert), kann er der Sonne ein Führer in das Innere (Er-Innerung) sein. Vorher ist er allenfalls ein versierter Besserwisser oder ein machtgieriger Priester und Prediger. Es ist die Auseinandersetzung zwischen der Einsicht und der Fähigkeit, Einsichten auch umzusetzen.

Sonne – Saturn

Eine ziemlich boshafte Mischung, jedenfalls wird es lange so erlebt. Es ist die Auseinandersetzung zwischen dem, was ich will (Sonne), und dem, was ich muß (Saturn). Hier stehen sich Menschenwille und Schicksal gegenüber, und das letztere ist allemal stärker. Insofern ist es das Gefühl, pausenlos einen Knüppel zwischen die Beine zu bekommen. Meinem Sein soll der Weg ins Gesetz gewiesen werden. Da ich das lange Zeit nicht erkennen kann (und will), wählt das Gesetz sich einen Trick: Es macht mich gern zum Stellvertreter des Gesetzes für andere. Wenn ich mich zum Solon, zum Gesetzgeber aufspiele, dann lerne ich im Laufe meines Lebens, was es heißt, sich dem Gesetz zu unterwerfen. Das erste, was vom Gesetz nach außen sichtbar wird, ist seine Härte. Denn alles, was meinem Wollen und dem Wollen der Menschen (in der Welt) entgegensteht, wird als Beschneidung, als schneidende Härte empfunden.

Hartherzigkeit und mangelnde Lebensfreude kennzeichnen diesen Weg über lange Zeit.

Sonne – Uranus

Die beiden Personen, die sich hier begegnen, sind Antipoden. Insofern handelt es sich bei Sonne-Uranus-Verbindungen um die schärfste (manche sagen die gefährlichste) Mischung, gleichsam um seelisches Nitroglyzerin. Eine unbedachte Bewegung bringt das Ganze zur Explosion. Der Uranus ist jene Substanz, die das Thema der Ent-Bindung in sich trägt, und wenn sie auf die Macht meines Egos geht, löst sie mich aus dieser Macht (und Vollkommenheit), die ich mir vorher so mühsam aufgebaut habe. Uranus ist der Stoff des Anti-Egos (nicht des Anti-Bios, das ist Pluto!), er wirkt befreiend. Aber wer will schon befreit werden? Denn hinter jeder Lösung steht zwar die Freiheit, aber auch die Einsamkeit. Und: Uranus ist, da er aus dem Himmel kommt, immer stärker als das Ego. Nur wer an nichts mehr gebunden ist, ist wahrhaft frei; er kann dann alles haben, weil er an nichts mehr hängt. Wer an etwas hängt, hängt fest. In dem Moment beginnt Uranus als unsichtbare fünfte Kolonne mitten im Feindesland seine Unterwandertätigkeit, und noch der beste Freund stellt sich bald als Verbündeter dieser Kraft heraus (weshalb ich ihn gerne zum Verräter stempele).

Sonne – Neptun

Der «Entzug» der Welt. In dem großen Bundesligaspiel zwischen Diesseits und Jenseits treffen hier die Hauptgegner aufeinander, und der Sieg steht von vornherein fest. Es ist ein Spiel! Je stärker ich mich mit meiner Sonne im Diesseits aufhalten möchte, desto mehr zieht mich die Kraft, die keine ist (deshalb ist sie so wirkungsvoll) und deren Künstlername «Neptun» lautet, in ihr Reich der Entweltlichung, in die Regionen des Jenseitigen, dort *hinter* ihr das Reich der Nebel. Hier im Diesseits habe ich, d. h. mein Ich (mein Ego), einen Namen, dort sind Namen «Schall und Rauch». Hier ist die Welt laut und hektisch, dort leise und fließend. Sonne–Neptun ist in der Tat der «Weg nach Avalon», aber eben nur der Weg, und der führt mich durch die Nebeltäler der Ent-Ichung. Nichts mehr ist greifbar, auf nichts (auf das Nichts) kann ich mich verlassen. Hier liegt das unterseeische Atlantis, das zwar untergegangen ist, aber dennoch lebt. Der Schmerz der Ohnmacht auf dieser Seite ist erst einmal größer als der Gewinn, der auf der anderen Seite zu erzielen ist.

Mond-Aspekte

Mond – Mars

Die beiden inneren Personen sind weltliche Gegenspieler. Der eine seelisch, der andere körperlich. Wo sie sich legieren, gibt es Ablehnung. Mond–Mars trägt in sich die Symbolik des ödipalen Konfliktes: Das sexuell erwachte Kind trachtet danach, die Mutter zu besitzen. Aber diese Stelle ist durch den Vater bereits belegt, und so muß das Kind die Mutter dafür hassen, daß sie den Vater als Liebesobjekt (Sexualobjekt) gewählt hat. (Auch gegenüber dem Vater existiert jetzt ein unbewußter Tötungswunsch, der sich in die Konstellation Sonne–Mars unerkannt einschleicht.) Diese Konstellation ist gleichermaßen eine «Ablehnung der Gefühle», denn jedes «Gefühl» würde diese alte Versagung (das Versagen) mit an die Oberfläche schwemmen. Aus dieser Vereinigung lebt ein Großteil aller Kindheitstherapien (Psychoanalyse, Psychodrama etc.), die den Haß, die Wut und die Aggressionen der Kindheit aufzuarbeiten sich vorgenommen haben.

Das Weibliche wird bekämpft.

Mond – Venus

Die beiden archetypisch *weiblichen* Personen (des Inneren) stehen in einer Beziehung. Die versorgende mütterliche Frau und das erotisch aufgeblühte Mädchen. Es ist das Verhältnis von Mutter zu Tochter. Und wie es zwischen den Generationen so ist: beide verstehen sich nicht sonderlich. Sie müssen sich allen modischen Tendenzen (einer «guten Freundschaft») zum Trotz gegeneinander abgrenzen. Zwar wünscht sich die Mondseite von der Tochter Verständnis und Partnerschaft, d. h. emotionalen Austausch, aber die Tochter möchte ihre eigenen Erfahrungen machen, und so gibt es nur auf der Oberfläche (z. T. mühsamen) Konsens, tiefer unten brodelt der Generationenkonflikt, der heute gern verschleiert wird. Und es gehört zu den Aufgaben der Venus, sich vom Mond zu emanzipieren, was freilich (im Falle eines Quadrates oder einer Opposition) dazu führen kann, daß die innere Person des Mondes die Venus beschuldigt, sich wie eine Nutte zu verhalten (wir reden nicht wirklich von äußeren Personen: die beiden sind in meinem Inneren, und ich kann mich also selbst für eine «Nutte» halten und diesen Teil in mir bekämpfen).

Mond – Merkur

Der ewige innere Kampf zwischen Gefühl und Vernunft. Soll ich meinen Gefühlen nachgehen oder dem, was meine innere Stimme der Vorsicht mir rät? Soll ich mich fallenlassen (und dann abhängig sein und ausgebeutet werden) oder versuchen, meiner Gefühle Herr zu werden und einen klaren Kopf behalten? Letztlich entscheide ich mich – bei einem Zusammenspiel dieser beiden Mitspieler – für einen Kompromiß. Weder Fisch noch Fleisch – aber leider auch keine Paella. Ich glaube dann, daß ich meinen Gefühlen nachgebe und rede darüber. Es ist in den letzten Jahren in der Therapeutenszene modisch geworden, jeden Satz mit den Worten: «Ich habe das Gefühl, daß ...» zu beginnen. Aber es ist kein Gefühl, es ist Gerede. Eine andere Form, diese Allianz zu leben, ist zu nörgeln.

Mond – Pluto

Heutzutage eine der delikatesten Konstellationen. Sie war schon immer delikat, aber mittlerweile haben wir die Chance, ihre Delikatesse zu erkennen. Der weibliche Teil der Seele befindet sich wie weiland Persephone in der Unterwelt. Gefangen im Reich der toten Seelen. (Vgl. Peter Orban: Pluto, Reinbek 1989.) Daß sie sich in der Naß-Kälte der lichtlosen unterirdischen Landschaften nicht sonderlich wohl fühlt und an das Licht des Tages möchte, erfordert eine Leistung. Die Leistung nämlich, sich zunächst schonungslos klarzumachen, daß der weibliche Teil meiner Seele sich tatsächlich im Reich des Hades befindet. Nur durch die Angst hindurch gelange ich ans Ende dieses Herrschaftsbereiches. Es ist dies ein Refrain, der in den östlichen Staaten gerade begriffen worden ist. Wir hier im Westen haben diesen Weg erst noch vor uns. Die Verbindung Mond–Pluto fordert Opfer: das Lebendige soll geopfert werden. Am liebsten verschlingt sie ungeborene Kinder, denn diese haben noch alle Potenzen des Lebendigen zur Verfügung.

Mond – Jupiter

Es geht um eine Rückbesinnung auf die große Mutter des Uranfangs. Es ist dies das Reich der Musen, insbesondere die Mutter der Musen, Mnemosyne hat hier ihren Ort. Die Seele, die von den Wassern der Lethe getrunken hat und dadurch in das Reich des Vergessens, in den Hades, zurückgefallen ist, erhält in dieser Konstellation das Wasser der Mnemosyne, und sie erinnert sich. Erinnerung hat mit dem «Inneren» zu tun, also mit der Seele, und mit dem «Inne-Werden». Die Übersetzung für Mond–Jupiter lautet: Sich des Reichtums des Inneren innewerden. Daß das eine Aufgabenstellung (also ein Weg) und nicht eine fertig gegebene Sache ist, versteht sich von selbst. Der Kampf, der sich dennoch auftut, ist der, daß der Jupiter das männliche Prinzip vertritt, gleichsam den männlichen Gott, und der Mond die weibliche Seite der großen Mutter spiegelt. Solange also dem Gott ein Geschlecht gegeben wird, haben wir den Kampf der Kirche gegen die Frauen.

Mond – Saturn

Die Symbolik spricht hier von einer Verhärtung der Gefühle. Wieder stehen Gegenspieler des Tierkreises einander gegenüber und leiden aneinander. Es ist das Bild, das uns Ingmar Bergman in seinem Film «Fanny und Alexander» präsentiert hat: dem Knaben Alexander wird von seinem Stiefvater (mit dem Rohrstock auf den nackten Po) beigebracht, daß man nicht lügen darf. Von der Seite des Mondes aus ein erschreckender Vorgang. Da aber das Thema des Saturn nichts «Bösartiges» enthält, sondern die Einsozialisierung in das «Gesetz» vorsieht, geschieht dieser Akt der Bestrafung objektiv richtig, wenn wir auch subjektiv immer auf der Seite des Kindes uns aufhalten.

> Das Thema des «Bösen» ist im Tierkreis nicht vorzufinden. Es ist immer nur «noch nicht Verstandenes». Was uns als «Böses» erscheint, haben wir noch nicht begriffen. Es ist Hilfe auf dem Weg, es zu verstehen, Hilfe auf dem Weg, nicht mehr dumm zu bleiben.
> Dasselbe gilt freilich für das «Gute». Beides ist nicht wahr.

Dieses Thema der Bestrafung, das der Saturn oft präsentiert, ist ein Akt der objektiven Sichtbarmachung, daß etwas fehlt. Wer in einer Eiswüste lebt, braucht Sinnesorgane, die Eiswüste wahrzunehmen. Unter Mond–Saturn haben sich die Nervenendungen sehr von der Oberfläche zurückgezogen. Und so bedarf es kräftigerer Schläge, damit man überhaupt etwas spürt. Insofern ist jeder kräftige Schlag eine Erinnerung daran, daß sich etwas (nämlich das Gefühl) zurückgezogen hat.

Es ist die Abtrennung von den Gefühlen.

Es ist auch ein gerüttelt Maß an Traurigkeit in dieser Kombination.

Mond – Uranus

Wolfgang Döbereiner hat diese Konstellation «den Auftrag der Mutter» genannt. Das ist gut beobachtet. Die Dynamik, die hinter diesem «Auftrag» liegt, ist folgende.

1. Diese Aufträge sind niemals wörtlich erteilt worden (sondern meist als Gegenteil erfolgt).
2. Sie sind dem Kind (und späteren Erwachsenen) nicht bewußt.
3. Sobald er als Auftrag durchschaut ist, wirkt er nicht mehr.

Diese Thematik ist in der Psychoanalyse schon länger als das Delegations-Prinzip bekannt und verläuft nach dem Modus: «Lebe du, was ich zu leben mich nicht traue, du gibst mir dann sogar noch die Möglichkeit, dich guten Gewissens abzulehnen» (so spricht die Mutter).

Aber dieser Auftrag beschreibt nur die eine Seite der Medaille und ist damit noch kein Zahlungsmittel.

Der Auftrag ergeht nämlich, *damit* ich ihn irgendwann erkenne und mich von der *Abhängigkeit an meine Mutter löse.* Der Auftrag ist gleichsam die Vorstufe, die freilich vierzig Jahre wirksam sein kann. Habe ich ihn durchschaut, erfolgt das Eigentliche. Ich bin von der Abhängigkeit an meine (sich blind durchsetzenden Gefühle) befreit. Ich bin kein Spielball meiner Gefühle mehr. Sie dürfen dasein, aber sie beherrschen mich nicht mehr.

Somit lautet die Arbeitsanforderung dieser Konstellation: Löse dich aus der Abhängigkeit des Emotionalen. Und ist das eigentliche Heilmittel für alle Pluto-Mond-Erkrankungen.

Mond – Neptun

Die Abwesenheit des Weiblichen. Das Weibliche ist für die Welt nicht mehr verfügbar. Es ist in das große Meer des Vergessens zurückgetaucht und nur noch als ein Hauch der Sehnsucht zu erahnen. Ein Mensch mit Mond–Neptun erliegt viele Jahre lang seinen Täuschungen, seien es Täuschungen über seine eigene Mutter, seien es Täuschungen über seine Fähigkeit, Mutter zu sein.

Er hatte selbst ein Gespenst zur Mutter oder war eine gespenstische Mutter. Wann immer das Kind zur Mutter greifen wollte, griff es ins Leere. Man kann durch Gespenster hindurchgreifen, d. h., sie sind da und sie sind doch nicht da. Sie lächeln, aber das Lächeln ist projiziert, d. h., es hat keine Konsequenzen, weder gute noch schlechte, gar keine. Es ist, als ob eine Schauspielerin die Rolle der Mutter spielt. Als Kind ist man in einem Film, und die Schauspielerin, die eigentlich die Mutter ist, weiß gar nicht, wer sie wirklich ist. So verwechselt sie bald Drehbuch, bald Leben. Schließlich ist sie nirgends mehr, haltlos im Nichts, but the show must go on. Die Wahrheit ist: Diese Rolle wird nur gespielt, damit man merkt, daß man sie nicht spielen kann. Das Weibliche wird in diesem Spiel nicht mehr benötigt, es ist zurückgehängt worden in den Fundus.

Die Merkur-Verbindungen

Merkur – Mars

Der Verstand und die Aggressionen vereinigen sich und gebären die Kritik. Den Angriff mit den Mitteln der Vernunft oder das Streitgespräch. Beide Parteien haben eigentlich nichts gegeneinander, sie vereinigen sich gern und schlagen gemeinsam zu. Wir finden dann einerseits so etwas wie eine scharfe (spitze) Zunge, andererseits die aggressive Vorwärtsverteidigung nach dem Motto: Angriff ist die beste Verteidigung. Ich muß militant dafür sorgen, daß ich unschuldig bin.

Merkur – Venus

Die Vernunft und die Partnerschaft (oder die Erotik) legieren sich, und heraus kommt eine Wesenheit, die man sowohl als sehr kontaktfreudig als auch als berechnend bezeichnen könnte. Sex oder «Liebe» werden zu einem «Kalkül», zu einem Handelsunternehmen, bei dem – neben der Lust – noch etwas mehr herausspringen muß.

In früheren Zeiten handelten die Eltern die Bedingungen einer derartigen Verbindung aus: wie viele Ländereien und Kostbarkeiten bei der Ehe eingebracht werden müssen und ob die Angelegenheit überhaupt standesgemäß ist. Sprich: ob jede Partei etwas Gleichwertiges davon hat.

Heute tun wir das selbst. Venus–Merkur ist somit der Heiratsvermittler oder der Lust-Vermittler oder besser noch der Wert-Vermittler. Und so kann man heute in Modejournalen (ebenfalls Venus–Merkur) nachlesen, wie ich mich zurechtmachen muß, damit ich vermittelbar bin.

Diese beiden inneren Personen können nur in Konjunktion und Sextil auftreten, können also – so sehr sie sich auch bemühen – nicht ins Unbewußte (Quadrat) geraten, denn ihre größte Winkelentfernung voneinander kann nur 76 Grad betragen.

Merkur – Pluto

Der Seelenhändler. Zwei innere Personen treffen sich zum Zwecke eines Geschäfts. Pluto will seelisch wirksam werden und ein Stückchen Seele zu greifen bekommen. Denn ohne Seele ist er wie ein orientalisches Flaschenteufelchen: Der Korken ist auf der Flasche, er ist eingesperrt und damit machtlos. Keiner will den Korken herausziehen, niemand ist so dumm. Also muß er etwas anbieten: «Drei Wünsche hast du frei, wenn du den Korken entfernst», läßt er mit Hilfe des Merkurs verkünden und wartet darauf, daß jemand vorbeikommt, der sagt: «Topp, die Wette gilt.» Da dieses Bild aus dem Märchen stammt, darf es nicht wörtlich genommen werden. Pluto taucht ja niemals selbst auf, er ist so tief im Unbewußten verankert, daß wir nur einen Hauch seines Wirkens in der Oberwelt spüren. Ein treffenderes

Bild ist folgendes: Die Straße ist leer und die Karos der Platten des Bürgersteiges laden mich ein zu dem Spiel: «Wenn es mir gelingt, bis zur nächsten Querstraße nur jede zweite Platte zu betreten und nie die Linien zu berühren, dann werde ich die Hilde aus der Registratur beim nächsten Betriebsfest mir gewogen machen.»

Es wird ein Geschäft abgeschlossen, und der Preis, den ich zahlen muß, ist der Verlust eines Teiles der Seele.

Leicht beeinflußbar und dann daran festhaltend.

Merkur – Jupiter

Die Eloquenz, also die Beredsamkeit und die Verschwendung.

Die beiden inneren Personen gehen vermeintlich Hand in Hand. Vernunft und Einsicht stehen formal in einem Verhältnis des guten Augenmaßes zueinander. Der Jupiter, der freilich der *Erinnerung* zu dienen hat, und der Merkur, der etwas mit einer *Absicht* tut, bilden jetzt gemeinsam *den Plan, sich zu erinnern.* So aber läuft das Rückholungswerk nicht: es ist eben nicht kalkulierbar. Der Verstand (wie umfangreich er auch sein mag) steht dem Rückholungwerk im Wege. Es ist das Bild des Ablaßverkäufers: Deine Sünden sind dir vergeben – wenn du tausend Mark in die Sahel-Zone spendest.

So läuft der größte Teil der heutigen Spendenaktionen über die Schiene, sich mit dem gespendeten Geld ein Stück Sündenvergebung (und eine reine Weste) zu erkaufen.

Es ist ebenso das Bild des Therapeuten, der weiß, was man zu tun hat. Aber die Therapie verläuft ebensowenig entlang des Kalkulierbaren, und so stecken beide Personen eigentlich in einer kreisförmigen Falle.

Merkur – Saturn

Engstirnig und sparsam.

Eine der engsten (und auf der seelischen Ebene) ängstlichsten Kombinationen, der man die Angst von außen freilich nicht ansieht. Diese Allianz wirkt auf den ersten Blick, als wäre sie das personifizierte Wissen über die Regeln, die man auf der seelischen und weltlichen Ebene zu befolgen hat. Es ist der innere Moralapostel, der mit Skepsis, Unzufriedenheit und Zynismus auf die Gegebenheiten der Welt reagiert und versucht, ihr einen Spiegel vorzuhalten. Aber es ist nicht der Spiegel des Till Eulenspiegel, sondern es spiegelt sich nur das Häßliche und Erstarrte in ihm, und da eigentlich keiner in diesen Spiegel schauen möchte, entsteht oft der Kontaktmangel eines verknöcherten Lebens.

Merkur – Uranus

Vernunft wird gebrochen oder durchbrochen. Diese beiden Personen treten an der Stelle auf, an der ein Leben auf Rationalität und Intellekt gegründet worden ist. Dieses sichere Fundament wird von Merkur–Uranus periodisch so sehr erschüttert, daß der Mensch an die Grenzen des Wahnsinns zu gelangen meint. Dem ist nicht so, aber schockiert steht die Vernunft dennoch da, als habe sie gerade einen Poltergeist gesehen. Die Vereinigung dieser beiden Personen ist dazu da, daß ich lerne, das Unglaubliche für möglich zu halten und die Rationalität zu begreifen, als das, was sie ist: eine nur mit Mühe aufrechtzuerhaltende Konstruktion.

Kommt leicht ins Stottern. Wo es nicht genial wird, wird es gern paranoid. (Manchmal wird es beides.)

Merkur – Neptun

Die Antipoden lauten Anpassung und Chaos. Nicht Anpassung oder Chaos.

Das Davonschwimmen der Felle. Die Ratio und der Intellekt helfen nicht mehr, es geht das Gefühl um, unter einer Glasglokke zu leben. Alle Anstrengungen, etwas aus sich zu machen, sind auch dort, wo sie vermeintlich gelingen, immer mit dem Gefühl verbunden, versagt zu haben. Haltlos und schwebend (schwimmend) im Bereich des Realen, der nicht als der eigene Bereich erlebt wird. Oft gibt es Bewegungs- oder Sinneslähmungen. Der Verstand soll (für die Welt) ausgeschaltet werden und für das

Wesentliche eingesetzt werden. Wenn man nur wüßte, was das Wesentliche ist? Es ist jedenfalls nicht von dieser Welt.

Den Bootsführerschein nach Avalon machen.

Die Venus-Verbindungen

Venus – Mars

Erst einmal: Sex. Sodann der Kampf der Geschlechter. Feminismus versus Machotum. Das jugendlich kraftvoll Männliche und das sinnlich Weibliche treffen sich im eigenen Inneren, und nur eines von beiden kann gelebt werden. Da ich entweder Mann oder Frau bin, muß ich das jeweils andere in den Außenraum hinausprojizieren und dort verfolgen.

Der Doppelsinn des Wortes «Ver-Folgen», der ja sowohl ein «Wünschen» als auch ein «Bekämpfen» beinhaltet, trifft hier sehr genau zu. Wenn sich die Geschlechter begegnen (und in der Tat begegnet hier das männliche «Geschlecht» dem weiblichen «Geschlecht», nimm es einmal *sehr* wörtlich!), so gibt es eben Anziehung und Abstoßung. Bei den Bewegungen eines kopulierenden Pärchens – in dem Hin und Her – wird diese Dynamik sehr genau nachvollzogen.

Aus dieser Spannung heraus leben die beiden inneren Personen.

Venus – Pluto

Eine äußerst geheimnisvolle Kombination, die noch nicht genau verstanden worden ist. Die Sinnlichkeit steht unter dem Bann des Unterweltgottes. Damit ist sie in etwa ferngelenkt, als stünde sie unter dem Einfluß unsichtbarer Marionettenfäden. Diese «Sinnlichkeit» bezieht sich nicht nur auf die sexuellen Betätigungen, sondern schließt den Bereich oraler Sinnlichkeit (und damit auch das Essen) mit ein. Das Orale, das Genitale und das Anale erhält einen eigenartigen Bilderüberschuß, der handlungsleitend wirkt. Damit wird die *normale* sinnliche Betätigung (von der Venus–Mars leben) zu einem spannungslosen Geschäft, und der Reiz muß in anderweitigen Formen gesucht werden. Das geht z. T. in die Bereiche Bulämie oder Anorexie hinein – aber noch weit jenseits davon auch in jene sexuellen Spielarten, die manche Menschen als Perversionen bezeichnen.

Jede Beziehung lebt aus einem Geflecht von Idealbildern.

Venus – Jupiter

Das Sinnliche und das Geistige verbinden sich und geraten zur Erkenntnislust. Das muß nicht immer geistig ablaufen, es kann auch eine körperliche Dimension gewinnen, wenn die Patientin versucht, ihren Therapeuten zu betören oder der Kursleiter den Reizen seiner Kursteilnehmerinnen nicht widerstehen kann.

Im übertragenen Sinne deutet diese Konstellation darauf hin, daß ich mit geistigen Gehalten meinen Wert (meine Attraktivität) steigern möchte. So ist jeder geistige Mensch (Philosoph, Therapeut, Politiker), der sich mir zuwendet, ein Stückchen Wertzuwachs und damit Balsam für meine Seele, und jeder Partner, der sich (für meine Vorstellung) als «Dummkopf» entpuppt, eine tiefe Wunde.

Das Problem bei einer derartigen Verbindung (Jupiter–Venus) besteht darin, daß ich jeden Partner geistig zu übertreffen versuche, was mir nach einiger Zeit gelingt, und ich mich dann an seiner Geistigkeit kaum noch messen kann. In der Regel lasse ich einen derartigen Partner dann fallen und schaue mich nach einer noch größeren Herausforderung um.

Geistiges Harmoniebedürfnis.

Venus – Saturn

Ich heirate Papa, d. h., ich habe eine Vorliebe für alte (ältere) Männer. So weit die Oberfläche. In der Tiefe besteht ein Zusammenhang zwischen Liebe und Härte (oder Strafe), und diese

Kombination bringt mich in die Nähe masochistischer Tendenzen. Es ist das Thema des Konservativismus, der Rohrstockfetischisten. Lust ist nur gestattet, wo die Pflicht erfüllt worden ist (und das Licht bleibt an dabei). Ein unbewußtes Strafbedürfnis treibt mich oft dazu, Dinge zu tun, die die Regeln verletzen und wo dann nur Strafe Erlösung bedeutet. Die Lust befindet sich in einer Zange zwischen Pflichterfüllung und Regelverletzung (und darauf folgend das Eingesperrtwerden).

Man verkneift sich vieles und kann kaum noch genießen.

Venus – Uranus

Lust und Freiheit, wo sie sich verbinden, treiben merkwürdige Blüten. Für normale Sexual- oder Partnerbeziehungen ist diese Kombination kaum brauchbar. Immer wieder muß ich mich aus Bindungen lösen, muß frei sein, bis ich mir schließlich derartige Beziehungen wähle, die von vornherein ein hohes Maß an fehlender Dauer garantieren.

Eigentlich wähle ich eine Beziehung, *um mich* zu befreien. Ich entdecke dabei in mir eine starke Tendenz zum Außergewöhnlichen und zum eigenen Geschlecht. Homosexualität ist oft latent oder manifest im Spiel, weil die Normalkost schnell ihren Reiz verliert oder niemals Reiz hatte.

Venus–Uranus heißt nun nicht, daß man nicht mit einem Menschen alt werden könnte, man hat freilich lebenslang damit zu tun, *in der Beziehung* seine Freiheit zu erkämpfen und zu wahren.

Venus – Neptun

Immer wenn Neptun im Spiel ist, geht es in erster Linie um Illusionen und Täuschungen, hauptsächlich um Selbsttäuschungen. Ich mache mir und meinem Partner etwas vor. Eigentlich lebe ich in der Sehnsucht, daß eines Tages doch noch der Richtige kommen wird und mich auf sein weißes Pferd zieht. Es ist die Beziehung zu Aleta, der Königin der Nebelinseln (und wenn ich selbst Aleta bin, dann träume ich von Prinz Eisenherz – den sein eigener Name als meine Täuschung entlarven könnte). Es ist jene Beziehung aus der Welt der Comics, mit der eine ganze Generation groß geworden ist, und die deshalb so glücklich war, weil Prinz Eisenherz von 365 Tagen des Jahres 345 unterwegs war, um für das Recht zu streiten (in Wahrheit: um sich mit anderen Männern zu prügeln).

Venus–Neptun trägt eine tiefe Symbolik in sich, die man erst sehr viel später wahrzunehmen vermag: Ich bin bereits (nachts in der Tiefschlafphase, in den astralen Königreichen) verlobt, d. h. versprochen, und lebe dort mit meinem Partner. Das Mißverständnis hier auf Erden besteht darin, daß ich diesen Partner auch hier glaube, finden zu müssen. Und jeder Versuch, diese Identität herzustellen, scheitert daran, daß jeder lebendige Partner einfach nur ein Mensch ist mit all seinen Schwächen (und Stärken) . . .

Die Mars-Verbindungen

Mars – Pluto

Die Kraft der Magie oder magische Energien.

Da die Person des Mars ein Symbol ist für die kraftvolle Tat und Pluto die «Idee» symbolisiert, ergibt sich eine Mischung aus Materie und Geist. So werden den Bildern Energien zur Verfügung gestellt, und das Ergebnis nennt man Zauberei. Nicht etwa, daß der Betreffende das wüßte, 99 Prozent aller Magie verläuft unbewußt und bezieht die Folgen, die sich aus dieser zielgerichteten Energie ergeben, nicht auf sich.

Die beiden Personen sind ebenfalls für eine gerüttelte Portion Gewaltanwendung gut und zwar jegliche Gewalt, die sich aus einer Ideologie, einer geistigen Besessenheit ergeben.

Mars – Jupiter

Wieder treffen sich zwei Feuer-Prinzipien, die eigentlich einander wohlwollend gegenüberstehen. Ihre Vereinigung nennen wir: die geistige Erneuerung, die Geistestat. Es ist der Erkenntnisakt, der zu neuen Wegen führt, die Durchdringungstat, es ist aber auch der Zusammenhang von Kreuz und Schwert, der Kreuzzug mitsamt seinem Glaubenseifer.

Mars – Saturn

Energie trifft auf Härte, und das Ergebnis ist die *Hinderung* und damit die Schärfe (die freilich bis zum Stau gehen kann). Es ist das Bild des Gartenschlauches, dessen Düse immer enger gestellt wird, so daß die gleiche Wassermenge in der gleichen Zeit durch einen dünneren Durchmesser muß. Der Strahl wird damit immer dünner, aber seine Geschwindigkeit nimmt zu. Er wird aggressiver, bis er schließlich (die Öffnung ist zu) nicht mehr passieren kann. Es kann sein, daß das Wasser sich jetzt im Schlauch bauscht und eine innere Geschwulst bildet, die dem Bild der körperlich angestauten Energien gleichkommt. Energie kann nicht mehr abgeführt werden und sammelt sich. Es ist die Aggressionshemmung, die (möglicherweise) irgendwann einmal explodiert und damit unangemessen reagiert.

Mars – Uranus

Generell hat der Uranus den Auftrag, etwas in mir zu lösen, zu erlösen, zu befreien. Geht diese Person auf meine Energien, auf mein Durchsetzungsvermögen, so erfolgt die Freisetzung hier. Da jede Planetenkombination nicht etwas ist, was ich kann, sondern eine Art Arbeitsanforderung an mich stellt, die der Erarbeitung harrt, finden wir bei Mars–Uranus den Versuch, meine Energien zu lösen und sie in die Unabhängigkeit zu transponieren. Insofern ist diese Konstellation erst einmal Indiz dafür, daß Energien festsitzen. Jetzt arbeitet eine unsichtbare Sabotagetruppe daran, das Angestaute zu lösen. Das geschieht in der

Regel, weil soviel aufgesammelt wurde – siehe Mars–Saturn –, mit einem Knall. Explosionsartig wird Gewalt freigesetzt. Der Knall ist um so größer, je mehr Energien vorgängig im System angelagert worden sind. Sehen wir es als Bild: Wenn ein Flugzeug auf einem Flugzeugträger starten will, dann ist die Startbahn für ein normales Abheben zu kurz. Insofern wird das Flugzeug mit einer Vorrichtung am Schwanz festgehalten und der Pilot gibt Gas. Er gibt «Mars», immer mehr und immer mehr. Da aber das Flugzeug hinten festgemacht wurde, obwohl unglaubliche Kräfte an ihm in Richtung nach vorne zerren, haben wir in diesem Bild die klassische Kombination Mars–Saturn (festgehaltene Energien). An irgendeiner Stelle dieses Kräftezerrens löst der Pilot die Haltevorrichtung und begibt sich damit in die Position des Mars–Uranus: Energie wird befreit, das Flugzeug schießt, wie vom Katapult abgefeuert, davon. (Man nennt es dann auch einen Katapult-Start.)

Wohl dem, der diese Energien dann steuern kann.

Mars – Neptun

Je mehr die Verbindungen in den IV. Quadranten vorrücken, desto weniger können sie formuliert werden. Mars – Neptun erlebte ein Patient einmal in einem Traum folgendermaßen. Er begegnete seinem besten Feind, den, auf den er eine große Wut hatte, und die Wut brach so durch, daß er seine geballte Faust in das Gesicht dieses Feindes schmettern wollte. Aber je mehr Energien er in den Schlag legte, desto mehr verlangsamte sich seine Faust, und am Ende eines langen Weges erreichte sie das Gesicht des Feindes mit der Wucht eines Wattebäuschchens. Energie versandet im Nebel, ist nicht mehr verwendbar, Muskeln werden zu Pudding, Erektionen verschwinden, Ohnmacht ist das Grundgefühl.

Die Energie des Mars kann für die realen Belange der Welt nicht mehr verwendet werden: die Tat geschieht nur noch im Traum. Es ist, als nehme mir ein gütiges Schicksal die Möglichkeit, Täter zu werden, einfach weg. Der Krieger betritt den Raum des «Vergessenen». Der sieht so ähnlich aus wie jener Raum, in den Alice (im Wunderland) fällt, nachdem sie in das Innere des

Baumes hineingekrochen ist. Alles schwebt, und auch sie fällt, aber es ist kein Fall in die Angst, sondern ein Fall in die Lähmung.

Die Jupiter-Verbindungen

Jupiter – Pluto

Eine relativ unauffällige Kombination, die, da sie sich im Geiste abspielt, schwer nachzuvollziehen ist, und bei der es lange dauert, ihr auf die Schliche zu kommen. Es ist der unauffällige, aber überzeugende Fanatiker. Es ist derjenige, der im Inneren genau weiß, wo es lang geht, wo der Sinn des Lebens liegt, was getan werden muß, um zur Seligkeit oder zum Sinn zu kommen. Er tritt heute (als *ein* Beispiel) therapeutisch im Gewand der «Licht-Arbeiter» (und ähnliches) auf und weiß genau, wie man zum Licht, zur Erlösung kommt. Irgend jemand hat es ihm gechannelt oder sonstwie mit Autorität so kundgetan, daß kein Zweifel mehr sein Handeln trübt.

Und das ist das Kennzeichen, das ihn vor anderen auszeichnet: *Er hat keinen Zweifel mehr.* Daß jene Autorität, der er sich so blind anvertraut und die für ihn immer göttlichen Ursprunges ist, sich am Ende als Dämon entpuppt, ist der schmerzhafte Lernprozeß, der mit dieser Allianz (früher oder später) verbunden ist.

Jupiter – Saturn

«Durch Rauhes zu den Sternen.» Der Weg ins Heil, ist der Weg ins Gesetz, der Sinn liegt im Schweren. Das Schwere zu durchwandern und an ihm zur Einsicht zu gelangen, ist ein Weg, der in heutiger Zeit durch das Thema «Schicksal als Chance» dargestellt worden ist. Nicht gerade ein gemütlicher Weg, unbequem und drückend verschweigt er nichts, wenn er auch das Schwere ein wenig glorifiziert. Zuckerbrot und Peitsche, beide Seiten müssen begriffen werden.

Jupiter – Uranus

Sich lösen von der Gewißheit. Es ist im wesentlichen ein Thema, daß man wieder zweifeln lernen soll. Die Glaubensgewißheit des Jupiters, der im Inneren ein wichtiges Amt zu versehen hat, nämlich das Amt, «glauben zu lernen», ist an seine Grenze gelangt. Es ist der Punkt erreicht, aus der Kirche auszutreten, aber nicht etwa, weil man jetzt ungläubig werden soll, das war man ja lange vorher. Sondern weil man durch den Glauben hindurch in eine noch tiefere Schicht vorzustoßen hat. Wir haben kaum noch Namen für diese Schicht: «Mensch, werde wesentlich», «Wahrheit», «Wirklichkeit». Sich zu lösen von allem, was Sinn versprach, und den eigenen Namen zu finden. Den unverwechselbaren, der in keinem heiligen Buch bereits vorgezeichnet steht.

Wenn Hans Blüher sagt: «Was ich selbst bin, originaliter, kommt in keiner noch so langen Erbreihe vor» (Parerga zur Achse der Natur), so meint er diese Hinwendung auf den inneren Sinn, der nur in völliger Freiheit, frei von allen Rezepten, frei von allem, was bisher war, aufgefunden werden kann.

Jupiter – Neptun

Der Weg ins Innere. Der Psychopompus, der Seelenführer und Verkünder will mir den Weg in die «Innere Burg der Seele» zeigen. Den Reichtum des Inneren. Es ist kein weltlicher Weg, wenn ich auch meist durch die Welt gehen muß, um das Innere zu finden. Alles Sichtbare ist nur geistige Botschaft und damit Gleichnis für den Weg, der in das Innere der Welt führt. Es kämpfen hier die Verkündung und die Stille. Max Picard hat in seinem Werk «Die Welt des Schweigens» den großartigen Versuch unternommen, jenen Menschen, die zuzuhören vermögen, diesen Kampf zwischen Getümmel und Stille ans Herz zu legen.

Es ist ein leises Buch inmitten von Gekreische. Auch bei diesem Weg muß mir als erstes die organisierte Form der Religio weggenommen werden. Ich kann meinen Glauben innerhalb der Institutionen nicht mehr aufrechterhalten. Was mich mitunter durch den Satz: «Mein Gott, warum hast du mich verlassen», hindurchführt und ebenfalls in tiefe Zweifel einmündet.

Die Saturn-Verbindungen

Saturn – Pluto

Zwei innere «Finsterlinge» (so erscheinen sie lange Jahre), die sich auf den ersten Blick gut ergänzen. Tod und Teufel. Nein, so einfach ist es denn doch nicht!

Die Signaturen sprechen von einem «Gesetz des Bösen», d. h., es geht darum, zu lernen, daß das «Böse» einer ebensolchen Gesetzmäßigkeit unterliegt wie das «Gute». Es ist die gleiche Gesetzmäßigkeit.

Als Persephone, die Tochter der Fruchtbarkeitsgöttin Demeter, von Pluto in die Unterwelt hinabgeraubt wurde, stand sie an der Stelle, das Gesetz der Dunkelheit kennenzulernen. Natürlich sträubte sie sich, wie jeder, dessen Ziel der helle Tag ist, sich sträuben würde. Am Ende allerdings, nachdem sie eingewilligt hatte, Pluto eine gute Ehefrau zu sein und damit Herrscherin der Unterwelt, nachdem sie also das Gesetz des Hades akzeptiert hatte, durfte sie die Hälfte des Jahres wieder zur hellen Welt empor. In beiden Welten zu Hause zu sein, ist das Ziel, dessen erste Schritte mit dem Akzeptieren des Gesetzes der Unterwelt (das in den geheimen Mysterien von Eleusis gelehrt wurde) beginnen. Die Aufgabe ist, sterben zu lernen, um leben zu können.

Gebunden-Sein *und* Freiheit lautet hier das Paradoxon. Enge und Weite. Oder anders formuliert: die Befreiung aus der Enge. Da beide Parteien in etwa gleichstark sind, gibt es eine Art Tauziehen, bei dem noch nicht feststeht, wer gewinnt. Die Wahrheit ist, es gewinnt niemand. Saturn ist zu stark, seine Fesseln reißen nicht. Uranus ist zu stark, er gibt nicht auf zu ziehen.

Es ist die Hoffnung des Sisyphos, der Stein möge doch eines Tages nicht mehr den Hügel hinabrollen (nachdem ich ihn mühsam heraufgerollt habe). Oder in menschlicheren Bildern: Nachdem ich mich mühsam aus einer (als erdrückend erlebten) Beziehung befreit habe, muß ich nach drei Jahren feststellen, jene Beziehung, die mir damals als Ausweg aus meiner Enge erschien (und derentwegen ich meine alte Beziehung verließ), ist heute genauso (oder sogar noch) erdrückend(er). In der Tat, ein hoffnungsloses Spiel. Hier stehen wir vor jenem Leiden, das übrigbleibt, nachdem alle empirischen Leiden durchlaufen worden sind. Das Leiden am Menschsein. Es geht darum, das «Gesetz der Freiheit» zu verstehen. Denn auch die Freiheit trägt in sich eine Last, eine Bürde. Sie zu begreifen, zu verstehen, daß jede Revolution früher oder später wieder zu einer Diktatur wird, heißt den Satz Dantes zu verstehen: «Wanderer, trittst du hier ein, lasse alle Hoffnungen zurück.»

Saturn – Neptun

Gefangen im Nichts. Die jenseitige Welt hält mich in einem unsichtbaren Klammergriff, der immer dann besonders wirkungsvoll wird, wenn ich neue Hoffnungen an die Welt stelle. Mein eigenes Unbewußtes richtet Grenzzäune auf, die ich nicht zu durchbrechen vermag. Es ist das Scheitern, das nur dann nachläßt, wenn ich nicht mehr gewinnen will.

Die alte Geschichte, daß man zum Schlaraffenland nur durch eine dicke Mauer aus Grießbrei gelangen kann (durch den man sich hindurchessen muß), kehrt sich hier um, man ist im Schlaraffenland (wenn man es auch nicht so erlebt) und versucht sich in die Welt der Lebendigen zurückzuessen. Weder hier noch da ist man zu Hause, es ist keine Heimat da. Es ist das beklemmende Gefühl, sich im Niemandsland zu befinden – und dort ist man in der Tat.

Die Uranus-Verbindungen

Uranus – Pluto

Eine heikle und (so lange man sie nicht verstanden hat) gefährliche Mischung. Es ist die Befreiung aus der Unterwelt, gleichsam das Sprengen der Felsen über meinem Kopf. Um aber aus der Unterwelt nach oben, an das Licht des Tages zu kommen, ist es erforderlich, daß ich die Realität der Unterwelt total und ungeschminkt wahrnehme. Es ist dies der Ort, dem Dämon ins Gesicht zu schauen, denn nur, indem ich ihn anschaue, erkenne ich meine Wahrheit, und damit befreie ich mich. Es ist eigentlich das Eintauchen in die Angst, ohne sie zu leugnen, ohne sie zu fliehen. Erst durch die Angst hindurch werde ich von der Angst frei. Es kommt aber vor, daß ich lieber zum Amokläufer werde und panisch reagiere, als in diese Freiheit hinein mich zu begeben.

Uranus – Neptun

Eine Kombination, die sich gänzlich in der Hand des IV. Quadranten befindet und deshalb weder von mir beabsichtigt noch ausreichend verstanden werden kann. Es ist das Eintauchen in die tiefen Gewässer des Nicht-Sagbaren, um den Nibelungen-Schatz (der immer ein seelischer Schatz ist) an die Oberfläche zu befördern.

Im eigentlichen Sinne kann man einen Schatz nicht finden, obwohl das die Schatzsucher der Welt glauben und jetzt mit Karte und Kompaß losziehen. Der Schatz findet den Sucher. So ähnlich ist es auch mit Therapie: Die Schätze im Inneren der Seele kommen ans Licht, wenn die Zeit reif dafür ist, nicht weil der Therapeut oder der Patient es wollen.

Uranus–Neptun ist eine Drucksituation, die danach heischt, daß etwas von unten nach oben geführt wird, daß etwas heraufgeholt wird, was erst einmal die Qualität eines Gespenstes hat. Es ist freilich die Angst vorhanden, daß dieses Gespenst so schreckenerregend sei, daß es am besten unten bliebe.

Die Neptun-Verbindungen

Neptun – Pluto

Gerade in der heutigen Zeit eine exponierte Verbindung. Es ist insgesamt eine *verkleidete* Sache. Das Geistige und das Jenseitige amalgamieren sich, und der Dämon versteckt sich im Gewand des göttlichen Engels (der er ja ohne Zweifel war und ist). Insbesondere tritt er heute als geistiger Führer, Schutzengel, Schutzgeist etc., als strahlender Verkünder des Göttlichen auf, und genau hier liegt (buchstäblich) der Pferdefuß. Dahinter steckt in der Tat die uralte Weisheit: Du sollst dir kein Bild (und auch keine Vorstellung) machen. Jeder Engel aber, der persönlich auftritt, ist nichts anderes als ein Bild und damit eine geistige Wesenheit, die mich zu versuchen trachtet.

Wir können es auch neutral formulieren: Es ist die geistige Vorstellung von Gott, vom Himmel, von der Erleuchtung, von der Auserwähltheit. Solange hier Bilder und Ideen vorhanden sind, ist der Mensch im Baum der Erkenntnis des Guten und Bösen und damit im Irrtum.

«Wir müssen diesen Begriff ‹Fortschritt›
für das nehmen, was er ist,
und nicht für das, wozu er,
seinem ursprünglichen Wortlaut zuwider,
gemacht wurde:
‹Fortschritt› ist kein Positivum, auch dann nicht,
wenn Gedankenlosigkeit ihn als solches wertet;
Fortschritt ist auch ein Fortschreiten, weg von etwas,
also ein Weggehen und Sichentfernen von etwas:
vom Ursprung.»
(Jean Gebser: Ursprung und Gegenwart, Bd.1, Stuttgart 1986, S. 78)

Kapitel 8

Die Elemente – die Temperamentszuweisungen

Wir haben jetzt alle Bausteine zusammen und können das Gebäude errichten. Der Vergleich ist nicht ganz unzutreffend: aber ein Haufen von Steinen, Zement, Türen und Fenstern macht noch kein Einfamilienhaus, es gehört dazu noch das (an)ordnende Gespür des Architekten und die versierte Hand des Maurers. Der Astrologe muß beide Bereiche beherrschen, Kunst und Handwerk, sonst gerät er leicht in die Gefahr, jedem Patienten dasselbe Einfamilienhaus zu entwerfen.

Aber jeder Mensch ist ein Original und benötigt das auf ihn passende Prinzipiengerüst, ganz abgesehen davon, daß er ja durch sein Dasein ebenfalls das Prinzipiengerüst des Astrologen zum Durchscheinen bringen soll.

Bevor wir uns an die Konstruktion und Interpretation des Gesamthoroskops machen (es muß wirklich errichtet werden), wollen wir eine Hilfskonstruktion kennenlernen, die zwar nicht das gesamte Horoskop vorwegnimmt, aber dennoch gleichsam die stählernen Grundpfeiler, das tragende Gerüst, abbildet. Es ist eine Konstruktion bestehend aus vier Zahlen, aus den Zahlen, die den vier Elementen Feuer, Wasser, Luft und Erde zugeordnet werden (den Schlüssel, nach dem das geschieht, haben wir im Anhang bereits beschrieben, der Leser kann auf S. dort nachschauen, wie sich diese Zahlen errechnen).

Für diese Elemente gilt folgendes:

1. Jedes dieser Elemente beinhaltet eine *Aufgabenstellung,* der sich der Mensch im Laufe seines Lebens immer mehr anzunähern hat.

Zwar habe ich die Punktezahl (in jedem Element) bereits ganz von Anfang (meines Lebens) an, und insofern *lebe* ich sie auch von Anfang an, aber weder habe ich sie verstanden, noch gebe ich mich freiwillig in diese Aufgabenstellung hinein. Man kann also eigentlich nicht sagen, daß *ich* die Elementenpunktzahl lebe, sondern eigentlich lebt sie mich. Ich arbeite ihr sozusagen hinterher und versuche im nachhinein, ihren Sinn zu verstehen, was erst einmal nicht gelingt. So bleibt mir nur noch zu wünschen, daß sie – bitte schön – nicht so sein möge, wie sie nun einmal ist. Da aber die meisten Menschen ihre Elementepunktzahl nicht kennen dürften, bleibt der schlichte Wunsch, ihr Leben möge doch – bitte schön – nicht so sein, wie es ist. Aber das (Lern-)Thema eines Lebens kann tatsächlich (wenn auch in einer groben Perspektive) bereits an diesen vier Zahlen abgelesen werden.

2. Das Lernthema der Elemente ist um so höher, je höher die Elementenpunktzahl (im jeweiligen Element) ist. Jedes Horoskop verteilt insgesamt 72 Punkte. Aufgeteilt auf vier Elemente beträgt der Durchschnittswert *eines* Elementes 18 Punkte. Das ist – wie bei einem Thermometer – der Null-Punkt. Alles, was darüber ist, ist Lernthema. Je mehr über Null (= 18), desto deutlicher ist die Aufgabenstellung. Je mehr die Punktezahl unter Null (= 18) ist, desto geringer wird die Lernaufgabe in diesem

Element. *Das heißt, kein Punkt in einem Element (was durchaus vorkommt) heißt: Kümmere dich nicht um dieses Thema, damit hast du in dieser Inkarnation nichts zu tun.* (Vielleicht das nächste Mal wieder.)

Wir betonen diesen Sachverhalt deshalb so sehr stark, weil wir immer wieder hören, daß andere Astrologen ihren Klienten anraten, die geringen Punktezahlen besonders aufzuwerten. Da wird jemandem mit null Punkten im Wasser geraten, er solle Übungen machen, um endlich einmal Wasser zu bekommen. Wir sind der strikten Meinung, wenn jemand vom Schicksal (oder von Gott) null Punkte im Wasser mitbekommen hat, dann sollte kein Astrologe sich erdreisten, das zu korrigieren. Er darf versuchen, seinem Patienten klarzumachen, was das bedeutet. Und nicht, wie man mehr Elementenpunkte dort bekommt, wo man keine hat und wo man auch am Ende seines Lebens – aus guten Gründen – keine haben wird.

3. Elementenpunkte, ganz besonders jene, die mit hoher Punktzahl vertreten sind, sind am Anfang des Lebens unbewußt und werden auch unbewußt gelebt. Sie können am Ende des Lebens bewußt sein und bewußt gelebt werden. Wir sagen nicht, daß sie am Ende des Lebens bewußt *sind,* denn das erfordert eine Bewußtwerdungsanstrengung, die sich nicht so einfach «en passant» ergibt, sondern um die man ringen muß. Sie folgt dem Goethe-Wort: «Wer ewig strebend sich bemüht . . .», der kann am Ende seine Elementenanordnung ins Bewußtsein gehoben haben.

Es geht also nicht darum, Elementenanordnungen zu verändern (das hat noch niemand geschafft), sondern sie bewußt wahrzunehmen und früher oder später zu leben.

Angenommen, du bist eine Frau und heute vierzig Jahre alt, so hast du (statistisch gesehen) noch siebenunddreißig Lebensjahre vor dir. Angenommen, du hast 30 Feuerpunkte, so kannst du davon ausgehen, daß du im Verlauf von vierzig Jahren vielleicht schon 20 Feuerpunkte in dir kennengelernt hast. Du darfst also jetzt damit rechnen, daß du für die restlichen 10 Feuerpunkte noch siebenunddreißig Lebensjahre harte Bewußtwerdungsarbeit zu erbringen hast.

Daraus resultiert: Bringe dich nicht in «Stress», indem du glaubst, du müßtest die letzten 10 Punkte in drei Workshops schaffen. Die letzten Punkte sind immer die schwersten, also nimm dir für einen Feuerpunkt ruhig drei Jahre Zeit. Das ist realistisch und hindert dich daran, dir pausenlos als Versager vorzukommen.

4. Niemand hat seine Elementenpunkte vor seinem Tod ins Bewußtsein geholt (also in unserem Beispiel die Frau bereits mit vierzig) und lebt dann ab diesem Zeitpunkt herrlich und in Freuden. Zwar ist das eine beliebte Vorstellung, und sie wird heute gern in Büchern oder in «astrologischen Schulen» propagiert («Endlich keine Beziehungsschwierigkeiten mehr – wenn du unsere Ausbildung machst»), ist aber nicht herzustellen.

Leben ist von Anfang bis *Ende* eine komplizierte, weil hauptsächlich unbewußte Angelegenheit, und der Transfer vom Unbewußten ins Bewußtsein geht schon seit vielen tausend Jahren im Inneren deiner Seele und deines Lebens vor sich. Sich vorzustellen, daß er ausgerechnet bei dir im Alter von vierzig Jahren beendet sein sollte, ist absurd. Ob es dir gefällt oder nicht: Du hast noch sehr viel zu lernen (nicht nur lächerliche 10 Feuerpunkte).

5. Elementenpunkte dürfen nicht gesondert betrachtet werden. Wer 30 Punkte im Wasser und 25 Punkte in der Luft (o. ä.) zu *er-leben* hat, muß nicht erst das eine und dann das andere betrachten, sondern die Aufgabenstellungen durchdringen und legieren sich, ganz ähnlich wie sich bei den Aspekten zwei Themen miteinander mischen. Dennoch: das Element mit der höchsten Punktzahl bleibt das Herausragende. Und das zweithöchste Element ist jene Beiordnung, die dem Höchsten seinen Geschmack verleiht. Das ist im Einzelfall nicht so leicht zu verstehen und erfordert ebenfalls eine Suchbewegung.

Soweit die grundsätzlichen Gesichtspunkte der Elemente.

Jetzt zu den einzelnen Elementen. (Wir gehen in unseren Formulierungen jedesmal davon aus, als hättest du in diesem Element die meisten Punkte.)

Das erste und wichtigste Thema des Feuerelementes ist das Thema der *Macht.* Die Aufforderung lautet hier: Setze dich mit dem Thema der Macht, der Herrschaft, auseinander. Sie ist als Bedürfnis in dir, also konfrontiere dich mit diesem Topos. Die Aufforderung lautet *nicht:* «Herrsche», sondern begreife, daß das Thema des Herrschens unaufhörlich in deinem Leben eine herausragende Rolle spielt, sei es, daß *du herrschen willst,* sei es, *daß Herrschaft über dich ausgeübt wird.*

Im Anfang einer derartigen Karriere dürfte das Thema erst einmal unbewußt dein Leben durchkreuzen. Zwar übst du auch in frühester Kindheit und Jugend bereits Macht aus, aber es ist möglich, daß du das so tust (gleichsam von hinten durch die Brust ins Auge), daß weder du noch deine Umwelt dein Tun als eine Machtausübung verstehen. So ist beispielsweise ein Kind, das in diesem Thema sich aufhält, so geartet, daß es seinen Kopf in jedem Fall durchsetzt. Wenn es schreit, schreit es nicht, weil ihm etwas weh tut, sondern weil es seinen Willen erhalten möchte. Es ist der Trotzkopf, der so lange die Luft anhält, bis er bekommt, was er will. Es kann sein, daß es versucht, auf der Mitleidtour zu reisen und daß sich dieses Verhalten dann habitualisiert. So daß er auch später eher mit einer Träne im Auge seinen Willen durchdrückt als mit offener Machtentfaltung.

Insbesondere hat das Machtthema einen Mantel, der es anfälliger für Versteckspiele macht als die anderene Elemente: Jeder will Macht haben, aber es ist heute gesellschaftlich nicht opportun, das (vor den anderen) zu veröffentlichen. Sich ehrlich zu seinem Machtanspruch zu bekennen, gelingt erst einmal niemandem. Und es ist atemberaubend, wie diejenigen, die *nur* das Machtspiel spielen (z. B. die Politiker) sich um dieses Thema (mit wohlklingenden Sätzen über das Allgemeinwohl und «für die Schwachen einsetzen») herummogeln. Macht ist verpönt. Das macht es mir nicht eben leicht, mich dazu zu bekennen.

Insbesondere wenn Frauen dieses Thema herausragend im Horoskop haben, entsteht eine doppelte Schwierigkeit. Einerseits ist das Thema der Macht in sich tabuisiert, aber wenn überhaupt, ist es dem Männlichen vorbehalten. Es dürfte nur wenige Frauen geben, die sich, wie Alice Schwarzer, offen zu ihrem Herrschaftsanspruch bekennen. Und auch diese Frauen verwechseln es.

Sie begreifen es als ein weibliches Thema: «Frauen an die Macht!» Aber es ist kein weiblicher Topos. Es ist ein männlicher. Und insofern soll eine Frau mit vielen Feuerpunkten in sich noch ein weiteres Problemfeld entdecken, daß sie nämlich in dieser Inkarnation einen männlichen Weg zu lernen (und zu gehen) hat.

Wir haben schon darauf hingewiesen, daß die Lernzone «Männlich/Weiblich» mindestens zweimal in das Leben geschickt werden kann. Zum einen auf der körperlichen Ebene. Hier ist es leicht zu identifizieren und kann (in der Regel) allein durch den nackten Augenschein wahrgenommen werden. Und zum anderen auf der seelischen Ebene: die Wahrnehmung hier dauert (meist) entschieden länger und ist eine Entdeckungsreise par excellence. Man muß es nämlich wissen wollen.

Frauen, die das Thema «Feuer» in ihrem Horoskop exponiert haben, müssen früher oder später in sich entdecken, daß sie eigentlich den männlichen Weg in sich zu finden und auch nach außen hin zu leben haben. Derartige Frauen berichten oft, daß sie von ihren Eltern als Knaben gewünscht waren oder von sich aus lieber mit den Buben auf Bäume kletterten (als zu Hause mit den Puppen zu spielen).

Das Feuerthema ist somit für Frauen ganz objektiv sehr viel schwerer zu leben. Und ein Bekenntnis dazu dauert hier in der Regel sehr viel länger. Es gibt (auch ohne Horoskopberatung) ein wichtiges Indiz für diesen Sachverhalt in der realen Welt. Frauen, die das Machtthema zu durchwandern haben, die also das Männlichkeitsthema in ihrer eigenen Seele finden sollen, haben als Partner in den weitaus meisten Fällen einen Mann, der zwar körperlich (also dem Augenschein nach) männlich ist, seelisch jedoch das Weiblichkeitsthema in sich finden soll. Ein derartiger Mann ist in seinem Wesenskern schwach (und weiblich), bietet also kaum die Möglichkeit, daß man sich an seiner starken Schulter anlehnen kann. Insofern träumen viele Frauen (deren Hauptthema das Feuer ist) von einem «gestandenen Mann», bei dem sie endlich schwach sein dürfen, *ohne diesen je zu bekommen.* Denn seine Stelle ist durch sie selbst bereits besetzt. Sich das klarzumachen, gehört zu den größten Wunden im Leben einer derart «stigmatisierten» (so wird es erlebt) Frau. Da ist es für Männer, die dieses Machtthema in sich entdecken sollen, schon einfacher: Sie sollen schlicht lernen, ein Mann zu werden, sollen also das Machtthema nach und nach in sich entdecken und gegen alle Widerstände und (Schattenseiten) diese Macht auch leben. Nicht, daß sie es bereits könnten. Sie sollen es lernen.

Entgegen der landläufigen Meinung ist nämlich das Machtthema weder besonders abstoßend noch ein zu verbergendes, es gehört zum Leben, und es steht in keinem heiligen Buch der Welt, daß man die Macht fliehen soll. Häßlich wird das Thema der Macht erst in dem Moment, in dem es unerkannt, unbewußt und also verquer sich in die Welt hineinquetscht und sich tarnen muß. Dann allerdings birgt es Leid und Gewalt in sich. Besonders abstoßend wird es dann, wenn es von dem, der es ausübt, legitimiert wird mit Worten wie: «Ich tue das ja nur, weil es zu deinem oder eurem Besten ist.»

Das Thema der Herrschaft und der Macht muß durchwandert werden. Am Ende ist man wieder draußen. Das ist so mit jedem Thema im Leben – und man bleibt nur dann in einem Menschheitsfeld stecken, wenn man es ver-stecken muß.

Wasser

Das Element des Wassers ist der große Gegenspieler des Feuers (und umgekehrt). Deshalb nimmt die Feuerwehr auch dieses Element, um das Feuer zu bekämpfen. Gegen Feuer hilft in der Tat nur Wasser. Gegen Macht hilft nur Ohnmacht, und die Ohnmacht ist ebenso verpönt wie die Macht.

Das Wasser trägt in sich das Thema des «Weiblichen», des «Frauseins». Ein Mann, der hier eine hohe Punktzahl aufweist, soll also lernen, den «weiblichen Weg» zu gehen. Das heißt nicht unbedingt, daß er jetzt Röcke tragen muß, denn jedes Element bezieht sich nicht so sehr auf das Körperliche als vielmehr auf das Seelische. So weit ist dieses Thema relativ leicht zu verstehen.

Fragen wir uns aber ernsthaft, was das denn heißt, «den weiblichen Weg zu beschreiten», so stehen wir erst einmal relativ

«In deiner Brust ...

... sind deines Schicksals Sterne!» heißt es in Schillers «Wallenstein», und es soll Trost und Ansporn zugleich sein, daß es letztlich bei uns allen selbst liegt, was wir aus unserem Leben machen – im Großen wie im Kleinen, im Spirituellen wie im Materiellen.

hilflos da. Was ist das, «der weibliche Weg»? Was könnte Gott gemeint haben, als er zwei Geschlechter schuf? Sicherlich nicht allein die Tatsache, daß die beiden Geschlechter im wörtlichen Sinne «Spaß» oder «Lust» aneinander haben (dieses Thema ist nur ein winziger Ausschnitt in dem gesamten Geschlechtsspiel, gleichsam der Köder für die Falle). Aber bleiben wir einen Moment beim rein Geschlechtlichen und versuchen wir, die Symbolik, die hier verborgen liegt, aufzusuchen.

Blicken wir zunächst noch einmal (um das Thema des Weiblichen zu verstehen) in den Archetypus des «Männlichen» hinein: das Symbol, das wir hier vorfinden, ist der Penis. Seine Aufgabenstellung ist deutlich umrissen. Er soll *stark* sein (erigieren), *aktiv* sein, *erobern, eindringen* und etwas (aus sich heraus) *hervorbringen.* Das ist sein (symbolischer) Weg. Natürlich ist das auch das Thema der Macht. Wenn wir genau hinschauen, ist der Penis leicht nach oben erhoben. Er will nämlich nicht nur hinein, er will auch nach oben. (Damit trifft er sich mit dem Gruß der Faschisten, der das gleiche symbolisieren sollte.) Haben wir dieses Bild des Feuers verstanden, so verstehen wir sogleich auch das Bild des «Wassers». Sein Symbol ist das der «Vagina». Auch sie hat eine Aufgabenstellung, und diese ist ebenso deutlich umrissen: sie soll sich *öffnen, passiv* sein (also sich entspannen), *hineinlassen* und (den Penis sowie den Samen) *aufnehmen.* Dieser Öffnungsvorgang ist sogar ein doppelter: sowohl die Beine als auch die Vagina müssen sich öffnen, damit dieses weibliche Werk geschehen kann.

(Um nicht in die Falle des Lesers zu laufen: Es wird hier nicht behauptet, daß *Frauen* derartiges tun oder lernen sollten, wir beschreiben die Symbolik von Vorgängen, die sich im Inneren des Menschseins befinden, und kümmern uns hier nicht um Männerwünsche oder feministische Abneigungen.)

Überträgt man die Symbolik dieses Vorganges auf das Gesamtthema des Weiblichen (lösen wir uns also von dem rein Geschlechtlichen) und sagen statt «Penis» das Wort «Welt», so haben wir jetzt eine Idee, was das Thema des «Weiblichen» in sich trägt. Die Hineinnahme der «Welt» in das eigene Innere. Dieser Vorgang ist nicht aktiv, sondern er beinhaltet das Bild des «Geschehenlassens». Ich nehme hinein und lasse mich im Inneren berühren. In diesem Bild werden Worte wie «Annehmen»,

«Einverstandensein» und «Berührtwerden» verständlich. Es ist die Welt der Gefühle, die es innerhalb dieses Themas zu entdekken gilt. Daß dieser Vorgang den Gegenpol zum Thema der «Macht» darstellt, nämlich das «Ohne-Macht-Sein», wird leicht als «Ohnmacht» mißverstanden – denn es wird tatsächlich oft als Ohnmacht erlebt. Solange der Mensch diese Aufgabenstellung nicht verstanden hat, oder so lange er (mit einer hohen Wasserpunktzahl) in die Macht gehen zu müssen glaubt (also in das Feuer), bleibt er tatsächlich «ohnmächtig» und leidet an diesem Weg.

Das «Weibliche» ist somit identisch mit dem Thema des «Hineinnehmens» oder besser gesagt, es ist der Weg, «das Hineinnehmen» (im Laufe eines langen Lebens) zu lernen. Es ist ebenso der Weg, seine Gefühle im Inneren kennenzulernen und auch das, was mit den Gefühlen geschehen ist. «Weiblichkeit» und «Gefühl» sind nämlich Synonyme. Diese Aufgabenstellung ist natürlich für eine (körperliche) Frau leichter zu akzeptieren und zu leben als für einen Mann.

Männer mit einer hohen Wasserpunktzahl haben in der Tat in ihrem Leben auf dem Lernweg, «weiblich zu werden», zunächst einmal ein hohes Maß an Versteckspiel zu absolvieren. Was uns (in unserer Praxis) besonders aufgefallen ist: sie tragen fast immer einen Bart, so, als wollten sie damit sowohl vor den anderen Menschen als auch vor sich selbst zum Ausdruck bringen, daß über ihre Männlichkeit (nur Männer tragen einen Bart) ja wohl kein Zweifel bestehe. Wir wollen damit nicht behaupten, daß *jeder* Bart auf das Lernthema der «Weiblichkeit» schließen läßt – aber der Leser tut gut daran (besonders beim eigenen Bart) diese Hypothese ernsthaft zu prüfen.

In jedem Fall kann man einem Mann mit hoher Wasserpunktzahl unumwunden zu verstehen geben, daß es seine Aufgabe ist, den weiblichen Weg kennenzulernen und ihn gehen zu lernen. Das es dabei – gerade auch für den Mann – darum geht, seine Gefühle im eigenen Inneren zu entdecken, kann nicht oft genug betont werden.

Dieses Lernthema ist geschlechtsneutral, d. h., weder ist der männliche Weg hier herausragend noch der weibliche. Das klingt (gerade für psychologische Ohren) angenehm, so als ginge es darum, den androgynen Menschen zu entwickeln, ist aber entschieden problematischer gemeint. Viele Menschen mit hoher Luftpunktzahl sind sich nämlich ihres Geschlechtes so wenig sicher, daß das Thema des Geschlechtslosen eine ihrer Hauptwunden darstellen kann. Das, was für andere die (nicht immer leichte) Quelle der Auseinandersetzung mit «Welt» darstellt, ist für sie eine offene Frage. Bin ich eigentlich männlich oder weiblich? Beziehen wir es einmal nicht nur auf das Geschlecht, so finden wir ein hohes Maß an *Indifferenz* in allen Lebenslagen als Grundgefühl vor. Weder Fisch noch Fleisch, weder Ja noch Nein, eine Art «Lauheit», bei der leicht der Verdacht aufkommt, «ausgespuckt worden zu sein» aus dem Lebendigen, wie es an einer Stelle im Neuen Testament heißt.

Sich nicht entscheiden zu können und damit sich nicht unterscheiden zu können und damit eine Identitätsunsicherheit in sich zu finden, charakterisiert ein derartiges Leben. Eine Art Neutrum dem Ganzen gegenüber. Es ist hier oft die Frage vorzufinden: Wo ist eigentlich mein Platz oder mein Sinn im Leben. Man hat das Gefühl, seinen Ort in der Welt (des Berufes, der Partnerschaft, der Wohnung etc.) noch nicht gefunden zu haben. Es ist, als fragte sich der Mensch kurz vor der Pensionierung, welchen Beruf er eigentlich in seinem Leben ergreifen sollte. (Alles was vorher war, erscheint ihm eher als Provisorium.)

Aber das sind alles nur die Auswirkungen dessen, was das Thema der Luft tief im Inneren der Seele als Arbeitsanforderungen an mich stellt. Die Forderung lautet: «Löse dich.»

Diesem «Lösen» ist ein Bild vorgeschaltet und bildet gleichsam seine Vorform: «Befreie dich!» oder besser noch: «Setze dich mit dem Thema der Befreiung, der Freiheit auseinander», oder noch anders: «Lasse dich erst gar nicht tief in etwas ein.»

Der Zusammenhang dieser beiden Themen ist nicht so einfach, wie es auf den ersten Blick erscheint. Es waltet eine eigenartige Dialektik zwischen dem Akt der «Befreiung» und dem

Akt der «Lösung», und der Mensch kann es nur als Abfolge erleben.

Die erste Stufe, die sich im Leben eines Menschen (der im Luftelement sich aufzuhalten hat) ergibt, ist die, daß das Thema der Befreiung ihm oft entgegentritt: seine Beziehung, seine Berufsperspektiven, seine Wohnungen, seine Arbeitsplätze wechseln. Sei es aktiv (er wechselt), sei es passiv (er wird ausgewechselt), er wird oft in die «Freiheit» gesetzt, ohne daß er es unbedingt aus sich selbst heraus will. Oft ist der Jammer (vorübergehend) groß. Jutta ist weggelaufen, mein Arbeitsplatz wurde wegrationalisiert, mein Hauswirt hat mich an die Luft gesetzt, das Leben ist ungerecht! Jahre später dann erlebt derselbe Mensch, daß diese «Befreiung» jetzt von ihm selbst ausgeht: Ich halte es in der Beziehung nicht mehr aus, meine Arbeit drückt mich (und ich werde freischaffend), ich kaufe mir ein Einfamilienhäuschen. Aber – wie gesagt – das alles ist nicht wirklich gemeint, ist nur eine Vorform. Das große Thema, in das mein Schicksal mich hier einsozialisieren will, lautet eben nicht: keine Beziehung, keine feste Arbeit etc., sondern es lautet: «Löse dich von der Abhängigkeit an diese Dinge!»

Wenn du die Forderungen des Luftelementes verstanden hast, kannst du in jeder Beziehung, an jeder Arbeitsstelle leben, denn eigentlich *brauchst* du sie nicht, du bist nicht von ihr abhängig. Die Beziehung darf da sein, die Arbeit darf da sein, aber beide zwingen mich nicht, sie gängeln mich nicht. Wenn ich eine Beziehung haben *muß,* bin ich nicht frei. Wenn ich eine Beziehung haben *kann* (aber nicht *aus ihr heraus* lebe, sondern mit ihr lebe), bin ich frei. Ich kann sie mir dann leisten – aber nicht um jeden Preis.

Dieses «Lösen» ist seit alters her eine der wichtigsten Ingredienzien auf dem alchemistischen Weg, das «große Werk» zu vollführen. Sich zu lösen, gehört zum Leben. Um in eine neue Stufe hineinzugehen, muß ich mich von der alten Stufe lösen können. Mache dich frei und unabhängig von allem, was dich bindet, ist der Weg des Luftelementes – aber erst einmal akzeptiere, daß du es nicht kannst und also festsitzt! Ohne dieses Wissen, daß derjenige, der das Luftthema zu lernen hat, erst einmal zutiefst gefangen ist (warum sollte er sich sonst lösen), muß er noch einige Male zwangsbefreit werden.

Dann erst kann er das «Löse» in seinen Lebensplan aufnehmen.

Erde

Wie wir bei den vorherigen Elementen «Feuer» und «Wasser» eine polare Zuordnung feststellen konnten, die das «Männliche» und das «Weibliche» umgreift, so gibt es auch zwischen der «Luft» und der «Erde» diesen polaren Bezug. Während die Luft das «Löse» repräsentiert, umgreift die «Erde» die andere Seite dieses alchemistischen Spiels: das «Binde». Die «Erde» enthält die Handlungsaufforderung des «Sichfestmachens an . . .» oder in anderen Worten ausgedrückt das Thema des «Festsitzens».

Da dieses Thema jedoch nicht als Rat in einer astrologischen Beratung den Klienten übergeben werden kann (also man kann ihm nicht sagen: «Sieh zu, daß du festsitzt», oder «Lerne, festzusitzen»), müssen wir es ein wenig umformulieren. Es ist, um eine Etage tiefer, die Thematik des «Tragens», die der Patient ebenso oft als ein unwilliges «Ertragenmüssen» erlebt.

Die Arbeitsanweisung des Schicksals lautet im Falle des Erdelementes: «Lerne, es zu tragen.» In moderner psychotherapeutischer Sprechweise würden wir sagen: «Übernimm die Verantwortung für dein Leben.» Aber dieses Bild ist zu verschwommen, denn ohne je richtig darüber nachzudenken sind die meisten Menschen bereit, einer derartigen Aussage zuzunicken und zu bestätigen, daß sie das bereits lange tun. Der Satz «Ich stehe dazu», der eigentlich ein Erd-Satz ist, wird heute kaum noch ernstgenommen und dient eigentlich nur der trotzigen Absicherung, wenn man eine Dummheit gemacht hat.

Da hilft es schon mehr, wenn man sich folgende Vorstellung macht: Stelle dir vor, deine Körpergrenzen würden nicht bei deiner Haut enden, sondern um deinen Körper eine Art Kugel von fünfzig Metern Durchmesser bilden. Und alles, was innerhalb der Kugel stattfindet (also innerhalb von fünfzig Metern!) unterliegt deiner Verantwortung, d. h., für alles Geschehen, was innerhalb dieses Radius sich ereignet, dafür sollst du die Verantwortung *tragen.* Es ist nur deshalb inszeniert worden, damit du dich (eines Tages) dazu bekennst. Trage es.

Eine derartige Vorstellung erweckt in uns sogleich Widerstände. Ja, aber was habe ich mit meinem Schwiegersohn (meiner Schwiegermutter) zu tun, die im gleichen Haus lebt? Er (sie) ist nur deshalb da, damit du das Tragen lernst, oder anders gesprochen, er (sie) ist ein Spiegelbild einer deiner inneren Personen, die du in dir ertragen lernen sollst. Sie ist da. Es nützt also nichts, sie den anderen in die Schuhe zu schieben und zu sagen, das hat nichts mit mir zu tun.

Wer hoch im Erdelement zu leben gezwungen ist, versucht deshalb gern, den Luftweg zu gehen. Ich muß mich von der Schwere des Tragens lösen oder befreien. Ich will diese Last nicht auf mir haben. Das ist verständlich, löst aber keine Probleme. Ein derartiger Mensch ist unfrei, und er soll nicht etwa lernen, sich zu befreien, sondern er soll lernen, die Last zu übernehmen. Es ist seine. Nirgends wird er sie los. Kein Arbeitsplatzwechsel, kein Wechsel der Beziehung, kein Wohnungswechsel wird seine Last je verändern. Er kann natürlich vorübergehend sich lösen (und weglaufen), aber ehe er sich versieht, befindet er sich wieder in dem gleichen Dilemma.

Insofern muß man ihm verdeutlichen, daß die Last nicht leichter wird durch den Versuch, sie abzuschütteln, sondern nur im Tragen. Es ist die Aufgabe, sie auf die eigene Schulter zu nehmen, wie weiland Atlas, und sie als die eigene verstehen zu lernen.

Die Kombinationen

Wir sehen, jedes Element trägt in sich eine Aufforderung zu einem langwierigen (weil lebenslangen) Lernprozeß, und ist schon jedes einzelne Element in sich schwer genug zu verstehen und zu lernen, so gibt es noch eine zusätzliche Komplikation dadurch, daß sie ja auch kombiniert auftreten können. Ich kann ja sowohl im Feuer als auch in der Erde überdurchschnittlich viele Elementenpunkte haben. Und sie müssen dann auch in ihrer Kombination interpretiert werden.

Wir geben im folgenden einige Denkanstöße für Kombinationen, die der Leser durch die eigenen Erfahrungen ergänzen und erweitern kann.

Im Anfang steht jeweils das Element mit der größten Punktzahl, und als zweites Element gilt jenes, das ebenfalls mehr als 18 Punkte hat, aber nicht so viele Punkte wie das Hauptelement.

Feuer – Wasser

Eine nicht erfreuliche Mischung, denn es beißt sich. So wie Hund und Katze sich normalerweise beißen, so mischen sich hier Energien, die sich normalerweise aufheben. Der Machtaspekt des Feuers schafft seelisches Leid. Und so ist die Empfindung leicht damit verbunden, Täter gewesen zu sein und Leiden ausgelöst zu haben. Das Problem besteht darin, daß ich es nicht will und doch tue. Es ist ein hohes Maß an Blauäugigkeit damit verbunden, die es zu durchschauen gilt.

Feuer – Luft

Zusammen mit dem Herrschaftsaspekt kommt ein Unverbindlichkeitsanspruch ins Spiel, d. h., ich versuche zu erobern, mir eine Position zu schaffen, jemanden zu dominieren, und wenn es mir gelungen ist, bin ich nicht mehr interessiert. «Viel Lärm um nichts», so könnte man diese Position umreißen. Es ist, als würde jemand mit einer unglaublichen Energie eine Festung stürmen, sie tagelang mit riesigem Geschützdonner angreifen, und wenn die Festung dann fällt und die Gegner sich ergeben, dann gehe ich gar nicht in die Festung hinein, sondern veranlasse meine Truppen, weiterzuziehen. Ein Strohfeuer.

Feuer – Erde

Wieder ist diese Kombination eher als Hinderung zu sehen. Da das Feuer ein sehr bewegliches Element ist und die Erde sehr träge, ist es der Versuch, meine Energien in den Raum hinauszubringen, aber der Raum (die anderen) läßt sich von mir nicht bewegen. Ihre Widerstände (die ja eigentlich meine sind) sind zu groß. Je höher die Erdpunktzahl dabei ist, desto schwerer tue ich mich, meinen Machtanspruch zu verwirklichen. Es ist das Panzerschrank-Phänomen. Ich versuche mit dem Schweißbrenner den Panzerschrank zu öffnen, aber die Stahlfüllung ist sehr dick, und mitunter beiße ich mir die Zähne daran aus.

Wasser – Feuer

Es ist mein Anspruch und meine Aufgabe, mich hinzugeben, Weiblichkeit zu lernen. Aber auf der anderen Seite steht ein Machtanspruch, der mich zurückschrecken läßt und mir das Gefühl vermittelt, wenn ich mich öffne, tut man mir weh. Also werde ich mißtrauisch (denn die Erfahrung eines Elefanten, der dann in meinem Porzellanladen herumtrampelt, habe ich oft genug gemacht), und versuche vorher Bedingungen zu setzen, unter denen ich (eventuell) bereit wäre, mich zu öffnen. Derartige Bedingungen ist freilich niemand in der Lage einzuhalten. Eine große Angst vor Verletzung.

Wasser – Luft

Kaum habe ich mich geöffnet, schon bin ich wieder allein. Ich könnte mich ja hingeben und habe mich auch schon (oft) hingegeben. Aber was nützt mir das, wenn anschließend keiner meine Hingabe haben möchte. Es ist eine Art Beziehungslosigkeit, die ich *in mir* nicht sehen will. Ich bin jetzt der Festungsbewohner (aus dem Beispiel: Feuer–Luft), der endlich kapituliert hat und sich übergeben will, aber es interessiert sich keiner mehr dafür.

Wasser – Erde

Eine ziemlich schwerfällige Mischung. Schlamm. Das Emotionale hält mich gefangen, hält mich fest, und ich habe es schwer, dem Leid zu entkommen. Es ist das Leid, das den Kriegsgefangenen auferlegt wird: nicht nur, daß sie sich ergeben haben, sie müssen auch noch Frondienste ausführen. Kein leichter Weg, bis ich gelernt habe, mein Leid zu tragen. Es tut nämlich nur weh, solange ich es nicht trage.

Luft – Feuer

Um mich zu lösen, habe ich genügend Kraft. Anders gesagt: da das Thema der Unabhängigkeit und Freiheit von mir gelebt werden muß (besser: gelernt werden muß), geht meine Kraft und mein Herrschaftsanspruch dahin, mich eben durch meinen Machtanspruch herauszukatapultieren. Es dauert lange, bis ich das begreife. Die Macht ist nämlich hier nicht das Vehikel der Herrschaft, sondern das Vehikel, die anderen gegen mich aufzubringen und sie von mir zu lösen. Da ich das (viele Jahre lang) gar nicht will, verstehe ich es nicht, ich muß zum Täter werden.

Luft – Wasser

Ein ganz ähnlicher Verlauf (wie bei Luft – Feuer), nur daß ich hier in die Opferrolle muß, um mich zu lösen. Erst wenn ich die Nase voll habe, löse ich mich. *Damit* ich mich löse, ist die Welt aufgerufen, Täter in mein Leben zu schicken. Aber mein Opfersein ist nur Mittel zum Zweck, und insofern ist diese Rolle nicht zu stark.

Luft – Erde

Eine ähnliche Zerrissenheit wie bei Feuer–Wasser. Die eine Hand möchte sich lösen und frei sein, die andere Hand hält sich fest und will verharren. Der Grundtenor ist freilich: die harte Arbeit an der eigenen Unabhängigkeit. Es ist der Sträfling, der eine Eisenkugel am Bein hat und jetzt von langer Hand einen Befreiungsversuch plant. Die meisten Ausbrüche gelingen!

Erde – Feuer

Es ist der Panzerschrank, der Macht in sich angesammelt hat, diese Macht aber nicht verausgaben kann. Es ist ebenso die Anhäufung von Macht (in materieller Form wie Geld, Grundbesitz, Wertsachen), auf der ich sitze und die anwächst, ohne daß ich etwas damit mache. Das Onkel-Dagobert-Syndrom. Natürlich kann man mit dieser Konstellation auch bettelarm sein, wenn man geistige Macht angesammelt hat.

Erde – Wasser

Ich sitze auf meinen Gefühlen fest. Es ist der Panzerschrank, der mit Gewalt geöffnet werden soll, aber geschlossen bleiben möchte. Zwar sind keine anfaßbaren Wertsachen im Inneren des Schrankes, sondern die abgekapselten Gefühle (also Seelisches), die ich aber gleichwohl nicht preisgeben will. Emotional bin ich sehr bewegt, will aber nicht, daß das jemand bemerkt. Gefühlsstau, der leicht dazu führt, dick zu werden und zu leiden.

Erde – Luft

Wieder ist das Hauptmotiv «Gefangenschaft» (in meinen Werten, meiner Ehe, meinem Beruf, meinen Ansichten) und der Traum von der Befreiung. Aber im Gegensatz zu Luft–Erde, bei dem das Gefängnis sich nach vielen Mühen öffnet, bleibt es hier geschlossen, und die Freiheit spielt sich in der Phantasie, in Gedanken ab. Das ist eine ziemlich unbefriedigende Situation, denn die Träume und Illusionen lassen mich nicht entspannen und das Erdthema wirklich verstehen. Dieses Thema neigt dazu, sich im Verborgenen abzuspielen, verlangt aber von mir, daß ich mich irgendwann (vor den anderen) zu meinen Freiheitswünschen bekenne (auch wenn ich sie nicht leben kann).

Anmerkung:

Es ist theoretisch möglich, daß sogar drei Elemente über 18 Punkte haben. Der Leser muß dann das dritte Element hinzukomponieren.

«Die Töchter der Nacht, die *Moiren* oder *Parzen* sagen,
daß sie es seien, die den Lebensfaden spännen und abschnitten.
Und die *Aisa* sagt, daß sie es sei, die jedem sein Los zuteile.
Und die *Themis*, die Tochter des Uranos und der Gaia sagt,
daß es ein Recht, eine Ordnung, eine Sitte gäbe,
die niemand ungestraft verletzt.
Und die *Dike* sagt, daß nach Gerechtigkeit vergolten werde,
Maß für Maß.
Und die *Ananke* sagt, daß alles nach eherner Notwendigkeit geschehe.
Und die *Adrasteia* sagt, daß dem Weltgesetz nicht zu entrinnen sei.
Und die *Nemesis* sagt, daß sich alles räche und daß alles gerächt werde.
Und die *Heimarmene* sagt, daß alles Schicksal sei, gutes Geschick,
Ungeschick nach dem Gewebe der Schicksalsmütter.
Es sind viele Namen, und es ist schwer,
einer jeder der Gottheiten ihr besonderes Wort zuzuweisen,
denn zuletzt sagen alle dasselbe:
der Mensch kann nicht tun, wie er will.
Er hat sich zu fügen in ein größeres Leben.»
(Julius Schmidhauser: Mnemosyne, Heidelberg 1954, S.165 f)

Kapitel 9

Drehbuch des Lebens

Erst an dieser Stelle, im 9. Kapitel, sind wir in der Lage, eine erste Zusammenschau der bisher einseitig dargestellten Elemente zu riskieren. Wir haben jetzt die Einzelsegmente und können darangehen, das Puzzle zusammenzulegen.

Um diese schwere Arbeit zu vollführen, benötigen wir allerdings ein System, das uns eine Reihenfolge der Einzelschritte vorgibt, denn sonst würden wir in dem Wust der Daten versinken. Wir müssen uns also so etwas zurechtlegen wie eine Hierarchie der Betrachtung, bei der uns in einer Abfolge angegeben wird, welcher Schritt der erste, der zweite etc. ist.

Die Deutungshierarchie, die wir hier vorstellen, besteht in einem Dreischritt, wobei der jeweilige Schritt ein ganzes Bündel von Daten umfaßt. Um einen ersten Verstehensprozeß dieses Dreischrittes zu ermöglichen, betrachten wir ihn zunächst so, als wäre er identisch mit dem gängigen Muster der *Zeitachse.* (Es sei gleich hier angemerkt, daß diese Unterteilung nur eine Hilfskonstruktion ist und daß die einzelnen Schritte in Wahrheit nichts mit der Zeit zu tun haben. Aber wir tun hier eine Weile so, als ob.)

Dieses Muster der Zeitachse besteht ja ebenfalls aus der Dreiteilung «Vergangenheit–Gegenwart–Zukunft». Der erste Schritt der Achse ist auch die erste Betrachtungsebene des Horoskops.

A. Vergangenheit

Der normale Menschenverstand betrachtet das Vergangene als etwas Abgeschlossenes, etwas Beendetes. Das ist es aber keineswegs. Es ist zwar nicht mehr präsent, gleichsam in die Zeit hinab verschwunden. Aber hier, im Inneren der Zeit, bildet es Fundamente, auf denen das Gegenwärtige ruht. Zöge man diese Fundamente heraus (was nicht gelingt), würde das Gegenwärtige zusammenstürzen wie ein Kartenhaus.

Insofern ist das Vergangene niemals verweht und verschwunden, sondern es bildet im Unsichtbaren die Grundpfeiler des Seins. Das gilt für die Menschheitsgeschichte ganz ebenso wie für die Geschichte des einzelnen Menschen, also für die Geschichtsforschung wie für die Psychologie.

Hätte es keine Weimarer Republik gegeben, so hätte es keinen Faschismus gegeben, ohne den Faschismus keine Nachkriegsgeschichte, kein Wirtschaftswunder, keine Bundesrepublik etc.

Wäre deine Kindheitsgeschichte anders verlaufen, so wäre deine heutige Seelenlage anders.

Kurz: die Geschichte ist nicht vergangen, sondern sie lebt inwendig weiter, hat sich zu deiner Struktur *verdichtet* Damit ist sie nur unsichtbar geworden, nicht aber verschwunden. Es ist die Struktur deines *Seins* geworden. Anders gesagt: du *bist* verdichtete Geschichte. Dieser Vergangenheit, die heute deine Struktur, dein Sein ist, gilt unsere erste Fragestellung, die da lautet: *Wer bist du?*

Als Antwort auf diese Frage schauen wir uns den *Aszendenten* an, denn er beantwortet die Frage restlos. (Wenn auch das Verstehen der Antworten einige dutzend Jahre dauern dürfte.)

Diese innere Struktur deines Seins wird erläutert von folgenden Fragen und damit von den symbolischen Bildern:

1. Was ist der Aszendent?

2. Wohin geht der Herrscher des Aszendenten? (Also der Planet, der zu dem Tierkreiszeichen gehört, das deinen Aszendenten bildet. Ist der Aszendent also z. B. «Wassermann», so ist der «Herrscher des Aszendenten» [oder, wie wir auch sagen: der «Herrscher von 1»] der Planet Uranus.)

2. a) In welches Haus geht der Herrscher von 1?

2. b) In welches Zeichen geht der Herrscher von 1?

3. Welche Aspekte bildet der Herrscher von 1 zu anderen Planeten? (Jeder Aspekt gibt eine weitere Erläuterung zu diesem Sein.)

4. Welche Aspekte hat der Aszendent selbst (also die *Spitze* des ersten Hauses) zu anderen Planeten.

5. Welche Planeten stehen noch im ersten Haus? (Denn sie geben weitere Erläuterungen zu dem Thema des Seins.)

Aus diesem gesamten Bündel von Daten beantwortet der Aszendent die Frage nach der inwendigen Struktur des Vergangenen und liefert damit gleichzeitig ein Bild deines Seins.
Schauen wir uns, um das zu erläutern, den Aszendenten unseres Horoskops aus dem Anfang an.

1. Aszendent: Waage.

2. a) Herrscher von 1: Venus steht im 9. Haus.

2. b) Herrscher von 1: Venus steht im Zeichen Zwillinge.

3. Herrscher von 1 hat die Aspekte: Konjunktion zum Merkur, Konjunktion zur Sonne, Quadrat zum Mars, Spiegelpunkt zum Neptun, Trigon zum Aszendenten.

4. Aszendent steht im Quadrat zum Saturn.

5. Kein Planet im ersten Haus.

Wir werden die dahinterliegende Figur hier noch nicht erläutern. Das tun wir erst später. Aber der Leser sieht bereits, daß ein Aszendent eine Vielzahl von Verflechtungen aufweist und daß diese Verflechtungen einen eigenen Kosmos in sich enthalten.

Würden wir einmal die Häuser und die Aspekte mit den ihnen zugehörigen Tierkreiszeichen belegen (also 2. Haus = Stier oder Quadrat = Saturn = Steinbock), so erhielten wir für den Aszendenten folgende (vergleichbar einer chemischen) Strukturformel:

Waage	+ Schütze	+ Zwillinge	+ Löwe	+ Zwillinge	+ Löwe	+
(Asz.)	+ (9. Haus)	+ (Venus in...)	+ (Konj.)	+ (Merkur)	+ (Konj.)	+
Löwe	+ Saturn	+ Widder	+ Pluto	+ Fische	+	
(Sonne)	+ (Quadr.)	+ (Mars)	+ (Spiegelp.)	+ (Neptun)	+	
Schütze	+ Waage	+ Steinbock	+ Steinbock			
(Trigon)	+ (Asz.)	+ (Quadrat)	+ (Saturn)			

Und diese Gleichung soll jetzt als ein vernünftiger Satz formuliert werden! Natürlich fühlt sich damit jeder überfordert. Also muß man daraus gleichsam eine Geschichte destillieren, die ungefähr den Sinn dieser Gleichung trägt.

Soweit das erste Bild der Vergangenheit oder das Thema des aus der Tiefe der Zeit aufsteigenden *Seins* (das aber – solange ich es nicht verstanden habe – noch nicht das *Mein* ist).

Mit diesem SEIN im Nacken wenden wir uns dem zweiten Bündel zu, dem TUN oder dem HANDELN.

Die meisten Astrologen haben dem Aszendenten bisher zu geringe Aufmerksamkeit geschenkt, ihr ganzes Augenmerk hat sich der Sonne zugewendet, denn sie ist es, die Auskunft über das gegenwärtige TUN gibt, also über den Handlungsdruck, der aus dem Menschen heraus in die Welt hinein sich ausbreiten möchte.

Da man dieses TUN leichter wahrnehmen kann, hat man sich angewöhnt, auf die Frage: Was bist du (für ein Tierkreiszeichen)? mit dem Sonnenstand zu antworten. So fragen auch die meisten Astrologen: «Was bist du?» und erhalten als Antwort (bei jemandem, der am 10. Juli geboren ist) «Krebs».

Aber *das ist er nicht!* So handelt er nur. Er *verhält* sich krebsig. Er *ist,* was sein Aszendent ist.

Der ganze Sinn des Handelns liegt nun aber nicht in sich selbst, dann könnte man in der Tat den Sonnenstand für sich allein betrachten, sondern der Sinn des Handelns liegt darin, daß ich im Handeln meinem Sein (also meinem Aszendenten) früher oder später auf die Spur kommen soll. Das Handeln ist gleichsam der *lange Weg zum Sein* und damit zur Selbsterkenntnis. Das darf nicht kausal mißverstanden werden, so als sollte ich nur deshalb etwas tun, damit ich mich wahrnehme. Dann würde es instrumentelles Handeln und ginge allemal in die Hose. Es ist – unabhängig von meinen Motiven – so, daß ich nach jahrzehntelangem Handeln meinem Aszendenten immer näher komme. Ob ich das beabsichtige oder nicht!

Diese Handlungsmuster, denen ich folgen muß, damit ich etwas verstehe, werden von meinem *Sonnenstand* symbolisiert. Auch hier haben wir wieder ein ganzes Bündel von Fragestellungen und Bildern.

1. In welchem Zeichen steht meine Sonne?

2. In welchem Haus steht meine Sonne? (Diese beiden Fragen sind wie ein Koordinatensystem, bei dem mir Länge und Breite meines Handlungsrahmens gegeben werden. Das Zeichen gibt

mir das «wie» des Handelns. Das Haus gibt mir das «wo» des Handelns an.)

3. Welche Aspekte bildet die Sonne mit anderen Planeten?

4. Wo steht das Zeichen Löwe (dessen Herrscher die Sonne ist)? An welcher Hausspitze befindet es sich (bzw. in welchem Haus ist das Zeichen Löwe eingeschlossen)?

5. Welche Zeichen befinden sich an der Spitze des 5. Hauses? (Weil das 5. Haus ja ebenfalls das Löwethema in sich trägt.)

Dieses gesamte Paket von Fragen gibt die Erläuterung zum Handeln und damit zum Weg (den Aszendenten zu entschlüsseln) durch das Leben vor.

Blicken wir wieder auf unser Beispiel-Horoskop, so finden wir folgende Antworten:

1. Sonne steht im Zeichen «Zwillinge».
2. Sonne steht im 9. Haus.
3. Aspekte: Sonne Konjunktion Merkur, Sonne Konjunktion Venus, Sonne Opposition Uranus, Sonne Opposition Saturn.
4. Das Zeichen Löwe steht an der Spitze des 11. Hauses.
5. An der Spitze des 5. Hauses steht das Zeichen Wassermann.

C. Zukunft

Der dritte Schritt dieses Gebildes, das wir das «Drehbuch des Lebens» nennen, bezieht sich auf das dem Sein und dem Tun innewohnende Ziel. Auch dieses Ziel steht bereits seit Anbeginn des Lebens fest, d. h., ich erreiche es in jedem Fall. Es ist jenes Ziel, von dem die Philosophen als der «Entelechie», also dem «Werdeziel» sprechen und das in die Sache so eingebaut ist, daß die gesamte «Reise» (durch das Leben) mit Notwendigkeit darauf zusteuert.

Mit anderen Worten: wie auch immer ich meinen Weg durch das Leben gestalte, zu diesem Ziel gelange ich entlang eines eingebauten Plans. Wir sehen, daß das Wort «Zukunft» sich nicht auf irgendeinen Zeitpunkt auf der Zeitachse bezieht, sondern auf einen inhaltlichen Endpunkt, der gleichermaßen der inhaltliche

Endpunkt meines Werdeganges (diesmal hier auf Erden) ist. Das ist zwar zeitlich der Moment, in dem ich aus der Schule (Erde) entlassen werde, also mein Todespunkt, aber sein Ort in der Zeit ist im Horoskop nicht auszumachen. Ich kann also die Stunde des Todes in meinem Horoskop nicht bestimmen, wohl aber den erreichten Endzustand als symbolischen Zusammenhang ergründen. Dieses Ziel wird im Horoskop beschrieben durch das Thema des «medium coeli» (MC), durch jene Achse also, die wir deshalb tunlichst senkrecht nach oben zeichnen sollten. Sie verläuft von der Spitze des 4. Hauses himmelwärts und bildet die Spitze des 10. Hauses. Hier liegt das MC.

Die Symbolik dieses Zieles wird wieder durch ein ganzes Datenpaket beschrieben. Und zwar

1. Welches Zeichen steht an der Spitze des 10. Hauses?
2. Wohin geht der Herrscher des 10. Hauses?
2. a) In welches Haus?
2. b) In welches Zeichen?
3. Welche Aspekte bestehen zum Herrscher des 10. Hauses?
4. Welche Aspekte gehen direkt auf den MC?
5. Welche Planeten stehen im 10. Haus?

Nehmen wir wieder unser Beispiel-Horoskop aus dem Anhang, so ergeben sich folgende Anhaltspunkte, die dieses Ziel vollständig beschreiben und «nur» noch der Übersetzung bedürfen:

1. Spitze des 10. Hauses im Zeichen Krebs.
2. a) Herrscher von 10 (Mond) im 10. Haus.
2. b) Herrscher von 10 im Zeichen Löwe.
3. Aspekte: Mond Jupiter Spiegelpunktquadrat.
4. Aspekte zum MC: Pluto-Trigon, Mars-Trigon, Mondknoten-Trigon.

Wir haben also einen Dreischritt und damit in gewissem Sinne eine Dialektik: der erste Schritt beschreibt das vorhandene SEIN (Aszendent), mit dem etwas geschehen soll. Der zweite Schritt beschreibt ein TUN (Sonnenstand), das innerhalb des Seins erfolgt. Und der dritte Schritt ist das Erreichen eines neuen Endzustandes, meines Zieles (MC).

Da unsere gesamte abendländische Kultur in sich zutiefst das Bild des «Fortschrittes» trägt, geht es kaum anders, als daß wir uns auch diesen Dreischritt als ein Fortschreiten vom Punkt A (Asz.) über einen Weg (Sonne) zu einem Punkt B (Ziel) denken. Dieses Denkmuster freilich, dem (leider) auch die Esoterik in ihrem größten Teil huldigt, ist jedoch gravierend irreführend, denn die Angelegenheit verhält sich tiefgreifend anders.

Es geht nicht darum, irgendwo anzukommen, von A nach B, so als hätte ich ein Ziel (den MC) vor Augen und müßte jetzt zügig ausschreiten. Natürlich wird das getan, natürlich geht es mit unserem abendländischen Blick nicht anders, aber das Denkmuster ist dennoch falsch.

Die eigentliche Reise geht nämlich nicht nach vorne, sondern sie geht *zurück.*

Das wird erst verständlich, wenn wir uns noch einmal die zentrale Fragestellung der Esoterik vor Augen halten, die ja nur aus einem einzigen Thema besteht: «Erkenne dich selbst!»

Dieses «dich», das ich in mir erkennen soll, ist jedoch mein «SEIN», also mein Aszendent. Ihn gilt es zu erkennen! Der, der ich bin, soll denjenigen, der er ist, erkennen. Es geht um: Subjekt – Prädikat – Objekt, um «Ich – erkenne – mich». Das aber ist reflexiv, rückbezüglich. Zu verstehen ist diese Formel nur, wenn ich davon ausgehe, daß das Ich (also der Aszendent) in dem Moment meines Losgehens noch vollständig und total unbewußt – also mir nicht zugänglich – ist.

Der Wanderer ist im Moment seiner Geburt sich seiner selbst nicht bewußt. Das ist der Punkt A oder der Aszendent. Jetzt wandert er los, er handelt, tut, er erlebt auf seiner Reise durch das Leben (also im Wandern des Sonnenstandes) unglaublich viel, aber er *erlebt nur sich,* gespiegelt in unzähligen Gestalten und Abenteuern. Am Ende seiner Reise hat er das über *sich,* also wieder über seinen Aszendenten, erkannt, was eben auf dieser Reise zu erkennen war. Das Ich ist bewußt (sagen wir vorsichtig: bewußter) geworden. Er weiß mehr über die Wahrheit seines SEINS. Mit anderen Worten: die Reise führt ihn wieder zurück zu sich.

Es war ein Kreis!

Das *Endergebnis* des Wanderns, also das, was er *er*wandert, erlebt hat, ist eine neue Form der Bewußtheit seines SEINS, seines Aszendenten, und diese neue Form wird vom MC beschrieben.

Daß es dabei um einen «Rückschritt», ein Zurückschreiten, eine Rückwendung, eine Rückbesinnung und damit im eigentlichen Sinne um «religio» geht, ist bereits daran ersichtlich, daß das MC in der Regel um drei Zeichen *früher* liegt als der Aszendent.

Der eigentliche Irrtum, in dem auch viele astrologisch versierte Menschen sich befinden, liegt jedoch darin, daß man glaubt, man sollte (oder könnte gar) für das Erreichen des MC etwas *tun*. In diesem Gedanken liegt die alte Zielgerichtetheit des «Fortschrittes». Man müsse auf irgend etwas hin sich «entwickeln». «Ich will mich in Richtung auf ... verändern», ist ein Satz, den man heute gerade in Esoterikkreisen nur zu oft hört, und er suggeriert, daß ich eben von A nach B zu reisen habe. Allein aus diesem Grunde haben wir im gesamten ersten Kapitel die eigentliche esoterische Logik versucht darzustellen. Der Weg führt also nicht von A nach B, sondern von A nach A, am Aszendenten gehe ich los, und am Aszendenten komme ich an. Die Wegstrekke ist die von «total unbewußtem Aszendenten» zu «bewußterem Aszendenten». Und *worüber* ich jetzt (innerhalb des Aszendenten) Bewußtheit erlange, das – und nur das – zeigt mein MC. Statt von einer «Entwicklung» sollten wir also lieber von einer «Auswicklung» sprechen. Es gilt nämlich das auszuwickeln, was in unserem Inneren schon sehr lange eingewickelt (und damit mich immer wieder verwickelnd) vorhanden ist.

«Erkenne dich selbst», heißt also: «Erkenne deinen Aszendenten.» Alle anderen Personen in dem inneren Spiel sind nichts anderes als Zuträger, gleichsam Arbeitsmaterialien, die daran mitwirken, dieses schwere Spiel zu ermöglichen. Sie haben keinen Wert an sich, sie haben keine Aufgabe für sich allein, sondern arbeiten daran, daß ich immer näher an die Erkenntnis meines SEINS herangeschoben werde.

Daß sie dabei mitunter zu dramatischen Ereignissen greifen müssen, liegt darin begründet, daß ich dieses Auswickelwerk nicht um alles in der Welt freiwillig durchführen würde. Ereignisse machen nicht geneigt, sie zwingen! Freilich auch hier hat der Mensch immer noch die Kraft, sich zu wehren und vor dieser

Arbeit davonzulaufen. Natürlich nicht endgültig, aber mitunter für geraume Zeit.

Die Inhalte

Wenden wir uns jetzt ein erstes Mal der inhaltlichen Betrachtung eines Personenensembles zu, schauen wir uns also an, wie unser Beispiel-Horoskop zu denken ist und geben damit einen ersten Versuch der Deutung. Zu diesem Zweck bilden wir es (auf der nächsten Seite) noch einmal ab.

Wir wissen schon, daß es sich nicht um eine Person, sondern um eine Sache handelt (Grundsteinlegung eines Meditationshäuschens), aber wir wissen noch nicht, ob es für diesen Zweck überhaupt brauchbar ist. Gehen wir also «objektiv» an das Drehbuch heran.

Die Elemente

Feuer 17, Wasser 16, Luft 30, Erde 9
Das Lernthema, das mit diesem Ereignis verbunden ist, lautet schlicht und ergreifend: Die Sache trägt in sich die Arbeitsaufforderung, etwas zu lösen. Das ist das Lernumfeld des Häuschens, in ihm soll sich etwas lösen. Es geht also darum, leicht zu werden, nicht mehr festzuhalten (deshalb nur 9 Punkte in der Erde), nicht mehr gebunden zu sein an die eine oder andere (ggf. auch materielle) Form. Das Feuer und das Wasser sind etwa gleichgeordnet (17 und 16 Punkte), so daß sowohl die Aufforderung ergeht, sich vom Männlichen und vom Weiblichen zu lösen, als auch, daß das Häuschen für das Männliche und das Weibliche gleichermaßen brauchbar ist (was uns deshalb nicht wundert, da es für Männer und Frauen gebaut wird).

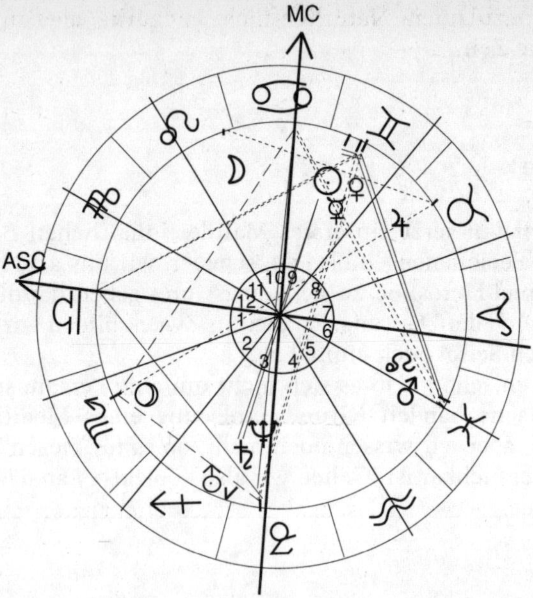

Jede Lösung ist natürlich immer eine Lösung von einer Abhängigkeit, und die Abhängigkeit vom Männlichen oder vom Weiblichen wird ja in einem Meditationshaus deutlich angestrebt, insofern hier die Menschen ja nicht als Mann oder als Frau eintreten (das wäre dann eher ein Lust-Häuschen), sondern als Meditierende. «Sich unabhängig machen von dem Thema des Männlichen oder des Weiblichen», könnte man als Zusammenfassung unter die Elemente schreiben.

Der Aszendent

Bleiben wir erst bei den einfachsten Kombinationen.

Waage-Aszendent mit dem Herrscher von 1 (Venus) in 9 im Zeichen Zwillinge. So lautet die Personenkonstellation, die in diesem Horoskop aus dem Vergangenen herkommend in die Bewußtwerdung dringen möchte.

Jeder Waage-Aszendent beschreibt zunächst einmal ein Sich-verloren-Haben im anderen und daraufhin eine Abhängigkeit von der Partnerschaft. «Wer bin ich, wenn ich mich nicht im anderen spiegeln kann?» lautet die bange Frage dieses Abhängigkeitsthemas.

Jeder Waage-Aszendent erzählt uns die Geschichte zweier Menschen: Ein ehemaliges Ich hat seine Eigenständigkeit an einen anderen Menschen abgegeben und existiert jetzt nur noch auf den anderen hin. Es besteht – kurz gesagt – ein hohes Maß an Partnerfixiertheit, die auf die Ebene des 9. Hauses transportiert wurde. Im 9. Haus liegt nun der Größenanspruch der Seelenführerschaft, das Amt des Hierophanten, der sich wichtig macht (heute liegen dort die Therapeuten), weil er (vermeintlich) die Wege zu Gott kennt. Wir finden – als archetypisches Bild – das Priesterehepaar, das sich selbst in seiner Wichtigkeit bestätigt und damit seine (gegenseitige) Abhängigkeit zementiert hat. Darunter liegt jetzt (als Gegenpol) das Zeichen Zwillinge, das die Wahrheit über diesen Archetypus spricht: daß er nämlich gar nicht so großartig ist, sondern eigentlich bedeutungslos und eher die «kleinen Brötchen» signalisiert.

Es liegt also eine Diskrepanz vor zwischen Anspruch und Wirklichkeit, zwischen der eigenen Großartigkeit und der Winzigkeit eines Weges der «kleinen Schritte». Das Meditationshaus hat jetzt also tief in sich dieses Thema und möchte es im Inneren einer jeden Seele, die darin meditiert, zur Oberfläche gelangen lassen. Es ist somit ein Ort, einen hochgesteckten Anspruch zurückzuschrumpfen.

Daß die damalige Geschichte der Verbindlichkeit zweier (oder mehrerer) Seelen ebenfalls das Thema der männlichen Energien und damit der Gewalt und zwar in verdrängter Form (Venus Quadrat Mars) in sich trägt, hat zwei mögliche Bilder: zum einen wird das Sexuelle hier tabuisiert, d. h., es durfte nicht Thema werden (bei einem Priesterpaar leicht nachvollziehbar), zum anderen ergibt sich daraus ein äußerst problematisches Verhältnis zur Gewaltanwendung. Als Bild: um selber sauber und heilig zu bleiben, werden diejenigen, die sich schmutzig gemacht haben (an der Idee des Gottes), also die Ketzer und Abweichler, mit

Gewalt zur Raison gebracht. Mars im 6. Haus hat immer ein wenig das Gewaltmotiv der Inquisition in sich. (Heute liegen hier die militanten Vegetarier und Nichtraucher.)

Der Spiegelpunkt von Venus zum Neptun (im 4. Haus) bescheinigt eine mystische Versenkung ins Gesetz (das im eigenen Inneren gefunden wird). Das Thema der Seele (= 4. Haus) unterliegt dabei einer gewissen Verhärtung. Sie läßt nur noch das «religiöse Gesetz» gelten und büßt ihre Weichheit und Beeindruckbarkeit ein (das korrespondiert mit der Stellung des Mondes im 10. Haus, der aus dieser Verkehrung auch eine Form der Macht [Löwe] gewinnt.)

Insofern ist die Schuldthematik des Aszendenten auch befrachtet mit einer Verhärtung der Seele bei ihrem großartigen Weg in die Religio. Die Konjunktion Venus–Merkur schildert uns, daß der damalige Weg eben nicht über die Seele, sondern über Verstand und Vernunft beschritten wurde und so eher ein Kopfweg war und nicht der Weg des Herzens.

Soweit der Aszendent.

Sonnenstand

Die Sonne, die das Muster des Handelns umreißt und die Möglichkeiten angibt, *wie* etwas geschehen kann, steht im Zeichen Zwillinge und im 9. Haus. Damit ist sie auf die gleiche Problemebene gerichtet, auf der schon der Herrscher von 1 sich befindet. Insofern sind die alte Geschichte (Vergangenheit = Aszendent) und die neue Handlungsform (Gegenwart = Sonne) strukturell identisch, d. h., wieder geht es um ein Tempelgeschehen, wieder geht es darum, eine religiöse Größenvorstellung (9. Haus) und etwas funktional Kleines (Zwillinge) zu koppeln. Beide Bereiche, das 9. Haus (= Schütze) und das Zeichen Zwillinge (= 3. Haus) stehen in einer Form der Unvereinbarkeit ineinander. Die rechte Hand (9. Haus) will das Große, den Gottesdienst, und das Zeichen Zwillinge will das Kleine, das «Sich-Zeigen» und den formalen Austausch. Gift und Heilmittel prallen aufeinander. Anders gesagt: die Größe hat keinen anderen Anspruch, als sich zu zeigen, Größe soll dokumentiert werden, Religion soll dargestellt werden, ist aber keine. Das ist nicht etwa entlarvend gemeint, sondern das ist der Weg, der zur Erlösung des Aszendenten beiträgt. Im Inneren des Häuschens geht es um einen Prozeß der Einsicht, der die ursprüngliche Größe auf ihr reales Maß reduziert. Auf den Anspruch nämlich, daß (in diesem Fall), ohne daß es die Beteiligten unbedingt wußten, viel Pomp um Nichts gemacht wurde. Hier wurde (und wird) die Religio zu einer Vorzeigeveranstaltung, die keinen anderen Hintergrund hatte, als vorgezeigt zu werden.

Bitte, wir behaupten nicht, daß jede Religio diesen Weg geht, aber daß sie auch diesen Weg gehen kann, ist eine innere Wahrheit, die im Inneren dieses Häuschens gefunden werden kann, dazu ist es da.

Eigentlich soll das Häuschen das Unscheinbare und die Kleinheit des Weges herausarbeiten, so als wollte es sagen: Suche Gott nicht im Großen, sondern finde ihn im Kleinen.

Dieses Bild wird noch dadurch unterstrichen, daß die Sonne als Hauptaspekt eine Opposition zu Uranus–Saturn im 3. Haus (im Zeichen Schütze) aufweist. Die Lösung aus dem Dilemma des Größenanspruches findet nämlich im 3. Haus statt (Uranus = die Lösung); hier liegt die Ebene der Befreiung, deren Formulierung lauten könnte: Sich vom Größenanspruch zu lösen und das Große im Kleinen zu finden. Sich in das Kleine hinein zu befreien. Es ist dies nur eine andere Formulierung für den Satz des Adalbert Stifter: «Der liebe Gott wirkt still (und leise).»

In einer Blume oder in einem Schmetterling liegt mehr Religio als in jedem Tempel. Diese Dinge zu entdecken ist der Auftrag, den das Häuschen in sich trägt. Solange es als Tempel mißverstanden wird, ist die Befreiung noch sehr weit. Dieser Weg, sich vom Größenanspruch zu lösen, ist in der Tat sehr hart (Saturn) und nicht in kurzer Zeit zu erreichen. Es braucht eine lange Zeit des Ringens zwischen den beiden verschiedenen Kräften und Impulsen, deren einer hinauf will (göttergleich) und deren anderer die Belanglosigkeit der Größe aufzuzeigen bestrebt ist.

Das Resultat, das im Inneren dieses Häuschens erzielt werden kann, besteht aus dem Tierkreiszeichen Krebs, und dessen Herrscher geht auf das 10. Haus in das Zeichen Löwe. Es geht um das Thema der Emotionalität (der Weiblichkeit), der Beeindruckbarkeit und um das Angerührtwerden. Emotionen werden frei, Gefühle treten ins Spiel, die vorher an keiner Stelle berührt worden waren. Der gesamte emotionale Bereich war nämlich bei allen vorherigen Phänomenen nicht im Spiel. Das Priesterspiel entbehrte (sowohl vom Zeichen Zwillinge als auch vom Zeichen Schütze her) der weiblichen Seite. Auch wenn wir im Aszendenten beschrieben haben, daß es sich um ein Pärchen handelte, so waren es doch nur formal Mann und Frau, die sich zu einem höheren Zweck trafen als dem, sich *als* Mann und Frau zu begegnen. Sie hatten das Thema der *geistigen* Macht auf ihren Schild geschrieben. Und jetzt soll ein Teil zurückgebracht werden, den man lesen könnte: das Weibliche (Krebs) gehört zu den Gesetzen (10.) des Lebens (Löwe). Es darf nicht fehlen oder in der Religio (Spiegelpunkt zum Jupiter) einer Idee (8. Haus) geopfert werden. Dann nämlich befindet es sich in der Hand des Gottes der Unterwelt (8. und Spiegelpunkt zu Pluto).

Lassen wir es bei diesen Bildern bewenden (und erinnern wir uns, daß ein Ereignis-Horoskop ohnehin nur Sinn macht, wenn die Bezugspersonen [also die Besitzer des Häuschens] mit ins Spiel geraten), und kommen wir jetzt noch einmal auf die interne Dialektik eines Lebens und damit auch eines Horoskops zu sprechen.

Der beschriebene Dreischritt – Sein, Weg und Ziel –, der eigentlich ein Rück-Schritt ist, trägt in sich ein Erkenntnisverlangen, gleichsam eine Erkenntnis-Gier. Das Leben versucht alles zu unternehmen, damit ich mir auf die Spur komme. Damit ich jene Wahrheiten auswickele, die sich seit Jahrhunderten und Jahrtausenden eingewickelt in mir und damit im Inneren des Menschseins befinden. Insofern bringt das Drehbuch des Lebens – und damit das Horoskop – mich mit Notwendigkeit den eingewickelten Wahrheiten näher; es muß sie mir mit schöner Regelmäßigkeit als unausgeglichenen Kontostand präsentieren, in der

Hoffnung, daß ich mir Soll und Haben anschaue und irgendwann die Schulden übernehme. Ich habe aber keine Schuld an jemanden, sondern nur an mich, wenn es auch im Leben so aussehen mag, als schulde ich den anderen (oder gar als schulden sie mir). Das einzige, was ich mir schulde, ist Erkenntnis.

Schließen wir unseren Dreischritt mit einem Gedanken, der bisher noch nicht ausreichend gewürdigt worden ist: Das Amt, Bannerträger der Wahrheit und der Erkenntnis zu sein, haben in unserem inneren Theaterstück drei Gestalten übernommen, die sich im IV. Quadranten befinden und deren Namen auf der Planetenebene «Saturn», «Uranus» und «Neptun» lauten. Sie sind die eigentlichen Vertreter des Gedankens der Esoterik, des «Erkenne dich selbst».

Sie treten zu dritt auf und sind eine mächtige Formation. Es sind die drei Erzengel oder die Heiligen drei Könige, wenn wir es einmal auf der Symbolebene betrachten. Die restlichen neun Personen huldigen einem anderen Gott. Es sind: das Ego selbst und die acht Bannerträger dieser majestätischen Größe.

Die Pläne, die von diesen neun Personen geschmiedet werden, sind jedoch von gänzlich anderer Art, als das von uns beschriebene Erkenntnisinteresse der Wahrheitsfindung. Diese neun Personen haben mit Wahrheit nichts im Sinn. Sie wollen Entwicklung, Fortschritt, Größe, Macht, Vorwärtskommen und Herrlichkeit. Jeder innere Plan, der mit den Worten: «Ich will . . .» beginnt, ist ein Plan des Egos, und er findet Unterstützung bei den meisten seiner acht Spießgesellen. Und es ist dabei vollständig unerheblich, welchen Plan das Ego auszuführen sich vornimmt. Die meisten Pläne dieser Pläne sind leicht zu durchschauen.

Ich will Geld, ich will Macht, ich will Abteilungsleiter werden, ich will ein großes Haus, Freiheit, eine Videofilmsammlung usw. Da wir uns aber im Bereich der Esoterik aufhalten, müssen wir auch die esoterischen Pläne einbeziehen.

Ich will Astrologe werden, ich will Heiler werden (und zwar besonders einer, der nur Erfüllungsgehilfe einer göttlichen Kraft ist – Reiki usw.), ich will nichts mehr wollen, nichts mehr sollen, nicht mehr an meinem Ego hängen.

Ja, der interessanteste Ego-Plan auf diesem Weg besteht darin, sein Ego abzustreifen. *Ich will* mich von meinem Ego lösen. Es ist geradezu das Ego-Kabinettstückchen auf dem Weg in die Meisterschaft der Bedürfnislosigkeit. Hier Weltmeister zu werden, neben Buddha (und Jesus) auf dem Olymp zu sitzen ist der große Traum eines esoterisch orientierten Egos. Aber wie jeder andere Ego-Plan auch, ist auch dieses Gebilde über kurz oder lang zum Scheitern verurteilt. Denn das Ego kommt deshalb nie zum Ziel, weil es beim Erreichen eines Zieles längst ein neues im Auge hat. Es findet nie seine Ruhe, weil es sich nie in seiner Wahrheit befindet. Es ist, wie der Sonnenstand auch (der es symbolisiert), pausenlos unterwegs. Und: es hat drei mächtige Verbündete, die es freilich viele Jahrzehnte als Feinde begreift. Der IV. Quadrant sorgt dafür, daß ich in meine Wahrheit geschickt werde, in die Wahrheit auch meines Egos. Hier finden sich die Gegenspieler in dieser «unendlichen Geschichte», jene Verschwörer, die sich, um der Wahrheit willen, gegen mein Ego stellen, um es zu sich selbst *zurück*zubringen.

Das medium coeli (MC)

«Denn siehe!
Es ist der Abend der Zeit,
die Stunde, wo die Wanderer lenken zu der Ruhestatt.
Es kehrt bald ein Gott um den anderen heim . . .
darum sei gegenwärtig.»
(Hölderlin)

Zum Ausklang dieses Buches sei noch eine kleine Denkhilfe in Form der Beschreibungen des medium coeli angefügt.

Der Leser weiß schon, daß er nicht in den Fehler verfallen darf, diese Bilder als anzuvisierende Ziele zu begreifen. Das MC ist jene Momentaufnahme, die im Augenblick des Todes in jedem Fall realisiert ist (nicht bereits vorher!) und die gleichsam den Ertrag der Erarbeitung des Aszendenten symbolisiert.

Folgende Bilder ergeben sich:

Widder MC

(Aszendent = Krebs oder Löwe)
Das Ergebnis besteht in einer Neuwerdung. Energien für einen Neuanfang werden freigesetzt. Es ist, als habe das Schicksal gesagt: «Das ganze Spiel darf noch einmal (auf einer neuen Ebene) von vorne beginnen.» Die Karten werden neu gemischt. Die alten Schulden sind getilgt.

Stier MC

(Aszendent = Löwe oder Jungfrau)
Das Ergebnis besteht darin, seinen Platz unter den Menschen wiederzufinden und sich neu einzuordnen. In gleicher Weise erhält man seinen inneren Wert zurückerstattet und muß sich nicht mehr auf äußere Größe oder auf seine Vorsicht beziehen.

Man weiß dann, was man wert ist.

Zwillinge MC

(Aszendent = Jungfrau)
Das Ergebnis besteht darin, nicht mehr auf einen Pol festgelegt zu sein und seine Neutralität zu finden. Mit Leichtigkeit kann man jetzt den Kontakt zur Welt aufnehmen. Man ist nicht mehr verstrickt, aber auch nicht mehr wichtig. (Man muß sich auch nicht mehr wichtig machen.)

Krebs MC

(Aszendent = Waage)
Das Ergebnis besteht darin, daß man in sich selbst Geborgenheit findet. Man gibt sich nicht mehr *dem* anderen hin, sondern man gibt sich um seiner selbst hin. Das Kind in seinem Inneren darf jetzt dasein, und auch die Weiblichkeit kann wieder gelebt werden. Seelisch findet man seine Wurzeln.

Löwe MC

(Aszendent = Waage oder Skorpion)
Das Ergebnis besteht darin, daß man seine Lebendigkeit (und damit sein Leben) zurückerstattet bekommt. Das Herz schlägt wieder für das Leben und für die Liebe.

Man findet sich selbst.

Jungfrau MC

(Aszendent = Skorpion und Schütze)
Das Ergebnis besteht darin, daß ich mich wieder an die Bedürfnisse der realen Welt anschließe. Das Männliche und das Weibliche sind wieder vorhanden, und es gelingt mir, beide leben zu lassen. Ich muß nicht mehr das eine vom anderen trennen, das Helle und das Dunkle dürfen wieder in der Welt sein.

Waage MC

(Aszendent = Schütze)
Das Ergebnis besteht darin, daß ich wieder partnerfähig werde und damit lerne, die Andersartigkeit des anderen zu respektieren. Ich kann den anderen Menschen mit mir leben lassen, muß mich also weder über ihn stellen, noch bin ich an ihn gebunden (oder von ihm abhängig).

Skorpion MC

(Aszendent = Schütze oder Steinbock)
Das Ergebnis besteht darin, daß ich wandlungsfähig werde. Es handelt sich um ein Auferstehungsgeschehen: ich löse mich aus dem Eispalast. Ich darf wieder Ideale entwickeln (ohne mich auf Biegen oder Brechen an sie zu hängen).

Schütze MC

(Aszendent = Wassermann oder Fische)
Das Ergebnis besteht darin, daß ich meinen Glauben finde und den Sinn meines Lebens deutlicher erkennen kann. Die Einsichten, die hier zu gewinnen sind, haben damit zu tun, daß ich mich sehr weit aus der Welt entfernt habe.

Steinbock MC

(Aszendent = Widder oder Stier)
Das Ergebnis besteht darin, daß ich mich wieder unter das Gesetz des Schicksals, unter mein Gesetz stellen kann. Ich ordne mich wieder ein in das große Ganze und kann auch dessen Gesetzmäßigkeit und Gerechtigkeit akzeptieren.

Wassermann MC

(Aszendent = Stier oder Zwillinge)
Das Ergebnis besteht darin, daß ich nicht mehr werten muß. Dem Zusammenhang von «Gut» und «Böse» bin ich nicht mehr unterworfen, und damit finde ich meine (innere) Freiheit.

Ich werde unabhängig und leicht.

Fische MC

(Aszendent = Krebs)
Das Ergebnis besteht darin, daß die stehenden Gewässer der Seele (das faulig tümpelnde Wasser) wieder fließend wird. Ich werde durchlässig und erfahre hier die Nähe des All-Einen. Zumindest die Konturen von Avalon tauchen auf und geben den Trost, der mir im Leben so lange versagt blieb.

Mit diesen rohen Skizzen wollen wir unser Buch beenden. Vieles konnte jetzt noch nicht gesagt werden, weil der Platz nicht ausreichte oder die Autoren es noch nicht wußten. Manches haben wir uns für den nächsten Band aufgespart, der – wenn der IV. Quadrant es will – in einigen Jahren folgen wird.

Zum Abschluß möchten wir über die Themen «Aszendent – Sonnenstand – MC» noch ein letztes Bild riskieren.

Es ist das Bild des Bogenschützen.

Normale (exoterische) Astrologie verhält sich ganz ebenso wie unsere Olympiamannschaft beim Bogenschießen. Ich bin der Schütze (Aszendent), der Pfeil fliegt (Sonnenstand), und er trifft das Ziel (MC). Im Ergebnis habe ich Erfolg – oder eben nicht!

Esoterische Astrologie verhält sich wie jener Bogenschütze, den wir aus dem Zen kennen. Ich bin der Bogenschütze (Aszendent), und ich spanne den Bogen, aber ich ziele nicht auf das Ziel, sondern ich identifiziere mich mit dem Spannen des Bogens und begreife, daß das Spannen und der Bogen und der Pfeil und ich zusammengehören, und daß ich nur in der Einheit dieser drei Elemente jetzt gerade *bin* oder existiere. Wenn diese Einsicht der Einheit realisiert ist, flieht der Pfeil – ohne mein Dazutun – von der Sehne, weil seine Zeit und damit meine Zeit gekommen ist. Er trifft sein Ziel, aber der Schütze schaut gar nicht hin, ob der Pfeil getroffen hat. Für ihn war das Ziel (in der *Einheit* zu sein) bereits erreicht. Daß der Pfeil trifft, wußte er bereits, als er losflog, aber es interessierte ihn nicht mehr.

Anhang 1

Das Ausrechnen und Zeichnen eines Horoskops

Die esoterische Astrologie geht davon aus, daß jedes Ereignis, das sich irgendwann und irgendwie zutragen kann, bereits im Hintergrund der Welt vorhanden ist. Nichts kann völlig neu entstehen und nichts kann ins Nichts hinein sich auflösen. Esoterik kennt nur die Wellenbewegung von Diesseits und Jenseits (um es in einfachsten Worten zu sagen). Etwas ist entweder total im Vordergrund, in der Sichtbarkeit, dann ist der Hintergrund unsichtbar, oder es ist total im Hintergrund, dann ist der Vordergrund unsichtbar. Alles, was sich im Hintergrund befindet, liegt jenseits von Zeit und Raum an einem Ort, für den es viele Worte gibt (das Transzendente, das Unsichtbare, die Welt hinter der Welt, das Numinose, das Jenseits), den wir aber dennoch nicht beschreibend greifen können. Wir wollen auch nicht darüber spekulieren, wo diese Welt sich befindet, sondern wir werden wieder einmal ein Bild zur Hilfe nehmen, ein Bild, das die Mechanik dieser beiden Welten verdeutlichen soll.

Es ist das Bild des Kinos.

Im Filmtheater gibt es einen Vordergrund, das ist die Leinwand, und es gibt einen Hintergrund, das ist der Projektionsraum mit dem Lichtspielprojektor. Die Leinwand im Vordergrund ist erst einmal leer. Wenn nicht gespielt wird, bleibt das Kino ebenfalls leer, der Zuschauer ist noch zu Hause (!).

Aber irgendwann einmal ist eine Vorstellung angesetzt, sagen wir von 16 bis 18 Uhr. Die Kasse wird geöffnet, die Karten werden verkauft, die Zuschauer gehen in den Saal. Jetzt sind sie in der Spiel-Zeit. Sie setzen sich hin, und vor ihnen auf der Leinwand entstehen Bilder. Und der (aufgeklärte) Zuschauer weiß schon, daß die Bilder hier gar nicht entstehen, sondern nur geworfen werden, und dennoch drehen sie sich nicht um und schauen in die entgegengesetzte Richtung zum Vorführerhäuschen, denn dort könnten sie nichts sehen. Nur ein schmales Loch ist in der Wand, aus dem ein heller Projektionsstrahl auf die Leinwand schießt. Und dennoch ist es so, daß jedes Bild, das im

Diesseits auf der Leinwand entsteht, längst auf der Filmrolle – im Jenseits – vorhanden ist. Der Vorführer hat die Rolle vor ein paar Tagen vom Bahnhof abgeholt – er hat sie auch nicht hergestellt. Er weiß nur, wie man sie einlegt (so, wie unsere Eltern wußten, wie man uns «einlegt»). Hinter dem Vorführer steht eine ganze Industrie, Hollywood, eine Traum-Fabrik.

Wir wissen nicht, wie das himmlische Hollywood aussieht, d. h., wer die Filme, in denen wir die Hauptrolle spielen, hergestellt hat, aber wir wissen, daß der (für mich) unsichtbare Filmstreifen im Hintergrund irgendwann eingelegt wurde, und seit diesem Termin tritt das, was vorher unsichtbar war, über in die Sichtbarkeit.

Um das Bild noch etwas komplizierter zu gestalten: Die Vorstellung findet nicht von 16 bis 18 Uhr statt, so als ob es vorher bereits eine fest etablierte Zeit gäbe. Nein, indem der Vorführer den Apparat anschaltet, schaltet er gleichzeitig die Zeit an, die es vorher im Unsichtbaren – also bevor wir das Lichtspieltheater betreten haben – gar nicht gab. Er schaltet den Apparat an, heißt: ab jetzt fängt im Vordergrund die Zeit an zu verstreichen. Wir, die wir im Theater sitzen, wissen vorher nicht, wann der Film zu Ende ist, wissen also auch nicht, wann die Projektionslampe nach dem Wort «ENDE» wieder verlöschen wird und damit die Zeit wieder aufhören wird, zu verstreichen – und wir wieder «nach Hause» gehen. Wir wissen nur, daß irgendwann der Film ein Ende haben wird.

Jedes Ereignis tritt also irgendwann aus dem Hintergrund des Projektionshäuschens in den Vordergrund des Sichtbaren über, und dieser «Ort in der Zeit» erschafft gleichzeitig die «Welt der Bilder» und die «Zeit der Bilder».

In diesem *Punkt* des Übertrittes vom Jenseits ins Diesseits trägt das Ereignis sein gesamtes inneres Geschehen bereits in sich, es ist – das Filmrollenbeispiel ist hier wahrlich perfekt – nur noch nicht ausgewickelt, d. h. abgespult. Insofern ist das Leben und das Geburtshoroskop tatsächlich wie eine Filmrolle, die nur noch in der Zeit ablaufen muß. Das meiste von dem, was wir Entwicklung nennen, ist somit in Wahrheit *Ab*wicklung.

Für unsere Zwecke ist es jetzt erforderlich, daß wir den Punkt des Übertrittes vom Jenseits ins Diesseits so genau als möglich zu fassen bekommen. Dieser Punkt ist immer ein Geburtsort (in der Zeit), und dieser Ort in der Zeit trägt die innere Geschichte der Filmrolle als *Bild* in sich. Dieses Bild ist das Horoskop-Mandala.

Es ist dabei unerheblich, ob es sich bei dem Geburtsprozeß um die Geburt eines Menschen, eines Tieres, einer Sache, einer geistigen Wesenheit (z.B: ein Vertrag) oder eines Ereignisses handelt.

Für die Übung, die wir in diesem Anhang durchführen wollen, wählen wir nicht die Geburt einer Person, sondern die Geburt einer Sache. Zu einem Termin, den wir genau geprüft haben.

Wir werden die einzelnen Schritte, die zu dem Errechnen und Zeichnen eines Horoskops gehören, in ihrer Logik hier genau herleiten, und beginnen jetzt mit dem ersten Schritt.

1. Ort und Zeit

Die Geburt eines Ereignisses, wir sagten es schon, findet in Raum und Zeit statt. Wenn auch das Ereignis von weit herkommt, so muß es doch – um Ereignis werden zu können – eintauchen in die Zeit. Es muß ebenfalls eintauchen in einen Ort im Raum, hier auf Erden.

Glücklicherweise haben die Seefahrer und die Eisenbahndirektionen vor vielen Jahren schon die Erde mit einem allgemeinverbindlichen Orts- und Zeitnetz überzogen. So wird jeder Ort auf der Welt heute gemessen und vermessen nach einem Längen- und Breitennetz (Längengrade und Breitengrade genannt), so daß mit zwei Zahlenangaben und zwei Richtungsangaben jeder beliebige Ort auf der Oberfläche der Erdkugel exakt zu bestimmen ist.

Die Angaben, in denen das erfolgt, sind Gradzahlen des Kreises. Sie messen nach *Grad, Minute und Sekunde.*

Der gesamte Erd-Kreis hat 360 Grad (rund um den Äquator), und der Null-Punkt liegt als Linie des Null-Meridians direkt bei der Sternwarte des englischen Städtchens Greenwich.

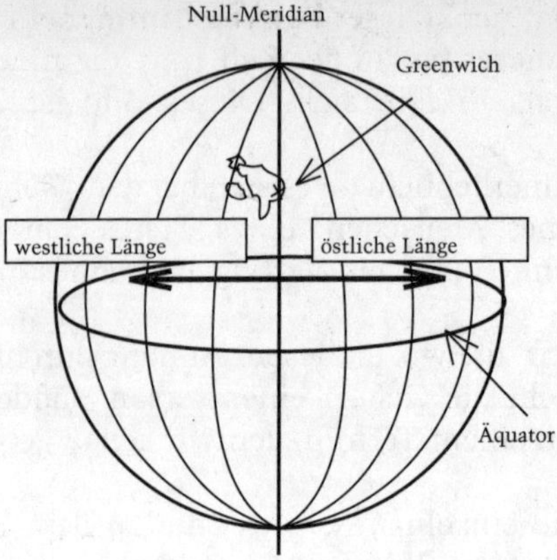

Bild 1

Längengrade

Von Greenwich ausgehend zählt man die *Längengrade* in zwei Richtungen, einmal in östliche Richtung (also nach rechts) und nennt sie z. B. 10 Grad östliche Länge, oder in westlicher Richtung (also nach links) und nennt sie z. B. 10 Grad westliche Länge. Abgekürzt: «10 Grad n. L.» oder «10 w. L.».

Jedes Grad hat eine Feineinteilung, das sind die Minuten, und jede Minute hat ebenfalls eine Feinunterteilung, das sind die Sekunden. Dabei gilt:

1 Grad = 60 Minuten (nicht 100!) und
1 Minute = 60 Sekunden

Achtung: Die Minuten und Sekunden auf dem Gradkreis haben nichts zu tun mit Zeitminuten und -sekunden. Es sind Winkelminuten oder Bogenminuten, die der Geometrie zugehören und nicht der Zeit!

Nach links und rechts gehen jetzt jeweils 180 Längengrade, die sich auf der Rückseite der Erde etwa bei den Fidschi-Inseln treffen und dort die Datumslinie bilden. (Man könnte hier theoretisch mit einem Bein im Sonntag stehen und mit dem anderen Bein im Montag.) Zusammen ergeben das 360 Grad.

Breitengrade

Die Erde hat aber auch einen Äquator. Er teilt die südliche Halbkugel von der nördlichen. Sein Verlauf führt ihn durch Afrika (etwa in der Nähe von Entebbe in Uganda). Vom Äquator aus verlaufen *Breitengrade* nach oben und nach unten. Alles was oberhalb des Äquators liegt, trägt die Bezeichnung «nördliche Breite» und was unterhalb liegt «südliche Breite».

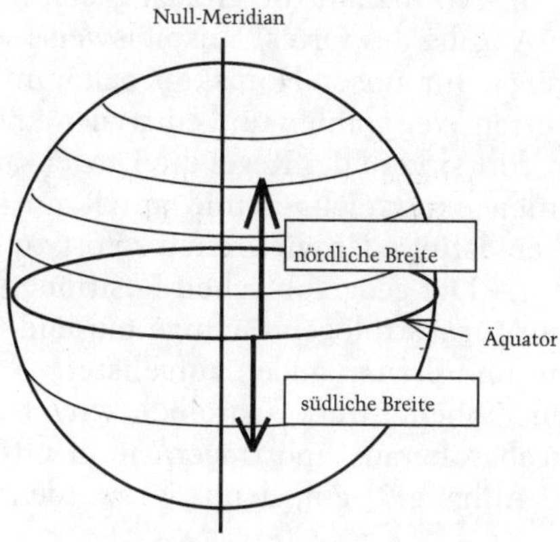

Bild 2

Wieder haben die Breitengrade Grade, Minuten und Sekunden, ganz ebenso wie die Längengrade, nur daß es hier nicht 180 Grad nach oben und nach unten sind. Nach ca. 90 Grad nördlicher Breite ist bereits der Nordpol und nach ca. 90 Grad südlicher Breite ist der Südpol erreicht. (Die Erde ist nicht hundert Prozent kugelförmig.)

Der Ort, an dem das uns interessierende Ereignis stattfand, hat folgende Koordinaten:

8 Grad 40 Minuten 55 Sekunden östliche Länge
50 Grad 6 Minuten 44 Sekunden nördliche Breite
oder einfacher geschrieben:

8° 40' 55'' öL	denn	50° heißt 50 Grad
50° 6' 44'' nB		6' heißt 6 Minuten
		44'' heißt 44 Sekunden

Das heißt unser Ort liegt ca. 8 Grad östlich von Greenwich und ca. 50 Grad oberhalb des Äquators. Wer diese Daten hat, findet auf jedem besseren Atlas mühelos den Ort *Frankfurt/Main.* Das ist nämlich der Ort, an dem unser Ereignis stattgefunden hat.

Da wir aber im Normalfall die Gradangaben nicht haben, sondern nur die Angabe des Ortes, beispielsweise «Hamburg» oder «Braunschweig», für unser Horoskop bekommen, müssen wir den umgekehrten Weg wählen und entweder einen Atlas zu Rate ziehen, denn dort sind in der Regel die Längen- und Breitengrade als feine Linien eingezeichnet und am Rand stehen auch die Zahlenangaben dafür, oder wir greifen sofort zu einem Tabellenwerk, genannt: «Die geographischen Positionen Europas». Dort hat man – nur für Astrologen – einige tausend Orte bereits mit ihren Längen- und Breitengraden aufgelistet.

Aus diesem Tabellenwerk schreiben wir also beide entsprechenden Angaben heraus und tragen sie in unser Horoskopformular (siehe Anhang 2) ein, denn wir werden sie später noch benötigen.

Geb.-Datum 17. 6. 1988	**Geb.-Zeit 14h 34**
Breite 50° 6' 44'' nB	**Länge 8° 40' 55'' öL**

Die zweite Angabe, die zum Errechnen des Mandalas erforderlich ist, ist die Angabe der Zeit. Diese Zeitbestimmung ist dreiteilig.

Sie enthält die Angaben:

1. des Jahres, bezogen auf einen Nullpunkt (Christi Geburt)

2. des Tages innerhalb des Jahres (also etwa der 63. Tag des Jahres, normalerweise mitgeteilt als 3. März)

3. der Uhrzeit innerhalb des Tages (mitgeteilt als Stunde, Minute).

Geben wir gleich die Zeit *unseres* Ereignisses:

1. 1988

2. 17. Juni

3. 14 Uhr 34

Natürlich erhalten wir diese Angaben in der Regel umgangssprachlich zusammenhängend, also: 17. 6. 1988 um 14 h 34 in Frankfurt/Main, doch wir wollten aufzeigen, daß diese Zeitangabe sich aus drei voreinander unterschiedenen Größen zusammensetzt, die zunehmend mehr Feinstruktur erhalten.

Diese Daten tragen wir in die vorgesehenen Kästchen des Horoskopformulares.

Geb.-Datum	**Geb.-Zeit**
Breite 50° 6' 44'' nB	**Länge 8° 40' 55'' öL**

Die Uhrzeit tragen wir darüber hinaus in die Rubrik MEZ (Mitteleuropäische Zeit) ein.

MEZ	**14 h 34**

Mitunter erhebt sich an dieser Stelle die Frage, wann eine Geburt als abgeschlossen gilt. Angenommen, du wärest mit einem Präzisionschronometer bei der Geburt deines Kindes anwesend, wann drückst du auf den Stoppunkt:

a) beim Durchtreten des gesamten Körpers durch den Geburtskanal

b) nach dem ersten Schrei

c) nach dem ersten Atemzug

d) nach der Durchtrennung der Nabelschnur?

Es ist dies keine leichte Frage insofern, als es keine tiefgreifende oder feststehende Regel dafür gibt. Wir haben uns angewöhnt, eine Geburt als abgeschlossen zu begreifen, wenn das Wesen, das hier zur Welt kommt, als eigenständiger Organismus existiert. Wenn es also vom Blutkreislauf der Mutter abgekoppelt ist *und* selbständig atmet. Wir nehmen also *nicht* die Durchtrennung der Nabelschnur, wie es manche Astrologen tun. Mitunter gibt es Geburten, wie bei der Leboyer-Methode, da wird das Kind erst auf den Bauch der Mutter gelegt und man wartet, bis es eigenständig atmet (und sich von dem Stress erholt hat) und trennt die Nabelschnur erst wesentlich später ab. Sobald die Nabelschnur mit der Außenluft in Berührung kommt, sperrt sie sich sowieso von innen her ab (es fließt kein Blut und keine Nährsubstanz mehr).

Normalerweise spielt diese Überlegung ohnehin keine Rolle, denn die Zeiten, die wir gewöhnlich bekommen, sind nicht einmal auf Minuten genau.

Wir empfehlen unseren Lesern dringend, bei allen Zeiten, die man als Geburtszeiten bekommt, in jedem Fall nach den Standesamtsdaten zu verlangen. Als Faustregel für unsere Praxis gilt: die Angaben der Mütter sind in mindestens 50 Prozent aller Fälle gravierend *falsch*. Je länger die Geburt zurückliegt, desto mehr bringen Mütter die Geburtszeiten durcheinander, während die Standesamtszeit zumindest einige Tage nach der Geburt eingetragen wird. Noch besser ist es, wenn erreichbar, die Krankenhausdaten zu erforschen. Sie sind in der Regel verläßlich. Seit Ende des letzten Jahrhunderts *muß* die genaue Geburtszeit im Geburtsregister eingetragen werden. Sie existiert also. Und kann gesucht werden, wenn es auch mitunter zu einer wahren Odyssee werden kann.

Weltzeit

Nachdem wir die Geburtszeit eingetragen haben, folgt als erster Schritt die Umrechnung dieser Zeit auf die Weltzeit (WZ).

Die Zeit der Welt orientiert sich – ganz ebenso wie die Längengrade – an dem kleinen Ort Greenwich. Sie wird deshalb auch Greenwich-Zeit (GZ) genannt, insofern sind GZ und WZ identisch. Jedes Land auf der Erde stellt seine Uhren in ein bestimmtes Verhältnis zu diesem kleinen Ort ein, denn die Aufteilung der Welt nach Zeitzonen nimmt von Greenwich ihren Ausgang.

Das heißt, wenn es in Greenwich zur Weltzeit 12 Uhr mittags ist, dann ist es in Denver (Colorado) 4 Uhr morgens und in Frankfurt 13 Uhr mittags.

Diese Zeitzonen sind feststehend und ändern sich nicht.

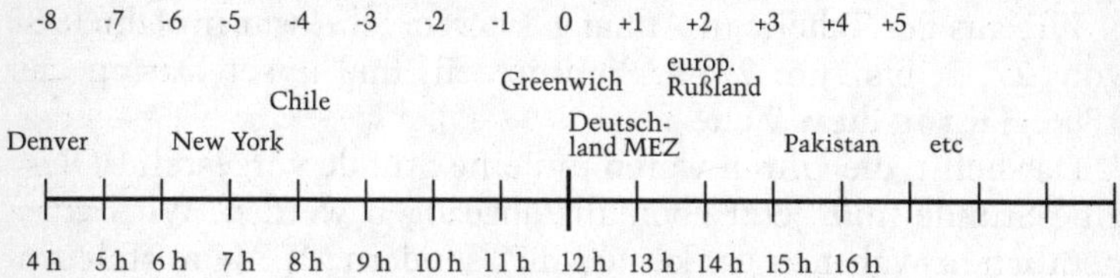

Da alle Tabellen, die mir (später) die Planetenkonstellationen angeben, auf Mitternacht (manche auch auf Mittag) *Greenwich-Zeit* berechnet worden sind, muß ich meine Geburtszeit eines Ereignises auf diese Weltzeit = Greenwich-Zeit umrechnen.

Diese Umrechnung geschieht in zwei Schritten.

1. Die Umrechnung, die normalerweise erfolgt.

2. Die Umrechnung, die sich daraus ergibt, daß zu der normalen Zeitverschiebung noch eine künstliche (von Menschenhand erdachte) hinzukommen kann. In Europa und Nordamerika werden z. B. in fast allen Ländern in bestimmten Monaten Sommerzeiten eingerichtet. Die Uhren werden (in der Regel) um eine Stunde vorgestellt. Auch während bestimmter Kriegszeiten wird – aus dem Grund, Energien zu sparen – das getan.

Für Deutschland gibt es seit 1980 jedes Jahr Sommerzeiten (siehe Anhang 3), bei denen zur normalen Uhrzeit eine Stunde hinzugerechnet wird. (Es gab sie auch vorher schon.)

Zu Punkt 1: Die Umrechnung von MEZ zur WZ verläuft nach der Formel:

MEZ = WZ + 1 Std.

Da wir aber von der MEZ ausgehen und auf die WZ kommen wollen, gilt

WZ = MEZ – 1 Std.

Von unserer Ereigniszeit (= MEZ) von 14 h 34 ziehen wir eine Stunde ab und kommen so zu einer Weltzeit von 13 h 34. Diesen Wert könnten wir jetzt in den zweiten Tabellenplatz unter der Rubrik WZ eintragen, dabei hätten wir jedoch den zweiten Schritt der Umrechnung übersehen.

Wie aus der Tabelle in Anhang 3 hervorgeht, war im Jahr 1988 vom 27. 3. bis zum 25. 9. Sommerzeit, und unser Datum, der 17. 6., fällt in diese Zeit.

Das heißt, die Uhren waren um eine Stunde vorgestellt. Diese eine Stunde muß jetzt ebenfalls abgezogen werden. Wir hatten nämlich in Wahrheit gar keine MEZ, sondern MES (= mitteleuropäische Sommerzeit), und hier lautet die Formel

MES = WZ + 2 Std. oder
WZ = MES – 2 Std.

Unter der Rubrik WZ tragen wir also jetzt (14 h 34 minus 2 Stunden =) *12 h 34* ein. Das ist die Zeit, von der wir ab jetzt alle weiteren Berechnungen durchführen.

MEZ	**14 h 34**
WZ	**12 h 34**

Regel: Ich muß also in jedem Fall vor der Umrechnung auf die Weltzeit wissen, welche Zeitzonen in dem Land meines Horoskops gelten *und* ob zu dieser Jahreszeit Sommerzeit (oder Kriegszeit oder daylight saving time) herrschte.

Die europäischen Sommerzeiten für dieses Jahrhundert kann der Leser dem Anhang eines zweiten Tabellenwerkes entnehmen: «Die globalen Häusertabellen» (nach Placidus) aus dem Otto Wilhelm Barth Verlag.

Ortszeit

Nachdem ich jetzt die Weltzeit berechnet habe, muß ich in einem zweiten Schritt die sogenannte Ortszeit des Ereignisses bestimmen.

Mit dieser Zeit hat es folgende Bewandtnis: Die Uhren eines Landes richten sich nicht nach der Zeit, die an einem beliebigen Ort (des Landes) tatsächlich gilt, sondern sie werden für das ganze Land einheitlich gestellt. So ist es sowohl in Leipzig 12 Uhr als auch in Köln, obwohl Leipzig und Köln ca. 400 Kilometer auseinanderliegen. Da die Sonne in Richtung von Osten nach Westen über Deutschland zieht (so sieht es jedenfalls aus, in Wahrheit dreht sich *die Erde* so, daß zuerst Leipzig und dann Köln von der Sonne erreicht werden, aber diese Tatsache vernachlässigen wir im folgenden), steht sie in Leipzig bereits an ihrem höchsten Punkt (das wäre dann der Mittagspunkt, eigentlich 12 Uhr), während sie in Köln erst in 21 Minuten an ihren Höchststand kommt.

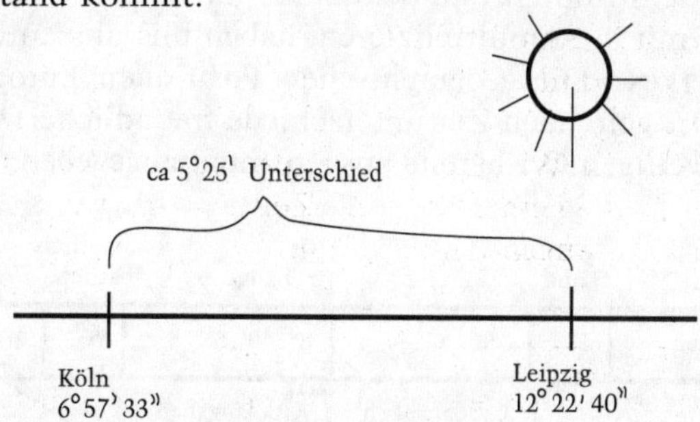

Dennoch ist es in beiden Städten gleichzeitig 12 Uhr 26 (oder so) auf der von Menschenhand eingestellten Uhr.

In früheren Jahrhunderten wurden die Uhren tatsächlich nach dem Sonnenhöchststand eingestellt, d. h., es war auf der Kirchturmuhr in Leipzig tatsächlich 12 Uhr, und auf der Uhr des Kölner Domes (die vielleicht eine Sonnenuhr war) war es erst 11 Uhr 39. Erst 21 Minuten später war es auch in Köln Mittag.

Bei der Ortszeit tun wir jetzt so, als würde sich – wie in alten Tagen – für jeden Ort eine ganz eigene Zeit ergeben – die Zeit, die der Sonnenstand tatsächlich ausweist.

Und diese Zeit müssen wir ausrechnen.

Es kommt uns zugute, daß wir wissen, wie viele Minuten es dauert, bis die Sonne (nein, die Erde, siehe oben) durch ein Längengrad gewandert ist. Sie benötigt dafür 4 Minuten. Sie legt also die Entfernung zwischen Leipzig und Köln (= ca. 5 Grad 19 Minuten) in 4 mal 5 Grad 19 Minuten gleich ca. 21 Minuten zurück.

Da wir aber nicht die Ortszeit von Köln oder Leipzig errechnen wollen, sondern die von Frankfurt/Main, müssen wir von der Zeit, die wir jetzt haben (GZ oder WZ), die ja auf dem Null-Längengrad liegt, *zurück* nach Frankfurt/Main.

Frankfurt liegt aber, wie wir schon vorher eingetragen haben, auf einer östlichen Länge von 8 Grad 40 Minuten und 55 Sekunden.

Diese Gradentfernung müssen wir in Zeit-Minuten umwandeln (also mit 4 malnehmen) und das Ergebnis in die Spalte K (= Korrektur) eintragen. Da aber viele Menschen Schwierigkeiten haben, Grade, Minuten und Sekunden (die ja dem 60er-System angehören) mit 4 zu multiplizieren, haben uns die Autoren des Tabellenwerkes «Die geographischen Positionen Europas» die für jeden Ort geltenden Zeitunterschiede freundlicherweise unter dem jeweiligen Ort bereits ausgerechnet angegeben.

	Land	Breite	Länge	westlich östlich	
Frankfurt/Main	D	**50° 6' 44''**	**8° 40' 55''**	ö	**0° 34' 44''**
		Gradangaben	Gradangaben		

Hier ist die Länge von **8°40'55''** bereits mit 4 multipliziert angegeben. Das Ergebnis sind Zeit-Stunden, Minuten etc. (nicht Gradeinheiten wie die vorherigen beiden Werte)

In unser Horoskopformular tragen wir also unter der Rubrik K den Wert 0 Stunden, 34 Minuten, 44 Sekunden ein.

Wenn ich jetzt die Weltzeit (WZ) und die Korrekturzeit (K) miteinander addiere, so erhalte ich die Ortszeit (OZ).

Sie beträgt für unser Ereignis 13 Uhr 8 Minuten 44 Sekunden.

(Merke: WZ und K werden deshalb *addiert,* weil das Ereignis *östlich* von Greenwich stattfand, haben wir ein Ereignis *westlich* von Greenwich, so wird die Korrekturzeit von der WZ subtrahiert.)

MEZ	**14 h 34**
MEZ	**14 h 34**
K	**0 h 34 44**
OZ	**13 h 08 44**

Hätte Frankfurt also am 17. Juni 1988 (wie in alten Tagen) eine Zeit, die sich am wirklichen Stand der Sonne (Erde) orientiert, so hätte unser Ereignis zu einer Zeit von exakt 13 Uhr 8 Minuten und 44 Sekunden (auf der Kirchturmuhr ablesbar) stattgefunden.

Der Unterschied zwischen diesen beiden Zeiten (14 Uhr 34 und 13 Uhr 8) ist verursacht durch den Eingriff des Menschen, der eine einheitliche (und energiesparende) Zeit in ganz Deutschland haben will.

Wir merken uns schon hier, daß die Ortszeit der Geburt nur erforderlich ist für die Errichtung des Häusersystems (also für die Punkte MC, Aszendent und alle übrigen Häuser). Haben wir das Häusersystem erstellt, vergessen wir die Ortszeit sofort wieder. Später, bei der Ausrechnung der Planetenstellungen gilt als Grundlage der Berechnung immer die Weltzeit = Greenwich-Zeit.

Mitunter kommt es vor, daß ein Ereignis seine normale Zeit an einem Tag (sagen wir dem 10. 5. – also möglicherweise mit Sommerzeit) um 0 Uhr 22 hat, daß aber durch zurückrechnen auf die Greenwich Zeit (22 Uhr 22) und die Korrektur eine Ortszeit von 23 Uhr 3 des vorherigen Tages (also des 9. 5.) dabei herauskommt. Wir berechnen dann die weiteren Werte auf diesen veränderten Tag, also auf den 9. 5. um 22 Uhr 22.

Nachdem wir jetzt die Ortszeit errechnet haben, also die wahre Sonnenzeit der Geburt hier auf Erden, müssen wir eine Größe finden, die diese Zeit in eine Relation setzt zu dem gestirnten Himmel über mir. Da die Erde sich in einem Jahr einmal um die Sonne bewegt, sehen wir von der Erde aus jeweils einen anderen Ausschnitt des Himmels. Dieser Fortschritt, den das gestirnte Band (auch Tierkreis genannt) im Laufe eines Jahres aufweist, wird *Sternzeit* genannt, und er wird in Stunden, Minuten und Sekunden ausgedrückt. Es ist der Unterschied zwischen einem Erdentag und einem Sterntag, die Differenz beträgt 3 Minuten und 56 Sekunden. Das heißt, die Erde dreht sich um die eigene Achse in ziemlich genau 24 Stunden, während sie allerdings weiter um die Sonne läuft. Da sie bei diesem Lauf eine Entfernung zurücklegt, taucht ein bestimmter Stern über der Spitze eines Kirchturmes erst nach 24 Stunden, 3 Minuten und 56 Sekunden auf. Dieser Fortschritt addiert sich von Tag zu Tag, und so nimmt die Sternzeit allmählich zu.

Die Sternzeit verbindet also das Oben mit dem Unten, die Ortszeit auf der Erde mit dem Tierkreisband im Himmel. Sie kann in der Tabelle der Ephemeriden abgelesen werden und heißt dort (weil die meisten Ephemeriden in Amerika errechnet wurden) «sidereal time» oder «Ephemeris sidereal time» und steht in der ersten Spalte der Werte hinter dem Tag.

Um den 22. September herum nimmt sie den Wert 0 an und schreitet dann jeden Tag um 3 Minuten und 56 Sekunden fort, so daß sie sich in 365 Tagen wieder zu 24 Stunden aufsummiert.

Wenn sie in 24 Stunden also ca. 4 Minuten fortschreitet, dann benötigt sie für 6 Stunden eine Minute und für eine Stunde ca. 10 Sekunden. Diesen Tagesfortschritt stellen wir in Rechnung, da in der Ephemeride in der Regel die Sternzeit für Mitternacht angegeben wird. Findet ein Ereignis also am Mittag (Greenwich-Zeit) statt, so ist die Sternzeit bereits um einen halben Tag (= 2 Minuten) weitergelaufen.

Schauen wir jetzt in die Ephemeriden für den in Frage kommenden Tag unseres Ereignisses (17.6. 1988), so lesen wir um Mitternacht eine Sternzeit von 17 Stunden 41 Minuten und 51.5 Sekunden. (Die Zahl hinter dem Punkt stellt die Hundertstelsekunde dar und kann vernachlässigt werden.)

Diese Sternzeit gilt für Mitternacht. Da aber unser Ereignis um 12 h 34 Greenwich-Zeit stattfand, ist die Sternzeit bereits weitergelaufen.

June 1988

Day	Ephemeris Sidereal Time
17 F	17 41 51.5
18 S	17 45 48.1

Folgender Fortschritt ergibt sich:

12 Stunden entsprechen ungefähr 2 Minuten,
30 Minuten entsprechen ungefähr 5 Sekunden,
4 Minuten entsprechen ungefähr 1 Sekunde, d. h.,
wir müssen zu unserem Wert Mitternacht = 17 h 41 m 51 s
diese 12 Std. 34 Minuten hinzuaddieren = 2 m 6 s
und erhalten 17 h 43 m 57 s.

Diesen Wert tragen wir in das Horoskopformular unter der Rubrik Sternzeit (ST) ein und *addieren ihn zur Ortszeit (OZ) der Geburt.*

MEZ	14 h 34
MEZ	14 h 34
K	0 h 34 44
OZ	13 h 08 44
ST	17 h 43 6
KP	6 h 51 50

Das Ergebnis ist ist der *Kulminationspunkt* (KP), sein Wert 30 h 51 m 50 s.

Aus technischen Gründen muß dieser Wert jedoch innerhalb des Tageskreises der Stunden liegen (es gibt keine Uhrzeit, die lautet 30 Uhr 51), also müssen wir bei jedem Wert, der größer ist als 24 Uhr, ebendiese 24 Stunden abziehen. Wir erhalten den Wert 6 h 51 m 50 s und tragen diesen Wert in die Rubrik KP ein.

2. Das Häusersystem

Wir sind jetzt von einer Zeitangabe und einer Ortsangabe ausgegangen und nähern uns dem eigentlichen Zielort, dem Tierkreis. Die gesamte bisherige Rechnung hatte die Absicht, unser Ereignis in einen Zusammenhang zu stellen zu dem großen archetypischen Himmelskreis. Damit sind nicht etwa die Planeten gemeint, denn zu ihrer Berechnung benötige ich nicht unbedingt die Zeit des Tages, hier reichte bereits das Datum, und dann stehen die meisten Planeten ziemlich genau fest (Ausnahme: der Mond). Nein, wir haben bisher so viel Aufwand getrieben, weil wir in die Zwölfteilung des Tierkreises eine zweite Zwölfteilung hineinlegen wollen: die der Häuser.

Die Häuser von 1 bis 12 liegen innerhalb des Tierkreises zu jeder Stunde des Tages an einer anderen Stelle, und wir wollen ihre Orte exakt lokalisieren. Anders formuliert: das Häuserkreuz mit seinen 6 Achsen (=12 Häusern) bewegt sich im Tagesverlauf durch den Tierkreis (im Durchschnitt alle 4 Minuten um ein Tierkreisgrad), und wir wollen jene Punkte bestimmen, an dem es durch die Geburt unseres Ereignisses zum Stillstand kommt. Dieser Stillstand wird später das Geburtshoroskop.

Zu diesem Zweck gibt es zwei denkbare Bilder.

Wir können uns a) vorstellen, daß der Tierkreis stillsteht, und nur das System der Häuser läuft mit fortschreitender Zeit durch den Tierkreis (Modell 1);

oder wir stellen b) den Häuserkreis still, und der Tierkreis dreht sich in ihm (Modell 2).

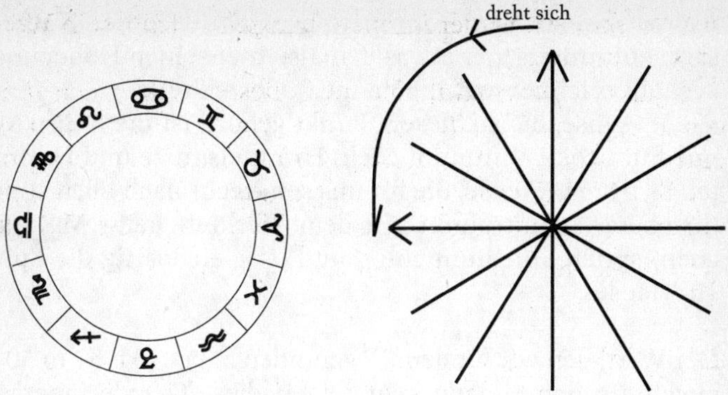

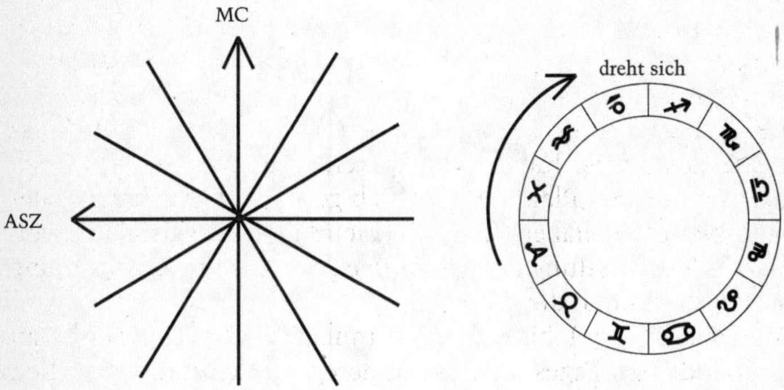

Beide Modelle bringen uns dasselbe Ergebnis, nur im ersten Fall (der Tierkreis steht still) liegen die Häuserspitzen irgendwo im Tierkreis, und der Tierkreis hat immer das gleiche Zeichen auf der linken Seite (beispielsweise das Tierkreiszeichen WIDDER), während im zweiten Fall die Häuserspitzen immer in die gleiche Richtung weisen, und nur der Tierkreis dreht sich um seine eigene Achse, hat also mal das Zeichen KREBS links, mal die WAAGE etc.

Aus Gründen, die in der seelischen Logik liegen, entscheiden wir uns hier dafür, eine der Achsen immer senkrecht nach oben zu stellen, und zwar jenen Punkt, dessen Uhrzeit wir eben errechnet haben, den Kulminationspunkt. Wie der Name schon sagt, kulminiert hier etwas, hat also hier seinen Höhepunkt, und deshalb zeichnen wir ihn an die *höchste* Stelle.

Die Achse, die zu diesem Punkt gehört, ist die Achse MC – IC (medium coeli – immum coeli, Himmelsmitte und Himmelstiefe). Es ist eine Achse, die für uns senkrecht nach oben steigt, und ihr oberer Schnittpunkt mit dem Tierkreis heißt MC (medium coeli, sprich «medium zöli») und ist gleichzeitig die Spitze des 10. Hauses.

Der Wert, den wir für den KP gefunden haben (6 h 51 m 50 s), gibt gleichsam den Steigungswinkel für diese Gerade innerhalb des Tierkreises an und bedarf jetzt nur noch der Umrechnung in Tierkreisgrade (denn im Moment ist er noch eine Zeitgröße).

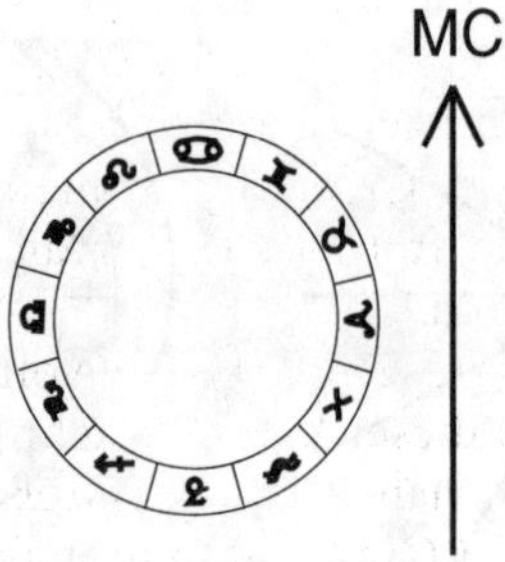

Diese Umrechnung ist bereits in einem Tabellenwerk vorgenommen worden und muß von uns nur noch verstanden werden. In dem Band «Die globalen Häusertabellen» (der man auch die Sommerzeiten entnehmen kann) sind die Stellungen der Häuser (nach Placidus) bereits tabellarisch dargestellt.

Jeweils links oben (fettgedruckt) über der Tabelle steht eine Zahl, die den KP darstellt, und darunter befinden sich die dazugehörigen Häuser. Hat man einen KP ausgerechnet, wie wir es getan haben, so muß man in der Tabelle so lange blättern, bis der errechnete KP links oben näherungsweise auftaucht. Die Kulminationspunkte haben im Abstand von 4 Minuten jeweils eine eigene Tabelle.

6 h 48 m	MC 11 ♋ 2 6	**6 h 52 m**	MC 11 ♋ 57 33

S. 140 S. 141

Unserem Wert von 6 h 51 m 50 s begegnen wir auf den Seiten 140 und 141, denn dort sind die Häusertabellen für einen KP von 6 h 48 m (Seite 140) und 6 h 52 m (Seite 141). Unser Wert liegt irgendwo dazwischen.

Die Übersetzung des Kulminationspunktes (KP) in den Tierkreisgrad des MC steht direkt rechts daneben.

Bei 6 h 48 m (Seite 140) erhalten wir einen MC von 11 Grad 2 m 6 s im Zeichen Krebs.

Bei 6 h 52 m (Seite 141) erhalten wir einen MC von 11 Grad 57 m 33 s, ebenfalls im Zeichen Krebs.

Unser Wert von 6 h 51 m 50 s liegt somit kurz vor (10 Sekunden davor) 6 h 52 m.

Wir haben uns abgewöhnt, mit Sekunden zu rechnen, denn es macht keinen Sinn, beim Häusersystem mit jenen Sekunden zu operieren, die man bei der Geburts-Zeit niemals bekommt. (In Wahrheit sind wir schon froh, wenn wir die Geburts-Zeit auf 10 Minuten genau erhalten.)

Runden wir also unsere Zeit auf die volle Minute auf, so erhalten wir 6 h 52, und dieser KP entspricht genau den Werten auf der Seite 141. Damit haben wir die Größe für unseren MC nur abzulesen, er lautet 11 Grad 57 Minuten im Zeichen KREBS. (Auch hier schenken wir uns die Sekunden, wir könnten höchstens die 33 Sekunden auf die nächste Minute aufrunden, aber da wir ja sowieso schon 10 Sekunden nach unten unterschlagen haben, lassen wir das.)

Aber angenommen, wir hätten einen Geburts-KP von 6 h 51 m, so müßten wir einen Wert interpolieren. Wir würden dann den Unterschied der beiden MC-Werte nehmen:

bei 6 h 48 = MC von 11 Grad 2 m

bei 6 h 52 = MC von 11 Grad 57 m, das macht eine Differenz zwischen den beiden MC von 55 m.

Diese Differenz teilen wir durch 4 (denn es sind von Seite zu Seite 4 Zeitminuten Unterschied). Das Ergebnis ist etwa 13 Gradminuten, diese ziehen wir von dem höheren Wert ab und erhalten dann bei 6 h 51 = MC von 11 Grad 44 m (im Zeichen Krebs). Aber jetzt vergessen wir diesen Wert wieder.

Wir haben einen MC von 11 Grad 57 Minuten im Zeichen KREBS. Das ist der Ort, an dem die Gerade, die nach oben geht, den Tierkreis schneidet. Diesen Wert tragen wir in die Spalte MC ein.

Wir dürfen nicht vergessen, das Zeichen KREBS dazuzuschreiben, denn sonst wüßte ich zwar die Gradzahl, aber nicht, in welches Tierkreiszeichen ich diese Gradzahl eintragen muß.

Da eine Achse immer durch zwei Tierkreiszeichen geht, muß ich wissen, welches Tierkreiszeichen dem Zeichen KREBS genau um 180 Grad gegenüberliegt. Es ist das Zeichen STEINBOCK. Hier liegt jetzt, ebenfalls auf 11 Grad 57 Minuten, der Gegenpol des MC, das IC (die Himmelstiefe oder die Spitze des vierten Hauses).

Da ich jetzt das erste Mal einen Tierkreispunkt erhalte (11 Grad 57 Minuten im Zeichen KREBS) und ich mich entschlossen habe, den MC immer oben einzuzeichnen, kann ich durch diesen Wert mein leeres Tierkreisformular ausfüllen.

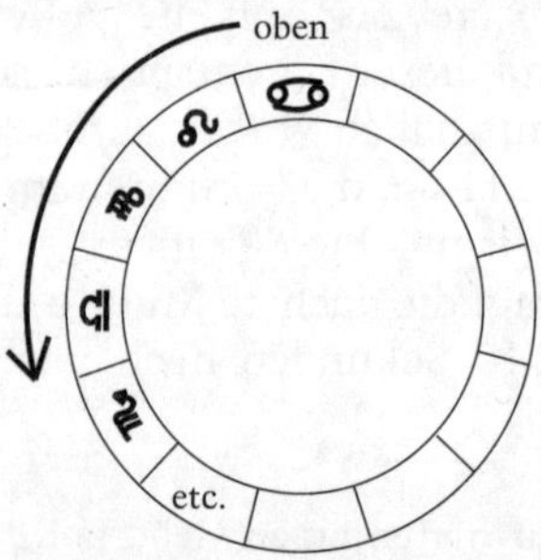

Ich zeichne also in den obersten Leerraum mein Tierkreiszeichen KREBS ein – und damit stehen alle weiteren Zeichen fest.

Bevor wir zur Ausrechnung der anderen Häuser kommen, sei ein Wort zur Abfolge der Tierkreiszeichen gesagt. Sie werden in das Horoskopformular immer in der Reihenfolge *gegen den Uhrzeigersinn* eingetragen. In unserem Fall steht damit das Zeichen KREBS oben und das Zeichen STEINBOCK unten. Um aber jetzt unsere Achse (die noch neben dem Tierkreis steht) *in ihn* einzeichnen zu können, müssen wir wissen, wo die Gradzahlen des Zeichens beginnen und wo sie enden. Jedes Zeichen hat 30 Grad und beginnt mit seiner Zahlenfolge ebenfalls gegen den Uhrzeigersinn.

Das heißt, bei einem Zeichen, das *oben* steht, beginnen wir rechts (Bild).

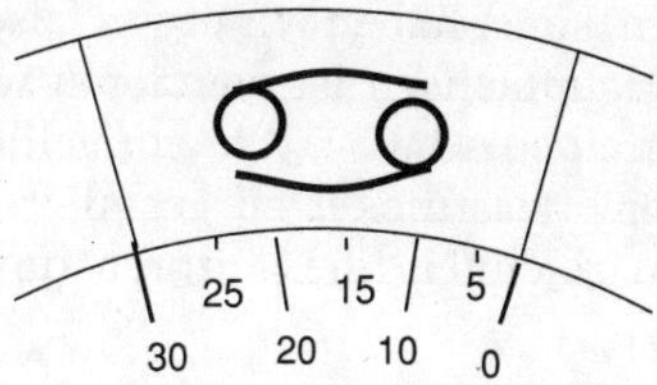

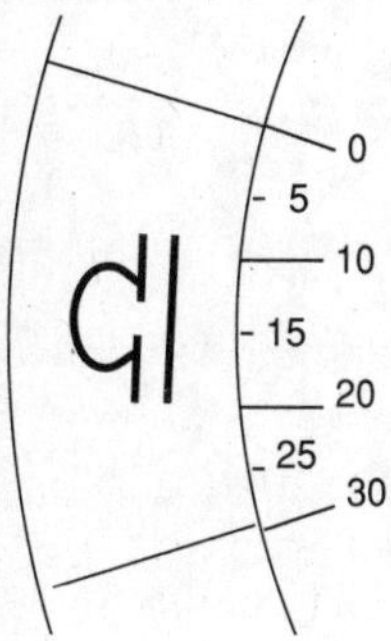

Bei einem Zeichen, das links steht, oben.

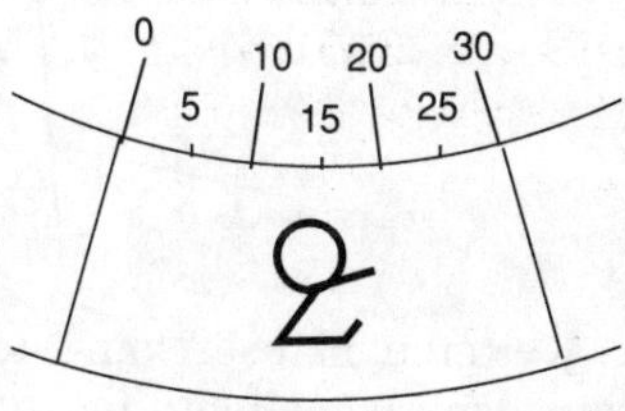

Steht ein Zeichen unten, beginnen wir links, und

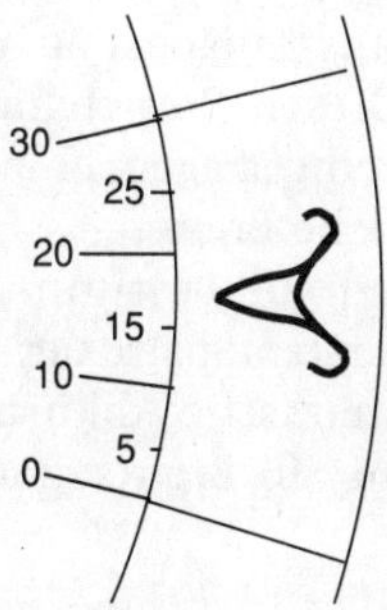

steht es rechts, unten.

Wir tragen also unser MC, das auf 11 Grad 57 Minuten (im KREBS) steht, kurz nach dem ersten Drittel von rechts und das andere Ende der Achse unten kurz nach dem ersten Drittel (auf 11 Grad 57 Minuten) von links in das Zeichen STEINBOCK ein. Dann legen wir eine gerade Linie durch diese beiden Punkte. Diese Linie muß gleichermaßen durch den Mittelpunkt des Kreises gehen, sonst haben wir etwas falsch gemacht. Weil es eine der beiden Hauptachsen ist, verzieren wir sie oben mit einem Pfeil und schreiben «MC». Wir empfehlen dem Leser, diese Achse entweder etwas dicker zu gestalten oder sie mit einer anderen Farbe zu zeichnen (die Autoren tun es meist mit einem roten Stift).

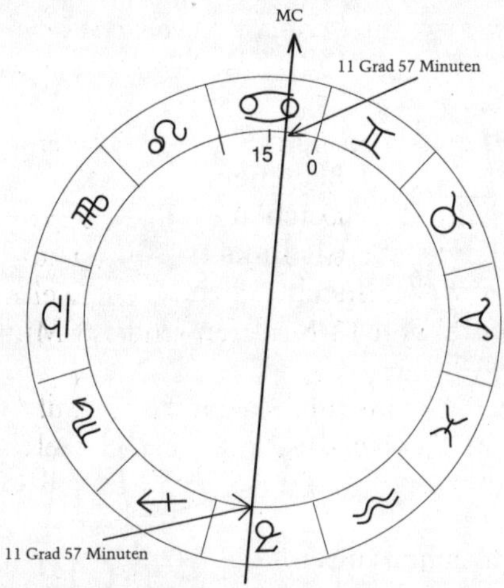

Die weiteren Häuser kann ich jetzt aus der Tabelle, die mir bereits den MC geliefert hat, ablesen. Zu diesem Zweck schlagen wir die Seite 141 auf und schauen uns zunächst an, auf welchem Breitengrad unser Ereignis liegt. Diesen Breitengrad haben wir bereits in unser Horoskopformular eingetragen, er lautet 50 Grad 6 Minuten und 44 Sekunden nördliche Breite.

Wir benötigen diesen Breitengrad zur Bestimmung der restlichen Häuser. Ganz rechts, in der ersten Spalte der Häusertabelle steht das Wort «Lat.» (was die lateinische Abkürzung für Latitude, «Breite», ist), und unter dem 50. Breitengrad finden wir folgende Eintragungen.

Lat.	11	12	ASC	2	3
50	17 5	16 14	9 20 15	4 34	5 42
51	17 18	16 22	9 13 26	4 15	5 13

Da wir in dieser Tabelle nur ganzzahlige Breitengrade vorfinden, unser Frankfurter Breitengrad aber auf 50 Grad und 7 Minuten (die 44 Sekunden haben wir aufgerundet) liegt, müssen wir wieder einen Zwischenwert errechnen. Aus diesem Grund haben wir auch die Angaben für 51 Grad hier abgedruckt.

Das 11. Haus (und damit ebenfalls das fünfte) hat beim
50. Grad einen Wert von 17 Grad und 5 Minuten und beim
51. Grad einen Wert von 17 Grad und 18 Minuten.

Der Unterschied zwischen beiden Breitengraden beträgt also 13 Minuten.

Um auf den Wert für 50 Grad und 7 Minuten zu kommen, muß ich etwa ein Zehntel des Wertes von 13 Minuten zur ersten Zahl dazurechnen (denn 7 Minuten sind etwa ein Zehntel von 60 Minuten). Ein Zehntel von 13 Minuten sind 1,3 Minuten, abgerundet eine Minute.

Das heißt, unser 11. Haus (und das 5.) liegen auf 17 Grad und 6 Minuten in einem Tierkreiszeichen. Aber in welchem? In der Tabelle steht es unter dem 50. Breitengrad jedenfalls nicht.

Wandern wir jetzt aber mit dem Finger in der Spalte des 11. Hauses nach oben, so taucht irgendwann ein Tierkreiszeichen auf; in unserem Fall in der ersten Spalte das Tierkreiszeichen LÖWE.

(Es könnte auch sein, daß bereits vorher ein Zeichen aufgetaucht wäre – es muß sich also nicht ganz oben befinden –, *dann gilt dieses Zeichen,* denn wenn ich tiefer zum Äquator komme [0 Grad], kann das Zeichen wechseln.)

Es herrscht also immer das Zeichen, auf das ich als erstes stoße, wenn ich von meiner Spalte (50 Grad) nach oben fahre.

Das 11. Haus liegt also auf 17 Grad und 6 Minuten im Zeichen LÖWE, und

das 5. Haus (das gegenüber liegt) liegt auf 17 Grad und 6 Minuten im Zeichen WASSERMANN.

Dasselbe Spiel spielen wir mit allen anderen Häusern ebenfalls:

12. Haus: 50 Grad = 16 Grad 14 Minuten im Zeichen JUNGFRAU
51 Grad = 16 Grad 22 Minuten (dto.)
50 Grad und 7 Minuten = ein Zehntel Unterschied der beiden obigen zum ersten Wert dazuaddiert = ca. 16 Grad und 15 Minuten im Zeichen JUNGFRAU;
daraus folgt:
das 6. Haus liegt auf 16 Grad und 15 Minuten im Zeichen FISCHE.

Aszendent

Über der mittleren Spalte der Tabelle befindet sich die Abkürzung ASC, und in ihr sind sogar die Sekunden angegeben. Es handelt sich um die zweite Hauptachse, und hier – so wollen die Autoren sagen – lohnt es sich, genauer zu werden. Die Rechnung ist dieselbe.

ASC: 50 Grad = 9 Grad 20 Minuten 15 Sekunden im Zeichen WAAGE
51 Grad = 9 Grad 13 Minuten 26 Sekunden (dto.)
Die Differenz beträgt 6 Minuten und 49 Sekunden.

Zerlegen wir die Minuten in Sekunden, so erhalten wir eine Differenz von 409 Gradsekunden.

Um den Unterschied zwischen 50 Grad und 50 Grad und 7 Minuten (also die Differenz von 7 Minuten) auszudrücken, müssen wir jetzt nach der Formel rechnen:

409 mal 7 geteilt durch 60 = 47,7 Sekunden

und diesen Wert *ziehen* wir von dem oberen Wert von 9 Grad 20 Minuten 15 Sekunden *ab*!

(Wir ziehen ihn deshalb ab, weil die Progression von 50 zu 51 Grad hier das erste Mal rückläufig wird, d. h., der Wert für

51 Grad ist kleiner als der Wert für 50 Grad und also müssen wir, wenn die Gradzahlen größer werden, kleiner werden.)

Wir ziehen von 9 Grad 20 Minuten 15 Sekunden 48 Sekunden (aufgerundet) ab und erhalten einen

ASZENDENTEN von 9 Grad 19 Minuten und 17 Sekunden im Zeichen WAAGE

(und damit ein 7. Haus von 9 Grad 19 Minuten und 17 Sekunden im Zeichen WIDDER).

Wir merken uns außerdem, daß der Aszendent gleichzusetzen ist mit der Spitze des 1. Hauses («Spitze» heißt immer «Anfang»).

Die weiteren Häuser schreiben wir hier nur hin:

2. Haus: 4 Grad 32 Minuten im Zeichen SKORPION
(8. Haus: 4 Grad 32 Minuten im Zeichen STIER)
3. Haus: 5 Grad 40 Minuten im Zeichen SCHÜTZE
(9.Haus: 5 Grad 40 Minuten im Zeichen ZWILLINGE)

Diese Werte tragen wir allesamt in unser Horoskopformular ein und zwar so, daß wir nicht vergessen, die Symbole der Tierkreiszeichen dazuzuschreiben.

MC	11 57	♋
11	17 06	♌
12	16 15	♍
AS	9 19 27	♎
2	4 32	♏
3	5 40	♐

Mit diesem Akt ist die Errechnung der Häuser beendet, und wir können sie jetzt in das Horoskopformular einzeichnen. Wir beginnen mit der zweiten Hauptachse, die wir etwas dicker oder andersfarbig anlegen: den ASZENDENTEN. Sein Anfangspunkt liegt auf 9 Grad und 19 Minuten in der WAAGE und sein zweiter Punkt gegenüber (auf 9 Grad und 19 Minuten) im Zeichen WID-

DER. Ebenso verfahren wir mit den restlichen (vier) Achsen und erhalten so das folgende Häuserbild:

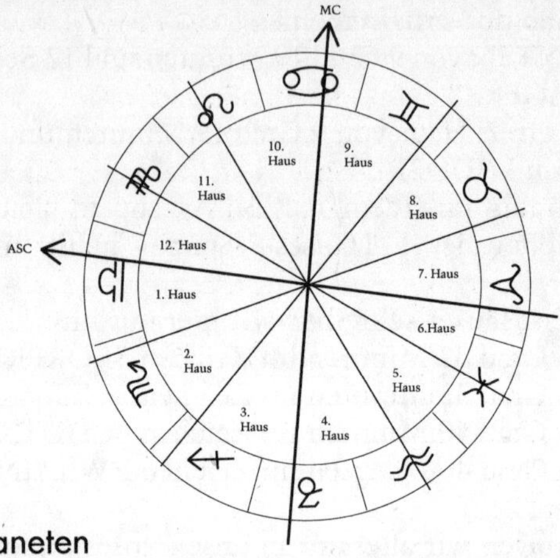

3. Die Planeten

Der nächste Schritt bei der Errechnung und Zeichnung des Mandalas besteht darin, die Planeten auszurechnen und einzutragen. Ihre Position ist in den «Ephemeriden» abzulesen, denen wir auch schon die Sternzeit entnommen haben.

Als erstes beschäftigen wir uns mit dem wichtigsten Planeten (der kein Planet ist, sondern ein Stern) des Sonnensystems, der Sonne selbst.

Die Sonne

In der Tabelle lesen wir:

June 1988

Day	☉
17 F	26 1.7
18 S	26 59.0

Das heißt, an diesem Tag, dem 17. Juni 1988, läuft die Sonne von Mitternacht zu Mitternacht von 26 Grad 1 Minute und 42 Sekunden nach 26 Grad 59 Minuten und 0 Sekunden. (Die Zahl hinter dem Punkt beschreibt die Zehntel-Minuten. Eine Zehntel-Minute sind 6 Sekunden, also bedeutet die Zahl .7, daß es sich um 7 mal 6 = 42 Sekunden handelt.)

Die Sonne (Erde, sic!) läuft somit in diesen 24 Stunden genau 57 Minuten und 18 Sekunden im Gradkreis der Zeichen. In 24 *Zeit*stunden läuft sie 57 *Grad*minuten, um diese beiden verschiedenen Werte einmal deutlich voneinander abzugrenzen. Das tut die Erde nicht jeden Tag, mal läuft sie schneller, mal langsamer, je nachdem wie weit sie von der Sonne entfernt ist. Da sie in 365 Tagen einmal durch den 360-Grad-Kreis muß, liegt der Wert allerdings immer um die 1 Grad herum (mal 57 Minuten, mal 1 Grad 1 Minute etc.). Verwandeln wir den errechneten Wert in Sekunden, so erhalten wir 57 mal 60 plus 18 gleich 3438 Gradsekunden.

Wir wollen aber nicht wissen, wie viele Minuten und Sekunden sie an dem Tag läuft (obwohl wir das vorher ausrechnen müssen), sondern an welcher Stelle sie um 12 Uhr 34 Greenwich-Zeit steht (denn das ist die Uhrzeit, von der wir bei unseren Berechnungen ausgehen müssen). Sie ist ja von Mitternacht (26 Grad 1 Minute und 42 Sekunden) dieses Tages bereits 12 Stunden und 34 Minuten gelaufen. Aber sie ist noch nicht bei Mitternacht (26 Grad und 59 Minuten) des nächsten Tages angelangt.

Da wir bei unserer Uhrzeit die kleinste Einteilung in Minuten haben, rechnen wir die gesamte Uhrzeit in Minuten um: 12 mal 60 plus 34 = 754 Minuten. So viele Zeitminuten ist die Sonne (Erde) bereits fortgeschritten.

Jetzt müssen wir uns fragen: wie viele Gradsekunden läuft sie in einer Zeitminute? Die Sonne läuft an diesem Tag 3438 Gradsekunden. In einer Zeitminute läuft sie also 3438 geteilt durch 1440 (= Zahl der Minuten des Tages).

Das Ergebnis lautet: 2.39 Gradsekunden läuft sie in einer Zeitminute.

In 754 Zeitminuten (= 12 Stunden und 34 Minuten) läuft sie 754 mal 3.39 = 1800 Gradsekunden.

Das sind in Gradminuten: 1800 geteilt durch 60 = 30 Gradminuten.

Rechnen wir diese 30 Minuten zu dem Wert der ersten Spalte von 26 Grad 1 Minuten 42 Sekunden hinzu, so erhalten wir den genauen Sonnenstand von

26 Grad 31 Minute und 42 Sekunden.

In welchem Zeichen? Nun, Kenner wissen bereits, daß die Sonne am 17. Juni im Zeichen ZWILLINGE steht. Aber auch die, die es nicht wissen, fahren wieder mit dem Finger in der Spalte der Sonnenstände nach oben (wie in der Häusertabelle), bis das erste Tierkreiszeichen auftaucht. Es steht in der Spalte unter dem 1. Juni. Wir können also jetzt diesen Wert in die Rubrik des Sonnenstandes unseres Horoskopformulars eintragen.

Für diejenigen, die sich die Arbeit des Ausrechnens erleichtern wollen, gibt es Tabellen, in denen die Planeten- und Sonnenstandsberechnungen bereits fertig durchgeführt sind, z. B. die «Hilfs-Tabellen» von Reinhold Ebertin.

☉	26° 31' 42"	♊

Der Mondknoten

Die nächste Rubrik in der Tabelle der Ephemeriden beschreibt die Position des Mondknotens. Dieser Punkt ist kein Planet, sondern ein mathematischer Ort. Es ist der Treffpunkt, der Schnittpunkt zweier Bahngrößen: der Neigung des Mondumlaufes um die Erde und der Neigung der Erdbahn um die Sonne (Ekliptik). Beide Bahnen schneiden sich in zwei Punkten, die im Tierkreis direkt gegenüberliegen. Nur der nördliche Mondknoten (der aufsteigende, manchmal auch «Drachenkopf» genannt) wird hier mit seinem Zahlenwert angegeben. Der südliche (absteigende oder auch der «Drachenschwanz») liegt auf der gleichen Gradzahl des gegenüberliegenden Tierkreiszeichens. Die Mondknoten wandern immer rückläufig durch den Tierkreis und schreiten jeden Tag um etwa 3 Minuten fort. Es hat wenig Sinn, bei diesem Wert Genauigkeit anzustreben, eine Genauigkeit, die später weder eingezeichnet noch interpretiert werden kann. Wir nehmen also diesen Wert nur näherungsweise. Vom

17. 6. bis zum 18. 6 läuft er von 18 Grad 16 Minuten auf 18 Grad 13 Minuten, und es reicht uns, wenn wir einen mittleren Wert von 18 Grad 14 Minuten eintragen. Er steht im Zeichen FISCHE, wie wir (wieder) unter dem 1. 6. ablesen können.

☊	18° 14' ♓

Die Bahn des Mondknotens benötigt für einen Umlauf durch den Tierkreis rund 18 Jahre, so daß der Mondknoten sich etwa anderthalb Jahre in einem Zeichen aufhält.

Der Mond

Ganz ebenso, wie es zwei Hauptachsen innerhalb des Häusersystems gibt, gibt es zwei Haupthimmelskörper, die, wie jeder Augenschein uns lehrt, sich deutlich am Himmel befinden. Tagsüber die Sonne, des Nachts der Mond. Sie erscheinen beide gleichgroß, und so bestimmen diese beiden «großen Lichter» die beiden großen Erdenthemen: das Männliche und das Weibliche.

Das Ausrechnen und Eintragen des Mondes ist somit das zweite große Thema des Mandalas.

Seine Daten: Er läuft in 27 Tagen, 43 Minuten und 13 Sekunden um die Erde, braucht somit etwa zweieinhalb Tage für ein Tierkreiszeichen. Pro Tag läuft er in Durchschnitt etwa 12 Grad.

Am 17. 6. 1988 läuft er von 26 Grad 27 Minuten (aufgerundet) im Zeichen KREBS (0 Uhr) bis 8 Grad 36 Minuten (abgerundet) im Zeichen LÖWE (24 Uhr). Er verläßt dabei während des Tages das Tierkreiszeichen KREBS und tritt über in das Zeichen LÖWE. Er läuft also noch 3 Grad 33 Minuten im KREBS und 8 Grad 36 Minuten im Zeichen LÖWE, das macht zusammen 12 Grad und 9 Minuten.

Das sind 369 Gradminuten. (Im Unterschied zur Sonne rechnen wir hier mit Gradminuten und nicht mit Gradsekunden.)

Pro Zeitminute (24 mal 60 = 1440) sind das 369 geteilt durch 1440 = 0,256 Gradminuten.

Da wir für den Mondstand ebenfalls einen Fortschritt von 12 Stunden und 34 Minuten (= 754 Zeitminuten) haben, müssen wir 754 mit 0,256 multiplizieren. Ergebnis: 193,22 Gradminuten und das sind 6 Grad und 13 Minuten (abgerundet).

Der Mond legt also an diesem Tag in 12 Stunden und 34 Minuten 6 Grad und 13 Minuten Weg zurück. Diese Gradzahl addieren wir zum Mitternachtswert des 17.6.

26 Grad 27 Minuten im Zeichen KREBS plus
 6 Grad 13 Minuten gleich
32 Grad 40 Minuten im Zeichen KREBS.

Da das Zeichen KREBS aber (wie jedes gute Tierkreiszeichen) nach 30 Grad zu Ende ist, überschreitet der Mond dieses Zeichen und steht um 12 Uhr 34 auf 2 Grad 40 Minuten im Zeichen LÖWE.

☽	2° 40' ♌

Merkur

Merkur ist der kleinste von allen Planeten (was ihn sehr wichtig macht!), die um die Sonne kreisen. Er tut das in ca. 88 Tagen. Da er – von der Erde aus gesehen – sehr nahe um die Sonne kreist, geht er in diesen 88 Tagen nicht durch den gesamten Tierkreis, sondern kann sich nur um ca. 27 Grad von der Sonne (nach rechts oder links) entfernen. Insofern kann er in der Horoskopzeichnung nie weiter als 27 Grad von der Sonne entfernt sich aufhalten.

Seine Position in unserem Horoskop:

17. 6. 20 Grad 18 Minuten im Zeichen ZWILLINGE
18. 6. 19 Grad 49 Minuten im Zeichen ZWILLINGE

Wir finden hier ein Phänomen, daß der Planet im Tierkreis nicht vorwärtsschreitet, sondern zurückläuft. Natürlich ist dieser Rücklauf nicht real vorhanden, denn Planeten können nicht auf einmal stillstehen oder gar beginnen, die Richtung umzukehren. Es ist dies ein Phänomen der Vermeintlichkeit, d. h., von der Erde aus gesehen *sieht es so aus,* als liefe er, zurück.

Wir werden diese vermeintliche Rückwärtsbewegung im Horoskopformular durch ein R hinter der Angabe des Tierkreiszeichens notieren.

Der Merkur läuft also an diesem Tag 29 Minuten. Wir könnten jetzt wieder die Rechnung anstellen, die wir schon beim Mond durchgeführt haben, also: 29 geteilt durch 1440 mal 754 und kämen auf einen Wert von 15 Minuten, den wir vom ersten Wert (17. 6.) abziehen. (ABZIEHEN! Weil der Gesamtwert wegen der Rückläufigkeit kleiner werden muß.) Aber es reicht uns aus, zu sehen, daß 12 Stunden und 34 Minuten etwa mehr als die Hälfte des gesamten Tageslaufwertes dieses Planeten ist, und so teilen wir den Wert 29 durch 2 und geben ein Grad hinzu, weil es ja etwas mehr als die Hälfte ist. Damit sind wir auch bei 15 Minuten. Ziehen wir sie ab, gelangen wir zu einem Wert von 20 Grad 3 Minuten im Zeichen ZWILLINGE. Ihn tragen wir mit dem Rückläufigkeitszeichen «R» ein.

☿	20° 3' ♊ R

Venus

17. 6. 19 Grad 44 Minuten im Zeichen ZWILLINGE
18. 6. 19 Grad 9 Minuten im Zeichen ZWILLINGE

Der Wert wird kleiner, also ist der Planet wieder rückläufig (R).

Tageslaufwert 35 Minuten. Davon etwas mehr als die Hälfte = 18 Minuten. Diese von 19 Grad 44 Minuten abziehen (!) = 19 Grad 26 Minuten im Zeichen ZWILLINGE.

Die Venus kann sich – von der Erde aus betrachtet – nur 48 Grad von der Sonne entfernen!

♀	19° 26' ♊ R

Mars

17. 6. 15 Grad 47 Minuten im Zeichen FISCHE
18. 6. 16 Grad 22 Minuten im Zeichen FISCHE

Die nicht rückläufige Differenz beträgt 36 Minuten. Etwas mehr als die Hälfte = 19 Minuten.

♂	16° 6' ♓

Jupiter

17. 6. 23 Grad 6 Minuten im Zeichen STIER
18. 6. 23 Grad 19 Minuten im Zeichen STIER

Differenz 13 Minuten. Etwas mehr als die Hälfte = 7 Minuten.

♃	23° 13' ♉

Saturn

17. 6. 29 Grad 30 Minuten im Zeichen SCHÜTZE
18. 6. 29 Grad 15 Minuten im Zeichen SCHÜTZE

Rückläufige Differenz 5 Minuten. Etwas mehr als die Hälfte *abziehen*! (R)

♄	29° 27' ♐ R

Uranus

17. 6 29 Grad 10 Minuten im Zeichen SCHÜTZE
18. 6. 29 Grad 8 Minuten im Zeichen SCHÜTZE

Rückläufige Differenz 2 Minuten. Also 1 Minute abziehen.

⛢	29° 9' ♐ R

Neptun

17. 6. 9 Grad 10 Minuten im Zeichen STEINBOCK
18. 6. 9 Grad 8 Minuten im Zeichen STEINBOCK

Rückläufige Differenz 2 Minuten.

♆	9° 9' ♑ R

Pluto

17. 6. 10 Grad 3 Minuten im Zeichen SKORPION
18. 6. 10 Grad 2 Minuten im Zeichen SKORPION

Rückläufige Differenz 1 Minute. Jetzt kann man würfeln, welchen Wert man einträgt.

♇	10° 2' ♏ R

Wir sehen, je mehr die Entfernung der Planeten zur Sonne zunimmt, desto kleiner wird die zurückgelegte Tagesstrecke. Ab dem Planeten Jupiter hat man kaum noch etwas zu rechnen.

Man könnte den Wert einfach aus der Tabelle übernehmen. Man muß freilich jedesmal nachschauen, ob der Wert des nächsten Tages kleiner oder größer wird. Man kann aber auch in der jeweiligen Tabelle nach oben schauen, denn dort steht entweder ein R (= rückläufig) oder ein D (ab hier läuft er wieder normal, wenn er vorher rückläufig war) oder auch ein S («stationär», d. h., hier erscheint er so, als würde er stillstehen). Meistens aber finden wir gar keinen Buchstaben, dann läuft er – wie es sich gehört – seine normale Bahn.

Mit diesen errechneten Werten ausgestattet, können wir jetzt darangehen, die Planeten in das bereits mit Häusern versehene Formular einzuzeichnen. Wir haben jetzt die genauen Positionen und können die Symbole in den Tierkreis malen.

Folgende Gesamt-Tabelle sollte sich als erstes ergeben.

☉	26° 31' 42'' ♊	♃	23° 13' ♉
☊	18° 14' ♓	♄	29° 27' ♐ R
☽	2° 40' ♌	♅	29° 9' ♐ R
☿	20° 3' ♊ R	♆	9° 9' ♑ R
♀	19° 26' ♊ R	♇	10° 2' ♏ R
♂	16° 6' ♓		

Das Horoskop, in das wir alle Planeten eingetragen haben, findet der Leser auf der nächsten Seite abgebildet.

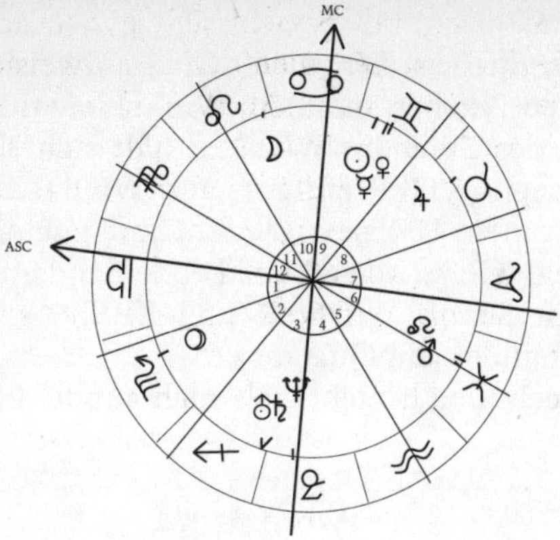

4. Die Aspekte

Aspekte sind Winkelbeziehungen der Horoskopfaktoren untereinander. Sie geben mir an, wie das Verhältnis der Personen zueinander in meinem Inneren ist. Wir beschreiben hier aus der Vielzahl der möglichen Winkel nur sechs, weil nur diese bislang unsere Aufmerksamkeit gewonnen haben.

Diese sechs Winkel sind:

1. Konjunktion (0 Grad)
2. Sextil (60 Grad)
3. Quadrat (90 Grad)
4. Trigon (120 Grad)
5. Opposition (180 Grad)
6. Spiegelpunkt

Wir vernachlässigen dabei Halbsextil (30 Grad), Halbquadrat (45 Grad), Septil (51 Grad), Quintil (72 Grad), Anderthalbquadrat (135 Grad), Quincunx (150 Grad). Aber: auch diese Winkel wirken, doch erstens haben wir damit zu wenig Erfahrungen und zweitens würde man sich in der Fülle der Beziehungen schlicht und ergreifend verlieren. Wenn meine Venus statt zwei Aspekten der oberen Reihe insgesamt sieben Aspekte hat, benötige ich allein drei Stunden, um allein die Komplexität des Beziehungsgefüges meiner Venus zu verstehen. Dabei verliere ich dann das Ganze aus dem Blick.

Das Wort «Winkelbeziehung» bezieht sich jeweils auf den Kreisbogen des Gesamtkreises. Da er 360 Grad aufweist, stehen bereits die einzelnen Zeichen in einem Winkelverhältnis zueinander. Der Anfang des Zeichens WIDDER hält sich 30 Grad vom Anfang des Zeichens STIER entfernt auf. WIDDER und STIER stehen somit in einem Halbsextil (= 30 Grad) zueinander. WIDDER und ZWILLINGE stehen 60 Grad voneinander entfernt und bilden somit ein Sextil. WIDDER und KREBS sind 90 Grad auseinander und bilden ein Quadrat etc.

Die gleiche Rechnung bezieht sich auch auf die Planeten.

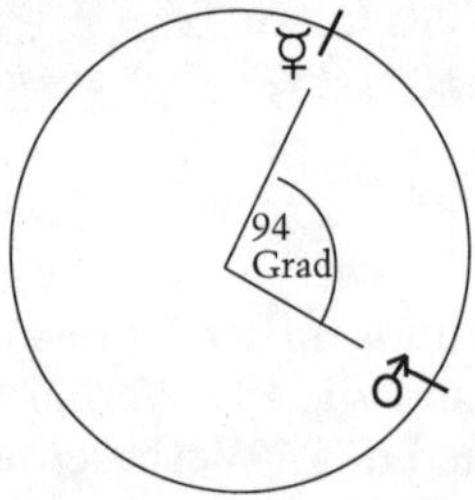

Steht der Planet «Merkur» – wie in unserem Horoskop – auf 20 Grad im Zeichen ZWILLINGE und der Mars auf 16 Grad im Zeichen FISCHE, so stehen die beiden in einem Winkel von 94 Grad zueinander. Dieser Winkel fällt in die Nähe des Quadrates (= 90 Grad), aber mathematisch ist es kein Quadrat, denn die beiden sind um 4 Grad von der exakten Winkelsumme 90 Grad entfernt.

Astrologisch gesehen rechnet dieser Winkel aber dennoch als Quadrat, weil die einzelnen Planeten einen Wirkungshof haben. Man kann das so verstehen, als ob um den Planeten Kreisbögen sich befinden, die mit zunehmender Entfernung zwar abnehmen, aber dennoch bis zu einem gewissen Abstand noch wirken. Diesen Wirkungshof des Planeten nennt man seinen «Orbis». Natürlich kann man diese Orben nicht exakt bestimmen, sie variieren denn auch von Astrologenschule zu Astrologenschule.

Wir gehen in unserer Praxis von folgenen Orben aus:

Sonne = 10 Grad, Mond = 8 Grad, Merkur, Venus, Mars, Jupiter, Saturn = je 5 Grad, Uranus, Neptun, Pluto = je 4 Grad, Aszendent, MC und Mondknoten = je 0 Grad.

Stehen nun zwei Faktoren zueinander in einem Winkel (wie Mars und Merkur), so berechnen wir den Orbis, den beide haben können (um noch zu wirken) nach der Formel: Orbis Mars plus Orbis Merkur geteilt durch 2 (5 + 5 : 2 = 5). Das heißt, in unserem Fall wirkt das Quadrat von 90 Grad minus 5 Grad bis 90 Grad plus 5 Grad (also von 85 Grad bis 95 Grad), denn der Orbis gilt nach unten wie nach oben gleichermaßen. Die vorliegende Winkelsumme von 94 Grad fällt also in den wirksamen Orbis hinein.

Nehmen wir einen weiteren Fall aus unserem Horoskop:

Sonne – Mars.

Die Sonne steht auf 26 Grad im Zeichen ZWILLINGE, der Mars auf 16 Grad im Zeichen FISCHE. Die Winkelentfernung beträgt 100 Grad.

Der Orbis für Sonne und Mars beträgt (10 + 5 : 2 =) 7,5 Grad. Um als Quadrat zu wirken, dürfen die Entfernungen von Sonne und Mars also 90 minus 7,5 und 90 plus 7,5 nicht über- bzw. unterschreiten, müssen also zwischen 82,5 und 97,5 Grad liegen.

Da beide 100 Grad voneinander entfernt sind, werten wir es *nicht* als Quadrat.

Nach diesem Schlüssel ergeben sich folgende Aspekte:

Sonne – Merkur (6 Grad) = Konjunktion
Sonne – Saturn (177 Grad) = Opposition
Sonne – Uranus (177 Grad) = Opposition
Merkur – Venus (1 Grad) = Konjunktion
Merkur – Mars (94 Grad) = Quadrat
Merkur – Mondknoten (92 Grad) = Quadrat (Merkur 5, Mondknoten 0, d. h. 5 + 0 : 2 = 2,5)
Venus – Mars (93 Grad) = Quadrat
Venus – Mondknoten (91 Grad) = Quadrat
Mars – Mondknoten (2 Grad) = Konjunktion
Saturn – Uranus (0 Grad) = Konjunktion (ein exakter Aspekt!)
Neptun – Pluto (59 Grad) = Sextil
Neptun – Aszendent (90 Grad) = Quadrat
Pluto – MC (118 Grad) = Trigon (Pluto 4, MC 0, d. h. 4 + 0 : 2 = 2)

Spiegelpunkte sind Aspekte, die auf den ersten Blick nicht sichtbar sind. Wir nennen sie gern Schattenpunkte, denn ihrer Natur nach sind sie Pluto-Aspekte, sie tragen in sich die Signatur des Planeten Pluto und wirken auch so. Sie müssen in einem komplizierten Verfahren ausgerechnet werden.

Teile ich den Tierkreis in einen subjektiven und einen objektiven Teil, so liegt der Trennstrich, der Subjekt und Objekt voneinander scheidet, genau auf der Achse 0 Grad WIDDER zu 0 Grad WAAGE.

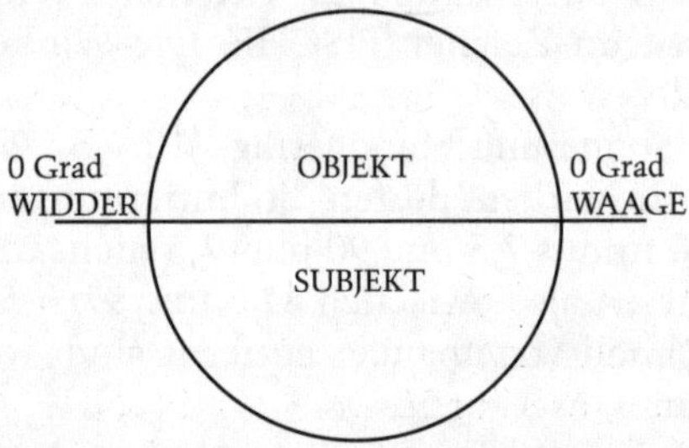

Um diese Achse muß ich jeden Planeten einzeln spiegeln, um zu sehen, ob er unsichtbare Verbindungen zu den anderen (nichtgespiegelten) Planeten unterhält. Der Pluto in unserem Horoskop steht auf 10 Grad im SKORPION. Damit steht er 40 Grad von der Achse WIDDER–WAAGE entfernt. Spiegele ich ihn auf die andere Seite der Achse, so steht er ebenfalls 40 Grad entfernt, gleichsam als imaginärer Pluto auf 20 Grad im Zeichen LÖWE.

Damit steht der gespiegelte Pluto 93 Grad entfernt von dem (realen) Planeten Jupiter. Zwischen Jupiter und Pluto besteht ein Spiegelpunkt-Quadrat.

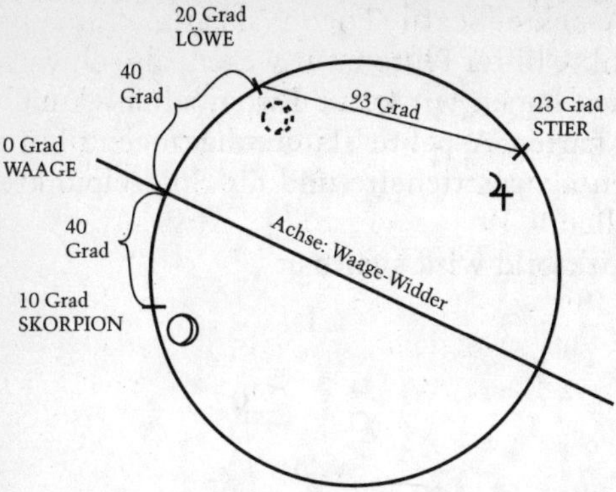

Als Spiegelpunkt-Aspekte gelten Quadrate, Oppositionen und Konjunktionen (nicht Sextile und Trigone).

Folgende Spiegelpunkte existieren in unserem Horoskop:

Mond – Jupiter (Mond 3 Grad LÖWE, Mond Spiegelp. 27 Grad SKORPION) = Sp.-Quadrat

Merkur – Neptun (Merkur 20 Grad ZWILLINGE, Merkur Spiegelp. 10 Grad STEINBOCK) = Sp.-Konjunktion

Merkur – Aszendent

Merkur – MC

Venus – Neptun (Venus 19 Grad ZWILLINGE, Venus Spiegelp. 11 Grad STEINBOCK) = Spiegelpunkt-Konjunktion

Venus – Aszendent

Venus – MC

Mars – MC (Mars 16 Grad FISCHE, Mars Spiegelp. 14 Grad WIDDER) = Spiegelpunkt-Quadrat

Mondknoten – MC (Mondknoten 18 Grad FISCHE, Mondknoten Spiegelp. 12 Grad WIDDER) = Spiegelpunkt-Quadrat

Es empfiehlt sich, die Aspekte als Linien (von Planet zu Planet) in das Formular einzuzeichnen, damit sie auf den ersten Blick sichtbar sind. In unserer Praxis hat sich eingebürgert, die Linien verschiedenfarbig zu ziehen, damit man auf den ersten Blick die Qualität der Aspekte sichtbar machen kann.

Wir zeichnen

die harten Aspekte (Quadrat, Opposition) als rote Linie,

die weichen Aspekte (Sextil, Trigon) als grüne Linie und
die Spiegelpunkte (ihrer Plutonatur wegen) als schwarze Linie.
(In diesem Buch haben wir keine Farbmöglichkeiten, deshalb werden wir die harten Aspekte als durchgezogene Linie zeichnen, die weichen als gestrichelte und die Spiegelpunkte als gepunktete darstellen.)

Folgendes Aspektbild wird sichtbar:

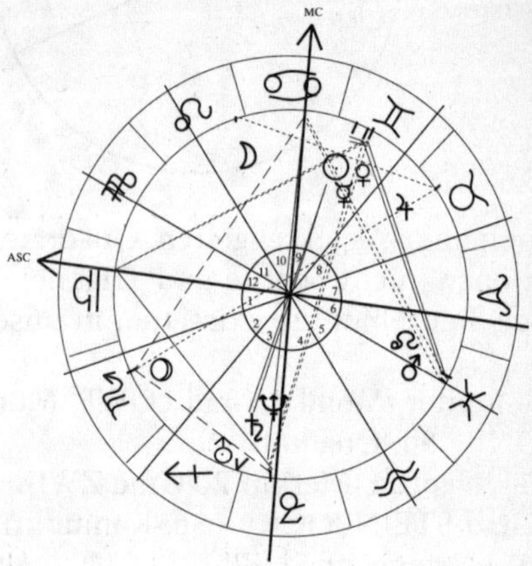

5. Die Elemente

Zu guter Letzt errechnen wir für das Horoskop eine Art Kurzformel, die das Thema des gesamten Horoskops in seinem Kern bereits enthält.

Diese Formel ist die Elementeverteilung.

Es gibt drei Feuerzeichen (WIDDER, LÖWE, SCHÜTZE),
drei Erdzeichen (STIER, JUNGFRAU, STEINBOCK),
drei Luftzeichen (ZWILLINGE, WAAGE, WASSERMANN)
und drei Wasserzeichen (KREBS, SKORPION, FISCHE).

Die Reihenfolge ist festgelegt:

Die einzelnen Quadranten beginnen jeweils mit einem anderen Element:

Die Horoskopfaktoren erhalten nun bestimmte Punktzahlen: Sonne = 10 Punkte, Mond = 8 Punkte, Merkur, Venus, Mars, Jupiter, Saturn = je 5 Punkte, Uranus, Neptun, Pluto = je 4 Punkte, Aszendent = 10 Punkte, MC = 7 Punkte, Mondknoten = 0 Punkte.

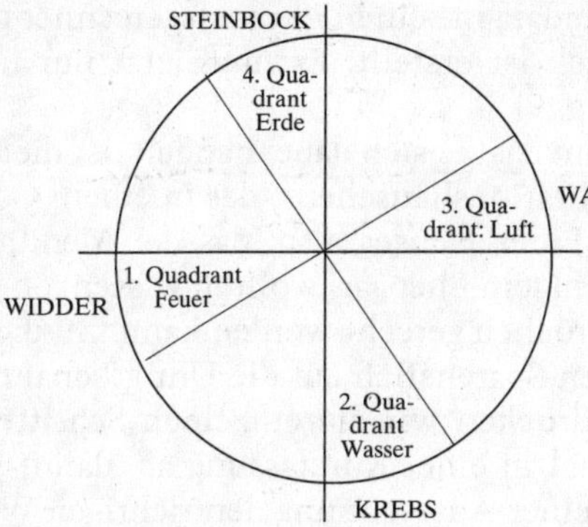

Das macht insgesamt 72 Punkte, die jedes Horoskop zu verteilen hat.

Die Elementeverteilung ergibt sich jetzt daraus, daß jeder Faktor (jeder Planet etc.) in einem bestimmten Zeichen steht und dieses Zeichen einem Element zugehört. Steht die Sonne – wie bei unserem Horoskop – im Zeichen ZWILLINGE, so erhält das Luftelement 10 Punkte.

In unserem Beispielhoroskop ergibt sich folgende Verteilung:
Feuer: Mond im LÖWEN (8), Saturn im SCHÜTZEN (5), Uranus im SCHÜTZEN (4) = 17 Punkte
Wasser: Mars in FISCHE (5), Pluto im SKORPION (4), MC im KREBS (7) = 16 Punkte
Luft: Sonne in ZWILLINGE (10), Merkur in ZWILLINGE (5), Venus in ZWILLINGE (5), Aszendent in WAAGE (10) = 30 Punkte.
Erde: Jupiter im STEINBOCK (5), Neptun im STEINBOCK (4) = 9 Punkte.

Zusammengefaßt als Tabelle:

F	17	L	30
W	16	E	9

Damit ist das Mandala in seiner Form ausgerechnet und gezeichnet. Das Drehbuch ist erstellt. Es muß jetzt nur noch gelesen werden (siehe Kap. 9).

Das Ereignis, um das es sich dabei handelt, ist die Grundsteinlegung eines Meditationshäuschens, das in einem Garten errichtet werden soll. Eines Hauses also, das der Meditation dienen soll. Die Bauherren (ein Ehepaar) wollten wissen, ob die Zeitqualität diesen Ansprüchen gerecht werden kann. Zu diesem Zweck wurde beim ersten Spatenstich auf die Uhr geschaut.

Im folgenden drucken wir die einzelnen Schritte dieses Anhangs noch einmal in einer Kurzfassung ab, damit jeder prüfen kann, ob er bei seiner Ausrechnung den richtigen Weg gegangen ist.

Ausrechnen eines Horoskops (Kurzfassung)

1. Jede Geburtszeit (eines Ereignisses) wird zuerst auf die Weltzeit (WZ) = Greenwich-Zeit umgerechnet. Da bei uns Mitteleuropäische Zeit (MEZ) herrscht, bedeutet das:

MEZ minus 1 Std. = WZ (oder: WZ plus 1 Std. = MEZ)

Jetzt nachschlagen, ob Sommerzeit ist (Häusertabelle). Wenn ja, eine weitere Stunde abziehen (bei doppelter Sommerzeit, z. B. Juli 1947, 2 Std. abziehen).

2. Errechnen der Ortszeit: Längengrad des Ereignisses mal 4 (= Korrektur) zur WZ dazuzählen. Bei den meisten Städten kann man diese Korrektur, d. h. den bereits mit 4 multiplizierten

Wert, aus der Tabelle «Die geographischen Positionen» entnehmen.

Dabei auch sofort die geographische Breite in das Horoskopformular eintragen. Es gilt also WZ plus Korrektur = Ortszeit (OZ).

3. Sternzeit (Ephemeris Sidereal Time) ist eine Korrekturgröße, die den Himmel mit der Erde in eine Beziehung setzt. Sie wird aus der Ephemeride herausgelesen und folgendermaßen korrigiert: Da die ST (Sternzeit) jeden Tag 4 Minuten weiterläuft, so muß alle 6 Std., die das Ereignis in den Tag hineinläuft, 1 Minute zur Sternzeit dazugerechnet werden. (Beispiel: Sternzeit aus der Tabelle 12 h 16 m für 0 Uhr, das Ereignis ist um 9 Uhr morgens, d. h., es müssen 90 s [= 1 m 30 s] dazugerechnet werden. Neue Sternzeit: 12 h 17 m 30 s.)

4. Kulminationspunkt (KP): Ortszeit plus Sternzeit gleich Kulminationspunkt (OZ + ST = KP).

5. Ist der KP eine Zahl, die über 24 Std. liegt, so werden automatisch 24 Std. abgezogen. Das heißt, der KP muß am Ende auf jeden Fall unter 24 Std. liegen. Im Extrem 23 h 59 m 59 s. 24 Uhr wird dabei automatisch zu 0 Uhr.

6. In der Häusertabelle unter dem errechneten KP-Wert nachschlagen und oben den MC ablesen. Die Häuser 2, 3, Asc., 11 und 12 werden auf der gleichen Seite unter dem Breitengrad (der vorher ins Horoskopformular eingetragen wurde) nachgeschlagen.

7. Planeten: Sonne und Mond berechnen, die übrigen Planeten nachschlagen. Es kann auch bei den Planeten korrigiert werden.

Die Berechnung der Planeten muß immer auf der Grundlage der Weltzeit (WZ) des Ereignisses durchgeführt werden.

Ebenen des Tierksreises

Wenn wir im Folgenden zu jedem Tierkreiszeichen einige Begriffe, Tendenzen oder Gegenstände auflisten, so tun wir das nicht, weil wir damit sagen wollen, welche Gegebenheiten zu diesen Tierkreiszeichen «gehören». Erst andersherum wird ein Schuh daraus: weil die Archetypen, also die Ideen im Inneren des Seins, sich niemals der Begriffsbestimmung fügen, ich also das Tierkreiszeichen mit seinen tiefen Ebenen niemals restlos verstehen werde, dienen diese Bilder dazu, mich dem Tierkreiszeichen zu nähern. Es mit den Bildern gleichsam zu umkreisen, um sie besser in die Erfahrung zu bringen.

Es wird oft so getan, als ob das Eisen (z. B.) zum Tierkreiszeichen «Widder» gehöre. Dem ist nicht so. Aber: wenn ich die innere Struktur des Eisens verstanden, gefühlt, erfühlt habe, dann habe ich gleichermaßen ein Detailverständnis für das Thema des «Widders» erbracht. Insofern können wir uns nur vom Konkretum «Eisen» dem Abstraktum «Widder» nähern.

Es ist, der Vergleich sei für einen Moment gestattet, wie mit dem Archetypus der «Frau». Wenn ich zehn Frauen in meinem Leben intensiv kennengelernt habe, dann behaupte ich, die Frauen zu kennen und bilde daraufhin das Thema «Frau» als Abstraktum. Jetzt leite ich alle anderen Frauen aus dem Abstraktum her und meine zu wissen, wovon ich rede. Daß das nicht der Fall ist, leuchtet unmittelbar ein (daß ich mich dennoch davon nicht abbringen lasse, auch).

Insofern weisen alle Begriffe, die im folgenden in Kästchen stehen, als Wegweiser auf das dahinterliegende Phänomen, ohne es je restlos zu treffen.

Eine Reihe von Begriffen haben wir drei Texten entnommen, die sich bereits große Mühe bei der Darstellung gemacht haben. Es sind dies:

Susanne Schmida: Es sind die Götter, Wien 1951,

Nicolaus Klein, Rüdiger Dahlke: Das senkrechte Weltbild, München 1986,

Hans Beer: Neue Astrologie, München 1951.

1. Widder

Grundprinzip	Der Aufbruch, der Beginn, die Urenergie drängt in den Raum
Planet	Mars
innere Person	Der Krieger
Eigenschaften	kämpferisch, aktiv, eigensinnig, ehrlich
Machtentfaltung	im Kampf eroberte Macht
Menschen mit Widder-Sonne	Ludendorff, Bismarck, Lenin, Kohl, Chruschtschow,
Schatten	der Zerstörer
Lebensform	der Willensmensch
Körperteil	Kopf, Zähne, Galle
Krankheit	Kopfschmerzen, Kopftumor, Gallensteine
Beruf oder Tendenzen	Initiator, (Kampf)Sportler, Soldat (vor 1936)
Nahrung	rohes Fleisch, Paprika, Pfeffer und alle scharfen Gewürze
Getränk	Tequila und alle "scharfen Sachen"

Laster	Zorn, Streitsucht
Tugend	Mut, Willensstärke
Pflanze	Distel, alle Stechpflanzen (Brennessel) außer Kakteen
Tier	reißende jagende Tiere, Wolf, Schäferhund, Widder
Metall	Eisen
Material	Eisen, feuergefährliche Materialien, Alkohol
Gottheit	Shiwa, Ares, Mars
Kasperle-Figur	Krokodil, Wolf, Räuber
Kunstform	Ursymbolik der Höhlenmalerei, die neuen Wilden
Wochentag	Dienstag
Zahl	9
Lernthema	sich seiner Aggressivität bewußt zu werden
MC	die alten Akten zu schließen und einen Neubeginn zu wagen

2. Stier

Grundprinzip	Das Eingrenzende, die Versammlung des inneren Wertes
Planet	Venus
innere Person	die Schöne
Eigenschaften	gesellig sei, naturverbunden, solide, sammelnd
Machtentfaltung	die auf Besitz basierende Macht
Menschen mit Stier-Sonne	Robespierre, Marx, Hitler, Kant, Freud
Schatten	der Eingekerkerte
Lebensform	der Materialist
Körperteil	Hals, Stimmbänder, Nacken, Schilddrüse, Haut
Krankheit	Husten, Heiserkeit, Mandelentzündungen, Kropf
Beruf oder Tendenzen	Bankangestellter, Bauer, Gastwirt, Koch
Nahrung	Kartoffeln, Klöße, Frikadellen, Braten
Getränk	Bier, Obstsäfte, Punsch

Laster	Gier, Maßlosigkeit, Geiz, Gefräßigkeit
Tugend	Sparsamkeit, Mäßigung
Pflanze	Äpfel, Kartoffeln, Rüben, fette Henne
Tier	Kühe, Schweine, Hunde (keine gefährlichen), Stier
Metall	Kupfer
Material	Töpfermaterialien (Lehm, Ton, Erde), Ziegel, Bausteine
Gottheit	Aphrodite, Inana, Venus, Ischtar
Kasperle-Figur	Gretel
Kunstform	epische Dichtung, Salonliteratur
Wochentag	Freitag
Zahl	6
Lernthema	sich seiner Gefangenschaft bewußt zu werden
MC	sich wieder einzugliedern; den Wert (in sich) finden

3. Zwillinge

Grundprinzip	Sich bewegen, um gesehen zu werden, funktionales Handeln	Laster	Geschwätzigkeit, Oberflächlichkeit
Planet	Merkur	Tugend	Neutralität, Beweglichkeit, Leichtigkeit
innere Person	der Intellektuelle	Pflanze	Sträucher und Stauden, Nelken
Eigenschaft	kommunikativ, flexibel, schnell, leicht	Tier	Affe, Insekten, Schmetterlinge
Machtentfaltung	die auf Eloquenz und Wissen basierende Macht	Metall	Quecksilber
Menschen mit Zwill.-Sonne	Dante, Offenbach, Thomas Mann, Stan Laurel	Material	Papier, und alle Schreibmaterialien
Schatten	Bedeutungslosigkeit	Gottheit	Hermes, Merkur,
Lebensform	der Vermittler	Kasperle-Figur	Briefträger
Körperteil	Arme und Beine, Luftröhre, Bronchien, Lungen	Kunstform	leichte Muse, Operette
Krankheit	Lungenerkrankungen, Bein-, Armbrüche, Sprechstörungen	Wochentag	Mittwoch
Beruf oder Tendenzen	Bote, Händler, bes. Buchhändler, Presse	Zahl	5
Nahrung	Fast Food, leichte, schnelle Gerichte,	Lernthema	kleine Brötchen zu backen
Getränk	Limonade	MC	Neutralität erlangen, Identifikationen lösen

4. Krebs

Grundprinzip	Das Aufnehmende, die Weichheit, die Offenheit	Laster	Unselbständigkeit
Planet	Mond	Tugend	schutzspendend, Raum ist in der kleinsten Herberge
innere Person	die Mutter, das Kind	Pflanze	Kürbis, Kohl, Gurken
Eigenschaft	versorgend, empfindsam, fürsorglich, weich	Tier	anhängliche oder Schmusetiere, Kaninchen, Hasen, Katze
Machtentfaltung	die Macht der Mutter, die anderen abhängig zu machen	Metall	Silber
Menschen mit Krebs-Sonne	Hermann Hesse, Ingmar Bergmann, Hemingway	Material	Perlen, Perlmutt, alle weichen und flauschigen Materialien
Schatten	das ewige Kind, Gefühlsterror	Gottheit	Gaia, Demeter, Maya, Maria
Lebensform	die Versorgende	Kasperle-Figur	Königin, Großmutter
Körperteil	Brüste, Gebärmutter, Magen, ı, Eierstöcke	Kunstform	Biedermeier
Krankheit	Lympherkrankungen, alle Frauenkrankheiten	Wochentag	Montag
Beruf oder Tendenzen	Hebamme, Amme, Haushälterin, Sozialarbeiter	Zahl	2
Nahrung	Kindernahrung, Kartoffelbrei, Milchgerichte, Pudding	Lernthema	seine Gefühle wahrnehmen zu lernen
Getränk	Milch	MC	die Rückkehr des Weiblichen

5. Löwe

Grundprinzip	Die Ausstrahlung des Lebendigen, die Kraft	Laster	Angeberei, Selbstüberschätzung
Planet	Sonne	Tugend	Großzügigkeit, Direktheit
innere Person	der Herrscher, der König	Pflanze	Sonnenblume, Rose
Eigenschaft	herzlich, schöpferisch, überzeugend, fruchtbar	Tier	Löwen, alle großen Katzen, Adler
Machtentfaltung	die im Konkurrenzkampf eroberte Macht, ererbte Macht	Metall	Gold
Menschen mit Löwe-Sonne	Napoleon, Hitchcock, Warhol, Mick Jagger	Material	edle Pelze, Nerz
Schatten	Egoismus, Herzlosigkeit,	Gottheit	Zeus, Helios, Osiris, Marduk, Indra, Baal
Lebensform	der Kraftspendende, der Kreative	Kasperle-Figur	König
Körperteil	Herz, Augen	Kunstform	Expressionismus
Krankheit	Herzerkrankungen, Kreislauferkrankungen	Wochentag	Sonntag
Beruf oder Tendenzen	Leitende Positionen, Unternehmer, Dirigent	Zahl	1
Nahrung	Großes Galadiner, üppig, aber nicht fett	Lernthema	sich seiner Kraft (seiner selbst) bewußt werden
Getränk	Champagner, edle Weine	MC	die Rückkehr des Lebendigen, das Herz zurückerhalten

6. Jungfrau

Grundprinzip	Das Ausbalancieren der männl. und weibl. Kräfte	Laster	Kleinkariertheit, Hypochondrie,
Planet	Merkur	Tugend	Genauigkeit, Zuverlässigkeit
innere Person	der Vorsichtige, der Unschuldige, der innere Beobachter	Pflanze	Kümmel, Getreide, Fenchel
Eigenschaft	vernünftig, ordnend, ordentlich, tugendhaft	Tier	Käfer, Gänse
Machtentfaltung	aus Kritik, dem Hintergrundwissen und einer weißen Weste	Metall	Quecksilber
Menschen mit Jungfrau-Sonne	Goethe, Ludwig II, Maurice Chevalier, Sophia Loren	Material	Kies, Metallegierungen
Schatten	Scheinheiligkeit	Gottheit	Merkur, Hermes, Persephone (Kore) Thot
Lebensform	der Wissenschaftler, der Rationalist	Kasperle-Figur	Seppl
Körperteil	Dünndarm, Bauchspeicheldrüse	Kunstform	Radierungen, Zeichnungen
Krankheit	Darmerkrankungen (Kolitis, morbus crohn) Durchfall	Wochentag	Mittwoch
Beruf oder Tendenzen	Wissenschaftler, Arzt, Versicherung, Krankenschwester	Zahl	5
Nahrung	Eintopfgemüse (Linsen) Bio-Kost, Körner, Müsli	Lernthema	zu begreifen, daß *ich* mißtrauisch (und vorsichtig) bin
Getränk	Kräutertee, stilles Mineralwasser, Magenbitter	MC	Helles und Dunkles gehören zur Welt, also auch zu mir

7. Waage

Grundprinzip	Die Suche nach der eigenen Ergänzung	Laster	Lüge, Opportunismus
Planet	Venus	Tugend	Friedfertigkeit, Harmoniebedürfnis, kaum Scheidungen
innere Person	der (nach außen projizierte) Partner, der Andere	Pflanze	Pfirsich, Kirsche, Lavendel, Jasmin,
Eigenschaft	charmant, liberal, unentschlossen, freundlich	Tier	Reh, Taube, Zierfische
Machtentfaltung	Siegen durch Nachgeben	Metall	Kupfer
Menschen mit Waage-Sonne	Gandhi, Nietzsche, Lech Welesa	Material	Strass, Kleiderstoffe
Schatten	Feigheit	Gottheit	Aphrodite, Venus, Eros, Parvati
Lebensform	der Beziehungs-Mensch	Kasperle-Figur	Prinzessin
Körperteil	Niere, Blase	Kunstform	Jugendstiul, Art Deco, überhaupt Dekorationen
Krankheit	Blasenentzündung, Nierenkolik, Diabetes, Akne	Wochentag	Freitag
Beruf oder Tendenzen	Design, Mode, Kosmetik, Friseur	Zahl	6
Nahrung	Deserts, Süßigkeiten, Kuchen	Lernthema	zu begreifen, daß der andere ein Teil von mir ist
Getränk	bunte, süße Getränke, Kir Royal etc., Früchtetee	MC	mich selbst und den anderen auch allein leben lassen

8. Skorpion

Grundprinzip	Die Verbindlichkeit, Bindung durch Eindringen, der Befall	Laster	Verbissenheit, Fanatismus, Treue um jeden Preis
Planet	Pluto	Tugend	Wandlungsfähig, Opferbereit,
innere Person	der Fanatiker, der Dämon	Pflanze	fleischfressende Flanzen, Schmarotzer, Pilze
Eigenschaft	eindringlich, fixiert, konzentriert, fanatisch, intensiv	Tier	Skorpion, Blutegel, Spinnen, Schlangen
Machtentfaltung	durch Infiltrieren und Besetzen	Metall	- (Plutonium ?)
Menschen mit Skorpion-Sonne	Luther, Rodin, Indira Gandhi, Schah Reza Pahlewi	Material	Plastik, Erze
Schatten	Vampirismus	Gottheit	Hades (Aides), Pluto, Ahriman, Hel
Lebensform	der Idealist	Kasperle-Figur	Teufel, Hexe, Zauberer
Körperteil	Genitalorgane, Mastdarm, Enddarm	Kunstform	Punk, Neo-Design (besonders schwarz/weiß)
Krankheit	Geschlechtskrankheiten, AIDS, Pilz- und Viruserkr.	Wochentag	-
Beruf oder Tendenzen	Pathologe, Pharmazeut	Zahl	- (13)
Nahrung	Makrobiotik, japanische Küche (roher Fisch etc.)	Lernthema	das Leben ist im Exil, ich muß es mir jetzt von anderen leiben
Getränk	Pernot, Fernet Branca,	MC	die Rückkehr des Lebens durch den Abstieg in die Unterwelt

9. Schütze

Grundprinzip	Die (geistige) Suche nach Sinn und Weite, Verständnis
Planet	Jupiter
innere Person	der Philosoph, der Priester
Eigenschaft	weitblickend, einsichtsvoll, großzügig, tolerant
Machtentfaltung	durch geistige Überlegenheit
Menschen mit Schütze-Sonne	Rilke, Beethoven, Willy Brandt, Walt Disney
Schatten	Anmaßung, Vermessenheit
Lebensform	der Optimist
Körperteil	Leber, Oberschenkel
Krankheit	Gelbsucht, Fettleber, Reithosenspeck
Beruf oder Tendenzen	Therapeut, Reiseleiter, Priester, Seminarleiter
Nahrung	üppige Speisen mit viel Sahne, Honig, Knödel
Getränk	Met, Feuerzangen-Bowle, süsser Wein

Laster	Besserwisserei, Nicht-zuhören-können, Salbungsvoll
Tugend	Toleranz, Gläubigkeit, Humorvoll
Pflanze	große starke Bäume (Kastanien, Pappeln)
Tier	Pfau, Pferd, Elefant
Metall	Zinn
Material	Holz und dicke Felle
Gottheit	Jupiter, Apollon, Artemis, Donar
Kasperle-Figur	Bischof, Pfaffe
Kunstform	Barock, Ikonen, Kirchenfenster
Wochentag	Donnerstag
Zahl	3
Lernthema	wer alles weiß, der weiß nicht viel
MC	den Weg nicht für die anderen , sondern für sich finden

10. Steinbock

Grundprinzip	Die Gesetzmäßigkeit des Lebens, Härte,Struktur
Planet	Saturn
innere Person	der weise alte Mann, das Gewissen
Eigenschaft	besonnen, objektiv, strebsam, gerecht, verantwortungsvoll
Machtentfaltung	durch Einfordern der Gesetze von Recht und Ordnung
Menschen mit Steinbock-Sonne	Paracelsus, Kepler, Nostradamus, Adenauer, Stalin
Schatten	die Erstarrung
Lebensform	der Reaktionär
Körperteil	Skelett, bes. Rückgrad, Knie
Krankheit	Verhärtungen, Steinbildungen, Rheuma,
Beruf oder Tendenzen	Lehrer, Beamter, Richter, Polizist
Nahrung	Schwarzbrot, Knäckebrot, "Wasser und Brot", karg
Getränk	Mineralwasser, schwarzer (bitterer) Tee, Lebertran

Laster	despotisch, eng, streng, dogmatisch, starrsinnig
Tugend	arbeitsam, erwachsen, besonnen, zuverlässig
Pflanze	Efeu, Farn, Stechplame, Edelweiß
Tier	Steinbock, Ameise, Schildkröte
Metall	Blei
Material	Salze, Mineralien, Kalk, Kohle
Gottheit	Chronos, Saturn, Pan
Kasperle-Figur	Polizist, der Tod
Kunstform	Bildhauerei
Wochentag	Samstag
Zahl	8 (manchmal 4)
Lernthema	die eigene Erstarrung wahrnehmen lernen
MC	sich einzuordnen in die Gesetzmäßigkeit des Ganzen

11. Wassermann

Grundprinzip	Die Aufhebung, die Unterbrechung, die Loslösung
Planet	Uranus
innere Person	der Narr, der Intrigant, das Genie
Eigenschaft	witzig, sprunghaft, spontan, kreativ, beschwingt
Machtentfaltung	durch Distanz und Unberührbarkeit
Menschen mit Wasserm.-Son-	Swedenborg, Lord Byron, Jules Verne, Charles Darwin
Schatten	Verrat und Menschenverachtung
Lebensform	das Kreative
Körperteil	Zentralnervensystem, die Waden (Unterschenkel)
Krankheit	Epilepsie, Krampfzustände, Nervenleiden
Beruf oder Tendenzen	Pilot, Computer-Freak, Psychiater
Nahrung	lockere Cremes, Waffeln, Torte mit Wunderkerzen
Getränk	Sekt, bunte Cocktails, Sprudelwasser

Laster	aufsässig, unsozial, distanziert, überheblich
Tugend	Originalität, erfinderisch, unkonventionell, humorvoll
Pflanze	Mistel, Hollunder,
Tier	alle Vögel, Papageien, Libellen
Metall	-
Material	Glas (?)
Gottheit	Uranos, Brahman
Kasperle-Figur	Kasperle
Kunstform	Surrealismus, abstrakte Malerei, Comics
Wochentag	-
Zahl	4 (manche sagen 8)
Lernthema	zu lernen, wie einsam ich mich in meiner Höhe gemacht habe
MC	ich höre auf, zu werten und werde unabhängig

12. Fische

Grundprinzip	Auflösung, Wahrheit, Jenseits, die Ver-Nichtung
Planet	Neptun
innere Person	der Engel, das höhere Selbst, der Schutzgeist, der Meister
Eigenschaft	verschwiegen, träumerisch, feinfühlig, aufopfernd,
Machtentfaltung	Macht durch das Sich-Entziehen und Vernebeln
Menschen mit Fische-Sonne	Kopernikus, Einstein, Genscher, Rudolf Steiner
Schatten	die Nicht-Anwesenheit, das Opfer
Lebensform	der Vagabund, der Mystiker
Körperteil	Füsse, Aura,
Krankheit	Vergiftungen, Süchte, schleichende Krankh. unbekannte Ursachen
Beruf oder Tendenzen	Film, Fernsehen, Tauchen, Hochstapeln
Nahrung	Fische in jeder Form, Meeresfrüchte
Getränk	Leitungswasser

Laster	wehleidig, unrealistisch, chaotisch, täuschend, heimlich
Tugend	phantasievoll ("Fantasy"), mitleidend, hilfsbereit
Pflanze	Giftpflanzen, Mohn, Heilpflanzen, Wasserpflanzen, Algen
Tier	Fische, besonders Tintenfisch
Metall	-
Material	ätherische Öle, Räucherwerk, Alkohol
Gottheit	Neptun, Poseidon,
Kasperle-Figur	Gespenst
Kunstform	Aquarelle, anthroposophische Bilder in fließenden Formen
Wochentag	-
Zahl	7
Lernthema	diese Welt ist nicht meine Heimat
MC	seelisch wieder fließend zu werden